医事法講義
新編第3版

前田和彦 著

信山社

新編 第3版
はしがき

　近年、日本の医療・福祉等は、ますます新たな転換を必要としており、医療保険や年金制度を含む社会保障制度自体を脅かすほどに問題が山積みである。

　前著の新編第2版でも示したように2013年12月5日に国会を通過した「持続可能な社会保障制度の確立を図るための改革の推進に関する法律」も『自助・自立のための環境整備等』を中心に据えた改革として、行政中心から国民全体で支える仕組みへの転換と変革を遂げる必要性に迫られたものであり、高齢化人数がピークを迎える2020年代が来ても社会保障制度が安定的に運営されることを改革の中心点に置いたものであった。

　今回の新編第3版改訂では、この医療制度改革をさらに進めるため、いわゆる2025年対策に向け（団塊の世代が75歳以上となり、国民の3人に1人が65歳以上、5人に1人が75歳以上となる超高齢化への対策）、地域における質の高い医療の確保、在宅医療の充実、医師・看護師等の員数確保、医療事故調査の仕組みをつくる等を行うため、2014年6月に「地域における医療及び介護の総合的な確保を推進するための関係法律の整備等に関する法律（以下、「医療介護総合確保推進法」という）」の成立、施行の内容を入れ込むこととなった。これは前著では予定等として触れるに留めた「持続可能な社会保障制度の確立を図るための改革の推進に関する法律」に基づく措置として、医療法（第6次医療法改正）、「介護保険法、保健師助産師看護師法、歯科衛生士法、診療放射線技師法、臨床検査技師法等」の広範囲の改正内容であり、できる限り必要な範囲を取り入れることとした。さらにマイナンバー制度の施行から「個人情報の保護に関する法律」も大幅な改正を要した。

　このように第3版もこれまでと同様、変化を続ける医事法学をコンパクトにとらえようと努力は試みているが、著者の浅学さから無駄な長文や明確とは言えない記述もあるものと思う。これからも諸先輩、読者諸氏の叱咤激励を頂ければ幸いである。

　最後に信山社編集部の皆様の労に感謝したい。また、資料・原稿等のチェックに対し、私の研究室（医事法学研究室）の院生の吉田啓太郎、配属生の蔵屋沙織、阿津坂晋弥、朝野翔太の諸氏の協力があったことを付記し感謝の意を表すものである。

　2016年春　　　　　　　　　　　　　　　　　　　　前田和彦

新編 第2版
はしがき

　ここ十数年の日本の医療・福祉等は，経済の停滞と同様に新たな転換を必要としており，医療保険制度を含む社会保障制度も持続の難しさが懸念されている。

　2013年12月5日に国会を通過した「持続可能な社会保障制度の確立を図るための改革の推進に関する法律」も，「社会保障制度改革を推進するとともに，個人がその自助努力を喚起される仕組み及び個人が多様なサービスを選択することができる仕組みの導入，その他の高齢者も若者も，健康で年齢等にかかわりなく働くことができ，持てる力を最大限に発揮して生きることができる環境の整備等」として，「自助・自立のための環境整備等」を中心に据えた改革となっており，これまでの行政の丸抱えから国民全体で社会保障制度を支える仕組みへの転換へと変革を遂げなければならないことが見える。

　そして，この社会保障制度全体の改革の目指すところは，高齢化人数がピークを迎える2020年代が来ても社会保障制度が安定的に運営されることを見据えたものである。

　今回の改訂では，ここ数年の各法規・制度の改正に合わせて行ったものだが，特に「持続可能な社会保障制度の確立を図るための改革の推進に関する法律」と「医薬品，医療機器等の品質，有効性及び安全性の確保等に関する法律」の成立により，社会保障制度と薬事制度全般に変革をもたらした。そして今後も「地域における医療及び介護の総合的な確保を推進するための関係法律の整備等に関する法律案」が成立すれば，医療制度・介護制度が大きく変わることになり，その中では病床機能報告制度は今年（2014年）10月から，医療事故調査制度と看護師による特定行為の研修制度は来年（2015年）10月からの施行を予定されている。本書では，現在の記述内容に関わるところだけを予定等として触れるにとどまり，全体の内容については次回の改訂にて取り扱いたい。

　このように第2版も前著同様，変動する医事法学をコンパクトにとらえようと努力はしているが，直前に改正があり十分な資料がないなど，執筆する著者自身もすべてを納得できない思いもある。これからも諸先輩，読者諸氏の叱咤激励をいただければ幸いである。

　最後に，信山社編集部の皆様の労に感謝したい。また，資料・原稿等のチェックに対し，私の研究室（医事法学研究室）の院生の吉田啓太郎，配属生の北村仁，東村友絵，福森あや，松田佳子，渡辺祥馬の諸氏の協力があったことを付記し感謝の意を表すものである。

　　2014年春　　　　　　　　　　　　　　　　　　　　　　　　前田和彦

はしがき（初版）

　近年の医療・保健・福祉を取り巻く法制度は、大きな変革の流れが続いているといえる。それは政権の交代というだけでは説明できず、社会の変動そのものを意味するものなのかもしれない。

　このような中で、人権と医療・福祉の質は、医療・保健・福祉の世界にとってさらに重要な内容となってきた観がある。それが表れているのが、「良質な医療を提供する体制の確立を図るための医療法等の一部を改正する法律」（以下、医療法等改正法という）の公布であった。政権交代前の施行とはいえ、現在の医療制度の中心はここにあるわけである。

　特に医療法等改正法が公布され、順次施行されることで、医療制度の根幹ともいえる医療法の大幅な改正が、他に「医師法」、「歯科医師法」、「保健師助産師看護師法」、「薬事法」、「薬剤師法」等、さまざまな法制度の改正を伴うことになった。これは、2005年の新たな医療制度改革大綱の内容をうけ、「患者の視点に立った患者のための医療制度改革」という基本姿勢を体現するものとして、医療保険制度改革による「健康保険法等の一部を改正する法律」とともに2006年6月14日に成立し公布されたものである。本書の編纂もこの流れの中にある。

　本書の特徴としては、この大きな医療制度の変革に対応する以外にも近年の医療・福祉専門職に必要かつ重要な知識とされるようになった生命倫理（バイオエシックス）の内容をできる限り盛り込んだことである。ハンセン病や安楽死といった従来からの問題点はもちろんのこと、脳死移植や生殖補助医療といった近年目立った論点も含むことにした。また、医療・福祉現場で問われることが増えた「個人情報の保護に関する法律（個人情報保護法）」と「製造物責任法（PL法）」もその必要な範囲で論じたつもりである。

　このように本書は、医事法学を広く、かつコンパクトに捉え、医事法、関係法規等の講義に使用することを念頭に置きながらも、医療・保健・福祉を学ぶ学生から専門職の方までの医事法学に対する理解が深まるよう努めたつもりである。しかし、重要でありながら本書の締切までに確定しない法規や制度があったり、直前に改正があり十分な資料がないなど、執筆する著者自身も十分納得とは言い切れない部分もあり、読者諸氏の混乱を生むのではないかと危惧するばかりである。

はしがき

　執筆のたびにいつも同様の思いであるが、浅学ながらもさらなる学究の途を歩みたいと願っているものである。これからも諸先輩、読者諸氏の叱咤激励を頂ければ幸いである。

　最後に信山社の編集部のさまざまな労に感謝したい。また、資料・原稿等のチェックに対し、私の研究室（医事法学研究室）の吉田啓太郎、過能美希、吉川瑞の諸氏の協力があったことを付記し感謝の意を表すものである。

　2011年春

前 田 和 彦

目　次

新編第3版はしがき／新編第2版はしがき／はしがき（初版）

第1章　法学（医事法学のため）の基礎知識 …… 3

① 法を学ぶために …… 3
  (1) 法としての医事法 …… 3
  (2) 社会規範 …… 4
  (3) 法と道徳 …… 4

② 法の種類 …… 5
  (1) 法　源 …… 5
  (2) 成文法の種類 …… 5
  (3) 公法と私法 …… 7
  (4) 一般法と特別法 …… 7
  (5) 実体法と手続法 …… 7
  (6) 自然人と法人 …… 8

③ 衛生行政と医療制度の沿革 …… 8
  (1) 医　制（の発布） …… 8
  (2) 戦後の医療制度 …… 9
  (3) 現行の医療行政 …… 11

第2章　医　療　法 …… 13

① 医療提供とは …… 13
  (1) 目的と理念 …… 13
  (2) 医療の提供 …… 14
  (3) 医療の連携 …… 14

② 医療提供施設の定義 …… 15
  (1) 病　院 …… 15

目　次

  (2) 診　療　所 …………………………………………………… 17
  (3) 地域医療支援病院 …………………………………………… 17
  (4) 特定機能病院 ………………………………………………… 17
  (5) 助　産　所 …………………………………………………… 18
  (6) 介護老人保健施設 …………………………………………… 18
③ 医療提供機関の名称制限 ………………………………………… 19
④ 医療提供機関の開設手続き ……………………………………… 19
  (1) 開設の許可を必要とするとき ……………………………… 19
  (2) 開設の届出のみを必要とするとき ………………………… 20
⑤ 医療に関する情報の提供等 ……………………………………… 21
  (1) 医療に関する情報の支援 …………………………………… 21
  (2) 入院患者への情報提供 ……………………………………… 22
  (3) 医業等の広告 ………………………………………………… 22
  (4) 診 療 科 名 …………………………………………………… 25
  (5) 麻酔科の標榜 ………………………………………………… 26
⑥ 医 療 法 人 ………………………………………………………… 26
⑦ 病床機能報告制度 ………………………………………………… 27

第3章　医療・福祉関係者の資格に関する法規 …………… 29

① 医　師　法［昭和23年7月30日法律第201号］………………… 29
  (1) 沿　革 ………………………………………………………… 29
  (2) 任　務 ………………………………………………………… 30
  (3) 免　許 ………………………………………………………… 30
  (4) 業　務 ………………………………………………………… 32
② 歯科医師法［昭和23年7月30日法律第202号］………………… 35
  (1) 任　務 ………………………………………………………… 35
  (2) 免　許 ………………………………………………………… 35
  (3) 試　験 ………………………………………………………… 35

目　次

　　　(4) 業　　務 …………………………………………………… 36
③ 保健師助産師看護師法［昭和23年7月30日法律第203号］……… 36
　　　(1) 目　　的 …………………………………………………… 36
　　　(2) 定　　義 …………………………………………………… 36
　　　(3) 免　　許 …………………………………………………… 37
　　　(4) 業　　務 …………………………………………………… 37
　　　　特定行為とは …………………………………………………… 40
④ 薬剤師法［昭和35年8月10日法律第146号］……………………… 45
　　　(1) 定　　義 …………………………………………………… 45
　　　(2) 資格要件 …………………………………………………… 45
　　　(3) 業務内容 …………………………………………………… 46
⑤ 臨床検査技師等に関する法律［昭和33年4月23日法律第76号］ 47
　　　(1) 定　　義 …………………………………………………… 48
　　　(2) 資　　格 …………………………………………………… 48
　　　(3) 業　　務 …………………………………………………… 48
⑥ 診療放射線技師法［昭和26年6月11日法律第226号］………… 50
　　　(1) 定　　義 …………………………………………………… 50
　　　(2) 資格要件と業務内容 ………………………………………… 50
　　　(3) 罰　　則 …………………………………………………… 52
⑦ 理学療法士及び作業療法士法［昭和40年6月29日法律第137号］ 52
　　　(1) 定　　義 …………………………………………………… 52
　　　(2) 資格要件 …………………………………………………… 53
　　　(3) 業務内容 …………………………………………………… 53
⑧ 言語聴覚士法［平成9年12月19日法律第132号］……………… 53
　　　(1) 目　　的 …………………………………………………… 53
　　　(2) 定　　義 …………………………………………………… 53
　　　(3) 資格要件 …………………………………………………… 54
　　　(4) 業　　務 …………………………………………………… 54

目　次

⑨　視能訓練士法［昭和46年5月20日法律第64号］……………… 54
　　(1)　目　　的…………………………………………………………… 55
　　(2)　定　　義…………………………………………………………… 55
　　(3)　資 格 要 件………………………………………………………… 55
　　(4)　業 務 内 容………………………………………………………… 55

⑩　臨床工学技士法［昭和62年6月2日法律第60号］……………… 56
　　(1)　目　　的…………………………………………………………… 56
　　(2)　定　　義…………………………………………………………… 56
　　(3)　資 格 要 件………………………………………………………… 56
　　(4)　業 務 内 容………………………………………………………… 57
　　(5)　業務の連携………………………………………………………… 57

⑪　歯科衛生士法［昭和23年7月30日法律第204号］……………… 57
　　(1)　定　　義…………………………………………………………… 57
　　(2)　資 格 要 件………………………………………………………… 58
　　(3)　業務内容と禁止事項……………………………………………… 58

⑫　救急救命士法［平成3年4月23日法律第36号］………………… 59
　　(1)　目　　的…………………………………………………………… 59
　　(2)　定　　義…………………………………………………………… 59
　　(3)　免　　許…………………………………………………………… 60
　　(4)　業　　務…………………………………………………………… 60

⑬　あん摩マツサージ指圧師、はり師、きゆう師等に関する法律
　　　［昭和22年12月20日法律第217号］………………………………… 61
　　(1)　定　　義…………………………………………………………… 62
　　(2)　資 格 要 件………………………………………………………… 62
　　(3)　業務と禁止事項…………………………………………………… 62

⑭　柔道整復師法［昭和45年4月14日法律第19号］………………… 63
　　(1)　定　　義…………………………………………………………… 63
　　(2)　資 格 要 件………………………………………………………… 63
　　(3)　業務と禁止事項…………………………………………………… 63

(4) 業務上の義務と広告·· 64
⑮ 社会福祉士及び介護福祉士法［昭和62年5月26日法律第30号］ 64
　　　(1) 目　　的·· 65
　　　(2) 定　　義·· 65
　　　(3) 登　　録·· 66
　　　(4) 業務上の義務·· 66
⑯ 精神保健福祉士法［平成9年12月19日法律第131号］················ 67
　　　(1) 目　　的·· 67
　　　(2) 定　　義·· 67
　　　(3) 義　務　等·· 67

第4章　予防衛生に関する法制度······································ 69

① 感染症の予防及び感染症の患者に対する医療に関する法律
　　［平成10年10月2日法律第114号］·· 69
　　　(1) 前　文　等·· 69
　　　(2) 国、医師等の責務·· 70
　　　(3) 定　　義·· 71
② 予防接種法［昭和23年6月30日法律第68号］····························· 75
　　　(1) 目　　的·· 75
　　　(2) 予防接種を行う疾病の定義·· 75
　　　(3) 定期の予防接種の実施［第2条第4項］（表1参照）········· 77
　　　(4) 臨時の予防接種［第2条第5項］·· 77
　　　(5) 接種禁忌者の発見·· 78
　　　(6) 被接種者の努力義務·· 78
③ 狂犬病予防法［昭和25年8月26日法律第247号］······················ 79
　　　(1) 目　　的·· 79
　　　(2) 登　　録·· 79
　　　(3) 予　防　注　射·· 79
　　　(4) 抑　　留·· 79

目　次

第5章　保健衛生に関する法制度……………………………………… 81

① 精神保健及び精神障害者福祉に関する法律
　　　［昭和25年5月1日法律第123号］………………………………… 81
　　(1) 目的と沿革……………………………………………………… 81
　　(2) 精神障害者の定義……………………………………………… 84
　　(3) 施　　設………………………………………………………… 84
　　(4) 地方精神保健福祉審議会と精神医療審査会………………… 85
　　(5) 精神保健指定医………………………………………………… 86
　　(6) 保 護 申 請……………………………………………………… 86
　　(7) 患者の入退院…………………………………………………… 87
　　(8) 精神障害者の保健および福祉………………………………… 89
　　(9) 守 秘 義 務……………………………………………………… 90

② 心神喪失等の状態で重大な他害行為を行った者の医療及び観察等に関する法律［平成15年7月16日法律第110号］………… 90
　　(1) 目　　的………………………………………………………… 90
　　(2) 定　　義［第2条］…………………………………………… 90
　　(3) 入院と通院……………………………………………………… 91
　　(4) 医　　療………………………………………………………… 93

③ 地域保健法［昭和22年9月5日法律第101号］………………… 93
　　(1) 目的および基本理念…………………………………………… 93
　　(2) 事　　業………………………………………………………… 94
　　(3) 活　　動………………………………………………………… 94
　　(4) 保健所（または市町村の）保健師の活動…………………… 95
　　(5) 地域保健の目的………………………………………………… 95

④ 学校保健安全法［昭和33年4月10日法律第56号］…………… 96
　　(1) はじめに………………………………………………………… 96
　　(2) 目　　的………………………………………………………… 96
　　(3) 学 校 保 健……………………………………………………… 96
　　(4) 学校保健技師、学校医、学校歯科医、学校薬剤師［第22条〜

目　　次

　　　　　　第 23 条]………………………………………………………… 97
　　　(5)　学 校 安 全……………………………………………………… 97
◆5◆　健康増進法［平成 14 年 8 月 2 日法律第 103 号］……………… 98
　　　(1)　目　　　的……………………………………………………… 98
　　　(2)　基 本 方 針……………………………………………………… 98
　　　(3)　国民健康・栄養調査等………………………………………… 99
　　　(4)　保 健 指 導 等…………………………………………………… 99
　　　(5)　特定給食施設………………………………………………… 100
　　　(6)　受動喫煙の防止……………………………………………… 100
　　　(7)　特別用途表示、栄養表示基準等…………………………… 101
◆6◆　母体保護法［昭和 23 年 7 月 13 日法律第 156 号］…………… 101
　　　(1)　目　　　的…………………………………………………… 101
　　　(2)　不 妊 手 術…………………………………………………… 102
　　　(3)　母性保護（医師の認定による人工妊娠中絶）［第 14 条］…… 102
　　　(4)　受 胎 調 節…………………………………………………… 103
◆7◆　母子保健法［昭和 40 年 8 月 18 日法律第 141 号］…………… 103
　　　(1)　目　　　的…………………………………………………… 103
　　　(2)　施　　　策…………………………………………………… 103
　　　(3)　保 健 指 導…………………………………………………… 105
　　　(4)　公 費 負 担…………………………………………………… 106
◆8◆　がん対策基本法［平成 18 年 6 月 23 日法律第 98 号］………… 106
　　　(1)　はじめに……………………………………………………… 106
　　　(2)　目的及び基本理念…………………………………………… 107
　　　(3)　各関係者の責任［第 3 条〜第 8 条］……………………… 108
　　　(4)　がん対策推進基本計画［第 9 条］………………………… 108
　　　(5)　基本的施策…………………………………………………… 109
　　　(6)　がん対策推進協議会［第 19 条〜第 20 条］……………… 110

xiii

目　次

第6章　薬事に関する法制度 …………………………………… 111

- ① 医薬品、医療機器等の品質、有効性及び安全性の確保等に関する法律〔昭和35年8月10日法律第145号〕 ………… 111
  - (1) 目的及び責務 ………………………………………… 111
  - (2) 医薬品等の定義 ……………………………………… 112
  - (3) 薬　局 …………………………………………………… 115
  - (4) 医薬品販売と登録販売者 …………………………… 117
  - (5) 医薬品の製造販売・表示等の概要 ………………… 119
  - (6) 広　告 …………………………………………………… 120

- ② 毒物及び劇物取締法〔昭和25年12月28日法律第303号〕 ……… 121
  - (1) 目　的 …………………………………………………… 121
  - (2) 毒物、劇物の定義 …………………………………… 121
  - (3) 販売・輸入・製造 …………………………………… 121
  - (4) 毒物劇物取扱責任者の資格および義務等 ………… 122
  - (5) 毒物、劇物の業務上取扱者の留意すべき事項 …… 122
  - (6) 一般国民とも関係する事項 ………………………… 123
  - (7) 交　付 …………………………………………………… 123

- ③ 麻薬及び向精神薬取締法〔昭和28年3月17日法律第14号〕 …… 123
  - (1) 目　的 …………………………………………………… 123
  - (2) 麻薬取扱者および向精神薬取扱者 ………………… 124
  - (3) 届出と監督等 ………………………………………… 124
  - (4) 麻薬中毒患者に対する措置 ………………………… 125
  - (5) 罰則等 …………………………………………………… 125

- ④ 覚せい剤取締法〔昭和26年6月30日法律第252号〕 ………… 126
  - (1) 目　的 …………………………………………………… 126
  - (2) 種　類 …………………………………………………… 126
  - (3) 覚せい剤取締法における届出、監督等 …………… 126

- ⑤ 安全な血液製剤の安定供給の確保等に関する法律
〔昭和31年6月25日法律第160号〕 ……………………………… 126

(1) 目　　　的 …………………………………………………………… 127
　(2) 血液製剤 ……………………………………………………………… 127
　(3) 基本理念 ……………………………………………………………… 127
　(4) 採血等の制限 ………………………………………………………… 127
　(5) 業として行う採血の許可 …………………………………………… 127
　(6) 医業としての採血 …………………………………………………… 128

第7章　医療・介護・労働等の社会保障に関する法制度 …… 129

① 健康保険法［大正11年4月22日法律第70号］……………… 131
　(1) 目　　　的 …………………………………………………………… 131
　(2) 医療保険 ……………………………………………………………… 131
　(3) 保　険　者 …………………………………………………………… 132
　(4) 保険給付 ……………………………………………………………… 133
　(5) 保険医療機関と保険医 ……………………………………………… 137
　(6) 診療契約 ……………………………………………………………… 137
　(7) 給付制限 ……………………………………………………………… 138

② 国民健康保険法［昭和33年12月27日法律第192号］ ……… 138
　(1) 目　　　的 …………………………………………………………… 138
　(2) 保　険　者 …………………………………………………………… 138
　(3) 保険給付 ……………………………………………………………… 139

③ 高齢者の医療の確保に関する法律
　　［昭和57年8月17日法律第80号］……………………………… 140
　(1) 経　　　緯 …………………………………………………………… 140
　(2) 目　的　等 …………………………………………………………… 140
　(3) 定　　　義 …………………………………………………………… 141
　(4) 特定健康診査 ………………………………………………………… 141
　(5) 後期高齢者医療制度の概要 ………………………………………… 142

④ 介護保険法［平成9年12月17日法律第123号］……………… 143
　(1) 法改正の概要 ………………………………………………………… 143
　(2) 目　　　的 …………………………………………………………… 144

xv

　　　　(3) 定　　義［第3条、第7条、第9条］……………………………145
　　　　(4) 要介護認定………………………………………………………146
　　　　(5) 認 定 区 分………………………………………………………148
　　　　(6) 指定区分ごとのサービス（2015年以降）……………………148
　　　　(7) 給　　付…………………………………………………………149
　　　　(8) 利用者負担………………………………………………………150
　⑤ 公的年金制度……………………………………………………………150
　　　　(1) 国民年金法［昭和34年4月16日法律第141号］……………151
　　　　(2) 厚生年金保険法［昭和29年5月19日法律第115号］………154
　⑥ 生活保護法［昭和25年5月4日法律第144号］……………………155
　　　　(1) 目　　的…………………………………………………………155
　　　　(2) 保　　護…………………………………………………………156
　⑦ 労働者災害補償保険法［昭和22年4月7日法律第50号］…………157
　　　　(1) 目　　的…………………………………………………………157
　　　　(2) 保 険 給 付………………………………………………………157
　⑧ 労働安全衛生法［昭和47年6月8日法律第57号］…………………160
　　　　(1) 目　　的…………………………………………………………160
　　　　(2) 定　　義…………………………………………………………160
　　　　(3) 安全衛生管理……………………………………………………161
　　　　(4) 労働衛生管理……………………………………………………161

（資料）「地域における医療及び介護の総合的な確保と
　　　　促進に関する法律」［平成元年6月30日法律第64号］…………162

第8章　高齢者・障害者等の福祉に関する法制度……………177

　序：社会福祉について……………………………………………………177
　① 社会福祉法［昭和26年3月29日法律第45号］……………………179
　　　　(1) 沿　　革…………………………………………………………179
　　　　(2) 目　　的…………………………………………………………179
　　　　(3) 2000年の法改正…………………………………………………180

目　次

   (4)　定　義　等·· 181
②　老人福祉法［昭和 38 年 7 月 11 日法律第 133 号］············· 183
   (1)　目　　　的·· 183
   (2)　沿　　　革·· 183
   (3)　ゴールドプラン～ゴールドプラン 21 ······················ 184
   (4)　老人福祉施設·· 186
   (5)　成年後見制度（民法）···································· 187
③　児童福祉法［昭和 22 年 12 月 12 日法律第 164 号］··········· 189
   (1)　目　　　的·· 190
   (2)　定　義　等·· 191
   (3)　療育の給付［第 20 条］··································· 193
   (4)　保育所への入所··· 193
   (5)　保育士資格に関する規定·································· 194
④　障害者基本法［昭和 45 年 5 月 21 日法律第 84 号］··········· 195
   (1)　概　　　要·· 195
   (2)　目　　　的·· 195
   (3)　障害者の定義·· 196
   (4)　障害者基本対策等··· 196
   (5)　医療・介護等の基本施策·································· 197
   (6)　教　　　育·· 197
⑤　身体障害者福祉法［昭和 24 年 12 月 26 日法律第 283 号］······ 198
   (1)　目　　　的·· 198
   (2)　身体障害者の範囲··· 198
   (3)　身体障害者手帳の交付···································· 199
⑥　知的障害者福祉法［昭和 35 年 3 月 31 日法律第 37 号］······· 200
   (1)　目　的　等·· 200
   (2)　実　施　者·· 200
   (3)　障害者福祉サービス・障害者支援施設···················· 200
⑦　障害者の日常生活及び社会生活を総合的に支援するための

法律［平成17年11月7日法律第123号］……………………………… 201
 (1) 目　　的………………………………………………………… 201
 (2) 制度の変遷……………………………………………………… 201
 (3) 定　　義［第4条～第5条］………………………………… 202
 (4) 自立支援給付…………………………………………………… 204
 (5) 介護給付等［第19条］………………………………………… 204

⑧ 発達障害者支援法［平成16年12月10日法律第167号］…………… 204
 (1) 目　　的………………………………………………………… 205
 (2) 定　　義［第2条］…………………………………………… 205
 (3) 発達障害の早期発見等………………………………………… 205

第9章　環境衛生に関する法制度……………………………………… 207

① 食品衛生法［昭和22年12月24日法律第233号］…………………… 207
 (1) 目　　的………………………………………………………… 207
 (2) 用語の定義……………………………………………………… 207
 (3) 食品および添加物等…………………………………………… 208
 (4) 製品検査等……………………………………………………… 209
 (5) 健康食品について……………………………………………… 210
 (6) 死体の解剖等…………………………………………………… 210

② 墓地、埋葬等に関する法律［昭和23年5月31日法律第48号］… 211
 (1) 目　　的………………………………………………………… 211
 (2) 定義と主な規定………………………………………………… 211

③ 水道法［昭和32年6月15日法律第177号］………………………… 212
 (1) 目　　的………………………………………………………… 212
 (2) 国および地方公共団体の責務………………………………… 212
 (3) 主たる用語の定義……………………………………………… 212
 (4) 水質基準………………………………………………………… 212

④ 下水道法［昭和33年4月24日法律第79号］………………………… 213
 (1) 目　　的………………………………………………………… 213

　　　　(2)　用語の定義……………………………………………………………214
　　　　(3)　流域別下水道整備総合計画………………………………………214
　　　　(4)　特定事業場からの下水の排除の制限［第12条の2］…………214
　⑤　廃棄物の処理及び清掃に関する法律
　　　　［昭和45年12月25日法律第137号］…………………………………215
　　　　(1)　目　　的……………………………………………………………215
　　　　(2)　定　　義……………………………………………………………215
　　　　(3)　医療と廃棄物………………………………………………………216
　　　　(4)　感染性廃棄物処理マニュアルの改正（表1、図1参照）………216
　　　　(5)　廃棄物の不法廃棄対策……………………………………………219

第10章　医療契約と医療従事者の責任……………………………………221

　①　医療契約と医療従事者の法的責任………………………………………221
　　　　(1)　診療における法律関係……………………………………………221
　　　　(2)　医療契約の当事者…………………………………………………225
　　　　(3)　医療契約の内容（注意義務を中心に）…………………………229
　　　　(4)　医　療　水　準……………………………………………………232
　　　　(5)　患者側の義務………………………………………………………237
　　　　(6)　医療契約の終了……………………………………………………238
　②　医療とインフォームド・コンセント……………………………………239
　　　　(1)　は じ め に…………………………………………………………239
　　　　(2)　医師の説明義務とインフォームド・コンセント………………241
　　　　(3)　患者の承諾（患者の自己決定権）………………………………245

第11章　医療過誤とリスクマネジメント…………………………………251

　①　医療過誤と民事責任………………………………………………………251
　　　　(1)　不法行為と債務不履行……………………………………………252
　　　　(2)　因　果　関　係……………………………………………………256
　　　　(3)　過　　失……………………………………………………………258
　　　　(4)　複数関与者と責任…………………………………………………260

② 刑事責任 262
(1) 刑法と医療行為 262
(2) 刑法と医療過誤 263

③ その他の責任 265

④ 医療のリスクマネジメント 267
(1) リスクマネジメントとは 267
(2) リスクマネジメントマニュアル作成指針 267
(3) リスクマネジメントの医事法学的認識 268

第12章　医事法に関わる生命倫理分野と法制度 271

① バイオエシックスと法 271
(1) 医療倫理とバイオエシックス（生命倫理） 271
(2) バイオエシックスと法 276

② 生殖補助医療 277
(1) 生殖補助医療とは 277
(2) 人工授精 278
(3) 体外受精・胚移植 280
(4) 代理出産 281
(5) 着床前診断と出生前診断 283

③ 性同一性障害者の性別の取扱いの特例に関する法律
［平成15年7月16日法律第111号］............................. 284
(1) 性同一性障害者とは 284
(2) 性別の取扱いの変更の審判 286
(3) 医師の診断書の提出 286
(4) 審判の効果等 287
(5) 附　則 287
(6) 戸籍法の一部改正 287

④ ハンセン病と薬害エイズ 288
(1) はじめに 288

(2) らい予防法［昭和28年8月15日法律第214号］と患者の人権 288
　　　(3) 薬害エイズ………………………………………………………… 293

⑤ 安　楽　死 294
　　　(1) 安楽死の定義と法………………………………………………… 294
　　　(2) 東海大学安楽死事件と近時の動向……………………………… 295
　　　(3) 他国の安楽死（法）……………………………………………… 296
　　　(4) 安楽死と自己決定………………………………………………… 300

⑥ 尊　厳　死 302
　　　(1) 尊厳死の定義……………………………………………………… 302
　　　(2) 尊厳死とカレン裁判……………………………………………… 303

⑦ 脳死と臓器移植 306
　　　(1) 脳死論の流れ……………………………………………………… 306
　　　(2) 脳死とは何か……………………………………………………… 310
　　　(3) 脳死の判定基準…………………………………………………… 313
　　　(4) 脳死による死亡判定時刻………………………………………… 332
　　　(5) 社会的コンセンサスと本人・遺族の意思……………………… 333
　　　(6) 立法による臓器移植……………………………………………… 335
　　　(7) 改正臓器移植法［平成21年7月17日法律第83号］…………… 337

第13章　医療に関わるその他の法制度 345

① 個人情報の保護に関する法律［平成15年5月30日法律第57号］ 345
　　　(1) 目的・定義等……………………………………………………… 345
　　　(2) 個人情報取扱事業者の義務等…………………………………… 348

② 製造物責任法 349
　　　(1) 目的・定義等……………………………………………………… 349
　　　(2) 製造物責任と免責………………………………………………… 350

③ 患者に対する守秘義務 352

④ 再生医療等の安全性の確保等に関する法律
　　　［平成25年11月27日法律第85号］……………………………… 353

目　次

　　⑴　目　　的……………………………………………………………… 353
　　⑵　定　　義［第2条］………………………………………………… 354
　　⑶　説明及び同意………………………………………………………… 355
　　⑷　個人情報の保護……………………………………………………… 355

参考資料………………………………………………………………… 357

　　医療福祉関係者養成実態一覧表……………………………………… 358
　　医療福祉専門職資格法規一覧………………………………………… 360
　　関連法規………………………………………………………………… 361
　　⑴　日本国憲法（361）　⑵　民　　法（371）
　　⑶　刑　　法（378）　⑷　臓器の移植に関する法律（379）

事項索引（383）

　　　　　［判例集等の略語例］
　　　　　地　判　地方裁判所判決
　　　　　高　判　高等裁判所判決
　　　　　最　判　最高裁判所判決
　　　　　民　録　大審院民事判決録
　　　　　刑　録　大審院刑事判決録
　　　　　民　集　大審院民事判例集・最高裁判所民事判例集
　　　　　刑　集　大審院刑事判例集・最高裁判所刑事判例集
　　　　　高民集　高等裁判所民事判例集
　　　　　高刑集　高等裁判所刑事判例集
　　　　　下民集　下級裁判所民事裁判例集
　　　　　下刑集　下級裁判所刑事裁判例集
　　　　　判　タ　判例タイムズ
　　　　　判　時　判例時報

医事法講義
〔新編第3版〕

第1章 法学(医事法学のため)の基礎知識

① 法を学ぶために

Keyword
医事法・社会規範・法の他律性・道徳の自律性・法の外面性・道徳の内面性

(1) 法としての医事法

　本書で学ぼうとする **医事法** とは、もともと単体の法律ではない。医事法という名称の法律があるわけではない。従来は衛生法規などを中心とした医療に関する法規の総称として「医事法」、「医事法制」という名称を用いてきたものである。そして現在では医療、保健、福祉から生命倫理学までを研究範囲とする場合もあり[1]、社会的なニーズも大変大きなものとなってきている。このような背景から本書では、この広範囲な領域として「医事法」をとらえている。なぜなら、現在の医療は保健や福祉と連携しており、医療の新しい領域や患者、福祉対象者の人権は生命倫理学としても意識されるからである。その点からも近年欧米では、医事法に対して Medical Law よりも Health Law を用いることが多いようである[2]。したがってここでは、全体を総称する意味で「医事法」と記したものである。

　医事法の理解において最初に考えるべきことは、医事法とは社会や時代への対応が義務づけられている法規ということである。言い換えれば医事法の理解は社会への理解につながっている。だからこそ、法自体への意識、疑問が常に必要となる。そしてそれは、法一般への態度ともいえる。

　「法とは何か」という命題は、法学の基本問題であり、偉大な先達たちも容易に答えを出せなかったものである。そして、一般には規則、束縛、禁止、罰則というイメージの中で多くが捉えられてきた。実際に社会に突出する法の機能的側面は、そのイメージであることは事実である。

---

(1) 古村節男＝野田寛編・医事法の方法と課題（2004年）19頁以下参照〔植木哲執筆分〕。
(2) 手嶋豊・医事法入門［第4版］（2015年）1頁。

しかし、「法とは人権を中心とした人の保護を目的としている」ことも事実である。つまり、画一的・規制的な面を持ちながらも、多面的・個別的な面も持ち合わせているものである。ここに、法の本質は、深遠さと難解さを持つといえる。そのことから、常に従来からの学問的考察とともに新しい検証を必要とすることになる。したがって、この章においては、まず、医事法の理解に必要な範囲での法の基礎知識を解説する。

(2) 社会規範

法の概念として「法とは社会規範の一種」であるということはできる。この**社会規範**は、われわれが社会生活を営む場合に「こうすべきである」といった一定の行為の基準である。つまり、人間の営む社会生活において、その秩序を正しく保持していくための基準というべきものである。

この社会生活の基準となる社会規範としては法だけではなく、道徳、宗教、しきたり、習俗・習慣などもその役割を果たしている。ここでは、法とは人間の生活における社会規範の一種であることの理解ができればよい。

(3) 法 と 道 徳

法と道徳の関係は、医事法の理解においては今日特に重要になってきている。それはバイオエシックス（生命倫理学）などを中心に道徳や倫理の領域での様々な問題が医療・医事法と大きく関わってきているからである。そのことから、ここにおいては法と道徳の基本的な関係を理解したい。法を表す言葉は、西洋では同時に「正当」という意味を持っていた（Recht、droit など）。このことは、法と道徳的な正しさが共通の基盤にたっていることを示すものといえる。しかし、このような関係にある法と道徳も具体的な事例においては重なりあわない場合もある。たとえば、「人に右の頬を打たれたら、左の頬を差し出せ」というような聖書などにある道徳的な規範は、次元が高く簡単には守れないようなものである。通常、法の範囲であれば、頬を打たれないように守るか、頬をたたいた者の責任を問うことを内容とするはずである。したがって、これをそのまま法規範として取り入れることは、かえって、社会生活に混乱を来すことになる。また、法は単なる技術的内容の規範となる場合もある。交通法規における法定速度や、医療施設の設備基準などである。これは道徳的規範とはほぼ無関係といわねばならない。

そして、法と道徳の重要な差異の2つとして**法の他律性**、**道徳の自律性**ということがあげられる。カントの道徳論によると、人間は自らの道徳律のもと

に自らをその意思によって規律しうる主体的存在であり、法はその生き方を実現する人間相互間を規律する他律的な役割を果たすものであるとされる。

これは、個人の内心は道徳によって規律され、原則として法の介入は許されないとする「**法の外面性** と **道徳の内面性**」という、法と道徳の基本関係を導くことになった[3]。

また、「法は道徳の最小限」という言葉は、法が道徳に基礎づけられている一面を示すが、一方その実行される範囲が道徳は広く、法は狭い（個人ではなく、法が及ぶ領域の者すべてが守ることを期待されることから）こともあらわす。また「法は道徳の最大限」という言葉は、法の強い実行性によるものといえる。

② 法の種類

Keyword

法源・成文法・不文法・慣習法・判例法・条理・憲法・日本国憲法・法律・命令・執行命令・委任命令・政令・府令・省令・条例・規則・公法・私法・六法・一般法・特別法・実体法・手続法・自然人・法人

(1) 法　源

法がどのような存在形式をとるのかを **法源** という。法源には、成文法と不文法とがある。

成文法 は制定法とも呼ばれる。一定の手続と形式（国会の議決など）にしたがって内容が決められ、文章化されているものである。

不文法 は、文章に表されていない法をいう。それには、**慣習法**（法たる確信が得られるほど社会に認められた習わし）、**判例（法）**（裁判例の集積によって成立する。裁判所のすべての判断が判例となるわけではなく、その法解釈が他の事件の判断にも適用されるかその可能性が大きいものを指す）、**条理**（物事の道理による判断）とがある。条理は、成文法や慣習法のない場合にはじめて適用され、民事裁判のみに成立する。つまり、補助的・補完的な効力にすぎない。

(2) 成文法の種類

① 憲　法　　ここでの **憲法** とは、現行の **日本国憲法** のことであり、国の基本的な組織・制度・活動を規定する。憲法は国の最高法規であ

---

[3] 団藤重光・法学入門（1973年）10〜11頁。

り、基本法である。その条規に反する法律、条約、命令、条例、国務に関する行為等はその効力を有しない。

② 法律 　**法律**は、一定の手続により、国会の決議を経て制定される。その法律案は、内閣や国会議員（議員立法）により発議されるものである。医師法や保健師助産師看護師法などは法律として制定されている。

③ 命令 　**命令**とは、行政機関により制定される成文法であり、法律を執行するための「**執行命令**」と法律の規定を受けて個別に委任される事項を定める「**委任命令**」がある。

　その中で内閣が制定する命令を「**政令**」（医師法施行令など）という。また、内閣府の長である内閣総理大臣が出すものを「（内閣）**府令**」といい、各省庁が発する命令を「**省令**」（薬剤師法施行規則など）という。医療の場においては、特に「厚生労働省令」によって規定されているものが多い。その他、会計検査院規則、人事院規則、行政委員会規則など、他の行政機関や総理府・各省庁の外局も命令を発することができる。海上保安庁法に基づく海上保安庁令、いわゆる庁令も命令に含まれる。

④ 条例・規則 　地方公共団体（都道府県、市町村など）は、国の法令に抵触しない範囲で**条例**を制定できる（憲法94条により付与）。条例は、法律の委任に基づいたり、行政の事務を処理するために議会の議決により制定される。都道府県の行なう准看護師試験の試験委員などは、その組織・任期などを条例で定めている。なお、条例は法律の委任がなくとも罰則を設けられる。都道府県の長（知事、市町村長）は、その権限に属する事務に関して規則を制定することができる。

　規則は、法令の定めがない限り、違反者に過料（過料は刑罰ではなく、刑罰である科料と区別される）を科すことができる。また、規則も条例と同じく国の法令に優越できない。条例と規則の間には、その規定範囲の違いから優劣は起きないが、競合した場合は議会での合議制優先として条例が優先される。

　なお、地方分権推進一括法（平成12年4月1日施行）などの法改正により、機関委任事務の廃止など、地方公共団体は独自の事務が中心となった。条例のあり方も大きく変化している[4]。

　それは、国と地方公共団体（自治体）の役割分担が明確になってきたことで、

---

(4) 大森彌「地方分権推進委員会最終報告において」ジュリスト1214号、斎藤誠「分権時代における自治体の課題と展望（上）——条例論を中心に」ジュリスト1214号等、参照。

② 法の種類

地域住民に近い行政は、多くが自治体によって行われるものと考えられるようになった。そして各自治体においても条例等に市民とともに取り組む姿勢が見られている(5)。

> ＊国際法上の主体間(原則的には国家)で結ぶ条約(国際条約)は、現在の通説では国内的にも効力を持つと解される。その場合、憲法で条約厳守の義務を課していることから［98条2項］、法律には優先できても、条約の締結手続は憲法改正手続より簡便なことから憲法には優越できないと考えられる。

(3) 公法と私法

一般的には、公法は国家機関(国、地方公共団体など)相互や国家機関と個人との関係を定めるものである。私法は私人間相互の関係を定めるものである。公法と私法とは、もともと法規の全体を見た大体をいうに過ぎないものであり、各々に公法的、私法的な規定が部分的には含まれる。たとえば、民法は全体的には私法であるが、71条による法人の設立許可の取消などは公法的な規定といえる。そして、医事法に関わる法規のほとんどが公法であることは、現在の医療・福祉が行政の問題となっていることをあらわすことであろう。

いわゆる六法を原則的に区別すると、憲法・刑法・民事訴訟法・刑事訴訟法は公法であり、民法・商法は私法である。なお、最近では、公法と私法を区別する有用性を疑問視する説も有力である。

(4) 一般法と特別法

ある事項について広く一般的に規定している法を一般法といい、限られた事項について規定している法を特別法という。たとえば、私人間相互の関係について、一般的に広く規定する民法は一般法であり、その中の企業関係特有の法規を規定している商法はその特別法となる。そして、ある事項について一般法と特別法を区別する実益は、両者の優劣関係として「特別法は一般法に優先する」というところにある。

(5) 実体法と手続法

法には、法の内容としていることの実体(権利・義務の発生など)そのものに関する実体法とその実体を実現するための手続を定めた手続法とがある。

---

(5) 名寄市自治基本条例市民懇話会「自治基本条例のあり方に関する答申書」(2009年3月)等にその形が見られる。

憲法、民法、刑法、商法は実体法 であり、**民事訴訟法、刑事訴訟法は手続法** の典型的な法規である。

医療過誤等で債務不履行［民法415条］や不法行為［民法709条］により損害賠償を請求されるのは実体法であり、その訴訟を規律する民事訴訟法は手続法である。実体法と手続法を総称して **実定法** という。

(6) 自然人と法人

通常、法律が私権の権利義務の主体と認めるのは生物学上の人（人間）であり、これを **自然人** と呼び、医師や患者個人がこれにあたる。しかし契約や訴訟を行なうなどの社会生活上の行為のため、自然人と同等の権利義務を必要とする組織団体等があり、一般社団及び一般財団法人に関する法律やいわゆる会社法等の法律によりその効力を得るものを **法人** と呼び、医療法人、社会福祉法人等がこれにあたる。したがって法律上の人には、自然人と法人がある。

③ 衛生行政と医療制度の沿革

> *Keyword*
> 医制・国民医療法・生存権・更生医療・包括的医療・厚生労働省

(1) 医 制（の発布）

日本の衛生行政が始動し始めたのは、明治5年2月に文部省に医務課が設けられ、翌年3月に医務局に昇格したことと、明治7年8月18日に医制（明治7年8月18日文達）が発布されたことに始まるとされる。

医制 は76ヵ条からなっており、その目的はa. 文部省の統括の下に衛生行政機構を整えること、b. 明治5年9月に頒布された学制をうけて西洋医学に基づく医学教育を確立すること、c. こうした医学教育の上に医師開業免許制度を確立すること、d. 近代的薬剤師制度および薬事制度を確立すること、さらに76条は、第1　医制、第2　医学校、第3　教員、第4　薬舗、から成り立っていた。しかし、医制の全てがただちに実施されたのではなく、条件が整ったものから随時施行される形であった。したがって、医制は、法律というより、衛生行政の方針を明らかにする性格を有するものであった[6]。

その後、明治8年5月に医制の改正があり、第2が公私立病院、第3が医科

---
[6] 財団法人厚生問題研究会・厚生労働省五十年史（記述編）（1988年）126頁。

となり、全55条となった。また、衛生行政と医育行政を分離することから、文部省医務局は内務省第7局に移管し、翌9年には衛生局となり、関連法令も若干改廃された。その後、数次の改正が行われたが、昭和13年に厚生省が設置され、衛生行政は内務省から移管されたものである。ついで、**国民医療法**（昭和17年2月24日法律第70号）が公布され、第2次世界大戦終了時まで、日本における医療関連の基本法となっていた[7][8]。

(2) 戦後の医療制度

第2次世界大戦後、日本の医療制度も新憲法が制定されたことから、根本的に民主的な改革を余儀なくされた。即ち憲法25条において「すべて国民は、健康で文化的な最低限度の生活を営む権利を有する。国は、すべての生活部面について、社会福祉、社会保障および公衆衛生の向上および増進に努めなければならない。」と規定した。これは、いわゆる**生存権**（新憲法にて初めて規定する。世界的には1919年のワイマール憲法からといわれる）を保障し、その実現を国に課したものといえる。また、生存権の規定をおいたことにより、国に医療および衛生に対する行政活動を憲法が直接要求をしているとの解釈にもなったのである[9]。このように医療制度を憲法から導き出すものと考えるならば、医療制度と衛生行政はかなりの部分において包括的様相を呈しているものといえる。なぜなら、医療は今や診断・治療を本体とする臨床的作用であるのにとどまらなくなったのである。すなわち医療は予防医療、そして健康の増進をその使命とするほか、いわゆる**更生医療**を中心とする、リハビリテーション（社会復帰）までを含む一連の体系としての**包括的医療**として想起されているからである[10]。

---

(7) 穴田秀男編・最新医事法学（増補第2版）(1987年) 3頁（穴田秀男執筆分）参照。
(8) この当時において、亀山孝一・衛生法（1938年）では衛生法を定義し、a. 保健衛生法、b. 予防衛生法、c. 医事衛生法、d. 薬事衛生法と分類している。また、従前の医事法制については、山崎佐・医事法制学（1920年）土井十二・医事法制学の理論と其実際（1934年）を参照。
(9) 磯崎辰五郎＝高島学司・医事・衛生法（1979年）6頁。
(10) 唄孝一・医事法学への歩み（1970年）298頁。しかし、唄は現行実定法の前提とする医療概念はなお狭義の診療治療を中心とするものであり、必ずしも包括的な社会需要をフォローしていないことを指摘している。

第 I 章　法学(医事法学のため)の基礎知識

図1　厚生労働省の組織

厚生労働省 本省

大臣官房	人事課，総務課，会計課，地方課，国際課，厚生科学課
統計情報部	企画課，人口動態・保健社会統計課，雇用・賃金福祉統計課
医政局	総務課，地域医療計画課，医事課，歯科保健課，看護課，経済課，研究開発振興課，医療経営支援課
健康局	総務課，がん対策・健康増進課，疾病対策課，結核感染症課，生活衛生課，水道課
医薬食品局	総務課，審査管理課，安全対策課，監視指導・麻薬対策課，血液対策課
食品安全部	企画情報課，基準審査課，監視安全課
労働基準局	総務課，労働条件政策課，監督課，労災管理課，労働保険徴収課，補償課，労災保険業務課，勤労者生活課
安全衛生部	計画課，安全課，労働衛生課，化学物質対策課
職業安定局	総務課，雇用政策課，雇用保険課，労働市場センター
派遣・有期労働対策部	企画課，需給調整事業課，外国人雇用対策課
雇用開発部	雇用開発企画課，高齢者雇用対策課，障害者雇用対策課
職業能力開発局	総務課，能力開発課，育成支援課，能力評価課，海外協力課
雇用均等・児童家庭局	総務課，雇用均等政策課，職業家庭両立課，短時間・在宅労働課，家庭福祉課，育成環境課，保育課，母子保健課
社会・援護局	総務課，保護課，地域福祉課，福祉基盤課，援護企画課，援護・業務課，事業課
障害保健福祉部	企画課，障害福祉課，精神・障害保健課
老健局	総務課，介護保険計画課，高齢者支援課，振興課，老人保健課
保険局	総務課，保険課，国民健康保険課，高齢者医療課，医療介護連携政策課，医療課，調査課
年金局	総務課，年金課，国際年金課，企業年金国民年金基金課，数理課，事業企画課，事業管理課
政策統括官	参事官，政策評価官

施設等機関	■検疫所 ■国立ハンセン病療養所 ■試験研究機関　国立医薬品食品衛生研究所，国立保健医療科学院，国立社会保障・人口問題研究所，国立感染症研究所 ■更生援護機関　国立児童自立支援施設，国立障害者リハビリテーションセンター
審議会等	■社会保障審議会　■厚生科学審議会　■労働政策審議会　■医道審議会 ■薬事・食品衛生審議会　■独立行政法人評価委員会 ■がん対策推進協議会　■肝炎対策推進協議会　■中央社会保険医療協議会 ■労働保険審査会　■中央社会保険医療協議会　■社会保険審査会 ■疾病・障害認定審査会　■援護審査会ほか
地方支分部局	地方厚生（支）局 → 労働基準監督署 都道府県労働局 → 公共職業安定所
外局	中央労働委員会 → 事務局　総務課，審査課，調整第一課，調整第二課

出典：厚生労働省HP（2015年5月25日）

③ 衛生行政と医療制度の沿革

(3) 現行の医療行政

① 厚生労働省の組織　医療行政の中心である **厚生労働省** の任務は、厚生労働省設置法（以下、設置法という）3条1項で規定されている（図1参照）。

　厚生労働省は、国民生活の保障および向上を図り、ならびに経済の発展に寄与するため、社会福祉、社会保障および増進ならびに労働条件その他の労働者の働く環境の整備および職業の確保を図ることを任務とする。また、その他に引揚援護、戦傷病者、戦没者遺族、末帰還者留守家族などの援護、旧陸海軍の残務整理を行うことを任務としている［設置法3条2項］。

② 本　省　本省は、大臣官房と医政局・健康局・医薬食品局、労働基準局、職業安定局、職業能力開発局、雇用均等・児童家庭局、社会・援護局、老健局、保険局、年金局の11の局ならびに政策統括官2人が置かれる（厚生労働省組織令2条1項）（以下、組織令という）。

③ 施設等機関　法律の規定により置かれる施設等機関のほか、本省に次の施設などの機関が設置されている［組織令135条］。

　ア　国立医薬品食品衛生研究所
　イ　国立保健医療科学院
　ウ　国立社会保障・人口問題研究所
　エ　国立感染症研究所
　オ　国立児童自立支援施設
　カ　国立障害者リハビリテーションセンター

第2章 医療法

医療法［昭和23年7月30日法律第205号］

> **Keyword**
>
> 医療法、医療介護総合確保推進法、医療提供、地域連携、クリティカルパス、病院、標準員数、診療所、無床診療所、有床診療所、地域医療支援病院、特定機能病院、臨床研究中核病院、助産所、嘱託医師、介護老人保健施設、名称制限、開設許可、開設の届出、病床の種別、診療情報、診療科名、麻酔科の標榜、医療法人、社会福祉法人

① 医療提供とは

(1) 目的と理念

　医療法は、医療を受ける者による医療に関する適切な選択を支援するために必要な事項、病院、診療所及び助産所の開設及び管理に関し必要な事項並びに医療提供施設相互間の機能の分担及び業務の連携を推進するために必要な事項を定めること等により、医療を受ける者の利益の保護及び良質かつ適切な医療を効率的に提供する体制の確保を図り、もって国民の健康の保持に寄与することを目的としたものである［第1条］。

　医療は、生命の尊重と個人の尊厳の保持を旨とし、医師、歯科医師、薬剤師、看護師その他の医療の担い手と医療を受ける者との信頼関係に基づき、及び医療を受ける者の心身の状況に応じて行われるとともに、その内容は、単に治療のみならず、疾病の予防のための措置及びリハビリテーションを含む良質かつ適切なものでなければならない［第1条の2第1項］。

　また、医療は、国民自らの健康の保持増進のための努力を基礎として、医療を受ける者の意向を十分に尊重し、病院、診療所、介護老人保健施設、調剤を実施する薬局その他の医療を提供する施設（以下「医療提供施設」という）、医療を受ける者の居宅等（居宅その他厚生労働省令で定める場所をいう。以下同じ）において、医療提供施設の機能（以下「医療機能」という）に応じ効率的に、かつ、福祉サービスその他の関連するサービスとの有機的な連携を図りつつ提供

第2章 医療法

されなければならない［第1条の2第2項］。

　そして2005年12月に出された「医療制度改革大綱」を盛り込み、2006年6月21日に公布された「良質な医療を提供する体制の確立を図るための医療法等の一部を改正する法律」により、医療法は国民の医療に対する安心・信頼を確保し、質の高い医療サービスが適切に受けられる体制構築のため、2007年4月の施行を中心に、同1月（有床診療所に関する規制見直し）、2008年4月（薬剤師、看護師等の再教育制度の創設等）に順次改正された。その内容は、医療に関する広告制限の見直し、医療計画制度の見直し、在宅医療の推進（薬剤師法も改正）、地域や診療科による医師偏在問題の是正、医療安全対策のさらなる推進、医療法人制度改革等、広範囲にわたり、また、医療従事者の資質向上については医師法、歯科医師法、保健師助産師看護師法、薬剤師法の改正も行われた。

　この医療制度改革は2025年対策に向け（団塊の世代が75歳以上となり、国民の3人に1人が65歳以上、5人に1人が75歳以上となる超高齢化への対策。）、地域における質の高い医療の確保、在宅医療の充実、医師・看護師等の員数確保、医療事故調査の仕組みをつくる等を行うため、2014年6月に「地域における医療及び介護の総合的な確保を推進するための関係法律の整備等に関する法律（以下、「**医療介護総合確保推進法**」という。）」の成立をむかえた。これは「持続可能な社会保障制度の確立を図るための改革の推進に関する法律」に基づく措置として、医療法（**第6次医療法改正**）、介護保険法、保健師助産師看護師法、歯科衛生士法、歯科技工士法、診療放射線技師法、臨床検査技師法等の広範囲の改正が行われたものである。

(2) 医療の提供

　医師、歯科医師、薬剤師、看護師その他の医療の担い手は、本法の医療提供の理念に基づき、医療を受ける者に対し、良質かつ適切な医療を行うよう努めなければならない［第1条の4第1項］。そして**医療を提供**するに当たり、適切な説明を行い、医療を受ける者の理解を得るよう努めなければならないという［第1条の4第2項］、いわゆるインフォームド・コンセントの理念を理解し、実行することが強く求められている。

(3) 医療の連携

　医療提供施設において診療に従事する医師及び歯科医師は、医療提供施設相互間の機能の分担及び業務の連係に資するため、必要に応じ、医療を受ける者

を他の医療提供施設に紹介し、その診療に必要な限度において医療を受ける者の診療又は調剤に関する情報を他の医療提供施設において診療又は調剤に従事する医師若しくは歯科医師又は薬剤師に提供し、及びその他必要な措置を講ずるよう努めなければならない［第1条の4第3項］。そして医療提供施設の開設者及び管理者は、その病院又は診療所を退院する患者が引き続き療養を必要とする場合には、保健医療サービス又は福祉サービスを提供する者と連携を図り、その患者が適切な環境の下で療養を継続することができるよう配慮しなければならない［第1条の4第4項］。

また、医療提供施設の開設者及び管理者は、医療技術の普及及び医療の効率的な提供に資するため、当該医療提供施設の建物又は設備を、当該医療提供施設に勤務しない医師、歯科医師、薬剤師、看護師その他の医療の担い手の診療、研究又は研修のために利用させるよう配慮しなければならないことになっている［第1条の4第5項］。

このような医療の連携は、医療提供だけではなく、医療連携・地域連携クリティカルパスとして、これからの医療、特に地域医療における重要な意味を持つ。

　　＊医療クリティカルパス：医療・診療の内容を評価・改善し、質の高い医療を患者に提供することを目的としたもの。患者を担当する医療従事者は、入院から退院までの計画を立て、各担当者が共通認識を持つ。また患者に対しては、検査予定、治療内容、リハビリテーション計画、退院要件等を一覧表等にして示す。転院や中核病院から退院し、地域の医療施設や介護施設等に患者が移動する場合も同様の情報を提供し、地域で広く共通認識を持った医療を行うことを指す。

なお、平成27年10月からは、医療の安全の確保のため、「医療事故調査・支援センター」［第6条の15］が設置され、医療事故の再発防止により医療の安全を確保することを目的とした医療事故調査制度がスタートした。

② 医療提供施設の定義

(1) 病　　院

本法において病院（一般病院）とは、医師又は歯科医師が、公衆（誰もが診療の対象）又は特定多数人（企業内病院など特定企業の従業員等が診療の対象）のため医業又は歯科医業を行う場所であって、20人以上の患者を入院させるための施設を有するものをいう［第1条の5第1項］。

この場合、患者を入院させるための施設はベッド数ともいうが、診療用に適時患者に提供できるベッド数が20以上あるということであり、職員用の仮眠ベッドや使用不可なものは含まれないと考える（以下の医療提供施設の場合も同様）。

また、病院における主な医療従事者の**標準員数**は、次のようになる［規則第19条］。

医師の標準員数は、精神病床及び療養病床に係る病室の入院患者の数を3をもって除した数と、精神病床及び療養病床に係る病室以外の病室の入院患者（歯科、矯正歯科、小児歯科及び歯科口腔外科の入院患者を除く）の数と外来患者（歯科、矯正歯科、小児歯科及び歯科口腔外科の外来患者を除く）の数を2.5（耳鼻いんこう科又は眼科については、5をもって除した数との和（以下「特定数」という）が52までは3とし、特定数が52を超える場合には当該特定数から52を減じた数を16で除した数に3を加えた数とする。

歯科医師の標準員数は、a. 歯科医業についての診療科名のみを診療科名とする病院にあっては、入院患者の数が52までは3とし、それ以上16又はその端数を増すごとに1を加え、さらに外来患者についての病院の実状に応じて必要と認められる数を加えた数とする。b. a以外の病院にあっては、歯科、矯正歯科、小児歯科及び歯科口腔外科の入院患者の数が16までは1とし、それ以上16又はその端数を増すごとに1を加え、さらに歯科、矯正歯科、小児歯科及び歯科口腔外科の外来患者についての病院の実状に応じて必要と認められる数を加えた数とする。

薬剤師の標準員数は、精神病床及び療養病床に係る病室の入院患者の数を150をもって除した数と、精神病床及び療養病床に係る病室以外の病室の入院患者の数を70をもって除した数と外来患者に係る取扱処方せんの数を75をもって除した数とを加えた数（その数が1に満たないときは1とし、その数に1に満たない端数が生じたときは、その端数は1として計算する）とする。

看護師及び准看護師の標準員数は、療養病床、精神病床及び結核病床に係る病室の入院患者の数を4をもって除した数と、感染症病床及び一般病床に係る病室の入院患者（入院している新生児を含む）の数を3をもって除した数とを加えた数（その数が1に満たないときは1とし、その数に1に満たない端数が生じたときは、その端数は1として計算する）に、外来患者の数が30又はその端数を増すごとに1を加えた数。ただし、産婦人科又は産科においてはそのうちの適当数を助産師とするものとし、また、歯科、矯正歯科、小児歯科又は歯科口腔外科においてはそのうちの適当数を歯科衛生士とすることができるとする。

② 医療提供施設の定義

(2) 診療所

本法において **診療所** とは、医師又は歯科医師が、公衆又は特定多数人のため医業又は歯科医業を行う場所であって、患者を入院させるための施設を有しないもの（**無床診療所**）又は19人以下の患者を入院させるための施設（**有床診療所**）を有するものをいう［第1条の5第2項］。なお、公衆又は特定多数人のため往診のみによって診療に従事する医師は、その住所をもって診療所とみなす［第5条］。なお、第5次医療法改正によって診療所の療養病床以外の病床を一般病床に含むことになったとともに一般病床の入院を48時間を超えないよう管理者に求めた努力義務は廃止され、有床診療所の管理者は、入院患者の病状が急変した場合においても適切な治療を提供することができるよう、その診療所の医師が速やかに診療を行う体制を確保するよう努めるとともに、他の病院又は診療所と緊密な連携を確保するという管理者の義務を設けた。

(3) 地域医療支援病院

国、都道府県、市町村、社会医療法人その他厚生労働大臣の定める者の開設する病院であって、地域における医療の確保のために必要な支援に関する次に掲げる要件に該当するものは、その所在地の都道府県知事の承認を得て **地域医療支援病院** と称することができる［第4条］。

a．他の病院又は診療所から紹介された患者に対し医療を提供し、かつ、当該病院の建物の全部若しくは一部、設備、器械又は器具を、当該病院に勤務しない医師、歯科医師、薬剤師、看護師その他の医療従事者（以下単に「医療従事者」という。）の診療、研究又は研修のために利用させるための体制が整備されていること。
b．<u>救急医療を提供する能力を有すること。</u>
c．地域の医療従事者の資質の向上を図るための研修を行わせる能力を有すること。
d．<u>200以上の患者を入院させるための施設を有すること。</u>
e．その他、法令に規定する施設を有すること。

(4) 特定機能病院

病院であって、次に掲げる要件に該当するものは、厚生労働大臣の承認を得て **特定機能病院** と称することができる［第4条の2］。

a．高度の医療を提供する能力を有すること。

b．高度の医療技術の開発及び評価を行う能力を有すること。
c．高度の医療に関する研修を行わせる能力を有すること。
d．その診療科名中に、内科、外科、精神科、小児科、皮膚科、泌尿器科、産婦人科、産科、婦人科、眼科、耳鼻いんこう科及び放射線科（令第3条の2第1項第1号 ハ又はニ(2)の規定によりこれらの診療科名と組み合わせた名称を診療科名とする場合を除く）、同号ハの規定による脳神経外科及び整形外科、歯科（同項第2号 ロの規定により歯科と組み合わせた名称を診療科名とする場合を除く）並びに法第6条の6第1項の規定による診療科名（同項の規定により厚生労働大臣の許可を受けた診療科名に限る）のうち10以上の診療科名を含むものとする。
e．400以上の患者を入院させるための施設を有すること。
f．その他、法令に規定する施設を有すること。

なお、2016年4月からは、病院であって、臨床研究の実施の中核的な役割を担うことに関し、特定臨床研究に関する計画を立案し、実施する能力を有する等の要件に該当するものとして厚生労働大臣の承認を得られたときは、**臨床研究中核病院**と称することができることとなった。

(5) 助産所

本法において**助産所**とは、助産師が公衆又は特定多数人のためその業務（病院又は診療所においてなすものを除く）を行う場所をいう［第2条第1項］。なお、助産所は、妊婦、産婦又はじよく婦10人以上の入所施設を有してはならない［第2条第2項］。また、助産所の開設者は、厚生労働省令で定めるところにより（原則として病院又は診療所において産科または産婦人科を担当する医師を**嘱託医師**として定めなければならない）［施行規則第15条の2］、嘱託医師及び病院又は診療所を定めて置かなければならない［第19条］。

そして、出張のみによってその業務に従事する助産師については、第8条（開設の届出）、第9条（廃止の届出）等の規定を適用する場合にのみ、その住所をもって助産所とみなすことから［第5条］、嘱託医師を定めておく必要はないとされる。

(6) 介護老人保健施設

本法において**介護老人保健施設**とは、介護保険法［平成9年法律第123号］の規定による介護老人保健施設をいう。

③ 医療提供機関の名称制限

各医療提供機関の **名称制限** については、次のように定められている［第3条］。
a．疾病の治療（助産を含む）をなす場所であって、病院又は診療所でないものは、これに病院、病院分院、産院、療養所、診療所、診察所、医院その他病院又は診療所に紛らわしい名称を付けてはならない。
b．診療所は、これに病院、病院分院、産院その他病院に紛らわしい名称を付けてはならない。
c．助産所でないものは、これに助産所その他助産師がその業務を行う場所に紛らわしい名称を付けてはならない。
d．地域医療支援病院でないものは、これに地域医療支援病院又はこれに紛らわしい名称を付けてはならない。
e．特定機能病院でないものは、これに特定機能病院又はこれに紛らわしい名称を付けてはならない。

④ 医療提供機関の開設手続き （表1参照）

(1) 開設の許可を必要とするとき

　病院を **開設** しようとするとき、医師法による臨床研修等修了医師及び歯科医師法による臨床研修等修了歯科医師でない者が診療所を開設しようとするとき、又は助産師でない者が助産所を開設しようとするときは、開設地の都道府県知事（診療所又は助産所にあっては、その開設地が保健所を設置する市又は特別区の区域にある場合においては、当該保健所を設置する市の市長又は特別区の区長となる）の **許可** を受けなければならない［第7条第1項］。
　　＊2008年4月1日からは、第7条第1項中の助産師の下に「保健師助産師看護師法第15条の2第1項の規定による厚生労働大臣の命令（戒告、3年以内の業務の停止）を受けた者にあっては、同条第3項の規定による登録（保健師等再教育研修終了の登録）を受けた者に限る。以下この条、第8条及び第11条において同じ。」という内容が加わった。
　このように病院の開設や医師・歯科医師でないものの診療所の開設、助産師でないものの助産所の開設を許可制にしたことは、病院の水準を保つためや、企業化の波に便乗する素人による営利などを目的とすることを特に排する目的

第2章 医療法

にあるといえる[1]。

表1　開設の手続き

開設施設	診療所（助産所）	病院
医　師 歯科医師 （助産師）	届　出	許　可
上記以外の者	許　可	許　可

(2) 開設の届出のみを必要とするとき

　医師法による臨床研修等修了医師及び歯科医師法による臨床研修等修了歯科医師又は助産師が、診療所又は助産所を開設したときは、開設後10日以内に、診療所又は助産所の所在地の都道府県知事に **届け出** なければならない［第8条］。

　なお、病院、診療所又は助産所の開設者が、その病院、診療所又は助産所を休止したときは、10日以内に、都道府県知事に届け出なければならない。休止した病院、診療所又は助産所を再開したときも、同様である［第8条の2］。

　このように医師・歯科医師が診療所を、助産師が助産所を開設する場合には、病院の開設に比べて要件が緩和されており、所在地の知事への届出制にとどめている。その理由の一つとして、医師・歯科医師・助産師が営利目的で開設するとは考えにくいからである。

　なお、新規開設に対して、患者の取りあい等を防ぐことなどを目的として、地元医師会等が病床数等を制限するよう求めることは、独占禁止法の違反にあたるとされたケースがある[2]。

　病院を開設した者が、病床数、次の各号a～eに掲げる **病床の種別**（以下「病床の種別」という）その他厚生労働省令で定める事項を変更しようとするとき、又は臨床研修等修了医師及び臨床研修等修了歯科医師でない者で診療所を開設したもの若しくは助産師でない者で助産所を開設したものが、病床数その他厚生労働省令で定める事項を変更しようとするときも、厚生労働省令で定める場合を除き、(1)の許可と同様となる［第7条第2項］。

　　a．精神病床：病院の病床のうち、精神疾患を有する者を入院させるためのものをいう。

---

[1]　穴田秀男監修・口語医事法（1976年）32頁（髙木武執筆分）。
[2]　公取委平成11年10月26日審判審決、元永剛「医師会による医療機関の開設等の制限」（ジュリスト1179号）参照。

b．感染症病床：病院の病床のうち、感染症の予防及び感染症の患者に対する医療に関する法律［平成10年法律第114号］一類感染症、二類感染症、新型インフルエンザ等感染症及び新感染症の患者を入院させるためのものをいう。
c．結核病床：病院の病床のうち、結核の患者を入院させるためのものをいう。
d．療養病床：病院又は診療所の病床のうち、前a〜cに掲げる病床以外の病床であって、主として長期にわたり療養を必要とする患者を入院させるためのものをいう。
e．一般病床：病院又は診療所の病床のうち、前a〜dに掲げる病床以外のものをいう。

また、診療所に病床を設けようとするとき、又は診療所の病床数、病床の種別その他厚生労働省令で定める事項を変更しようとするときは、厚生労働省令で定める場合を除き、当該診療所の所在地の都道府県知事の許可を受けなければならない［第7条第3項］。

⑤ 医療に関する情報の提供等

(1) 医療に関する情報の支援

国や地方公共団体は、医療を受ける者が病院、診療所又は助産所（以下、病院等という）の選択に関して必要な情報を容易に得られるように必要な措置を講じるよう努めなければならない［第6条の2第1項］。また、医療提供施設の開設者及び管理者は、医療を受ける者が保健医療サービスの選択を適切に行えるよう、その医療提供施設の提供する医療について、正確かつ適切な情報を提供するとともに、患者又はその家族からの相談に適切に応ずるよう努めなければならない［第6条の2第2項］。

また国民は、良質かつ適切な医療の効率的な提供に資するよう、医療提供施設相互間の機能の分担及び業務の連携の重要性についての理解を深め、医療提供施設の機能に応じ、医療に関する選択を適切に行い、医療を適切に受けるよう努めなければならない［第6条の2第3項］。

その他、病院等の管理者は、厚生労働省令に定める事項について、その病院等において閲覧できるようにしなければならない（電子情報処理による情報提供

可能)〔第6条の3第1項〕。

(2) 入院患者への情報提供

病院、診療所の管理者は、患者を入院させたときは、厚生労働省令に基づき、その患者の診療を担当する医師又は歯科医師により、次のa～eの事項を記載した書面の作成並びにその患者又は家族への交付及びその適切な説明が行われるようにしなければならない(ただし、短期間の入院や厚生労働省令に定める場合は除く)〔第6条の4〕。

　a．患者の氏名、生年月日及び性別
　b．その患者の診療を主として担当する医師又は歯科医師の氏名
　c．入院の原因となった傷病名及び主要な症状
　d．入院中に行われる検査、手術、投薬その他の治療(入院中の看護及び栄養管理を含む)に関する計画
　e．その他厚生労働省令で定める事項

書面作成については、他の医師や看護師、薬剤師、その他の医療従事者の知見を十分に反映させ、退院にいたっては、退院後の療養に必要な保健医療サービス又は福祉サービスに関する事項を記載した書面の交付や説明を適切に行われるように努め、そのサービスを提供する者との連携も図るよう努めなければならない〔第6条の4第3～5項〕。

このような**診療情報**については、厚生労働省医政局長通知により「診療情報の提供等に関する指針の策定について」(医政発第０９１２００１号2003年9月12日)が出され、その別添「診療情報の提供等に関する指針」によりインフォームド・コンセントの理念や個人情報保護の考え方を踏まえ、医師、歯科医師、薬剤師、看護師その他の医療従事者及び医療機関の管理者の診療情報の提供等に関する役割や責任の内容の明確化・具体化を図ってきた。そこには診療記録の開示には原則応じなければならないことや、医療従事者の診療情報に対する守秘義務等が記載されている。なお、この通知は一部改正され(医政発0917第16号2010年9月17日)診療記録の開示の申し立てに対して、申し立ての理由を尋ねることは不適切である等が加えられた。

(3) 医業等の広告

医業若しくは歯科医業又は病院若しくは診療所に関しては、文書その他いかなる方法によるを問わず、何人も次に掲げるa～mの事項を除くほか、これを

⑤ 医療に関する情報の提供等

広告してはならない［第6条の5］。

　　＊l.とm.については、「医業、歯科医業若しくは助産師の業務または病院、診療所若しくは助産所に関して広告することができる事項」（2007年厚生労働省告示第108号）により、厚生労働大臣の定めによる事項を併記した[(3)]。
- a．医師又は歯科医師である旨
- b．診療科名
- c．病院又は診療所の名称、電話番号及び所在の場所を表示する事項並びに病院又は診療所の管理者の氏名
- d．診療日若しくは診療時間又は予約による診療の実施の有無
- e．法令に基づき指定を受けた病院若しくは診療所又は医師若しくは歯科医師である場合には、その旨
- f．入院設備の有無、病床の種別ごとの数、医師、歯科医師、薬剤師、看護師その他の従業員の員数、その病院又は診療所の施設、設備、又は従業員に関する事項
- g．その病院又は診療所において診療に従事する医師、歯科医師、薬剤師、看護師その他の医療従事者の氏名、年齢、性別、役職、略歴その他の当該医療従事者に関する事項であって医療を受ける者による医療に関する適切な選択に資するものとして厚生労働大臣が定めるもの
- h．患者又はその家族からの医療に関する相談に応ずるための措置、医療の安全を確保するための措置、個人情報の適正な取扱を確保するための措置その他、その病院又は診療所の管理又は運営に関する事項
- i．紹介することができる他の病院若しくは診療所又はその他の保健医療サービス若しくは福祉サービスを提供する者の名称、これらの者とその病院又は診療所との間における施設、設備又は器具の共同利用の状況その他、その病院又は診療所と保健医療サービス又は福祉サービスを提供する者と

---

(3)「医業、歯科医業若しくは助産師の業務又は病院、診療所若しくは助産所に関して広告することができる事項［平成19年厚生労働省告示第108号］」により、医業若しくは歯科医業又は病院若しくは診療所に関する広告については、患者等の利用者保護の観点から医療法その他の規定により制限されてきたが、今般、社会保障審議会医療部会における意見等を踏まえ、「a．患者等が自分の病状等に合った適切な医療機関を選択することが可能となるように」、「b．患者等に対して必要な情報が正確に提供され、その選択を支援する観点から」、従来の医療法や告示のように1つ1つの事項を個別に列記するのでなく、一定の性質を持った項目群ごとにまとめて、「〇〇に関する事項」と規定するいわゆる「包括規定方式」を導入することにより、広告可能な内容を相当程度拡大することとしたものである。2007年4月1日から施行されている。

第 2 章 医 療 法

の連携に関する事項
j．診療録その他の診療に関する諸記録に係る情報の提供、(2)の入院時に作成する書面の交付その他、その病院又は診療所における医療に関する情報の提供に関する事項
k．その病院又は診療所において提供される医療の内容に関する事項（検査、手術その他の治療の方法については、医療を受ける者による適切な選択に資するものとして厚生労働大臣が定めるものに限る）
l．その病院又は診療所に患者の平均的な入院日数、平均的な外来患者又は入院患者の数その他の医療の提供の結果に関する事項であって医療を受ける者による適切な選択に資するものとして厚生労働大臣が定めるもの

ここに規定する厚生労働大臣の定める事項は、次の通りである。
　ア　当該病院又は診療所で行われた手術の件数（ただし、前条各号に掲げる手術に係るものに限る）
　イ　当該病院又は診療所で行われた分娩の件数
　ウ　患者の平均的な入院日数
　エ　居宅等における医療の提供を受ける患者（以下「在宅患者」という）、外来患者及び入院患者の数
　オ　平均的な在宅患者、外来患者及び入院患者の数
　カ　平均病床利用率
　キ　治療結果に関する分析を行っている旨及び当該分析の結果を提供している旨
　ク　セカンドオピニオンの実績
　ケ　患者満足度調査を実施している旨及び当該調査の結果を提供している旨
m．その他前a～l号に順ずるものと厚生労働大臣が定める事項

ここに規定する厚生労働大臣の定める事項は、次の通りとする。
　ア　健康保険病院、健康保険診療所、社会保険病院又は社会保険診療所である旨
　イ　船員保険病院又は船員保険診療所である旨
　ウ　国民健康保険病院又は国民健康保険診療所である旨
　エ　法令の規定又は国の定める事業を実施する病院又は診療所である旨
　オ　当該病院又は診療所における第1条第1号の医療従事者以外の従業者

⑤ 医療に関する情報の提供等

の氏名、年齢、性別、役職及び略歴
カ　健康診査の実施
キ　保健指導又は健康相談の実施
ク　予防接種の実施
ケ　医薬品、医療機器等の品質、有効性及び安全性の確保等に関する法律第2条第17項に規定する治験に関する事項
コ　介護保険法〔平成9年法律第123号〕に基づく介護サービスを提供するための事業所若しくは施設又は法第42条第1項各号（第3号を除く）に掲げる業務（以下この号において「医療法人の付帯業務」という）を専ら行うための施設であり、かつ、病院又は診療所の同一敷地内に併設されているものの名称及び提供する介護サービス又は医療法人の付帯業務
サ　患者の受診の便宜を図るためのサービス
シ　開設者に関する事項
ス　外部監査を受けている旨
セ　財団法人日本医療機能評価機構が行う医療機能評価の結果（個別の審査項目に偏るものを含む）
ソ　財団法人日本適合性認定協会の認定を受けた審査登録機関に登録をしている旨。
前各号に定めるもののほか、都道府県知事の定める事項

(4) 診療科名

診療科名については、法第6条の6第1項の規定にあるように、医療法施行令（昭和23年政令第326号。以下「政令」という）第3条の2で定められた診療科名又は当該診療に従事する医師が厚生労働大臣の許可を受けたものであり、従前から認められてきた診療科名と同一なものであることとされてきたが、現在、広告が可能な診療科名は、2006年の医療法等改正の趣旨にかんがみ、患者や住民自身が自分の病状等に合った適切な医療機関の選択を行うことを支援する観点から、広告可能な診療科名の改正が行われた。具体的に診療科名については、従来、令に具体的名称を限定列挙して規定していたところであるが、この方式を改め、身体の部位や患者の疾患等、一定の性質を有する名称を診療科名とする次のような柔軟な方式に改められた。

① 「内科」「外科」は、単独で診療科名として広告することが可能であるとともに、
② 従来、診療科名として認められなかった事項である

(a)　身体や臓器の名称
　　(b)　患者の年齢、性別等の特性
　　(c)　診療方法の名称
　　(d)　患者の症状、疾患の名称

についても、令第3条の2第1項ハに規定する事項に限り「内科」「外科」と組み合わせることによって、新しい診療科名として広告することが可能である。

③　その他、令第3条の2第2項ニ(1)に定める診療科名である「精神科」、「アレルギー科」、「リウマチ科」、「小児科」、「皮膚科」、「泌尿器科」、「産婦人科」(※)、「眼科」、「耳鼻いんこう科」、「リハビリテーション科」、「放射線科」(※)、「救急科」、「病理診断科」「臨床検査科」「救急科」についても、単独の診療科名として広告することが可能である。

また、これらの診療科名と上記②の(a)から(d)までに掲げる事項と組み合わせることによって、新しい診療科名として広告することも可能である。

　　(※)「産婦人科」については、「産科」又は「婦人科」と代替することが可能。
　　　「放射線科」については、「放射線治療科」又は「放射線診断科」と代替することが可能。

④　標榜できなくなった診療科名

なお、この改正後2008年4月より「神経科」、「呼吸器科」、「消化器科」、「胃腸科」、「循環器科」、「皮膚泌尿器科」、「性病科」、「こう門科」、「気管食道科」は広告することができなくなった。ただし、改正に係る経過措置として、同日前から広告していた診療科名については、看板の書き換え等、広告の変更を行わない限り、引き続き、広告することが認められる。

(5) 麻酔科の標榜

麻酔科の標榜については、厚生労働大臣に必要な申請書を提出し、許可を受けなければ診療科名を広告することはできない。また申請に際し、医師免許を受けた後、2年以上麻酔の業務に従事し、かつ、麻酔の実施を主に担当する医師として気管への挿管による全身麻酔を300症例以上実施した経験を有していることが必要である。

⑥ 医療法人

医療施設の向上には、医師・歯科医師・看護師などの人的要素とともに経済的要素も重要である。従来、事業として利益を追求することは認められなかっ

たことから、特別な法人制度（**医療法人**）を適用して医療施設の永続性を確保しようとしている。このことから、戦後、憲法25条第2項（社会福祉・社会保障・公衆衛の向上・増進）を受けて、病院、医師・歯科医師が3人以上常時勤務する診療所を開設しようとする社団・財団は、医療法人と称することができると規定された［第39条以下］。そして現在では、常勤の医師・歯科医師が1人で法人格を取得できる1人医療法人制が認められ［昭和60年12月27日法律第109号］老人保健施設（現在の介護老人施設）も医療法人を取得できるように［昭和61年12月22日法律第1・6号］改正された。

このうち1人医療法人については、新たに法律の条文が設けられたのではなく、常勤3人以上という従来の制約を削除することによって、常勤医師1人でも法人の設立を可能にしたものである[(4)]。そして平成9年の「法改正」により、宅介護事業等を医療法人の業務に追加するとともに、特定医療法人について事業の実施を認めることになった。

また、医療法人は、都道府県知事の許可を受けなければ設立することはできず［第44条第1項］、その理事長は都道府県知事の許可を受けない限り、医師・歯科医師でなければならないと規定されている［第46条の3］。

なお、2000年の法改正で医療法人の社会的信用の保持等の条件下で収益業務（医薬品販売、おむつ貸与業、配食サービス業等）が認められるようになった。

2006年の第5次医療法改正においては、民間の非営利法人である医療法人も地域医療の担い手として位置づけ、医療計画に位置付けられた「へき地医療」、「小児救急医療」等を担うべき医療法人類型として、「**社会福祉法人**」を創設した。

2014年のいわゆる第6次医療法改正においては、医療法人社団と医療法人財団の合併を認めた。医療法人が経営者の死亡により、相続税の支払い等から医療法人の継続が困難に陥ることなく地域医療に貢献できるよう、医療法人の任意の選択を前提としながら、持分なしの医療法人への移行促進策を講じたものである。

⑦ 病床機能報告制度

本制度は、2014年6月の「地域における医療及び介護の総合的な確保を推進するための関係法律の整備等に関する法律」により、いわゆる第6次医療法

---

(4) メディカル・マネジメント研究会・一人医療法人の設立と運営（1988年）20頁。

改正として、以下の同法第30条の13に基づき、2014年10月から施行された。

> 第30条の13　病院又は診療所であって一般病床又は療養病床を有するもの(以下「病床機能報告対象病院等」という。)の管理者は、地域における病床の機能の分化及び連携の推進のため、厚生労働省令で定めるところにより、当該病床機能報告対象病院等の病床の機能に応じ厚生労働省令で定める区分(以下「病床の機能区分」という。)に従い、次に掲げる事項を当該病床機能報告対象病院等の所在地の都道府県知事に報告しなければならない。
> 　①　厚生労働省令で定める日(次号において「基準日」という。)における病床の機能(以下「基準日病床機能」という。)
> 　②　基準日から厚生労働省令で定める期間が経過した日における病床の機能の予定(以下「基準日後病床機能」という。)
> 　③　当該病床機能報告対象病院等に入院する患者に提供する医療の内容
> 　④　その他厚生労働省令で定める事項
> 2　病床機能報告対象病院等の管理者は、前項の規定により報告した基準日後病床機能について変更が生じたと認められるときとして厚生労働省令で定めるときは、厚生労働省令で定めるところにより、速やかに当該病床機能報告対象病院等の所在地の都道府県知事に報告しなければならない。
> 3　都道府県知事は、前2項の規定による報告の内容を確認するために必要があると認めるときは、市町村その他の官公署に対し、当該都道府県の区域内に所在する病床機能報告対象病院等に関し必要な情報の提供を求めることができる。
> 4　都道府県知事は、厚生労働省令で定めるところにより、第1項及び第2項の規定により報告された事項を公表しなければならない。
> 5　都道府県知事は、病床機能報告対象病院等の管理者が第1項若しくは第2項の規定による報告をせず、又は虚偽の報告をしたときは、期間を定めて、当該病床機能報告対象病院等の開設者に対し、当該管理者をしてその報告を行わせ、又はその報告の内容を是正させることを命ずることができる。
> 6　都道府県知事は、前項の規定による命令をした場合において、その命令を受けた病床機能報告対象病院等の開設者がこれに従わなかつたときは、その旨を公表することができる。

第3章　医療・福祉関係者の資格に関する法規

① 医　師　法［昭和23年7月30日法律第201号］

> **Keyword**
> 臨床研修、医師不足、地域医療支援センター、医師、免許、絶対的欠格事由、相対的欠格事由、品位を損する行為、再教育研修、業務独占、名称独占、診療義務（応召義務）、正当な事由、反射的利益、無診察治療の禁止、守秘義務

(1) 沿　革

　医師の資格と免許は、明治7年に発布された医制によって、初めて法制化され、その後、試験制度の整備と免許制度の確立が図られた。さらに明治39年には医師法(旧)が制定され、その後、社会情勢の緊迫化から、他の医療関係者の法制とともに昭和17年に国民医療法の中に一本化されたものである。

　第2次世界大戦後の昭和23年、国民医療法が廃止されたことから、他の医療関係者の法制とともに分離され、現行の法規となった。その後多くの改正を経て現在にいたっている。特に昭和43年の改正によって、インターン制度が廃止され、臨床研修制度が設けられ、医師の卒業研修は、医師免許取得後の臨床研修によってまかなわれることになった。しかし研修医の待遇や研修内容の見直しから、法改正［平成12年12月6日法律第141号］により、平成16年4月1日から診療に従事する医師は医学部を置く大学の付属病院か厚生労働大臣の指定する病院において2年以上の臨床研修が義務付けられることになった。

　なお、深刻化する地方の医師不足と偏在を打開するため、厚生労働省と文部科学省を中心とする「地域医療に関する関係省庁連絡会議」は、「緊急医師確保対策」による医師養成数の増加推進策として、原則2009年度から9年間医師養成数の暫定的増加（各都府県最大5名、北海道15名）を実施した。また、医師養成数が80名未満である県及び入学定員が80名未満の大学が所在する県において、2008年度から最大20名の医師養成数増を同様に実施している。医療法改正も含めて、医師の養成と配置に関する国全体の取り組みが必要となってきている。

また、2014年10月からは、都道府県がキャリア形成支援と一体になって医師不足や医師の地域偏在の解消を担うため、地域医療支援センター（2011年設置）の機能を医療介護総合確保推進法により、新たに医療法おける位置づけを行った。

(2) 任　　務

医師は高度な専門知識および技能を有して、医療および保健指導を掌ることによって、公衆衛生の向上および増進に寄与し、もって国民の健康な生活を確保することをその任務とする［第1条］。

(3) 免　　許

① 免　許　　医師になるには、医師国家試験に合格し、厚生労働大臣の免許を受けなければならない。この場合の免許とは、「一般的な禁止行為を一定の要件を具備することによって解除されること」を指し、これによって適法に医行為をなすことを得ることを意味している。これは行政行為でいう「許可」に当り、医行為を反復継続する意思をもって行なうことが許されることである。そして、事実上の免許の効力は厚生労働省に備える医籍（いわゆる名簿）に登録することによって生まれることになる。

一般に医療従事者の資格法は、その資格（免許）の取得と法的業務内容を明確にすることを中心に定められている。したがって、医療従事者自身の法的身分を明らかにすることから「医療従事者の身分法」と表現される場合もある。これはもともと民法の親族法と相続法を合わせた上位概念である身分法という文言から使われたと考えられており、現在では民法自体でも封建的法制度のなごりを感じさせることから家族法という文言へほぼ移行している。

したがって医療従事者の場合も「資格法」という文言で、一般的に「免許」と呼ばれる資格内容と法規上の業務内容を中心に理解されることが現行法の趣旨にも合致するものといえる[1]。

② 欠格事由　　次の各事由に該当するときには、免許を与えないか、与えられない場合がある。

絶対的欠格事由（免許が与えられない場合）［a．未成年、b．成年被後見人、c．被保佐人］［第3条］。相対的欠格事由（免許を与えないことがある場合）［a．心身の障害により医師の業務を適正に行うことができない者として厚生労働省

---

(1) 前田和彦「医療従事者と資格法」保健の科学48巻11号（2006年）801頁。

① 医 師 法

令で定めるもの[(2)]、b．麻薬、大麻またはあへんの中毒者、c．罰金以上の刑に処せられた者、d．cに該当するものを除くほか、医事に関し犯罪または不正のあった者（処分されたか否かを問わない）］［第4条］

医師国家試験に合格した者は、厚生労働省に備える医籍に登録することによって、厚生労働大臣から医師免許を受ける。そして厚生労働大臣は、免許を与えたときには医師免許証を交付する。

③ 医籍の登録

医籍の登録事項は［a．登録番号、登録年月日、b．本籍地都道府県名（日本の国籍を有しない者については、その国籍）、氏名、生年月日および性別、c．医師国家試験合格の年月、d．次項④（第7条第2項）の処分に関する事項、e．第7条の2第2項に規定する再教育研修を修了した旨、f．第16条の4第1項に規定する臨床研修を修了した旨、f．その他厚生労働大臣の定める事項］である［施行令第4条］。fの厚生労働大臣の定める事項としては再免許の旨を医籍に登録する［施行規則第2条］等がある。

④ 免許に関する処分および再免許

医師が、第3条の絶対的欠格事由の一つに該当するとき厚生労働大臣は、その免許を取り消さなければならない。また、第4条の相対的欠格事由のいずれかに該当するか、医師としての**品位を損する行為**があったときには、厚生労働大臣は、次に掲げる処分をすることができる［第7条第2項］。

a．戒告
b．3年以内の医業の停止
c．免許の取消し

医師としての品位を損する行為とは、たとえば、瀕死の重傷者に対し不当に高額の治療費を要求したり、患者に対していかがわしい振る舞いをしたり、患者の貧富によって極端に診療内容が違ったり、診療義務違反を繰り返したときなどの場合をいう[(3)]。

また、免許の取消を受けた者が、疾病が治るか、反省の態度が顕著であるときには、厚生労働大臣は再免許を与えることができる（前記a〜cの処分を受けた日から起算して5年を経過しない者を除く）また厚生労働大臣は戒告や3年以内の医業の停止の処分を受けた医師や免許取消処分を受けて再免許を望む医師に対して、医師としての倫理の保持または医師としての具有すべき知識及び

[(2)] 第4条第1号における「厚生労働省令で定める者は、視覚、聴覚、音声機能もしくは言語機能または精神の機能の障害により、医師の業務を適正に行うように当たって必要な認知、判断および意思疎通を適切に行うことができない者としている［規則第1条］。
[(3)] 穴田秀男編・最新医事法学（増補第2版）（1987年）131頁（察篤俊執筆分）。

技能に関する研修として厚生労働省令で定めるもの（以下、**再教育研修**という）を受けるよう命ずることができる［第7条の2第1項］。そして再教育研修を修了した者の申請により医籍に登録し、登録証を交付する［第7条の2第2～3項］。

(4) 業　　務

① 医　業　　医師でなければ、医業をなしてはならず（**業務独占**）、医師でなければ、医師と紛らわしい名称を用いてはならない（**名称独占**）［第17条、18条］。

医業とは、反復継続の意思をもって医行為なすことをいう(4)。なお、その事実上継続反復されることは、必ずしも必要ではない(5)。たとえば、診療設備を整えている、白衣を着て医行為を行う等も反復継続の意思があるものと見なされ、医師免許を有せずに医行為を行えば、医師法違反に問われる可能性がある。

医行為は、法文上では明確にされておらず、判例において大審院以来、幾多の異議が提起されてきた。そして、現在の通説では、「医師の専門的知識技能をもってするのでなければ、保健衛生上危害を生ずるおそれがある行為」とされる。

　　※この医業と医行為については、厚生労働省医政局長の通知がでている（医政発第0726005号平成17年7月26日）。

なお、1997年「医療法の一部改正」による、いわゆるインフォームド・コンセントの努力規定は、医師こそが他の医療従事者の範となるべく実践すべきであり、新たな患者中心の医療への中心課題となっている。

② 診療義務（応召義務）　　診療に従事する医師は正当な事由がなければ診療に応じる義務がある［第19条第1項］。この**診療義務**は公法上の義務であり、私法上の義務（患者に対して負う義務）ではないとされている。したがって、患者自身が医師に診療義務をたてに診察を強制することはできないものである。しかし、この診療義務は罰則がないなど紳士協定的な内容を持つことからも明らかなように、医師が自発的に患者への診療を拒絶しないという意識を持つといった職業倫理的なものとしてとらえるべきである。この場合の**正当な事由**とは、自己が疾病等によって診療が不可能なとき、または手術中等で他の患者から手が離せないなど、社会通念上妥当とされる場合である。単に疲れているとか、そこへいく道路が悪いとか、診療報酬が

---

(4)　大判大正5年2月5日刑録22輯109頁、以来通説となっている。
(5)　磯崎辰五郎＝高島学司・医事・衛生法（1979年）185頁。

①　医　師　法

滞っているというようなことは、正当な事由とはならない[6]と考えるべきである。

　診療義務は、公法上の義務（国に対する義務）であることから、患者が診療を受けられるのは、その義務からの **反射的利益** と考えられている。したがって、診療義務違反を理由に患者側から訴えを起こすことはできない。しかし、正当な事由なく診療に応じないことが度重なるようであれば、医師の品位を損なうとして、本稿(3)④にあるように医師免許の取消しその他処分を命じられることもあり得ることになる。

③　各種証明書の交付義務

出生証明書［戸籍法第49条第3項］、死亡診断書または死体検案書等の交付義務［戸籍法第86条第2項］のことである。「証明書」とは医師が専門的知識に基づいて確認し証明する文書であり、「検案書」とは医師が死体を検案することにより死亡理由その他を記載した文書である。そして、「診断書」とは医師が診断結果に基づいて健康状態を証明する文書になる。

　以上の証明書等は、原則として医師が自らの診察、治療を行なわずに交付することを禁止（**無診察治療の禁止**）している。ただし、診療中の患者が、受診後24時間以内に死亡した場合に交付する死亡診断書については、この限りではない［第20条］。

④　処方せんの交付義務

医師は、患者に対し、治療上薬剤を調剤し、投与する必要があるときには、患者もしくはその看護にあたる者に対し処方せんを交付しなければならない。ただし、処方せんを必要としないと申し出たか、以下の場合に該当するときは、この限りではない。

ａ．暗示的効果を期待する場合において、処方せんを交付することがその目的の達成を妨げるおそれのある場合［第22条第1項1号］。
ｂ．処方せんを交付することが診療または疾病の予後について患者に不安を与え、疾病の治療を困難にするおそれのある場合［2号］。
ｃ．病状の短時間ごとの変化に即応して薬剤を投与する場合［3号］。
ｄ．診断または治療方法の決定していない場合［4号］。
ｅ．治療上必要な応急措置として薬剤を投与する場合［5号］。
ｆ．安静を必要とする患者以外に薬剤の交付を受けることができる者がいない場合［6号］。
ｇ．覚せい剤を投与する場合［7号］。

---

(6)　磯崎辰五郎＝高島学司・前掲200頁。

h．薬剤師が乗り組んでいない船舶内において薬剤を投与する場合［8号］。

　この処方せん交付義務の本来の意味は、現行法が採用している「医薬分業」の制度によるものである。つまり、医師の業務は、診断とそれによる処方せんの交付までであり、薬剤を調剤して患者等に渡し服薬指導等を行うのは、処方せんにしたがって薬剤師が行うものとする制度である[7]。医薬分業率だけで見れば、2014年は68.7％（2014年度日本薬剤師「処方箋受取率の推計」）であるが、実際にはこの制度が全国的に充分に行われているとはいえず、医師と薬剤師の業務上の利害対立または癒着の構図として、医療現場の問題点の一つともなっている。

⑤ 診療録の作成・保存義務　医師は、診療したときは、遅滞なくその診療に関する以下の事項（医師法施行規則第23条）を診療録に記載しなければならない。

　a．診療を受けた者の住所、氏名、性別および年齢。
　b．病名および主要症状。
　c．治療方法（処方および処置）。
　d．診療の年月日。

　診療録（一般に「カルテ」と呼ばれるもの）は、病院または診療所に勤務する医師の診療に関する記録であり、その医師において5年間保存しなければならないと規定されている［第24条第2項］。そして、医師が自宅で診療した場合でも、診療録はその医師自身が保存しなければならないのはもちろんである。また、保存する5年の起算点は、診療録の作成時ではなく、患者の診療がすべて完了した日からとするのが妥当とされている。これは、診療がどのような経過をたどって一応の完了にいたったのかを記載することから明らかなものといえる。

⑥ 守秘義務　医師は正当な事由治療上の必要無しに業務上知りえた他人の秘密を漏らしてはならないとされる。これは医師法上の規定ではなく、刑法上の秘密漏泄罪［刑法第134条第1項］によって義務づけられ、違反した場合には、6カ月以下の懲役または10万円以下の罰金に処せられる。また個人情報保護法の成立により、守秘義務は医療現場でも医療従事者の果たす重要な責務となってきている。

---

(7)　利点としては、かかりつけ薬局において薬歴管理を行えば、複数診療科受診による重複投薬、相互作用の有無の確認ができること、患者が自身の薬の情報を知れること、病院薬剤師の外来調剤業務が減り、本来行うべき入院患者に対する病棟活動が可能になることなどがあげられている。

歯科医師法 [昭和23年7月30日法律第202号]

Keyword
歯科医師、臨床研修

(1) 任　　務

歯科医師は、「厚生労働大臣の免許を受けて、歯科医療および保健指導を業とする者」で、それらを通じ、公衆衛生の向上および増進に寄与し、国民の健康な生活を確保することを任務とするものである［第1条］。

歯科医師も医師同様、高度な専門的知識と技能を有し、医師とならんで国民保健上極めて重要な役割を担っており、その資格と業務について高い水準と厳格な規制を行っている。

(2) 免　　許

歯科医師の免許は、歯科医師国家試験に合格した者に対し、厚生労働大臣が与えることになっている［第2条］。免許は歯科医籍に登録することによって付与されるが未成年者、成年被後見人、被保佐人など絶対的欠格事由のある者には免許が与えられない［第3条］。相対的欠格事由のある者についても、医師同様、免許が与えられない場合がある［第4条］。上記の欠格事由、免許への処分、再免許についても医師法と同様である。

(3) 試　　験

歯科医師国家試験は、臨床上必要な、歯科医学および口腔衛生について、歯科医師として具有すべき知識および技能について行われる。

受験資格要件は原則として、学校教育法に基づく大学において、正規の歯学の課程を修め卒業した者である［第11条第1項］。

また従来、免許取得後の臨床研修制度はなく、1987年度より歯科大学付属病院等で厚生・文部の両省予算で卒業後の歯科医師を対象に臨床研修が行われてきた。しかし、法改正［平成8年6月21日法律第92号］により、免許取得後に1年以上、大学の付属施設である病院等（老人保健施設を含まない）で、臨床研修を行うことが努力規定となった。そしてさらなる法改正（平成12年12月6日法律第141号）により、2006年4月1日から、診療に従事する歯科医師は歯学部または医学部を置く大学の付属病院か厚生労働大臣の指定する病院もしく

は診療所において1年以上の 臨床研修 が義務付けられることになった［第16条の2］。

(4) 業　　務

歯科医師の業務についても、歯科医師以外の歯科医業を禁じている業務独占［第17条］、名称独占［第18条］や、診療義務および診断書交付義務も正当事由がなければ拒否できないことは、医師と同じである。また無診療治療等の禁止、処方せん交付義務、療養方法等保健指導義務、診療録の記載・保存義務、厚生労働大臣の歯科医療等に関する指示など同様である。無資格歯科医業、無診察治療の禁止［第20条］、診療録記載保存義務違反［第23条］等には罰則が設けられているのは医師法と変りない。

◇3◇ 保健師助産師看護師法　［昭和23年7月30日法律第203号］

> **Keyword**
> 保健師、助産師、看護師順、准看護師、相対的欠格事由、
> 再教育研修、療養の世話、診療の補助、臨時応急処置

(1) 目　　的

(以下「保助看法」と略称)

この法律は、保健師助産師及び看護師の資質の向上により、医療および公衆衛生の普及向上をはかるのを目的とする［第1条］。

(2) 定　　義

保健師 とは、「厚生労働大臣の免許を受けて、保健師の名称を用いて、保健指導に従事することを業とする者」をいう［第2条］。

助産師 とは、「厚生労働大臣の免許を受けて、助産又は妊婦、じよく婦若しくは新生児の保健指導を行うことを業とする女子」をいう［第3条］。

看護師 とは、「厚生労働大臣の免許を受けて、傷病者若しくはじよく婦に対する療養上の世話又は診療の補助を行うことを業とする者」をいう［第5条］。

准看護師 とは、「都道府県知事の免許を受けて、医師、歯科医師又は看護師の指示を受けて、前条に規定すること（傷病者若しくはじよく婦に対する療養上の世話又は診療の補助を行うこと）を業とする者」をいう［第6条］。

(3) 免　許

2007年4月より、保健師になろうとする者は、保健師国家試験及び看護師国家試験に、助産師になろうとする者は、助産師国家試験および看護師国家試験に、看護師になろうとする者は、看護師国家試験にそれぞれ合格し、厚生労働大臣の免許を受けなければならない［第7条］。

免許を受けるには、厚生労働省に設置する保健師籍、助産師籍、看護師籍にそれぞれ登録し、准看護師は各都道府県の准看護師籍に登録することになるが、**相対的欠格事由**のある場合は免許が与えられないことがある［第9条］。

以下に相対的欠格事由を示す。

a．罰金以上の刑に処せられた者
b．前号に該当する者を除くほか、保健師、助産師、看護師または准看護師の業務に関し犯罪または不正の行為があった者
c．心身の障害により保健師、助産師、看護師または准看護師の業務を適正に行うことができない者として厚生労働省令で定めるもの
d．麻薬、大麻またはあへんの中毒者

なお、2008年4月からは、前号のa～dのいずれかに該当するか、それぞれの職種としての品位を損するような行為があったときは、厚生労働大臣は、次に掲げる処分をすることができるようになった［第14条］。

a．戒告
b．3年以内の業務の停止
c．免許の取消し

そして、医師等と同様に**再教育研修**による再免許の制度も2008年4月から施行されている。

(4) 業　務

① 保健師　保健師の業務は通常の保健指導といわれるもので、衛生指導、疾病予防の指導、母性、乳幼児の保健衛生、栄養の指導、傷病者の療養補導などであり、臨時応急の手当もできる。傷病者の療養上の指導を行う場合、主治医があればその指示を受け、就業地を管轄する保健所の長の指示があればそれに従わなければならない。また、医師または歯科医師が行うのでなければ、衛生上危害を及ぼすおそれのある行為は禁じられていることから、その程度に達しない場合に限られている。そして、保健師でない者は、保健師又はこれに類似する名称を使用してはならないとされる［第42条の3第1項］。

第 3 章　医療・福祉関係者の資格に関する法規

② 助産師　助産師は、正常な場合の助産、妊婦、じょく婦若しくは新生児の保健指導を行うことができるが、妊婦等に異常があると認めた場合、医師の診療、あるいは立会いのうえ直接の指示を受けなければ業務をなし得ない（臨時応急の手当ては除く。）［第 38 条］。しかし、助産師の業務に当然付随する行為［第 37 条］で、へその緒を切り、浣腸を行い、血圧測定、心音聴診、体盤計の使用などは業務として行える。

　また、業務に従事する助産師は、助産、妊婦、じょく婦若しくは新生児の保健指導の求めがあった場合、正当事由がなければ、これを拒むことはできない。また、分娩介助、死胎の検案をした場合の、出生証明書、死産証明書または死胎検案書の交付の求めがあった時、正当事由がなければ拒否できない［第 39 条］。これは医師、歯科医師の場合と同趣旨である。そして、助産師でない者は、助産師又はこれに類似する名称を使用してはならないとされている［第 42 条の 3 第 2 項］。

③ 看護師　看護師の業務は「療養の世話」と「診療の補助」に大別される［第 5 条］。

　「療養の世話」は、医師の指導は受けるが、行為のすべてに指示を必要とせずに看護師の業務として独立して行なえる業務である。ただし、医師の指示がある場合にはその指示に従わなければならない。

　「診療の補助」は、医師の指示を受けることを正当業務の要件としている。ただし、准看護師は「療養の世話」についても医師・歯科医師・看護師からの指示を必要とする［第 6 条］。したがって、看護助手、ナース・エイド等の名称で呼ばれ、国家資格はないが看護師の業務を手伝う職種の者は、「療養の世話」に関するすべての行為に関して看護師・准看護師の指示による必要がある。そして、この指示を受けずに「療養の世話」を業とすれば保助看法第 31 条または第 32 条違反となるおそれがある。

　また、臨時応急処置は、一時を争うことから医師の指示を待つことなく業務として行うことができる［第 37 条］但書き 1。そして、この臨時応急な手当は、災害、事故などの現場にたまたま居合わせた無資格の一般人も行ってもなんら罪に問われない（刑法第 37 条第 1 項の緊急避難の法理）[8]。

　看護師・准看護師は、「診療の補助」についての業務上の行為に何ら法的な

---

[8]　富田功一・コ・メディカルの医療と法律（1992 年）19 頁［同法第 14 条～22 条］。佐々木養二・医療と刑法（1994 年）14 頁に有資格者の治療行為としては適切な解釈ではないとされているように、あくまでも一般人の応急手当に関する解釈である。

③ 保健師助産師看護師法

制限をおかれていない。しかし、他のコ・メディカルにはその制限がおかれ、各々の業務範囲内の行為であれば、保助看法第31条、第32条違反にはならないことが各々条文に明記されている。

具体的な業務の例をいくつか挙げると、褥瘡(じょくそう)の予防と処置、体位変換、気道の確保、嚥下(えんげ)障害のある患者の食事介助、排便、排尿等いわゆる疾病と生活の関係との適応等のほか、人工呼吸器の操作、ICUなどにおける医療機器の操作等、専門的知識と技術を必要とし、単なる「身の回りの世話」に類する業務も行う。

なお、自ら治療方針を決める、手術、診療放射線の人体照射などは医師の指示があっても行えない（全国的に行われている傾向があり、注意が必要）。また、**静脈注射**については「静脈注射は、薬剤の血管注入による身体に及ぼす影響の甚大なること及び技術的に困難であること等の理由により本来医師又は歯科医師が自ら行うべきもので法第5条に規定する看護婦の業務の範囲を超えるものであると解する（昭和26年9月「保健婦助産婦看護婦法第37条の解釈についての照会」（厚生省医務局長通知））」とされてきたが、医療機関の中では看護職による静脈注射が長きに行われてきた実情があった。

そして近年、やっと法解釈の転換[9]がはかられ、長い間の医療現場の実情と法解釈の乖離が見直され、医師の指示の下に看護職が行う静脈注射は、いわゆる保助看法5条に規定する診療の補助行為の範疇にとして取り扱われることになった。これにより、看護職の静脈注射が診療の補助として認められることになり、さらなる技術的及び安全性の向上が望まれることとなった。

そして、2006年の法改正から看護職全体として保健師、助産師、看護師又は准看護師でない者は、保健師、助産師、看護師又は准看護師、又はこれに類似する名称を使用してはならないとされている（名称独占）[第42条の3第3〜4項]となった。

平成27年10月からは、厚生労働大臣が指定する研修機関において、一定の基準に適合する研修を受け、手順書により行う診療の補助での特定行為が認められた。

　＊特定行為の例：褥瘡の壊死組織の除去、中心静脈カテーテルの抜去、胃ろうチューブ・ボタンの交換　等であり、以下に全38行為を示す。

---

(9) 厚生労働省医政局通知（平成14年9月30日医政発第0930002号）
　　前田和彦「看護師の輸液に際しての注意義務」別冊ジュリスト219号医事法判例[第2版]173頁。

特定行為とは

　特定行為は、診療の補助であり、看護師が手順書により行う場合には、実践的な理解力、思考力及び判断力並びに高度かつ専門的な知識及び技能が特に必要とされる次の38行為である。

　（注）「歯科医行為」の場合は「医師」を「歯科医師」と読み替えるものとする。

特定行為	特定行為の概要
経口用気管チューブ又は経鼻用気管チューブの位置の調整	医師の指示の下、手順書により、身体所見（呼吸音、一回換気量、胸郭の上がり等）及び検査結果（経皮的動脈血酸素飽和度（SpO2）、レントゲン所見等）等が医師から指示された病状の範囲にあることを確認し、適切な部位に位置するように、経口用気管チューブ又は経鼻用気管チューブの深さの調整を行う。
侵襲的陽圧換気の設定の変更	医師の指示の下、手順書により、身体所見（人工呼吸器との同調、一回換気量、意識レベル等）及び検査結果（動脈血液ガス分析、経皮的動脈血酸素飽和度（SpO2）等）等が医師から指示された病状の範囲にあることを確認し、酸素濃度や換気様式、呼吸回数、一回換気量等の人工呼吸器の設定条件を変更する。
非侵襲的陽圧換気の設定の変更	医師の指示の下、手順書により、身体所見（呼吸状態、気道の分泌物の量、努力呼吸の有無、意識レベル等）及び検査結果（動脈血液ガス分析、経皮的動脈血酸素飽和度（SpO2）等）等が医師から指示された病状の範囲にあることを確認し、非侵襲的陽圧換気療法（NPPV）の設定条件を変更する。
人工呼吸管理がなされている者に対する鎮静薬の投与量の調整	医師の指示の下、手順書により、身体所見（睡眠や覚醒のリズム、呼吸状態、人工呼吸器との同調等）及び検査結果（動脈血液ガス分析、経皮的動脈血酸素飽和度（SpO2）等）等が医師から指示された病状の範囲にあることを確認し、鎮静薬の投与量の調整を行う。
人工呼吸器からの離脱	医師の指示の下、手順書により、身体所見（呼吸状態、一回換気量、努力呼吸の有無、意識レベル等）、検査結果（動脈血液ガス分析、経皮的動脈血酸素飽和度（SpO2）等）及び血行動態等が医師から指示された病状の範囲にあることを確認し、人工呼吸器からの離脱（ウィーニング）を行う。
気管カニューレの交換	医師の指示の下、手順書により、気管カニューレの状態（カニューレ内の分泌物の貯留、内腔の狭窄の有無等）、身体所見（呼吸状態等）及び検査結果（経皮的動脈血酸素飽和度（SpO2）等）等が医師から指示された病状の範囲にあることを確認し、留置されている気管カニューレの交換を行う。

③ 保健師助産師看護師法

一時的ペースメーカの操作及び管理	医師の指示の下、手順書により、身体所見（血圧、自脈とペーシングとの調和、動悸の有無、めまい、呼吸困難感等）及び検査結果（心電図モニター所見等）等が医師から指示された病状の範囲にあることを確認し、ペースメーカの操作及び管理を行う。
一時的ペースメーカリードの抜去	医師の指示の下、手順書により、身体所見（血圧、自脈とペーシングとの調和、動悸の有無、めまい、呼吸困難感等）及び検査結果（心電図モニター所見等）等が医師から指示された病状の範囲にあることを確認し、経静脈的に挿入され右心室内に留置されているリードを抜去する。抜去部は、縫合、結紮閉鎖又は閉塞性ドレッシング剤の貼付を行う。縫合糸で固定されている場合は抜糸を行う。
経皮的心肺補助装置の操作及び管理	医師の指示の下、手順書により、身体所見（挿入部の状態、末梢冷感の有無、尿量等）、血行動態（収縮期圧、肺動脈楔入圧（PCWP）、心係数（CI）、混合静脈血酸素飽和度（SvO2※）、中心静脈圧（CVP）等）及び検査結果（活性化凝固時間（ACT）等）等が医師から指示された病状の範囲にあることを確認し、経皮的心肺補助装置（PCPS）の操作及び管理を行う。※：「v」の上に「−」がつく
大動脈内バルーンパンピングからの離脱を行うときの補助の頻度の調整	医師の指示の下、手順書により、身体所見（胸部症状、呼吸困難感の有無、尿量等）及び血行動態（血圧、肺動脈楔入圧（PCWP）、混合静脈血酸素飽和度（SvO2※）、心係数（CI）等）等が医師から指示された病状の範囲にあることを確認し、大動脈内バルーンパンピング（IABP）離脱のための補助の頻度の調整を行う。※：「v」の上に「−」がつく
心嚢ドレーンの抜去	医師の指示の下、手順書により、身体所見（排液の性状や量、挿入部の状態、心タンポナーデ症状の有無等）及び検査結果等が医師から指示された病状の範囲にあることを確認し、手術後の出血等の確認や液体等の貯留を予防するために挿入されている状況又は患者の病態が長期にわたって管理され安定している状況において、心嚢部へ挿入・留置されているドレーンを抜去する。抜去部は、縫合、結紮閉鎖又は閉塞性ドレッシング剤の貼付を行う。縫合糸で固定されている場合は抜糸を行う。
低圧胸腔内持続吸引器の吸引圧の設定及びその変更	医師の指示の下、手順書により、身体所見（呼吸状態、エアリークの有無、排液の性状や量等）及び検査結果（レントゲン所見等）等が医師から指示された病状の範囲にあることを確認し、吸引圧の設定及びその変更を行う。

胸腔ドレーンの抜去	医師の指示の下、手順書により、身体所見（呼吸状態、エアリークの有無、排液の性状や量、挿入部の状態等）及び検査結果（レントゲン所見等）等が医師から指示された病状の範囲にあることを確認し、手術後の出血等の確認や液体等の貯留を予防するために挿入されている状況又は患者の病態が長期にわたって管理され安定している状況において、胸腔内に挿入・留置されているドレーンを、患者の呼吸を誘導しながら抜去する。抜去部は、縫合又は結紮閉鎖する。縫合糸で固定されている場合は抜糸を行う。
腹腔ドレーンの抜去（腹腔内に留置された穿刺針の抜針を含む。）	医師の指示の下、手順書により、身体所見（排液の性状や量、腹痛の程度、挿入部の状態等）等が医師から指示された病状の範囲にあることを確認し、腹腔内に挿入・留置されているドレーン又は穿刺針を抜去する。抜去部は、縫合、結紮閉鎖又は閉塞性ドレッシング剤の貼付を行う。縫合糸で固定されている場合は抜糸を行う。
胃ろうカテーテル若しくは腸ろうカテーテル又は胃ろうボタンの交換	医師の指示の下、手順書により、身体所見（ろう孔の破たんの有無、接着部や周囲の皮膚の状態、発熱の有無等）等が医師から指示された病状の範囲にあることを確認し、胃ろうカテーテル若しくは腸ろうカテーテル又は胃ろうボタンの交換を行う。
膀胱ろうカテーテルの交換	医師の指示の下、手順書により、身体所見（ろう孔の破たんの有無、接着部や周囲の皮膚の状態、発熱の有無等）等が医師から指示された病状の範囲にあることを確認し、膀胱ろうカテーテルの交換を行う。
中心静脈カテーテルの抜去	医師の指示の下、手順書により、身体所見（発熱の有無、食事摂取量等）及び検査結果等が医師から指示された病状の範囲にあることを確認し、中心静脈に挿入されているカテーテルを引き抜き、止血するとともに、全長が抜去されたことを確認する。抜去部は、縫合、結紮閉鎖又は閉塞性ドレッシング剤の貼付を行う。縫合糸で固定されている場合は抜糸を行う。
末梢留置型中心静脈注射用カテーテルの挿入	医師の指示の下、手順書により、身体所見（末梢血管の状態に基づく末梢静脈点滴実施の困難さ、食事摂取量等）及び検査結果等が医師から指示された病状の範囲にあることを確認し、超音波検査において穿刺静脈を選択し、経皮的に肘静脈又は上腕静脈を穿刺し、末梢留置型中心静脈注射用カテーテル（PICC）を挿入する。

③ 保健師助産師看護師法

褥瘡又は慢性創傷の治療における血流のない壊死組織の除去	医師の指示の下、手順書により、身体所見（血流のない壊死組織の範囲、肉芽の形成状態、膿や滲出液の有無、褥瘡部周囲の皮膚の発赤の程度、感染徴候の有無等）、検査結果及び使用中の薬剤等が医師から指示された病状の範囲にあることを確認し、鎮痛が担保された状況において、血流のない遊離した壊死組織を滅菌ハサミ（剪刀）、滅菌鑷子等で取り除き、創洗浄、注射針を用いた穿刺による排膿等を行う。出血があった場合は圧迫止血や双極性凝固器による止血処置を行う。
創傷に対する陰圧閉鎖療法	医師の指示の下、手順書により、身体所見（創部の深さ、創部の分泌物、壊死組織の有無、発赤、腫脹、疼痛等）、血液検査結果及び使用中の薬剤等が医師から指示された病状の範囲にあることを確認し、創面全体を被覆剤で密封し、ドレナージ管を接続し吸引装置の陰圧の設定、モード（連続、間欠吸引）選択を行う。
創部ドレーンの抜去	医師の指示の下、手順書により、身体所見（排液の性状や量、挿入部の状態、発熱の有無等）及び検査結果等が医師から指示された病状の範囲にあることを確認し、創部に挿入・留置されているドレーンを抜去する。抜去部は開放、ガーゼドレナージ又は閉塞性ドレッシング剤の貼付を行う。縫合糸で固定されている場合は抜糸を行う。
直接動脈穿（せん）穿刺法による採血	医師の指示の下、手順書により、身体所見（呼吸状態、努力呼吸の有無等）及び検査結果（経皮的動脈血酸素飽和度（SpO2）等）等が医師から指示された病状の範囲にあることを確認し、経皮的に橈骨動脈、上腕動脈、大腿動脈等を穿（せん）刺し、動脈血を採取した後、針を抜き圧迫止血を行う。
橈骨動脈ラインの確保	医師の指示の下、手順書により、身体所見（呼吸状態、努力呼吸の有無、チアノーゼ等）及び検査結果（動脈血液ガス分析、経皮的動脈血酸素飽和度（SpO2）等）等が医師から指示された病状の範囲にあることを確認し、経皮的に橈骨動脈から穿刺し、内套針に動脈血の逆流を確認後に針を進め、最終的に外套のカニューレのみを動脈内に押し進め留置する。
急性血液浄化療法における血液透析器又は血液透析濾過器の操作及び管理	医師の指示の下、手順書により、身体所見（血圧、体重の変化、心電図モニター所見等）、検査結果（動脈血液ガス分析、血中尿素窒素（BUN）、カリウム値等）及び循環動態等が医師から指示された病状の範囲にあることを確認し、急性血液浄化療法における血液透析器又は血液透析濾過装置の操作及び管理を行う。

持続点滴中の高カロリー輸液の投与量の調整	医師の指示の下、手順書により、身体所見（食事摂取量、栄養状態等）及び検査結果等が医師から指示された病状の範囲にあることを確認し、持続点滴中の高カロリー輸液の投与量の調整を行う。
脱水症状に対する輸液による補正	医師の指示の下、手順書により、身体所見（食事摂取量、皮膚の乾燥の程度、排尿回数、発熱の有無、口渇や倦怠感の程度等）及び検査結果（電解質等）等が医師から指示された病状の範囲にあることを確認し、輸液による補正を行う。
感染徴候がある者に対する薬剤の臨時の投与	医師の指示の下、手順書により、身体所見（尿混濁の有無、発熱の程度等）及び検査結果等が医師から指示された病状の範囲にあることを確認し、感染徴候時の薬剤を投与する。
インスリンの投与量の調整	医師の指示の下、手順書（スライディングスケールは除く）により、身体所見（口渇、冷汗の程度、食事摂取量等）及び検査結果（血糖値等）等が医師から指示された病状の範囲にあることを確認し、インスリンの投与量の調整を行う。
硬膜外カテーテルによる鎮痛剤の投与及び投与量の調整	医師の指示の下、手順書により、身体所見（疼痛の程度、嘔気や呼吸困難感の有無、血圧等）、術後経過（安静度の拡大等）及び検査結果等が医師から指示された病状の範囲にあることを確認し、硬膜外カテーテルからの鎮痛剤の投与及び投与量の調整を行う（患者自己調節鎮痛法（PCA）を除く）。
持続点滴中のカテコラミンの投与量の調整	医師の指示の下、手順書により、身体所見（動悸の有無、尿量、血圧等）、血行動態及び検査結果等が医師から指示された病状の範囲にあることを確認し、持続点滴中のカテコラミン（注射薬）の投与量の調整を行う。
持続点滴中のナトリウム、カリウム又はクロールの投与量の調整	医師の指示の下、手順書により、身体所見（口渇や倦怠感の程度、不整脈の有無、尿量等）及び検査結果（電解質、酸塩基平衡等）等が医師から指示された病状の範囲にあることを確認し、持続点滴中のナトリウム、カリウム又はクロール（注射薬）の投与量の調整を行う。
持続点滴中の降圧剤の投与量の調整	医師の指示の下、手順書により、身体所見（意識レベル、尿量の変化、血圧等）及び検査結果等が医師から指示された病状の範囲にあることを確認し、持続点滴中の降圧剤（注射薬）の投与量の調整を行う。
持続点滴中の糖質輸液又は電解質輸液の投与量の調整	医師の指示の下、手順書により、身体所見（食事摂取量、栄養状態、尿量、水分摂取量、不感蒸泄等）等が医師から指示された病状の範囲にあることを確認し、持続点滴中の糖質輸液、電解質輸液の投与量の調整を行う。

持続点滴中の利尿剤の投与量の調整	医師の指示の下、手順書により、身体所見（口渇、血圧、尿量、水分摂取量、不感蒸泄等）及び検査結果（電解質等）等が医師から指示された病状の範囲にあることを確認し、持続点滴中の利尿剤（注射薬）の投与量の調整を行う。
抗けいれん剤の臨時の投与	医師の指示の下、手順書により、身体所見（発熱の程度、頭痛や嘔吐の有無、発作の様子等）及び既往の有無等が医師から指示された病状の範囲にあることを確認し、抗けいれん剤を投与する。
抗精神病薬の臨時の投与	医師の指示の下、手順書により、身体所見（興奮状態の程度や継続時間、せん妄の有無等）等が医師から指示された病状の範囲にあることを確認し、抗精神病薬を投与する。
抗不安薬の臨時の投与	医師の指示の下、手順書により、身体所見（不安の程度や継続時間等）等が医師から指示された病状の範囲にあることを確認し、抗不安薬を投与する。
抗癌剤その他の薬剤が血管外に漏出したときのステロイド薬の局所注射及び投与量の調整	医師の指示の下、手順書により、身体所見（穿刺部位の皮膚の発赤や腫脹の程度、疼痛の有無等）及び漏出した薬剤の量等が医師から指示された病状の範囲にあることを確認し、副腎皮質ステロイド薬（注射薬）の局所注射及び投与量の調整を行う。

出典：厚生労働省HP「特定行為とは」より

④ 薬剤師法 ［昭和35年8月10日法律第146号］

Keyword
薬剤師、共用試験、調剤に従事する薬剤師、疑義照会、服薬指導、薬局開設者

(1) 定　義

は、調剤、医薬品の供給、その他薬事衛生をつかさどり、公衆衛生の向上および増進に寄与することを任務［第1条］とし、調剤業務［第19条］、処方せんによる調剤［第23条］、医薬品、医療機器等の品質、有効性及び安全性の確保等に関する法律第2条第7項の規定等からして、薬剤師とは「厚生労働大臣の免許を受けて［第2条］医師、歯科医師、獣医師の処方せんにより販売または授与の目的で調剤をなすことができる者」であるということができる。

(2) 資格要件

薬剤師の免許を受けるには、学校教育法に基づく大学において薬学の正規の

課程を修め卒業した者［第15条］で、厚生労働大臣の行う薬剤師国家試験に合格し［第3条］、欠格事由に該当せず［第4条、第5条］、厚生労働省の薬剤師名簿に登録［第6条］することによって免許証が交付される［第7条第2項］。

＊薬剤師名簿の登録内容は法10条と関わる政令（施行令第4条等）および規則第2条等から次のa〜hに掲げるものである。

a．登録番号及び登録年月日
b．本籍地都道府県名（日本の国籍を有しない者については、その国籍）、氏名、生年月日及び性別
c．薬剤師国家試験合格の年月
d．薬剤師が、成年被後見人または被保佐人になった時の免許取り消し、相対的欠格事由への該当や薬剤師として品位を損するような行為により処分を受けた事項
e．再教育研修を修了した旨
f．再免許の場合には、その旨
g．薬剤師免許証（以下「免許証」という）を書換交付し、又は再交付した場合にその旨並びにその理由及び年月日
h．登録の消除をした場合には、その旨並びにその理由及び年月日

なお、2006年4月から薬学部は6年制に移行し、臨床に主体を置くことから、5年生時の実務実習（病院11週間、薬局11週間）に出るためには、すでに医学部・歯学部で行われている共用試験と同様に4年生時に全国共通で実施する薬学 共用試験（技能・態度を評価するOSCE、知識を評価するCBT）に合格することが要件となるなど、より実践的な薬剤師の養成が行われるようになった。

(3) 業務内容

薬剤師の業務を述べると、調剤に従事する薬剤師は調剤の求めがあった場合、正当な理由がなければ、これを拒んではならない［第21条］としている。この場合「調剤に従事する薬剤師」は現に薬局、病院、診療所、家畜診療施設の中で調剤する者であって、薬剤の研究所、製薬会社、管理的業務にのみ従事している薬剤師は含まれない。

さらに薬剤師は、医師、歯科医師等の「処方せん」によらなければ、販売または授与の目的で調剤してはならない［第23条第1項］。これは薬剤師も非医師であること、人の生命、身体に対し公衆衛生上危険を生ずるおそれがあるからである。

そして、薬剤師は処方せんの記載に疑義があるとき、その処方せんを交付し

た医師、歯科医師に確認した後でなければ、これを調剤できない（**疑義照会**）［第24条］。調剤が終ったとき、診療施設の名称および所在地、同意を得て医薬品を変更したときは、その内容、疑義については、その回答内容、記名押印調剤年月日など必要事項を処方せんに記入する。当該処方せんが調剤済みとならなかったときは、調剤量を記入しておく［第26条］。販売または授与の目的で調剤した薬剤の容器または薬袋には、処方せんに記載された患者の氏名、用法、用量、調剤年月日、調剤した薬剤師の氏名、調剤した施設の名称や所在地を記入しておく［第25条］。

　また患者等への情報の提供と指導として、薬剤師は、調剤した薬剤の適正な使用のため、販売又は授与の目的で調剤したときは、患者又は現にその看護に当たっている者に対し、必要な情報を提供し、及び必要な薬学的知見に基づく指導を行わなければならない（**服薬指導**）［第25条の2］。

　その他 **薬局開設者** は、調剤済みから3年間、処方せんを保存する義務がある［第27条］。更に調剤録を備付ける必要があり［第28条第1項］、患者の氏名、年令、薬名および分量、調剤年月日、調剤量、調剤した薬剤師の氏名、処方せんの発行年月日、処方せんを交付した医師等の住所（処方せんを交付した医師等の勤務する施設の名称と所在地でも可［規則第16条］）、氏名、医師の同意を得て医薬品を変更したときは、その旨、疑義を確かめたときはその内容［第28条第2項・規則第16条］を記載する。

　また、薬剤師は、医療を受ける者の居宅等（居宅その他の厚生労働省令で定める場所をいう）において医師又は歯科医師が交付した処方せんにより、その居宅地等において調剤の業務のうち厚生労働省令で定めるものを行う場合を除き、薬局以外の場所で、販売又は授与の目的で調剤してはならない。ただし、病院、診療所などの調剤所において、その施設で診療に従事する医師若しくは歯科医師の処方せんで調剤する場合、及び災害その他特別の理由により薬剤師が薬局において調剤することができない場合は許される［第22条］。その他、2年ごとの「現況届」の届出義務［第9条］があり、職務上当然に守秘義務がある［刑法第134条参照］。

⑤ 臨床検査技師等に関する法律　［昭和33年4月23日法律第76号］

Keyword

臨床検査技師、検体検査、生理学的検査、衛生検査所

(1) 定　義

　本法において 臨床検査技師 とは、「厚生労働大臣の免許を受けて、臨床検査技師の名称を用いて、医師または歯科医師の指導監督の下に、検体検査 [微生物学的検査、血清学的検査、血液学的検査、病理学的検査、寄生虫学的検査、生化学的検査] および厚生労働省令で定める 生理学的検査 といわれる [心電図検査（体表誘導によるものに限る）、心音図検査、脳波検査（頭皮誘導によるものに限る）、筋電図検査（針電極による穿刺を除く）、基礎代謝検査、呼吸機能検査（マウスピースおよびノーズクリップ以外の装置器具によるものを除く）、脈波検査、超音波検査、熱画像検査、眼振電図検査（冷水若しくは温水、電気又は圧迫による刺激を加えて行うものを除く）、重心動揺計検査、超音波検査、磁気共鳴画像検査、眼底写真検査（散瞳薬を投与して行うものを除く）、毛細血管抵抗検査、経皮的血液ガス分圧検査、聴力検査、基準嗅覚検査及び静脈性嗅覚検査（静脈に注射する行為を除く。）、電気味覚検査及びろ紙ディスク法による味覚定量検査] を行なうことを業とする者」である [第2条]、[規則第1条]。

　　＊聴力検査は、気導により行われる定期的な検査であって、次の掲げる周波数及び聴力レベルによるものを除いたものに限る。
　a．周波数 1000 ヘルツ及び聴力レベル 30 デシベルのもの
　b．周波数 4000 ヘルツ及び聴力レベル 25 デシベルのもの
　c．周波数 4000 ヘルツ及び聴力レベル 30 デシベルのもの
　d．周波数 4000 ヘルツ及び聴力レベル 40 デシベルのもの

(2) 資　格

　臨床検査技師は、厚生労働大臣が行なう国家試験に合格し [第3条]、名簿に登録することによって免許を与えられる [第6条第1項]。そして欠格事由は次のようになる [第4条]。
　a．心身の障害により臨床検査技師の業務を適正に行うことができない者として厚生労働省令で定めるもの
　b．麻薬、あへん又は大麻の中毒者
　c．第2条に規定する検査の業務に関し、犯罪または不正の行為があった者

(3) 業　務

　業務に関し、信用失墜の禁止義務 [第18条]、守秘義務 [第19条]、名称独占 [第20条] 等がある。

⑤ 臨床検査技師等に関する法律

　業務は病院、診療所以外に「衛生検査所」[第20条の3]があり、検査を業とする施設として開設する場合は、厚生労働省令に従い、衛生検査所の所在地の都道府県知事（所在地が保健所を設置する市又は特別区の場合は、市長又は区長）の登録を受けなければならない。
　この衛生検査所の登録制度について、利用者自らが採取した検体について民間事業者が血糖値や中性脂肪などの生化学的検査を行う事業（以下「検体測定事業」という。）については、診療の用に供する検体検査を伴わないことから、診療の用に供さない検体測定事業（検体の生化学的検査）を行う施設を「検体測定室」として、衛生検査所の登録を不要とすることとなった（臨床検査技師等に関する法律第20条の3第1項の規定に基づき厚生労働大臣が定める施設の一部を改正する件（平成26年厚生労働省告示第156号））。これにより、法的位置づけが不明瞭ともされた薬局等で自己採取した検体による生化学的検査が、法的に明確に認められることとなった。
　ただし、医師の診断を伴わない検体測定事業の結果のみをもって、一般の利用者が健康であると誤解する場合もあるため、利用者への健康診断の定期受診の勧奨を求めるとともに、血液に起因する感染症を防止する観点等から、適切な衛生管理や精度管理の在り方等の検体測定事業の実施に係る手続、留意点等を示したガイドライン（検体測定室に関するガイドライン）を定めて行うことになった。
　また、臨床検査技師は、以前から診療の補助として、医師又は歯科医師の指示を受けて採血を行ってきたが、2014年4月医療介護総合確保推進法の成立で2015年4月より臨床査技師の業務である検査と一貫して行うことにより、高い精度と迅速な処理が期待されることから、診療の補助として、医師又は歯科医師の具体的な指示を受けて、以下の検体採取等業務a～eの行為を臨床検査技師が業として行うことが可能となった[第11条・第20条の2、施行令8条の2]。なお、この業務を行うには、あらかじめ、厚生労働大臣が指定する研修を受けなければならない[第32条]。

　a．鼻腔拭い液、鼻腔吸引液、咽頭拭い液その他これらに類するものを採取する行為
　b．表皮並びに体表及び口腔の粘膜を採取する行為（生検のためにこれらを採取する行為を除く。）
　c．皮膚並びに体表及び口腔の粘膜の病変部位の膿を採取する行為
　d．鱗屑、痂皮その他の体表の付着物を採取する行為
　e．綿棒を用いて肛門から糞便を採取する行為

⑥ 診療放射線技師法 ［昭和26年6月11日法律第226号］

Keyword
診療放射線技師、放射線

(1) 定　義

　エックス線医学、装置が輸入されたのが明治後期で、大正時代に入り、エックス線を取扱う技術者が増え、昭和26年には「診療エックス線技師法」が制定された。その後一段と医療の分野に各種の放射線の利用が増大したため、「診療放射線技師および診療エックス線技師法」［昭和43年5月23日法律第63号］に法改正されたが、その後診療エックス線技師の養成が行なわれなくなり、この制度を診療放射線技師法に改め今日に至っている。この法律で「<u>診療放射線技師</u>」とは、「厚生労働大臣の免許を受けて、医師または歯科医師の指示の下に、放射線を人体に対して照射（撮影を含み照射機器または放射線同位元素（その化合物および放射性同位元素またはその化合物の含有物を含む）を人体内に挿入して行なうものを除く。以下同じ）することを業とする者」をいう［第2条第2項］。この法律で「<u>放射線</u>」とは次に掲げる電磁波又は粒子線をいう。

　　ａ．アルファ線およびベータ線
　　ｂ．ガンマ線
　　ｃ．百万電子ボルト以上のエネルギーを有する電子線
　　ｄ．エックス線
　　ｅ．その他政令で定める電磁波または粒子線である［第2条第1項］。

(2) 資格要件と業務内容

　診療放射線技師は、厚生労働大臣の行なう国家試験に合格し、診療放射線技師籍に登録し免許を受けた者であるが、資格要件についても他の医療関係者同様、厳正な規制をうけている。また、これら関係者は業務を行うにあたって以下のような規制がある。<u>人体に対する照射は、医師または歯科医師の具体的な指示を受けて行う</u>［第26条第1項］。なお、平成5年より、医師または歯科医師の指示の下診療の補助として磁気共鳴画像診断装置および政令で定める画像診断装置（眼底写真撮影装置（散瞳薬を投与した者の眼底を撮影するものを除く）、超音波診断装置、核医学診断装置を用いた検査が業務に加わり［第24条の2］、［令第17条］、さらに守秘義務規定が設けられる［第29条］などの法改正が行わ

⑥ 診療放射線技師法

れた。

業務は原則として病院、診療所において行わなければならない［第26条第2項］。

ただし例外として、医師または歯科医師が診察した患者について、その医師または歯科医師の指示を受け、出張して百万電子ボルト未満のエネルギーを有するエックス線を照射する場合、また集団検診のように多数の者の検診を行なう場合に医師または歯科医師の「立合い」の下に行なう百万電子ボルト未満のエネルギーを有するエックス線を照射するときであるが、この場合の具体的指示とは照射の部位、目的、回数、間隔、線量線等をいう。また診療放射線技師は、放射線を人体に照射したときは、遅滞なく照射録に、指示した医師または歯科医師の署名を受け、a．照射を受けた者の住所、氏名、性別、年令、b．照射の年月日、c．照射の方法（具体的に記載する）、d．指示を受けた医師または歯科医師の氏名および指示の内容を記入しなければならない［第28条1項］、［規則第16条］。

近年、RI検査や消化管撮影等の業務内容と法制度とのギャップ[10]、もともと資格として確立されていないのではとの指摘がなされてきており[11]、今後の抜本的改正が注目されていたが、いわゆる「医療介護総合確保推進法」、「医療法施行令の一部を改正する政令」（平成27年政令第46号）、「診療放射線技師法施行規則及び臨床検査技師等に関する法律施行規則の一部を改正する省令」（平成27年厚生労働省令第18号）により、業務範囲の見直しがなされた。

これにより診療放射線技師法第24条の2第2項において、診療放射線技師の業務（人体に対する放射線の照射及びMRI等を用いた検査）に関連する行為として厚生労働省令で定めるもの（医師又は歯科医師の具体的指示を受けて行うものに限る）が新たに業務範囲に追加され、厚生労働省令で定めるものとして以下の行為が規定された。

① 静脈路に造影剤注入装置を接続する行為（静脈路確保のためのものを除く）、造影剤を投与するために当該造影剤注入装置を操作する行為、当該造影剤の投与が終了した後に抜針及び止血を行う行為
② 下部消化管検査のために肛門にカテーテルを挿入する行為、当該カテー

---

[10] 消化管撮影における造影（補助）機器の人体内への挿入などは、ほとんど診療放射線技師が行っているのが現状である。規制を強化するのか、または現状を容認するのか等、適正な法制度の対応が望まれる。
[11] 「診療放射線技師法の限界を検証する」（日本放射線技師会誌第540号）6頁以下（熊谷和正執筆分）。

第3章　医療・福祉関係者の資格に関する法規

テルから造影剤及び空気を注入する行為
③　画像誘導放射線治療のために肛門にカテーテルを挿入する行為、当該カテーテルから空気を吸引する行為

なお、上記①の「造影剤を投与するために造影剤注入装置を操作する行為」においては、造影剤の血管からの漏出やアナフィラキシーショック等が生じる可能性があるため、診療放射線技師は、医師や看護師等の立会いの下に造影剤注入装置を操作することとされている（医政発0331第2号平成27年3月31日医事課長通知参照）。

なお2014年4月以降、多数の者の健康診断を一時的に行う場合、胸部エックス線検査等（コンピュータ断層撮影装置を用いた検査を除く。）で百万電子ボルト未満のエネルギーを有するエックス線照射は、病院又は診療所以外での業務制限から除かれる等の一定の緩和がなされた［第26条第2項第2号］。

(3) 罰　　　則

守秘義務違反は50万円以下の罰金［第35条］、照射録の作成義務に違反した場合は20万円以下の過料などに処せられる［第37条］ほか、医療監視の際の重点監査項目にもなっている。

理学療法士及び作業療法士法　［昭和40年6月29日法律第137号］

> **Keyword**
> 理学療法士、作業療法士、理学療法、作業療法

(1) 定　　　義

理学療法士 とは、「厚生労働大臣の免許を受けて、理学療法士の名称を用いて、医師の指示の下に、理学療法を行なうことを業とする者」である［第2条第3項］。

作業療法士 とは、「厚生労働大臣の免許を受けて、作業療法士の名称を用いて、医師の指示の下に、作業療法を行なうことを業とする者」である［第2条第4項］。

「**理学療法**」とは、身体に障害のある者に対し、主にその基本的動作能力の回復を図るため、治療体操、その他の運動、電気刺激、マッサージ、温熱その他の物理的手段を加えることをいう［第2条第1項］。

「作業療法」とは、身体または精神に障害のある者に対し、主としてその応用的動作能力または社会的適応能力の回復を図るため、手芸、工作その他の作業を行わせることをいう［第2条第2項］。

(2) 資格要件

免許は、厚生労働大臣が行う国家試験に合格し［第3条］欠格事由もなく［第4条］、厚生労働省に備えてある当該名簿に登録する［第5条］ことによって免許証が交付される［第6条］。免許の取消等処分を行うとき、適正手続の趣旨から当然本人に有利な証拠の提出、弁明の機会を与え、最終的には医道審議会の意見をきいて厚生労働大臣が決定することになる［第7条第1項・第4項］。

(3) 業務内容

理学療法士および作業療法士は、保助看法第31条第1項および第32条の規定にかかわらず診療の補助として、理学療法または作業療法を行うことができ、更に理学療法士は病院または診療所において、医師の具体的指示で、理学療法として、マッサージを行うことができる［第15条第2項］。守秘義務［第16条］名称独占［第17条］の規定がある。

言語聴覚士法［平成9年12月19日法律第132号］

> **Keyword**
> 言語聴覚士、言語訓練

(1) 目的

本法は、言語機能または聴覚に障害のあるものに対する訓練および援助の業務に従事する者の資質の向上およびその業務の適性を図るため、言語聴覚士（スピーチセラピスト、ST）の資格を定め、また、その業務の規律を行うことによって、医療の普及および向上に寄与するものである［第1条］。

(2) 定義

「言語聴覚士」とは、厚生労働大臣の免許を受けて、その名称を用いて音声機能、言語機能、または聴覚に障害のある者について、その機能維持向上を図るため、言語訓練その他の訓練、これに必要な検査および助言、指導その他の

第3章　医療・福祉関係者の資格に関する法規

援助を行うことを業とする者をいう［第2条］。

(3) 資格要件

言語聴覚士になろうとする者は、欠格事由に該当せず、国家試験に合格し、厚生労働省に備えられた言語聴覚士名簿に登録することによって、厚生労働大臣に免許を受けなければならない［第3〜7条］。

(4) 業　務

言語聴覚士は、「保助看法」第31条第1項および第32条の規定に関わらず、診療の補助として、医師または歯科医師の指示のもとに嚥下訓練、人工内耳の調整その他厚生労働省令で定める行為を業とすることができる［第42条第1項］。厚生労働省令で定める業務は、以下の通りである［規則第22条1］。

　a．機器を用いる聴力検査（気導により行われる定性的な検査で次に掲げる周波数および聴力レベルによるものを除く）
　　イ．周波数1000ヘルツおよび聴力レベル30デシベルのもの
　　ロ．周波数4000ヘルツおよび聴力レベル25デシベルのもの
　　ハ．周波数4000ヘルツおよび聴力レベル30デシベルのもの
　　ニ．周波数4000ヘルツおよび聴力レベル40デシベルのもの
　b．聴性脳幹反応検査
　c．音声機能に係る検査および訓練（他動運動もしくは抵抗運動を伴うもの、または薬剤もしくは器具を使用するものに限る）
　d．言語機能に係る検査および訓練（他動運動もしくは抵抗運動を伴うもの、または薬剤もしくは器具を使用するものに限る）
　e．耳型の採型
　f．補聴器装用訓練

なお、言語聴覚士の業務は名称独占である［第45条］。そして守秘義務も課されている［第44条］。

⟨9⟩ 視能訓練士法　［昭和46年5月20日法律第64号］

Keyword

視能訓練士、矯正訓練、検査

⑨ 視能訓練士法

(1) 目　　的

　弱視、斜視等の機能障害は、従来は治療法もないとされ、患者自身はもとより、眼科医も関心を示すことは少なかったが、医学、医療技術の進歩により、その治療方法も再認識されるようになった。その結果、治療には長期間を要し、そのうえ、必ずしも医師が直接行う必要もないことから、専門家を養成し、矯正訓練に従事させ、もって医療の普及および向上に寄与することを目的とするものである［第1条］。

(2) 定　　義

　視能訓練士とは、「厚生労働大臣の免許を受けて、視能訓練士の名称を用いて、医師の指示の下に、両眼視機能に障害のある者に対する、その両眼視機能の回復のための矯正訓練およびそれに必要な検査を行なうことを業とする者」である［第2条］。

(3) 資格要件

　免許は、視能訓練士国家試験に合格し［第3条］、欠格事由もなく［第4条］、厚生労働省に備える名簿に登録することにより厚生労働大臣の免許が与えられる［第6条］。

　免許の取消等、厚生労働大臣は処分の決定に先立って、適正手続に基づきあらかじめ本人に通知し、有利な証拠の提出、弁明の機会を与えなければならない［第8条］。

(4) 業務内容

　視能訓練士の業務は、(2)定義で大枠を述べたが、一般に医師の指示の下に行なわれる。厚生労働省令［規則第15条］で定める**矯正訓練**（抑制除去訓練法、異常対応矯正法、眩惑刺激法、残像法）および**検査**（散瞳薬の使用、眼底写真撮影、網膜電図検査、眼球電図検査、眼振電図検査、視覚誘発脳波検査）である。そして眼科に係る検査（人体に影響をおよぼす程度が高い検査として、厚生労働省令で定めるものを除く）［第17条］。医師の具体的な指示を受けなければ、厚生省令で定める矯正訓練又は検査を行ってはならない［第18条］。第17条第1項厚生労働省令により禁止されている検査は、涙道通水通色素検査（色素を点眼するものを除く）である。また視能訓練士は、「保助看法」の規定にかかわらず診療の補助として矯正訓練およびこれに必要な検査ができる［第17条第2項］。守秘

義務［第19条］、名称の使用制限（名称独占）［第20条］があるのは、他の医療従事者と同様である。

⑩ 臨床工学技士法［昭和62年6月2日法律第60号］

> **Keyword**
> 臨床工学技士、生命維持管理装置

(1) 目　的

近年医療の分野における医用機器の発達はめざましいものがある。医療の高度化と、それに伴って医用機器も高度化することも当然であるが、これらがもたらす危険もまた予測しがたいものがある。こうした高機能をもつ医療機器は医師の適切な指導の下に、これを専門とする技術者によって操作が行われることが、むしろ望ましいことであり、同時に必要なことである。

(2) 定　義

臨床工学技士とは、「厚生労働大臣の免許を受けて、臨床工学技士の名称を用いて、医師の指示の下に、生命維持管理装置の操作（生命維持管理装置の先端部の身体への接続または身体からの除去であって政令［令第1条］で定めるものを含む、以下同じ）および保守点検を行なうことを業とする者」をいう［第2条第2項］。

この法律で、「生命維持管理装置」とは、人の呼吸、循環または代謝の機能の一部を代替し、または補助することが目的とされている装置をいう［第2条第1項］。その例として、人工呼吸器、高気圧治療装置、人工心肺装置、補助循環装置、体外式ペースメーカー、除細動器、血液透析装置等がある。

(3) 資格要件

臨床工学技士は国家試験に合格し、厚生労働大臣の免許を受けた者であるが、免許は欠格事由がない者［第4条］で厚生労働省の臨床工学技士名簿に登録することにより免許証が交付される［第6条］。免許の取消し等、他の医療関係者とほぼ同様で、厚生労働大臣は処分を行うとするとき、適正手続の趣旨から自己に有利な証拠の提出、弁明の機会を与えなければならない［第7条］。

(4) 業務内容

臨床工学技士の業務は、名称の使用停止を命ぜられている場合を除き、「保助看法」第31条第1項および第32条の規定にかかわらず、診療の補助として、生命維持管理装置の操作を行うことを業とすることができる［第37条］。

医師の具体的指示を受ける厚生労働省令で定める生命維持管理装置の操作は、
- a．身体への血液、気体または薬剤の注入
- b．身体から血液または気体の抜き取り（採血を含む）
- c．身体への電気的刺激の負荷

である［規則第32条］。

(5) 業務の連携

臨床工学技士は、その業務を行なうに当って、医師その他医療関係者との緊密な連携を図り、適正な医療の確保に努めなければならない［第39条］。臨床工学技士は、医療施設の中枢である手術室、ICU（集中治療室）、CCU（冠状動脈疾患管理室）、救急救命センター等で、「生命維持装置」を操作する場合が多いのであるから、チーム医療を前提とする体制から当然のことである。

11 歯科衛生士法［昭和23年7月30日法律第204号］

Keyword
歯科衛生士、歯科診療の補助

(1) 定義

歯科衛生士は、「厚生労働大臣の免許を受けて、歯科医師（歯科医業をなすことのできる医師を含む。以下同じ）の指導の下に、歯牙及び口腔の疾患の予防処置として次に掲げるa、bの行為を行うことを業とする者をいう［第2条第1項］。
- a．歯牙露出面及び正常な歯茎の遊離縁下の付着物及び沈着物を機械的操作によって除去すること
- b．歯牙及び口腔に対して薬物を塗布すること

そして保助看法第31条第1項及び第32条の規定にかかわらず、歯科診療の補助をなすことを業とすることができる［第2条第2項］。

また、前2項に規定する業務のほか、歯科衛生士の名称を用いて、歯科保健指導をなすことを業とすることができる［第2条第3項］。

(2) 資格要件

歯科衛生士になろうとする者は、歯科衛生士試験に合格し、欠格事由もないとき、厚生労働省に備える歯科衛生士名簿に登録することにより厚生労働大臣の免許が交付される［第4条、第5条］。また品位を損なうような行為があったとき等、業務の停止等の処分が行われる。厚生労働大臣は処分を行うにあたって、適正手続に基づいて本人に証拠の提出、弁明の機会を与え公正を期す必要がある。

(3) 業務内容と禁止事項

歯科衛生士の業務は、歯牙、口腔の疾患予防のため、歯科医師の指導の下に行なう歯石等の除去およびフッ素等薬物の塗布ならびに**歯科診療の補助**を行なうことである。

歯科疾患の予防処置として行われる歯石等の除去および薬物の塗布は免許をもたない者が業として行うことを禁止されている、いわゆる業務独占である［第13条］。また補助業務について、「保助看法」第37条同様、「歯科衛生士は、歯科診療の補助をなすに当っては、主治の歯科医師の指示のあった場合を除くほか、診療機械を使用し、医薬品を授与し、又は医薬品について指示をなし、その他歯科医師が行うのでなければ衛生上危害を生ずるおそれのある行為をしてはならない。ただし、臨時応急の手当をすることは、さしつかえない」［第13条の2］としている。守秘義務も課されている［第13条の6］。

判例、行政通達で、インレー、冠の装着、ワクスパターンの埋没。自ら患者の主訴を聞きカルテに記入すること。エックス線の人体照射、かどう形成、根管治療、抜髄（大阪高判昭55年1月31日刑裁月報12巻10号）等は、たとえ歯科医師の指示があっても為し得ない業務である（疑義照会回答昭41年8月15日歯23）。

＊歯科のエックス線撮影を歯科衛生士が行う例がみられるが、本来禁止事項であり、別途研修を以て業務との整合性の中で撮影が許されるなど、患者の利便性だけではなく、医療安全の面からも法制度の介入が望まれる。

なお本法に関連して、平成23年に「歯科口腔保健の推進に関する法律」［平成23年8月10日法律第95号］が制定され、国民の日常生活における歯科疾患の予防に向けた取組が口腔の健康の保持に極めて有効であることから、歯科疾

患の予防等による口腔の健康の保持（「歯科口腔保健」という）の推進が目指されることになった。

⑫ 救急救命士法　[平成3年4月23日法律第36号]

(1) 目　的

> **Keyword**
> 救急医療、救急救命士、自動体外式助細動器（AED）、
> 静脈路確保、気道確保、薬剤の投与

救急医療（Emergency Medical Service）体制は、近年かなり整備されてきたとはいえ、欧米に比べて、いまだ後進性を伴っていると指摘されている。本来救急医療とは、「緊急に医療を必要とするとき、これに的確に対応する医療サービス」である。地域における救急医療のシステムは従来から、1次医療（Primary care）、2次医療（Secondary care）、3次医療（Tertiary care）であり、救急救命士の誕生は、特に3次医療を念願においたものと考えられる。かつて救急隊員が行なえる救急救命処置の基準［昭和53年7月1日消防庁告示第2号］は、胸骨圧迫心マッサージ・人工呼吸器、エアーウェイなどを用いた気道確保、酸素吸入などだけであった。したがって、アメリカ、カナダ、ドイツなどのように重症救急患者に対して、発生現場または搬送中において必要な手当を行うための教育を受けた隊員により、気管内挿管、静脈輸液路の確保、循環系薬剤の投与、心電図の解読、除細動など、一定範囲で行うことができることが必要視されるものとなったのである。このことから救急車等の搬送途上での救急救命処置を行うことのできるコ・メディカルの資格制度が必要となり、1991年に本法が制定された。

(2) 定　義

本法による救急救命処置とは、症状が著しく悪化するおそれがあり、生命が危険な状態にある傷病者（重度傷病者）が病院または診療所に搬送されるまでの間に、その重度傷病者に対して行われる気道確保、心拍の回復その他の処置であって、重度傷病者の症状の著しい悪化を防止し、または生命の危険を回避するために緊急に必要なものをいう［第2条第1項］。

本法による**救急救命士**とは、厚生労働大臣の免許を受け、救急救命士の名

称を用いて、医師の指示のもと、救急救命処置を行うことを業とするものをいう［第2条第2項］。

(3) 免　　許

　救急救命士の免許は、救急救命士国家試験に合格し［第3条］、厚生労働省に備えられている名簿に登録することによって行う［第6条］。

　また、a．罰金以上の刑に処せられたもの、b．aの者を除くほか救急救命士の業務に関し犯罪または不正の行為があった者、c．心身の障害により救急救命士の業務を適正に行うことができない者として厚生労働省令で定める者、d．麻薬、大麻、またはあへんの中毒者には免許を与えないことがある［第4条］。

　厚生労働大臣は、第4条のいずれかに該当するに至ったときは、その免許を取り消し、または期間を定めて救急救命士の名称の使用の停止を命ずることができる［第9条第1項］。

　免許を失ったものが再び免許を与えるのが適当であると認められるに至ったときは、再免許を与えることができる。この場合においては、第6条の規定を準用する［第9条第2項］。

(4) 業　　務

　救急救命士は、「保助看法」第31条第1項および第32条の規定にかかわらず、診療の補助として救急救命処置を業として行うことができる。しかし救急救命士の名称使用の停止（相対的欠格事由により）を命じられている者は［第9条第1項］救急救命処置を業務として行うことはできない［第43条］。

　以前は、特定3行為の拡大が課題となっていたが、2000年5月の「病院前救護体制のあり方に関する検討会」の報告では、電気的除細動については、地域でメディカルコントロール体制を確立することを前提とすることが医学的検地から適当とされた。

　医師の具体的指示がなければ厚生労働省令に定める救急救命処置は行なえず、救急用自動車（いわゆる救急車）の中以外ではその業務を行なえないとしている。しかし、病院等への搬送のため、重度傷病者を救急用自動車まで運ぶに際して、必要があれば救急救命処置を行うことができるものとされる。そして**自動体外式助細動器(AED)**は、2003年より、ようやく救急救命士に医師の指示がなくても使用が許され、2004年7月からは一般市民の使用も許されるようになった。

⑬ あん摩マツサージ指圧師、はり師、きゅう師等に関する法律

現在、厚生労働省令に定める救急救命処置とは、生命が危険な状態にある傷病者のうち、心肺機能停止状態の患者に対して行う以下のa～cの行為をいう[規則第21条]。

a．厚生労働大臣の指定する薬剤を用いた **静脈路確保** のための輸液（乳酸リンゲル液）。
b．厚生労働大臣の指定する器具による **気道確保**（ラリンゲアルマスク、エアウェイ）。
c．厚生労働大臣の指定する **薬剤の投与**。

＊救急救命士の処置範囲拡大：気道確保に関しては2004年7月から認定取得者には気管挿管が認められるようになった。また薬剤投与に関しては、2006年4月から薬剤投与認定取得者に強心剤としてアドレナリン（エピネフリン）投与が認められた（厚生労働大臣の指定する薬剤［2005年3月10日厚生労働省告示第65号］）。

⑬ あん摩マツサージ指圧師、はり師、きゅう師等に関する法律
［昭和22年12月20日法律第217号］

Keyword

あん摩マツサージ指圧師、はり師、きゅう師、施術者、施術所、施術

あん摩マツサージ指圧師、はり師、きゅう師等に関する法律は、昭和63年5月31日法律第71号により大幅に改正され、平成2年4月1日から施行された。

近年では、職種としての意識の高まりから、従来からの厚生省医務局長回答「医収昭和25年2月16日第97号」や医業類似行為に関する判決（仙台高裁昭和29年6月29日）による「医師法第17条「医業」の一部と見做される。」、「あん摩、はり、きゅう、柔道整復等営業法第1条の規定は、医師法第17条に対する特別法的規定」、「医業類似行為とは疾病の治療又は保健の目的を以て光線器械、器具その他の物を使用し若しくは応用し、又は四肢若しくは精神作用を利用して施術する行為であって、他の法令において認められた資格を有するものが、その範囲内でなす診療又は施術でないもの」といった行政の解釈の文言を再認識し、職種としての責任感や専門職意識の向上が見られている。法的に明確に記述されるための議論が必要になってきているといえる。

(1) 定　義

あん摩マッサージ指圧師 とは、「厚生労働大臣の免許を受けて、あん摩、マッサージまたは指圧を業とする者」をいう［第1条、第2条］。

はり師 とは、「厚生労働大臣の免許を受けて、はりを業とする者」をいう［第1条、第2条］。

きゅう師 とは、「厚生労働大臣の免許を受けて、きゅうを業とする者」をいう［第1条、第2条］。

(2) 資格要件

免許は厚生労働大臣が行う国家試験に合格し［第2条］、厚生労働省に備える、あん摩マッサージ指圧師名簿、はり師名簿、きゅう師名簿に登録し［第3条の2］、免許証を交付する［第3条の3第2項］ことによって業を行うことができる。

(3) 業務と禁止事項

あん摩マッサージ指圧師、はり師、きゅう師（以下「**施術者**」という）は、外科手術を行ない、または薬品を投与し、若しくはその指示をする等の行為はしてはならない［第4条］。これらの行為は医行為であり、当然の禁止規定である。

施術者は、医師の同意を得た場合の外、脱臼または骨折の患部に施術してはならない［第5条］。

はり師の行うとする局部および自己の手指等消毒を施さねばならない［第6条］。これらの違反には罰則が伴う。

施術者の行う業務内容は、またはこれらの**施術所**に関しいかなる方法を問わず、次に掲げる以外の事項について広告できない。a．施術者である旨ならびにその氏名住所、b．施術者の業種、c．施術所の名称、電話番号および所在地、d．施術日または施術時間、e．その他厚生労働大臣の指定する事項（「もみりょうじ」「やいと」「小児鍼（はり）」「えつ」（昭和26年10月9日厚告218号）である［第7条第1項］。これらの事項を広告する場合でも、その内容が施術者の技能、施術方法、経歴に関する事項にわたってはならない［第7条第2項］。

施術者の行う**施術**等の業務は医師等と同じく厚生労働大臣免許にて行われているが、医業とは認識されていない場合があるが、少なくとも独立した医療

専門職が行う「医業の一種」として解釈されることが当然と考えられる[12]。

⑭ 柔道整復師法 [昭和45年4月14日法律第19号]

> **Keyword**
> 柔道整復師、脱臼、骨折、打撲、捻挫等

(1) 定　義

柔道整復師も、あん摩マッサージ指圧師、はり師、きゅう師と同じく医業類似行為者であるといわれてきたが、近年の解釈では、医業の一部を限定的に解除されている職種との意見もあり、法的に明確になるのが期待されるところである。

柔道整復師についても数次の法改正を経て、昭和63年法律第72号で大幅の改正が行われ、平成2年4月1日から施行された。

(2) 資格要件

柔道整復師とは、「厚生労働大臣の免許を受けて、柔道整復を業とする者」をいう［第2条］。

免許を受けようとする者は、柔道整復師国家試験に合格し［第3条］、欠格事由に該当せず［第4条］、厚生労働省に備える柔道整復師名簿に登録［第5条］し、厚生労働大臣により免許証の交付を受ける［第6条］。

免許の取消等［第8条］の事由が生じたとき、適正手続に基づいて厚生労働大臣は本人に対し、弁明の機会を与えたのち、処分を行わねばならない［第7条］。

(3) 業務と禁止事項

柔道整復師の業務は［**脱臼、骨折、打撲、捻挫等**］に対して、その回復を図る施術を業として行うものとされている（この業務範囲は本来のものではないとの批判もある）。

柔道整復師の業務は、柔道整復師の独占業務であるが、外科手術の禁止、薬品の投与、若しくはその指示をする等の行為は禁止されている［第16条］。また医師の同意を得ない脱臼または骨折の患部の施術は禁じている。ただし応急

---

(12) 前田和彦・関係法規（第7版）(2009) 8頁。

手当を行なうときはこの限りではない［第17条］。

なお、診療放射線の使用について、もちろん本法における免許だけで使用することはできないが、診療放射線技師免許と両免許を取得している柔道整復師について、過去に国会において認めようとの動きがあったことから、現在もその取扱いについて諸説出ているものである。

しかし診療放射線自体がその取扱いに少なくない危険性があり、専門的知識と経験が必要となることから、安易に認めることは難しい。そして診療放射線技師にも読影権がないことを考えれば、患者の利便性と安全性が上がる部分を認めても、両免許を持つことを基本条件とし、照射部位を四肢等に限るなどの業務範囲との整合性を取り、医師、診療放射線義等の関係医療従事者が認める研修を課す等の過程を経て、慎重に進めることが必要である。したがって現時点では、両免許を取得していても医師の指示に基づいて、柔道整復師としてではなく、診療放射線技師として照射ができるだけであるが、今後の議論が望まれるところである。

(4) 業務上の義務と広告

守秘義務［第17条の2］、施術所に関する諸届出義務［第19条］、都道府県知事は開設者または柔道整復師に対し、構造設備不適合等の改善命令および使用制限［第22条］、報告義務および立入検査［第21条］、その他広告の制限［第24条］など、さきに述べた、あん摩マッサージ指圧師、はり師、きゅう師の規定とほぼ同じである。

なお、第24条に基づき柔道整復師の広告できる事項は「(a．ほねつぎ、接骨、b．医療保険療養費支給申請ができる旨（脱臼または骨折の幹部の施術に係る申請については医師の同意が必要な旨を明示する場合に限る）、c．予約に基づく施術の実施、d．休日または夜間における施術の実施、e．出張による施術の実施、f．駐車設備に関する事項」と定められている［平成11年3月29日厚告70］。

⑮ 社会福祉士及び介護福祉士法 ［昭和62年5月26日法律第30号］

> **Keyword**
> 社会福祉士、介護福祉士、喀痰吸引、登録

⑮ 社会福祉士及び介護福祉士法

(1) 目　的

　近年社会環境の変化、とりわけ超高齢化社会が一層進むにつれて、身体上あるいは精神上の障害がある者が増加する傾向にある。人口の高齢化によってもたらされるものは、必然的な疾病構造の変化であり、慢性の疾患に偏ってくることになる。このことは、高齢者等、長期にわたって医療と介護等、適切なケアの提供を必要とすることになる。施設の整備はいうまでもないが、自宅（在宅）療養が十分可能な体制作りもまた必要である。このような必要性にかんがみ、その一端を担う医療・福祉従事者として誕生したものが、社会福祉士および介護福祉士である。

(2) 定　義

　本法において、社会福祉士 とは、第28条の登録を受け、社会福祉士の名称を用いて、専門的知識及び技術をもって、身体上若しくは精神上の障害があること又は環境上の理由により日常生活を営むのに支障がある者の福祉に関する相談に応じ、助言、指導、福祉サービスを提供する者又は医師その他の保健医療サービスを提供する者その他の関係者（第47条において「福祉サービス関係者等」という）との連絡及び調整その他の援助を行うこと（第7条及び第47条の2において「相談援助」という）を業とする者をいう［第2条第1項］。

　また、介護福祉士 とは、第42条第1項の登録を受け、介護福祉士の名称を用いて、専門的知識及び技術をもって、身体上又は精神上の障害があることにより日常生活を営むのに支障がある者につき心身の状況に応じた介護（喀痰吸引 その他のその者が日常生活を営むのに必要な行為であって、医師の指示の下に行われるもの（厚生労働省令で定めるものに限る。以下「喀痰吸引等」という）を含む。）を行い、並びにその者及びその介護者に対して介護に関する指導を行うこと（以下「介護等」という）を業とする者をいう［第2条第2項］。

　　＊「介護サービスの基盤強化のための介護保険法等の一部を改正する法律」［平成23年法律第72号］が平成24年4月1日に施行され、その業務内容に喀痰吸引等が追加となり、介護福祉士については、福祉系高等学校等の養成課程において知識、技能を修得し、平成27年4月1日以降、喀痰吸引及び経管栄養を実施できるようになった。また平成24年4月1日以降においても、認定特定行為業務従事者認定証の交付を受けた場合には、喀痰吸引及び経管栄養を実施できるようになった。

第3章 医療・福祉関係者の資格に関する法規

(3) 登　録

　登録は、厚生労働大臣の行なう試験に合格［第4条］し、厚生労働省に備える社会福祉士名簿に登録［第28条］したときは、登録証を交付する。介護福祉士の場合も同じく介護福祉士国家試験に合格し、登録簿に登録［第42条第1項］することによって、登録証を交付する［第30条、第42条第2項］。

　なお、平成19年に成立した「社会福祉士及び介護福祉士法等の一部を改正する法律」［平成19年法律第125号］における介護福祉士の資格取得方法の見直しについては、施行期日が平成24年4月1日から平成27年4月1日に変更され、図1のようになった。

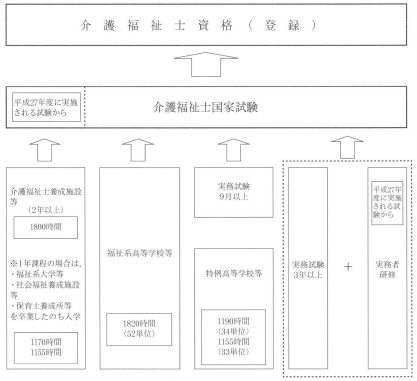

図1　厚生労働省HP 介護福祉士の資格取得方法より

(4) 業務上の義務

　社会福祉士および介護福祉士は、業務に当って、信用失墜行為を禁じ［第45

条]、守秘義務［第46条］があり、名称の使用制限がある［第48条］。更に業務を行うにあたって医師その他、医療関係者との連携を保ちつつ業務の適正を図り、社会福祉の一層の増進に寄与するものとされる。

⑯ 精神保健福祉士法　［平成9年12月19日法律第131号］

> **Keyword**
> 精神保健福祉士、精神障害者の社会復帰、地域相談支援、
> 相談援助、信用失墜行為の禁止

(1) 目　的

日本の精神障害者の入院期間は、他国の一般に比べ、非常に長期に渡り、社会復帰がなかなか難しい状態だといわれてきた。また、ノーマライゼーションの考えからも、地域における自立と社会参加が強く望まれている。

本法は、精神障害者の社会復帰を促進するための相談および援助の業務に従事する者の資質の向上およびその業務に従事する者の業務の適正を図ることを目的とする。

(2) 定　義

本法において **精神保健福祉士** とは、第28条の登録を受け、精神保健福祉士の名称を用いて、精神障害者の保健及び福祉に関する専門的知識及び技術をもって、精神科病院その他の医療施設において精神障害の医療を受け、又は **精神障害者の社会復帰** の促進を図ることを目的とする施設を利用している者の **地域相談支援**（「障害者の日常生活及び社会生活を総合的に支援するための法律」（平成17年法律第123号）第5条第16項に規定する地域相談支援をいう。第41条第1項において同じ）の利用に関する相談その他の社会復帰に関する相談に応じ、助言、指導、日常生活への適応のために必要な訓練その他の援助を行うこと（以下、**相談援助** という）を業とする者をいう［第2条］。

(3) 義　務　等

精神保健福祉士には、以下のような義務および制限がおかれている［第39条〜42条］。

　a．精神保健福祉士の信用を傷つけるような行為をしてはならない（**信用失

誠実行為の禁止）。
b．正当な理由がなく、業務上知り得た秘密を漏らしてはならず、精神保健福祉士でなくなった後も同様である（守秘義務）。
　　＊秘密の内容は社会復帰に関すること等に限らない。
c．業務に当たっては医師等の医療関係者との連携をとり、主治医がいれば、その指導を受けなければならない。また、相談援助に関する資質の向上に努めなければならない。
d．精神保健福祉士ではない者は、その名称を使用してはならない（名称独占）。

第4章 予防衛生に関する法制度

① 感染症の予防及び感染症の患者に対する医療に関する法律
[平成10年10月2日法律第114号]

> **Keyword**
> 新たな感染症、既知の感染症の再興、差別や偏見、医療関係者、獣医療関係者、感染症（一〜五類感染症）、新型インフルエンザ、パンデミック、再興型インフルエンザ、指定感染症、新感染症

(1) 前 文 等

　本法は、伝染病予防法、後天性免疫不全症候群の予防に関する法律および性病予防法を廃止し、総合的な感染症予防に関する法規を定めたものである。従来の予防衛生法規は、人権の配慮について不十分さが以前から指摘されていた。本法は、その点を改善するとともに国際交流の活発化による **新たな感染症** の流入への対策を含めた危機管理上の予防向上も目指し、1999年4月1日より施行された。

　そして、以下の前文を置き、法制定の理念を明らかにしている。なお、前文に具体的にハンセン病患者やAIDS患者（表1参照）へのいわれのない偏見や差別があった事実を記載していることは特徴的である。

　なお、本法は2006年12月8日に生物テロによる感染症や総合的な感染症予防対策推進等のため一部改正が公布され［平成18年法律第106号］、2007年6月1日より全面施行となった。以下本法を「感染症法」という。

> 　**前文**　人類は、これまで、疾病、とりわけ感染症により、多大の苦難を経験してきた。ペスト、痘そう、コレラ等の感染症の流行は、時には文明を存亡の危機に追いやり、感染症を根絶することは、正に人類の悲願と言えるものである。
> 　医学医療の進歩や衛生水準の著しい向上により、多くの感染症が克服されてきたが、新たな感染症の出現や **既知の感染症の再興** により、また、国際交流の進展等に伴い感染症は、新たな形で、今なお人類に脅威を与えている。
> 　一方、我が国においては、過去にハンセン病、後天性免疫不全症候群等の感

第 4 章　予防衛生に関する法制度

> 染症の患者等に対するいわれのない **差別や偏見** が存在したという事実を重く受け止め、これを教訓として今後に生かすことが必要である。
> 　このような感染症をめぐる状況の変化や感染症の患者等が置かれてきた状況を踏まえ、感染症の患者等の人権を尊重しつつ、これらの者に対する良質かつ適切な医療の提供を確保し、感染症に迅速かつ的確に対応することが求められている。
> 　ここに、このような視点に立って、これまでの感染症の予防に関する施策を抜本的に見直し、感染症の予防及び感染症の患者に対する医療に関する総合的な施策の推進を図るため、この法律を制定する。

表 1　2014 年全世界及び地域別状況 UNAIDS ファストシート 2014 年世界の状況

UNAIDS 報告、2014 年 12 月末

地域	HIV 陽性者 総数
サハラ以南アフリカ	2,580 万人 [2,400 − 2,870 万人]
アジア太平洋	500 万人 [450 − 560 万人]
ラテンアメリカ	170 万人 [140 − 200 万人]
カリブ海沿岸	28 万人 [21 − 34 万人]
中東・北アフリカ	24 万人 [15 − 32 万人]
東欧・中央アジア	150 万人 [130 − 180 万人]
西欧・中欧・北アメリカ	240 万人 [150 − 350 万人]
全世界	3,690 万人 [3,430 − 4,140 万人]
日本累計 (AIDS 患者数累計)	16,903 (7,658)

＊日本は厚生労働省エイズ動向委員会「2014 年エイズ発生動向年報」(2015 年 5 月 27 日現在)により、単位は人。

(2)　国、医師等の責務

①　国および地方公共団体は、感染症に対する正しい知識の普及に努め、その予防に係る人材の養成および資質の向上を図るとともに、感染症の患者が良質かつ適切な医療を受けられるように努め、患者の人権にも配慮をしなければ

① 感染症の予防及び感染症の患者に対する医療に関する法律

ならない。また国民は、感染症の正しい知識を持ち、その予防に注意を払い、患者等の人権が損なわれることがないようにしなければならない。そして、医師や他の **医療関係者** は、国や地方公共団体の感染症予防の施策に協力するとともに、患者の置かれている状況を深く認識し、良質かつ適切な医療を行うように努めることを求められる［第3～5条］。

② 獣医師等の責任

獣医師その他の **獣医療関係者** は、感染症の予防に関し国及び地方公共団体が講ずる施策に協力するとともに、その予防に寄与するよう努めなければならない［第5条の2第1項］。また動物やその死体を輸入、保管等を行う動物等取扱業者も動物又はその死体が感染症を人に感染させることがないように、感染症の予防に関する知識及び技術の習得、動物又はその死体の適切な管理その他の必要な措置を講ずるよう努めなければならない［第5条の2第2項］。

(3) 定　義

感染症法は、**感染症** に対して講ずべき措置に応じて5つに分類するとともに、既知の感染症について政令で指定する指定感染症の制度、新型インフルエンザ等感染症、新感染症の制度を設置した。

① 感染症［第6条第2～6項］

a．**一類感染症**：原則として入院等の行動制限を行う（表2参照）。
［エボラ出血熱、クリミア・コンゴ出血熱、痘そう、南米出血熱、ペスト、マールブルグ病、ラッサ熱］をいう。

b．**二類感染症**：状況に応じて入院等の行動制限を行う
［急性灰白髄炎、結核、ジフテリア、重症急性呼吸器症候群（病原体がSARSコロナウイルスであるものに限る）、中東呼吸器症候群（病原体がMERSコロナウイルスであるものに限る）、鳥インフルエンザ（病原体がインフルエンザウイルスA属インフルエンザAウイルスであってその血清亜型が新型インフルエンザ等感染症の病原体に変異するおそれの高いものの血清亜型として法令にあるもの（「H5N1」、「H7N9」（施行令第1条）に限る。第5項第7号において「特定鳥インフルエンザ」という）］をいう。

c．**三類感染症**：状況に応じて就業制限等の行動制限を行う。
［コレラ、細菌性赤痢、腸管出血性大腸菌感染症（いわゆるO-157）、腸チフス、パラチフス］をいう。

d．**四類感染症**：診断後直ちに届出が求められる疾患
［E型肝炎、A型肝炎、黄熱、Q熱、狂犬病、炭疽、鳥インフルエンザ（特定

第4章 予防衛生に関する法制度

表2 一類感染症の疫学的および臨床的特徴

	ラッサ熱	エボラ出血熱	マールブルグ病	クリミア・コンゴ出血熱	ペスト	痘そう	南米出血熱
流行地域	西アフリカ・中央アフリカ地域	アフリカ中央地域（スーダン、コンゴ民主共和国、ガボン）西アフリカ（コートジボワール、ギニア、リベリア、シエラレオネ）	アフリカ中東部・南部地域	アフリカ中央・南部地域、中近東旧ソ連、東欧、中央アジア地域	東南アジア、中央アフリカ、南米	1770年のインドの流行では300万人が死亡したとの記録あり	中南米
患者発生地域	感染者は西アフリカ及び中央アフリカ一帯で毎年20万人位と推定	スーダン、コンゴ民主共和国、ガボン、ギニア、リベリア、シエラレオネ等	南アフリカ、ケニア等で、現在まで数百例	上記	ベトナム、ケニア、ボリビア等毎年数百例の報告	かつては日本を含む世界各国で発生	上記
動物→ヒト感染の経路	自然宿主はネズミ（マストミス等）動物の糞、尿との濃厚接触	自然宿主は不明	自然宿主は不明	媒介動物はダニ宿主は家禽、野生の哺乳類	媒介動物はノミ宿主はネズミ、イヌ、ネコ等		ウイルス保有ネズミの排泄物、睡液、血液等との接触
ヒト→ヒト感染の経路	注射器・手術等血液、性的接触等の体液（空気感染は否定的）	同左（血液、体液）(同左)	同左（血液、体液）(同左)	同左（血液）(同左)	患者からの飛沫感染（肺ペスト）	接触および飛沫感染（一部飛沫核感染の報告あり）	ラッサ熱に準ずる
症　　状	発症した場合の初発症状は発熱、頭痛、咽頭痛であり、その後胸痛、下痢や筋肉痛を伴い、重症の場合は出血症状がみられる	発症は突発的で、主症状はインフルエンザ様、発熱、頭痛、腹・胸部痛、咽頭痛。出血は、死亡例の90％以上	発症は突発的で、発熱、頭痛、筋肉痛、皮膚粘膜発疹咽頭結膜炎と、下痢、鼻口腔・消化管出血	発症は突発的で、非特異的であるが、発熱、悪寒、頭痛、筋肉痛、関節痛。重症化すると全身の出血、血管虚脱。感染者の発症率は約20％	悪寒、頭痛、全身の筋肉痛、リンパ節の腫脹、発熱、出血斑（型によって異なる）	[前駆期] 急激な発熱、頭痛、四肢痛、腰痛など [発疹期〜水疱期〜化膿期] 発疹は紅斑→丘疹→水疱→膿疱→結痂→落屑と規則正しく移行する。その時期に見られる発疹はすべて同一であることが特徴。[結痂期] 色素沈着や瘢痕を残す。	初期症状として突然の発熱、筋肉痛、悪寒、背部痛、消化器症状がみられる。3〜4日後には衰弱、嘔吐、目まいなどが出現し、重症例では高熱、出血傾向、ショックが認められる。歯肉炎の出血が特徴とされるが、その後皮下や粘膜からの出血に進展する。神経症状を呈することもあり、舌や手の振戦から、せん妄、こん睡、痙攣に至る。
潜伏期間	通常6〜21日	通常2〜21日	通常3〜9日	通常3〜12日	腺ペスト通常1〜7日 肺ペスト通常2〜4日	およそ12日間（7〜16日）の潜伏期間	7〜14日
致死率	入院患者の15〜20％感染者の1〜2％	50〜90％	約25％	15〜30％	10％程度（未治療では＞50％）	致死率が高い（20〜50％）variola majorと致死率が低い（1％以下）variola majorに分けられる。	約36％

① 感染症の予防及び感染症の患者に対する医療に関する法律

	ラッサ熱	エボラ出血熱	マールブルグ病	クリミア・コンゴ出血熱	ペスト	痘そう	南米出血熱
歴史	1969年ナイジェリア北東部ラッサとジョスの病院の看護婦3人が感染し、2人が原因不明のまま死亡。採取された血清、胸水を米国エール大学で、ウイルス分離中、技師2人が感染し1人が死亡。ウイルスはそこで初めて分離された。 1970年ジョスで28人発症し13人死亡。続いてナイジェリアの他地域とシエラレオネ、リベリア等で病院内での感染が多く見られ、局地的にさらにギニア、セネガル、マリ、中央アフリカ共和国等の国でみられている。 1996,'97年シエラレオネで流行し、合わせて599人発症し116人死亡。	1976年、スーダン南方のザイール国境に近いヌザラで綿工場の倉庫番の男が発熱し、頭痛と胸部痛を訴えて入院、鼻口腔出血、消化管出血で1週間後死亡した。続いて家族内および病院内感染者が多発した。感染者284人中53％が死亡。 1976年ザイールのヤンブクにて318人発症し280人死亡。 1977年ザイールのタンダラにて1人発症し死亡。 1979年スーダンのヤンピオにて34人発症し22人死亡。 1990年代には、象牙海岸、ザイール、ガボン、南アフリカでの発生がみられている。 2000年ウガンダのグルにて425人発症し224人死亡。 2014年以降西アフリカのギニア、リベリア、シエラレオネを中心に流行。2015年5月までに26,759人発症し、11,080人死亡。	1967年夏西独の小都市マールブルグとユーゴスラビアで発生した。ワクチン製造のためアフリカのウガンダから輸入したアフリカミドリザルのじん組織の培養に携わった研究所職員31名に原因不明の熱性疾患が発生、7人が死亡。 1975年南アフリカで3人発生した。 1980年ケニアのナイロビでは患者から医師への二次感染もみられた。 1982年ジンバブエで1人発症。 1987年ケニアで少年が自然公園内で洞窟探検中に感染を受け1人死亡。 1990年ケニアで1人発症。	1944～45年に、クリミア半島で野外作業中のソ連軍兵士間に重篤な急性出血熱疾患が発生。病原体は1945年に患者血液やダニから分離された。 1956年に同様のウイルスがコンゴでも分離された。 1969～70年に中近東とアフリカの分離株が抗原的に、また生物学的にきわめて類似していることが明らかにされた。 1990年代以降、南ア、旧ソ連、パキスタン、ギリシア等で散発的に発生している。	6世紀にはJustinienのペストが地中海沿岸全域に被害を与えるなど、古くはヨーロッパの歴史に重大な影響を与えたほどの大流行もみられた。 18世紀までは大きな流行をみなかったが、最近の世界的流行は1891年にモンゴルで始まり蒸気船による航海のため、急速に世界中に拡大した。 1894年にAlexandre Yersinが香港でペスト菌を分離し、その2年後にRouxと共同でネズミの役割を解明、さらに1年後にはSimondと共にノミの関与を明らかにした。	1958年世界天然痘根絶計画が世界保健機関（WHO）総会で可決され、1977年ソマリアにおける患者発生を最後に地球上から天然痘は消え去り、その後2年間の監視期間を経て、1980年5月WHOは天然痘の世界根絶宣言を行った。その後も現在までに患者の発生はなく、天然痘ウイルスはアメリカとロシアのバイオセイフティーレベル（BSL）4の施設で厳重に保管されている。	初発診断確定またはウイルスの同定がされた年は以下のとおり。 1957年アルゼンチン 1959年ボリビア 1989年ベネズエラ 1994ブラジル

資料　厚生労働省健康局結核感染症課調べ。
厚生統計協会『国民衛生の動向』2015／2016、140頁

鳥インフルエンザを除く)、ボツリヌス症、マラリア、野兎病とその他の既に知られている感染症であって、動物又はその死体、飲食物、衣類、寝具その他の物件を介して人に感染し、国民の健康に影響を与えるおそれのあるものとして政令で定めるもの］である。

e. **五類感染症**：診断から7日以内に届出が義務づけられている疾患［インフルエンザ（鳥インフルエンザ及び新型インフルエンザ等感染症を除く）、ウイルス性肝炎（E型肝炎及びA型肝炎を除く）、クリプトスポリジウム症、後天性免疫不全症候群、性器クラミジア感染症、梅毒、麻しん、メチシリン耐性黄色ブドウ球菌感染症（いわゆるMRSA）とその他の既に知られている感染症］であって、国民の健康に影響を与えるおそれがあるものとして厚生労働省令で定めるものをいう。

② 新型インフルエンザ等感染症［第6条第7項］状況に応じて入院等の行動制限を行う。

a. **新型インフルエンザ**：新たに人から人に伝染する能力を有することとなったウイルスを病原体とするインフルエンザであって、一般に国民が当該感染症に対する免疫を獲得していないことから、当該感染症の全国的かつ急速なまん延により国民の生命及び健康に重大な影響を与えるおそれがあると認められるものをいう。

毎年流行するインフルエンザとは表面の抗原性が全く異なる新型のものであり、人類のほとんどが免疫を持っていないことから、世界的な大流行（**パンデミック**）を起こす危険性があるといわれる。およそ10年から40年周期に起こっており、近年では2009年に日本を含む全世界で新型インフルエンザA（H1N1）が大流行した。

b. **再興型インフルエンザ**：かつて世界的規模で流行したインフルエンザであってその後流行することなく長期間が経過しているものとして厚生労働大臣が定めるものが再興したものであって、一般に現在の国民の大部分が当該感染症に対する免疫を獲得していないことから、当該感染症の全国的かつ急速なまん延により国民の生命及び健康に重大な影響を与えるおそれがあると認められるものをいう。

③ **指定感染症**：既知の感染症を政令で定めたもの［第6条第8項］

既知の感染症（一～三類感染症および新型インフルエンザ等感染症を除く）であって、本法の規定によらなければ、国民の生命および健康に重大な影響を与えるおそれがあるものとして政令で定めるものとされる。

④ **新感染症**：既知の感染症とは明らかに異なるもの［第6条第9項］

②　予防接種法

人から人に伝染すると認められる疾病であって、その症状または治療の結果が未知のものであり、当該疾病にかかった場合の症状の程度が極めて重篤、かつ、まん延した場合に国民の生命および健康に重大な影響を与えるおそれのあるものとされる。

② 予防接種法　[昭和23年6月30日法律第68号]

> **Keyword**
> 予防接種、A類疾病、B類疾病、定期の予防接種、
> 義務接種、勧奨接種、臨時の予防接種

(1) 目　的

本法（2013年3月30日法律第8号で第6次改正）は、伝染のおそれのある疾病の発生・まん延を予防するために公衆衛生の見地から予防接種の実施その他必要な措置を講ずることにより、国民の健康の保持に寄与するとともに、予防接種による健康被害の迅速な救済を図ることを目的とする［第1条］。

本法において予防接種とは、疾病に対して免疫の効果を得させるため、疾病の予防に有効であることが確認されているワクチンを人体に注射し、または接種することをいう［第2条］。

(2) 予防接種を行う疾病の定義

① **A類疾病**：その発生およびまん延を予防することを目的として、本法の定めるところにより予防接種を行う疾病は［a．ジフテリア、b．百日せき、c．急性灰白髄炎、d．麻しん、e．風しん、f．日本脳炎、g．破傷風、h．結核、i．Hib感染症、j．肺炎球菌感染症（小児がかかるものに限る。）、k．ヒトパピローマウイルス感染症、l．前各号に掲げる疾病のほか、人から人に伝染することによるその発生及びまん延を予防するため、又はかかった場合の病状の程度が重篤になり、若しくは重篤になるおそれがあることからその発生及びまん延を予防するため特に予防接種を行う必要があると認められる疾病として政令で定める疾病］である。

② **B類疾病**：次に掲げる疾病をいう。

［a．インフルエンザ、b．前号に掲げる疾病のほか、個人の発病又はその重症化を防止し、併せてこれによりそのまん延の予防に資するため特に予防接種を行う必要があると認められる疾病として政令で定める疾病］である。

第4章 予防衛生に関する法制度

表1 定期の予防接種

平成27年('15)5月現在

	対象疾病	（ワクチン）	接種			回数
				対象年齢等	標準的な接種年齢等[2]	
A類疾病	ジフテリア百日せき急性灰白髄炎破傷風	沈降精製[3][4] DPT不活化ポリオ混合ワクチン	1期初回	生後3〜90月未満	生後3〜12月	3回
			1期追加	生後3〜90月未満（1期初回接種（3回）終了後、6カ月以上の間隔をおく）	1期初回接種（3回）後12〜18月	1回
		沈降DT混合ワクチン	2期	11〜13歳未満	11〜12歳	1回
	麻しん風しん	乾燥弱毒生麻しん風しん混合ワクチン、乾燥弱毒生麻しんワクチン、乾燥弱毒生風しんワクチン	1期	生後12〜24月未満		1回
			2期	5歳以上7歳未満の者であって、小学校就学の始期に達する日の1年前の日から当該始期に達する日の前日までの間にある者		1回
	日本脳炎[5]		1期初回	生後6〜90月未満	3〜4歳	2回
			1期追加	生後6〜90月未満（1期初回終了後おおむね1年をおく）	4〜5歳	1回
			2期	9〜13歳未満	9〜10歳	1回
	結核	BCGワクチン		1歳未満	生後5月から生後8月の間（ただし、地域における結核の発生状況等固有の事情を勘案する必要がある場合は、必ずしもこの通りではない）	1回
	ヒブ	乾燥ヘモフィルスb型ワクチン	初回3回	生後2月以上生後60月に至るまで	初回接種開始は、生後2月〜生後7月に至るまで（接種開始が遅れた場合の回数等は別途規定）	3回
			追加1回			1回
	肺炎球菌（小児）	沈降13価肺炎球菌結合型ワクチン	初回3回	生後2月以上生後60月に至るまで	初回接種開始は、生後2月〜生後7月に至るまで（接種開始が遅れた場合の回数等は別途規定）	3回
			追加1回		追加接種は、生後12月〜生後15月に至るまで	1回
	水痘		1回目	生後12〜36月	1回目は生後12〜15月、2回目は1回目から6〜12月経過した時期	2回
			2回目			
	ヒトパピローマウイルス[6]	組換え沈降2価ヒトパピローマウイルス様粒子ワクチン／組換え沈降4価ヒトパピローマウイルス様粒子ワクチン		小6〜高1相当の女子	中1相当	3回
B類疾病	インフルエンザ			①65歳以上 ②60歳以上65歳未満であって、心臓、じん臓もしくは呼吸器の機能またはヒト免疫不全ウイルスによる免疫の機能に障害を有するものとして厚生労働省令に定める者	インフルエンザの流行シーズンに間に合うように通常、12月中旬まで	毎年度1回
	肺炎球菌（高齢者）	23価肺炎球菌莢膜ポリサッカイドワクチン		前年度末に各64歳、69歳、74歳、79歳、84歳、89歳、94歳の者（平成26年度から30年度までの間）		1回

資料 厚生労働省健康局調べ

注 1) 平成13年の予防接種法の改正により、対象疾病が「一類疾病」「二類疾病」に類型化され、25年の予防接種法の改正により、「A類疾病」「B類疾病」とされた。両者は国民が予防接種を受けるよう努める義務（努力義務）の有無、法に基づく予防接種による健康被害が生じた場合の救済の内容などに違いがある。
2) 標準的な接種年齢とは、「定期接種実施要領」厚生労働省健康局長通知）の規定による。
3) ジフテリア、百日せき、急性灰白髄炎の予防接種の第1期は、原則として、沈降精製百日せきジフテリア破傷風不活化ポリオ混合ワクチンを使用する。
4) DPT-IPV混合ワクチンの接種部位は上腕伸側で、かつ同一接種部位に反復して接種することはできるだけ避け、左右の腕を交代で接種する。
5) 平成7年4月2日〜19年4月1日生まれの者については、積極的勧奨の差し控えにより接種の機会を逃した可能性があることから、90月〜9歳未満、13歳〜20歳未満も接種対象としている。同様に、平成19年4月2日から21年10月1日に生まれた者で、22年3月31日までに日本脳炎の第1期の予防接種が終了していない者は、9〜13歳未満も1期の接種対象としている。
6) ヒトパピローマウイルスの苧接種は平成26年6月に、予防接種との因果関係が否定できない持続的な疼痛が、予防接種後に特異的にみられたことから、この副反応の発生頻度等がより明らかになり、国民に適切な情報提供ができるまでの間、定期接種の積極的勧奨が差し控えられている。

出典：厚生統計協会『国民の衛生の動向』2015/2016 165頁

② 予防接種法

(3) 定期の予防接種の実施［第2条第4項］（表1参照）

本法において「定期の予防接種」とは、次に掲げる予防接種をいう［第2条第4項］。
 a．第5条第1項の規定による予防接種
 b．前号(a)に掲げる予防接種に相当する予防接種として厚生労働大臣が定める基準に該当する予防接種であって、市町村長以外の者により行われるもの。

市町村長は、A類疾病およびB類疾病のうち政令に定めるものについて、保健所長等（特別区及び地域保健法第5条第1項の規定に基づく政令で定める市においては都道府県知事）の指示を受け期日または期間を指定して、保健所長の指示を受け、予防接種を行わなければならない（都道府県知事が政令の定めにより接種を要しないと指定した区域は、この限りではない）［第5条第3項］。この**定期の予防接種**の実施は、市町村長にとっては行政上の義務であるが、接種対象者にとっては、法改正により1994年（平成6年）からは法的義務（**義務接種**）から努力義務（**勧奨接種**）となった。

定期の予防接種の対象疾病は、ジフテリア、百日せき、急性灰白髄炎、麻しん、風しん、日本脳炎、破傷風、結核、Hib感染症、肺炎球菌感染症（小児がかかるものに限る）ヒトパピローマウイルス感染症、水痘、インフルエンザ、肺炎球菌感染症（高齢者がかかるものに限る）である［令第1条の2］。

(4) 臨時の予防接種［第2条第5項］

本法において「臨時の予防接種」とは、次に掲げる予防接種をいう。
 a．第6条第1項又は第3項の規定による予防接種
 b．前号に掲げる予防接種に相当する予防接種として厚生労働大臣が定める基準に該当する予防接種であって、第6条第1項又は第3項の規定による指定があった日以後当該指定に係る期日又は期間の満了の日までの間に都道府県知事及び市町村長以外の者により行われるもの。

都道府県知事は、A類疾病およびB類疾病のうち、厚生労働大臣が定めるもののまん延防止上緊急の必要があると認められるとき、接種を受ける者の範囲・期日を指定して予防接種を行うことができる。また、市町村長に指示して実施させることもできる［第6条第1項］。そして厚生労働大臣は、この接種の実施を都道府県知事に指示することができる［第6条第2項］。この**臨時の予防接種**の場合も定期の予防接種と同様、接種対象者には予防接種を受ける努力

義務がある（(6)被接種者の努力義務、参照）。

また、厚生労働大臣は、B類疾病のうち当該疾病にかかった場合の病状の程度を考慮して厚生労働大臣が定めるもののまん延予防上緊急の必要があると認めるときは、その対象者及びその期日又は期間を指定して、政令の定めるところにより、都道府県知事を通じて市町村長に対し、臨時に予防接種を行うよう指示することができる。この場合において、都道府県知事は、当該都道府県の区域内で円滑に当該予防接種が行われるよう、当該市町村長に対し、必要な協力をするものとする［第6条第3項］。

(5) 接種禁忌者の発見

接種前、被接種者に問診、視診または聴打診を行ない、被接種者が現に疾病にかかっているか、健康状態が接種に危険であると診断した場合等には、接種を行なってはならない［第7条、規則第2条］。

(6) 被接種者の努力義務

予防接種に対象者は、第5条第1項の規定による予防接種であってA類疾病に係るもの又は第6条第1項の規定による予防接種の対象者は、定期の予防接種であってA類疾病に係るもの又は臨時の予防接種（同条第3項に係るものを除く。）を受けるよう努めなければならない［第9条第1項］。

前項の対象者が16歳未満の者又は成年被後見人であるときは、その保護者は、その者に定期の予防接種であってA類疾病に係るもの又は臨時の予防接種（第6条第3項に係るものを除く）を受けさせるため必要な措置を講ずるよう努めなければならない［第9条第2項］。

市長村長は予防接種時に、疾病にかかり、障害の状態となり、または死亡した場合、それが当該予防接種によるものであると厚生労働大臣が認定したとき、必要な給付を行って救済しなければならない［第15条］。予防接種を受けたことで政令で定める程度の障害の状態にある場合、以下の給付がある［第16条］。

a．医療費及び医療手当
b．障害児養育年金（18歳未満の者の養育者）
c．障害年金（18歳以上の者）
d．死亡一時金（2類疾病の場合は、遺族年金又は遺族一時金の支給）
e．葬祭料

これらの給付額、支給方法、その他給付に関する必要な事項は政令で決める［第17条］。

③ 狂犬病予防法 ［昭和25年8月26日法律第247号］

> **Keyword**
> 狂犬病、登録、予防注射、未登録犬、抑留

(1) 目的

　この法律は、**狂犬病**の発生を予防し、そのまん延を防止し、およびこれを撲滅することにより、公衆衛生の向上および公共の福祉の増進を図ることを目的とする［第1条］。

　本法は、次に掲げる動物の狂犬病に限りこれを適用する［第2条］。

　a．犬、b．猫その他の動物（牛、馬、めん羊、山羊、豚、鶏及びあひる（次項cにおいて「牛等」という）を除く）であって、狂犬病を人に感染させるおそれが高いものとして政令で定めるもの、c．犬及び牛等以外の動物について狂犬病が発生して公衆衛生に重大な影響があると認められるときは、政令で、動物の種類、期間及び地域を指定してこの法律の一部（前項bに掲げる動物の狂犬病については、同項ただし書に規定する規定を除く。次項において同じ。）を準用することができる。この場合において、その期間は、1年を超えることができない。

(2) 登録

　犬の所有者は犬を取得した日（生後90日以内の時は90日経過後）から30日以内に厚生労働省令の定めるところによって、毎年1回市町村長（特別区においては、区長）に犬の**登録**を申請を行う。申請のあったものには鑑札が交付される［第4条］。

(3) 予防注射

　犬の所有者（管理者も同様）は、**予防注射**を毎年1回受けさせる必要があり、これを受けた犬の所有者には、注射済票が交付される［第5条］。

(4) 抑留

　未登録犬、または鑑札のない犬あるいは予防注射のない犬であると認められたとき、これを**抑留**する［第6条第1項］。予防員は犬を捕獲するため、追跡中には合理的に必要と判断される限度で、他人の土地等（住居を除く）に立入

第4章　予防衛生に関する法制度

ることができ、何人も正当な理由がなければ立入りを拒めない［第6条第4項］。

市町村長は、抑留した旨を2日間公示し［第6条第8項］、公示期間満了後1日以内に所有者が犬を引き取らないとき処分することができる［第6条第9項］。

検疫のない犬等の輸出入は禁止されている［第7条］。狂犬病にかかった犬等または疑いのある犬等、これらの犬等にかまれた犬等について、これを診断し、又はその死体を検案した獣医師は、保健所長に届出義務がある［第8条］。第8条第1項に基づく犬の隔離義務［第9条］、けい留命令［第10条］があり、第9条第1項の規定により隔離された犬は、予防員の許可を受けなければこれを殺してはならないとされている［第11条］。これは人命に危険が生じるような場合以外、殺害を禁止することを明らかにしたものである。

また狂犬病の発生時には、一斉検診、予防注射の実施［第13条］、まん延防止のため区域外への移動の禁止または制限［第15条］、まん延防止のためけい留されない犬に対する薬殺［第18条の2］が定められている。さらに第7条、第8条第1項、第9条第1項違反には30万円以下の罰金、第4条等の違反には20万円以下の罰金が課されている。

わが国では、人および犬とも近年発生していないが、世界各国では現在でも発生、まん延している国が存在し、国内でもペットブームでの輸入犬の増加から、発生の危険が心配されている。

第5章　保健衛生に関する法制度

① 精神保健及び精神障害者福祉に関する法律
［昭和 25 年 5 月 1 日法律第 123 号］

> **Keyword**
> 精神保健、ノーマライゼーション、精神障害者、精神作用物質、精神科病院、指定病院、精神保健指定医、任意入院、措置入院、緊急措置入院、医療保護入院、応急入院、精神障害者保健福祉手帳

(1) 目的と沿革

　本法は、精神障害者の医療及び保護を行い、「障害者の日常生活及び社会生活を総合的に支援するための法律（以下、障害者総合支援法とする。）」（平成 17 年法律第 123 号）と相まってその社会復帰の促進及びその自立と社会経済活動への参加の促進のために必要な援助を行い、並びにその発生の予防その他国民の精神的健康の保持及び増進に努めることによって、精神障害者の福祉の増進及び国民の **精神保健** の向上を図ることを目的とする［第 1 条］。

　そして国及び地方公共団体は、障害者総合支援法の規定による自立支援給付及び地域生活支援事業と相まって、医療施設及び教育施設を充実する等精神障害者の医療及び保護並びに保健及び福祉に関する施策を総合的に実施することによって精神障害者が社会復帰をし、自立と社会経済活動への参加をすることができるように努力するとともに、精神保健に関する調査研究の推進及び知識の普及を図る等精神障害者の発生の予防その他国民の精神保健の向上のための施策を講じなければならない［第 2 条］。

　さらに国民は、精神的健康の保持及び増進に努めるとともに、精神障害者に対する理解を深め、及び精神障害者がその障害を克服して社会復帰をし、自立と社会経済活動への参加をしようとする努力に対し、協力するように努めなければならない［第 3 条］と規定するものである。

　1995 年 5 月 19 日法律第 94 号をもって一部改正を行ない、「精神保健法」から「精神保健及び精神障害者福祉に関する法律」となった。

　主な改正点は、〔a．精神保健指定医について、5 年ごとの研修を受けなかっ

第 5 章　保健衛生に関する法制度

た場合には、原則としてその効力を失う［第 19 条］。 b．医療保護入院など非任意入院を行う精神病院には常勤の指定医を置くこと［第 19 条の 5］。 c．都道府県が設置する精神病院に代わる施設である「指定病院」が、指定の条件に適合しなくなるか運営方法が不適当であるときは指定を取り消せる［第 19 条の 9］。 d．精神障害者保健福祉手帳の交付を受けた者の通院医療費の申請は、医師の診断書の提出および地方精神保健福祉審議会における判定を必要としない［第 32 条第 4 項］。 e．措置入院の費用負担について、精神障害者が健康保険ないし国民健康保険等で医療費の給付を受けられる場合は、都道府県はその限度において費用の負担をしなくてよい［第 30 条の 2］）ことである[1]。

この改正には国の費用負担を軽減する（前記の d、e 等）だけのこととの批判もあるが、精神障害者の福祉に着目し、ノーマライゼーションの実践として「社会復帰施設から地域社会へ」への一歩として評価できる[2]。

そして、1997 年には精神保健福祉士法制定、1999 年の改正では、精神医療審議会の強化や在宅福祉事業にグループホームに加え、ホームヘルプサービスとショートステイを加えた。そして 2004 年 9 月には、入院医療中心から地域生活中心へという基本方針示した。

さらに、2005 年には、精神保健福祉法の一部改正が行われ、精神医審査会の構成の見直し、緊急時における入院等係る診察の特別措置の導入等が行われている。

なお、同年には障害者自立支援法（平成 24 年に「障害者の日常生活及び社会生活を総合的に支援するための法律」に改称）が成立し、障害の種別（身体障害、知的障害、精神障害）にかかわらずサービスを利用できることとなり、身近な市町村が責任をもって一元的にサービスを提供する等の枠組みが規定された。

その後も 2010 年の「障害者制度改革の推進のための基本的な方向について」が閣議決定し、 a．痰飲支援・地域生活支援の体制整備、 b．保護者制度を含めた強制入院体制の見直し、 c．人員体制の充実に対する具体策について検討され、平成 25 年には精神障害者の生活基盤を地域生活へと移行させることを促すことを旨とする精神保健福祉法の改正が成立し、平成 26 年 4 月から施行されることとなった（表 1 参照）。

---

(1)　大谷實・精神科医療の法と人権（1995 年）78 頁以下参照。
(2)　大谷・前掲 80 頁以下参照。

① 精神保健及び精神障害者福祉に関する法律

表1　精神保健及び精神障害者福祉に関する法律の一部を改正する法律の概要

(平成25年6月13日成立、同6月19日公布)

精神障害者の地域生活への移行を促進するため、精神障害者の医療に関する指針（大臣告示）の策定、保護者制度の廃止、医療保護入院における入院手続等の見直し等を行う。

1. 法案の概要

(1) 精神障害者の医療の提供を確保するための指針の策定

　厚生労働大臣が、精神障害者の医療の提供を確保するための指針を定めることとする。

(2) 保護者制度の廃止

　主に家族がなる保護者には、精神障害者に治療を受けさせる義務等が課されているが、家族の高齢化等に伴い、負担が大きくなっている等の理由から、保護者に関する規定を削除する。

(3) 医療保護入院の見直し[3]

①医療保護入院における保護者の同意要件を外し、家族等（＊）のうちのいずれかの者の同意を要件とする。

　＊配偶者、親権者、扶養義務者、後見人又は保佐人。該当者がいない場合等は、市町村長が同意の判断を行う。

②精神科病院の管理者に、

・医療保護入院者の退院後の生活環境に関する相談及び指導を行う者（精神保健福祉士等）の設置

・地域援助事業者（入院者本人や家族からの相談に応じ必要な情報提供等を行う相談支援事業者等）との連携

・退院促進のための体制整備

を義務付ける。

(4) 精神医療審査会に関する見直し

①精神医療審査会の委員として、「精神障害者の保健又は福祉に関し学識経験を有する者」を規定する。

②精神医療審査会に対し、退院等の請求をできる者として、入院者本人とともに、家族等を規定する。

2. 施行期日

平成26年4月1日（ただし、1.(4)①については平成28年4月1日）

---

(3) 改正法の施行の際現に保護者の同意を得て精神科病院に入院している医療保護入院者は、家族等の同意があったものとみなす等の経過措置を設ける。（改正法附則第2条から第7条まで関係）

第 5 章　保健衛生に関する法制度

> **3. 検討規定**
>
> 　政府は、施行後 3 年を目途として、施行の状況並びに精神保健及び精神障害者の福祉を取り巻く環境の変化を勘案し、医療保護入院における移送及び入院の手続の在り方、医療保護入院者の退院を促進するための措置の在り方、入院中の処遇、退院等に関する精神障害者の意思決定及び意思の表明の支援の在り方について検討を加え、必要があると認めるときは、その結果に基づいて所要の措置を講ずる。

出典：「精神保健及び精神障害者福祉に関する法律の一部を改正する法律等の施行事項の詳細について」（厚生労働省社会・援護局障害保険福祉部精神・障害保健課）の資料より。

(2) 精神障害者の定義

　本法において「**精神障害者**」とは、統合失調症、精神作用物質による急性中毒またはその依存症、知的障害、精神病質、その他の精神疾患を有する者をいう［第 5 条］。

　なお、「**精神作用物質**による急性中毒」とは、精神科医療の対象となる疾病であり、急性アルコール中毒のような内科的治療の対象となるものは含まれない。

　麻薬等中毒者の取扱いには別途定められている[4]。

(3) 施　　設

① 精神科病院と指定病院

* 2006 年 6 月 23 日に「精神病院の用語の整理等のための関係法律の一部を改正する法律」が公布され（公布から 6 ケ月後に施行）、精神病院が精神科病院と改められた。

　都道府県は、**精神科病院**を設置しなければならない［第 19 条の 7］。しかし、国および都道府県以外のものが設置した精神科病院のうち厚生労働大臣の定める基準に適合するものの全部または一部を、設置者（医療法第 7 条第 1 項にいう「開設者」と解する[5]）の同意を得て、都道府県が設置する精神科病院に代わる施設（以下、指定病院という）として指定できる［第 19 条の 8］。

　指定病院の基準（平成 8 年 3 月 21 日厚生省保健医療局長通知）について（一

---

(4) 麻薬取締法の一部改正に伴う精神衛生行政と麻薬取締行政と調整について［昭和 39 年 2 月 7 日薬麻第 40 号］、麻薬中毒者の取扱いについて［昭和 38 年 7 月 11 日薬発第 353 号］。
(5) 精神保健法規研究会編・精神保健法詳解（1990 年）15 頁。

① 精神保健及び精神障害者福祉に関する法律

部改正障発 0311 第 6 号平成 26 年 3 月 11 日までの改正分)、次に概略を示す。

ア　次の人員を確保し、都道府県知事または市町村長の求めに応じて措置入院患者を入院させて適切な治療を行う体制を整える。

　　a．医師の数が、入院患者の数を 3、外来患者の数を 2.5 をもって除した数との和が 52 までは 3 とし、それ以上 16 またはその端数を増すごとに 1 を加えた数以上であること。

　　b．医師のうち 2 名以上は、常勤勤務する法 18 条第 1 項の規定による精神保健指定医であること。

　　c．措置入院者を入院させる病棟において看護を行う。看護師および准看護師の数が、入院患者が 3 またはその端数を増すごとに 1 以上であること。

イ　精神病床の数が 50 床以上であること。ただし、措置入院者等に対する医療に対して、地域の事情で指定の必要がある場合に、50 床以上の精神病床を有するものは、この限りではない。

ウ　措置入院者の医療および保護を行うにつき、必要な設備を有していること。

エ　指定基準の特例：地域（おおむね二次医療圏）において指定基準の各号の全てに適合する複数の精神科病院が無い場合にあっては、措置入院者に対する医療及び保護のために特に指定する必要がある精神科病院については、第 1 号の基準を適用しないことができる。これは、二次医療圏を単位とした地域において、基準の本則に適合する指定病院の数と国立又は都道府県立の精神科病院の数との合計が、2 病院に満たない場合に、その数が 2 病院になるまで基準の第 1 号を満たさない精神科病院の中から指定を行えることとしたものである。

② 精神保健福祉センター

　都道府県は、精神保健および精神障害者の福祉の増進の向上のために精神保健福祉センターを設置することができる。

　精神保健福祉センターは、精神保健および精神障害者の福祉に関する知識の普及または調査研究を行い、ならびに精神保健に関する相談または指導のうち複雑または困難なものを行う［第 6 条］。

(4) 地方精神保健福祉審議会と精神医療審査会

　地方精神保健福祉審議会とは精神保健および精神障害者の福祉に関する事項に関する調査・審議を行う機関である［第 9 条］。

精神医療審査会は、都道府県知事より通知［第38条の3］を受けた入院中の患者の病状や患者・保護者からの退院請求の審査をし、その入院の必要性や退院の是非について都道府県知事に通知する機関である［第38条の3第2項、第38条の5第2、5項］。

(5) 精神保健指定医

精神保健指定医（以下「指定医」という）は、次の条件を満たす者の中から厚生労働大臣が指定するとしている［第18条］。

　a．5年以上診断または治療に従事した経験を有すること
　b．3年以上精神障害の診断または治療に従事した経験を有すること
　c．厚生労働大臣が定める精神障害につき厚生労働大臣が定める程度の診断または治療に従事した経験を有すること
　d．厚生労働大臣の登録を受けた者が厚生労働省令で定めるところにより行なう研修（申請前1年以内に行なわれたものに限る）の課程を修了していること

この指定医は、いわゆる専門医制度とは違う特別な法的・性質を有する資格制度であり、指定医以外の医師による精神科医療を排除するものではないとされる。

ここでの指定の要件として、5年以上の実務経験、3年以上の精神科医療の経験としたのは、患者の人権と個人としての尊厳を配慮した医療を行なうには精神科医療の実務を3年以上必要とし、更に基礎的な医療の経験を積むことにおいて臨床研修期間の2年を加えた5年以上の医療実務経験としたものである[6]。

(6) 保護申請

本法において、患者の **保護申請** は誰からでもでき、指定医の診察や必要な保護を都道府県知事に申請することができる［第22条］。実際には、精神障害者がなんらかの民事事件や刑事事件を引き起こしたことによって、診察・治療が開始されることが多いものである。また、警察官・検察官・保護観察所の長・矯正施設の長には通報義務、精神科病院の管理者には届出義務があり［第23～26条の2］これにより必要が認められれば、都道府県知事は患者の診察を指定医に行なわせなければならない［第27条］。

---

(6)　精神保健法規研究会編・前掲62頁。

① 精神保健及び精神障害者福祉に関する法律

(7) 患者の入退院

① 任意入院　精神科病院（本法には特に精神科病院の定義が設けられていないことから専門的な精神科病院以外の精神病室のある病院を含むと解される）の管理者は、精神障害者を入院させる場合には、本人の同意に基づいて入院が行われるように努めるべく規定され［第20条］、これを <u>任意入院</u> といい、現在の精神科病院の原則的な入院形態となっている。その場合、精神科病院の管理者は任意入院者に対して、退院などの請求に関して書面で知らせる必要がある。そして、自らの意思で入院する旨を書面で受けなければならない［第21条］。

ここでいう同意は精神科病院の管理者との入院契約のような民法上の法律行為としての同意と必ずしも一致するものではなく、<u>（患者自らの入院について拒むことができるにもかかわらず、積極的に拒んでいない状態を含む）</u> ものとされている[7]。また、任意入院者が退院の申出（退院の意思が明確な場合には書面、口頭を問わない）をした場合、精神科病院の管理者は、その者を退院させなければならない。しかし、指定医の診察の結果、<u>入院継続の必要が認められるとき</u>は、厚生労働省令で定める一定の事項（退院制限開始の年月日時刻、症状、指定医の氏名［規則第4条の2］）を診療録に記載し、<u>72時間に限り退院を延期できる。</u>［第21条第3項］。

② 措置入院　都道府県知事は、保護申請［第22条］、警察官、検察官・保護観察所の長・矯正施設の長による通報、精神科病院の管理者による届出［第23条〜第26条の2］において、必要があれば指定医をして診察をさせなければならない［第27条］。その結果、診察を受けたものが精神障害者であり、医療および保護のために入院させなければ自傷他害のおそれが認められるときには、その者を国もしくは都道府県の精神科病院または指定病院に入院させることができ、これを <u>措置入院</u> という。

その場合、都道府県知事は、2人以上の指定医による診察が、自傷他害のおそれがある精神障害者であるとの結果で一致したときに措置入院をさせることができる［第29条第2項］。

措置入院は人権上の配慮から厳しい手続きが定められている。また、自傷他害のおそれがなくなったときは、強制的入院措置を解除しなければならず［第29条の4］、入院費用も都道府県の負担となる［第30条］。しかし、平成7年の

---

(7) 精神保健法規研究会編・前掲99頁。

法改正により、精神障害者が健康保険ないし国民健康保険等で医療費の給付を受けられる場合は、都道府県はその限度額において費用の負担をしなくてよいようになった［第30条の2］。

③ 緊急措置入院　都道府県知事は、精神障害者またはその疑いがあるものについて、指定医の診察の結果、ただちに入院させなければ自傷他害のおそれが著しいと認められるときには、72時間を限って、②の病院に入院させることができ、［第29条の2］これを **緊急措置入院** という。

④ 医療保護入院　**医療保護入院** は、精神科病院の管理者が、指定医の診察の結果、精神障害者であり、医療および保護のために入院の必要があると認められる者については、その家族等のうちいずれかの者の同意があるときには、本人の同意がなくてもその者を入院させることができるものである［第33条第1項］。

また、精神科病院の管理者は、入院させるべき本人のその家族等のうちいずれかの者について家庭裁判所の選任を要し、選任がされていない場合には、その者の扶養義務者の同意があるときには、本人の同意がなくても、その選任がされるまでの間、4週間を限り、その者を入院させることができるとされる［第33条の2］。

医療保護入院は、本人の同意を得ることなしに精神科病院への入院を可能にすることから、任意入院などにくらべて、可能な限りの慎重さを求められるべきである。そして、法規の文言上から、旧法の「同意入院」と同様の内容と解されることが多いが、この解釈に対しての批判も少なくない。たとえば、精神障害者といえども保護者（現行法では「家族等」と「市町村長」）に本人の自由の拘束を代諾（本人の同意に代わるもの）する権限までは認めがたく、この規定からは、せいぜい保護者には、患者が入院をするように説得に努めなければならないという程度の義務しか認めがたいとの意見が法改正（平成26年6月）以前から出されていた[8]。

⑤ 応急入院　厚生労働大臣の定める基準に適合するものとして都道府県知事が指定する精神科病院の管理者は、急を要し、家族等の同意を得ることができない場合、指定医の診断によって、その者が精神障害者として、医療の保護の上でただちに入院の必要があると認めたときには、本人の同意がなくても72時間を限り、その者を入院させることができるとされ［第33条の7］、これを **応急入院** という。

---

(8)　平野龍一・精神医療と法（1988年）51頁以下参照。

① 精神保健及び精神障害者福祉に関する法律

この場合、72時間を限るとはいえ、本人の同意を要しない入院であることから、その者の人権を確保する意味で、精神科病院の管理者は、最寄りの保健所長を通じて都道府県知事が必要な指導を行いえるよう当該措置を採った理由等を届け出をしなければならないとしている。[第33条の7第5項]。

(8) 精神障害者の保健および福祉

① 精神障害者保健福祉手帳

精神障害者（知的障害者を除く、以下同じ）は、厚生労働省令で定める書類をもって**精神障害者保健福祉手帳**を申請でき、都道府県知事は審査においてその申請を認めたときは、精神障害者保健福祉手帳を交付しなければならない[第45条第1、2項]。また、精神障害者保健福祉手帳の交付を受けた者は、2年ごとに第45条第2項に基づく（政令で定める精神障害の状態）都道府県知事の認定を受けなければならない[第45条第4項]。そして、精神障害の状態がなくなったときには、速やかに精神障害者保健福祉手帳を都道府県に返還しなければならない[第45条の2]。

② 相談指導等

都道府県、保健所を設置する市または特別区は、精神保健福祉センターおよび保健所に精神保健および精神障害者の福祉に関して、精神障害者やその家族の相談に応じ、指導できるようにし、またそのための精神保健福祉相談員を置くことができる[第47条、第48条]。

③ 精神障害者社会復帰促進センター（以下、センターとする）

厚生労働大臣は、精神障害者の社会復帰を図るための訓練および指導に関する研究開発を行うために、全国に一つに限り、申請に基づいて（民法第34条による法人）センターを指定できる[第51条の2]。なお、センターの役員および職員または、その職にあった者は守秘義務を有する[第51条の6]。

センターの主な業務は次の通りである[第51条の31]。

a．精神障害者の社会復帰のための啓発活動および広報活動。
b．精神障害者の社会復帰の実例に即しての訓練および指導の研究に関する研究開発。
c．精神障害者の社会復帰のための研究を定期的または時宜にあわせて提供すること。
d．精神障害者の社会復帰を図る事業の業務に従事するまたは従事しようとするものに対して研修を行う。

(9) 守秘義務

指定医、精神科病院の管理者、地方精神保健福祉審議会の委員もしくは臨時委員、精神医療審査会の委員等、またはその職にあったものは、本法の規定に基づく職務において知り得た人の秘密を正当な理由なく漏らしたときは、1年以下の懲役または100万円以下の罰金に処せられる［第53条］。

② 心神喪失等の状態で重大な他害行為を行った者の医療及び観察等に関する法律［平成15年7月16日法律第110号］

> **Keyword**
> 重大な他害行為、再発の防止、対象行為、心神喪失者、
> 心神耗弱者、医療的観察、入院決定、通院決定

(1) 目　的

本法は、心神喪失等の状態で**重大な他害行為**（他人に害を及ぼす行為をいう。以下同じ）を行った者に対し、その適切な処遇を決定するための手続等を定めることにより、継続的かつ適切な医療並びにその確保のために必要な観察及び指導を行うことによって、その病状の改善及びこれに伴う同様の行為の**再発の防止**を図り、もってその社会復帰を促進することを目的とする［第1条］。

なお本法は、成立にあたり多くの議論と反対を呼び、合理性のない「将来の再犯予測」にもとづく予防的隔離拘禁＝保安処分であるとの意見や、「心身喪失等の状態で重大な他害行為を行った者」を閉じ込めることで重大な事件が無くなる（少なくなる）という発想の法制度は重大な人権侵害であり、社会の差別偏見を拡大するとの日本弁護士連合会や障害者団体からの批判があったことを付記し、本制度を考える糸口としたい。

(2) 定　義［第2条］

① 「保護者」とは、精神保健及び精神障害者福祉に関する法律（昭和25年法律第123号）第23条の2の規定により保護者となる者をいう。
② 「**対象行為**」とは、次の各号に掲げるいずれかの行為に当たるものをいう。
　a．殺人
　b．放火

② 心神喪失等の状態で重大な他害行為を行った者の医療及び観察等に関する法律

   c．強盗
   d．強姦
   e．強制わいせつ
   f．傷害
③ 「対象者」とは、次の各号のいずれかに該当する者をいう。
   a．公訴を提起しない処分において、対象行為を行ったこと及び刑法第39条第1項に規定する者（以下「**心神喪失者**」という）または同条第2項に規定する者（以下「**心神耗弱者**」という）であることが認められた者。
   b．対象行為について、刑法第39条第1項の規定により無罪の確定裁判を受けた者または同条第2項の規定により刑を減軽する旨の確定裁判（懲役又は禁錮刑の言渡し執行猶予の言渡しをしない裁判であって、執行すべき刑期があるものを除く）を受けた者。
④ 「指定医療機関」とは、指定入院医療機関及び指定通院医療機関をいう。
⑤ 「指定入院医療機関」とは、第42条第1項第1号または第61条第1項第1号の決定を受けた者の入院による医療を担当させる医療機関として厚生労働大臣が指定した病院（その一部を指定した病院を含む）をいう。
⑥ 「指定通院医療機関」とは、第42条第1項第2号または第51条第1項第2号の決定を受けた者の入院によらない医療を担当させる医療機関として厚生労働大臣が指定した病院若しくは診療所に（これらに準ずるものとして政令で定めるものを含む。第16条第2項において同上）または薬局をいう。

(3) 入院と通院

① 入院の申立て　検察官は、被疑者が対象行為を行ったこと及び心神喪失者若しくは心神耗弱者であることを認めて公訴を提起しない処分をしたとき、または第2条第2項第2号に規定する確定裁判があったときは、当該処分をされ、または当該確定裁判を受けた対象者について、対象行為を行った際の精神障害を改善し、これに伴って同様の行為を行うことなく、社会に復帰することを促進するためにこの法律による医療を受けさせる必要が明らかにないと認める場合を除き、地方裁判所に対し、入院の決定をすることを申し立てなければならない［第33条］。その際、裁判所は対象者に弁護士である付添人がないときはこれを必ずつけた上で審判を行わなければならない［第35条］。

　この申立てを受けた地方裁判所の裁判官は、対象者について対象行為を行った際の精神障害を改善し、これに伴って同様の行為を行うことなく、社会に復

帰することを促進するために本法による医療を受けさせる必要が明らかにないと認める場合を除き、鑑定その他 医療的観察 のため、当該対象者を入院させ第40条第1項又は第42条の決定があるまでの間、在院させる旨を命じなければならない［第34条］。

② 対象者の鑑定　裁判所は対象者に関し、精神障害者であるか否か及び対象行為を行った際の精神障害を改善し、これに伴って同様の行為を行うことなく、社会に復帰することを促進するため本法による医療を受けさせる必要があるか否かについて、精神保健判定医またはこれと同等以上の学識経験を有すると認める医師に鑑定を命じなければならない。

ただし、当該必要が明らかにないと認める場合は、この限りでない［第37条］。

③ 申し立ての却下　裁判官は、次の各号のいずれかに掲げる事由に該当するときは、決定を持って、申立てを却下しなければならない［第40条］。

　a．対象行為を行ったと認められない場合
　b．心身喪失者及び心神耗弱者のいずれでもないと認める場合

④ 入院と通院の決定　裁判所は、第33条第1項の申立てがあった場合は、第37条第1項に規定する鑑定を基礎とし、かつ、同条第3項に規定する意見及び対象者の生活環境を考慮し、次の各号に掲げる区分に従い、当該各号に定める決定をしなければならない。

　a．対象行為を行った際の精神障害を改善し、これに伴って同様の行為を行うことなく、社会に復帰することを促進するため、入院をさせてこの法律による医療を受けさせる必要があると認める場合医療を受けさせるために入院をさせる旨の決定（**入院決定**）。
　b．前号の場合を除き、対象行為を行った際の精神障害を改善し、これに伴って同様の行為を行うことなく、社会に復帰することを促進するため、本法による医療を受けさせる必要があると認める場合入院によらない医療を受けさせる旨の決定（**通院決定**）。
　c．前2号の場合に当たらないときこの法律による医療を行わない旨の決定。

上記のaの決定を受けた者は、厚生労働大臣が定める指定入院医療機関において、入院による医療を受けなければならない。bの決定を受けた者は、厚生労働大臣が定める指定通院医療機関による入院によらない医療を受けなければならない。なお、再入院についても規定がある［第43条以下］。

(4) 医 療

医療の実施　厚生労働大臣は、第42条第1項第1号若しくは第2号、第51条第1項第2号または第61条第1項第1号の決定を受けた者に対し、その精神障害の特性に応じ、円滑な社会復帰を促進するために必要な医療を行わなければならない。

この医療の範囲は次のようになる［第81条第2項］。

a．診察
b．薬剤又は治療材料の支給
c．医学的処置及びその他の治療
d．居宅における療養上の管理及びその療養に伴う世話その他の看護
e．病院への入院及びその療養に伴う世話その他の看護
f．移送

そしてこの規定上よる医療は、指定医療機関に委託して行うものとする［第81条第3項］。なお、指定医療機関（病院または診療所に限る）の管理者は、厚生労働省令で定めるところにより、その指定医療機関に常時勤務する精神保健指定医を置かなければならない［第86条］。

③ 地域保健法［昭和22年9月5日法律第101号］

Keyword
保健所、必須事業、保健所保健師、対人保健サービス、地域保健

(1) 目的および基本理念

急速な人口の高齢化、出生率の低下、疾病構造の変化等に対応するため、地域保健対策を総合的に推進し、その強化を図って地域住民の健康の保持および増進に寄与することを目的［第1条］とし、さらに、国および地方公共団体の責務とする施策は、地域住民のニーズの多様化の要請に適確に対応できるよう、また地域の特性、あるいは社会福祉等の関連施策との有機的連携の下に総合的に推進されることを基本理念とする［第2条］ものである。

保健所は、地方における公衆衛生の向上および増進を図るため、都道府県、または政令で定めた市および東京23区が、これを設置するものである［第5条］。

保健所の所管区域について、都道府県知事は、保健、医療、福祉の有機的な

連携を図るため、医療法第39条の4第12項に規定する区域及び介護保険法第118条第2項に規定する地域、二次医療圏および老人保健福祉圏を参酌して、保健所の所管区域を設定しなければならない［第5条2項］⁽⁹⁾。

(2) 事　　業

必須事業［第6条］

保健所の行う **必須事業** は［a．地域保健に関する思想の普及および向上に関する事項、b．人口動態、その他地域保健に係る統計に関する事項、c．栄養の改善及び食品衛生に関する事項、d．住宅、水道、下水道、廃棄物の処理、清掃その他の環境の衛生に関する事項、e．医事および薬事に関する事項、f．保健師に関する事項、g．公共医療事業の向上および増進に関する事項、h．母性および乳幼児並びに老人の保健に関する事項、i．歯科保健に関する事項、j．精神保健に関する事項、k．治療方法が確立していない疾病その他特殊の疾病により長期に療養を必要とする者の保健に関する事項、l．エイズ、結核、性病、伝染病、その他の疾病の予防に関する事項、m．衛生上の試験および検査に関する事項、n．その他 地域住民の健康の保持および増進に関する事項］である。

任意事業［第7条、第8条］

保健所が行う **任意事業** としては、［a．所管区域に係る地域保健に関する情報を収集し、整理しおよび活用すること。b．所管区域に係る地域保健に関する調査及び研究を行うこと。c．歯科疾患、その他厚生労働大臣の指定する疾病の治療を行うこと。d．試験、検査の実施並びに医師、歯科医師薬剤師等に試験、検査に関する施設を利用させること。e．都道府県の設置する保健所には、所管区域内の市町村の地域保健対策の実施に関し、市町村相互間の連絡調整を行いおよび市町村の求めに応じ、技術的助言、市町村職員の研修その他必要な援助を行うこと］がある。

保健所の所管区域内の一層の公衆衛生の向上等、当該保健所の事項を審議するため、運営協議会が置かれている［第11条］。

(3) 活　　動

保健所で行われている主な活動を列記すると、［a．地域の特性に応じた保

---

(9)　平成12年4月1日より、保健所の設置に介護保険法第118条第2項第1号によるものが加わった［平成9年12月17日法律第124号］。

③ 地域保健法

健サービスとして健康診断、b．妊産婦、乳幼児、3歳児検診など母子の保健衛生の指導、c．小児等の歯科衛生指導、d．栄養改善指導（最も多い）、e．衛生教育、f．環境衛生業務および食品衛生指導、g．試験検査］があげられる。

(4) 保健所（または市町村の）保健師の活動

　特に保健所業務のなかで、保健所保健師の活動は、後述の市町村保健センター［第18条，第19条］の保健師の活動と共に特筆されるべきである。いずれも対人保健サービスとして、家庭訪問等による保健指導、過疎地においては、地域住民に対する重点的な保健活動が実施されている。

　市町村における保健師の活動は、予防接種、老人検診の対人保健サービス、あるいは家庭訪問による保健指導など、保健所の業務の改善と共に、保健師の活動領域が更に拡充される必要が年々高まりつつある。

(5) 地域保健の目的

　それにより1994年に本法が成立し、それ対策の推進に関する基本的な指針が策定された。これらによると、高齢社会の到来を控え、また、国民の健康ニーズの多様化など社会的諸条件の変化に対応して、保健所の新しい在り方と機能強化、保健所行政や事業は、身近な市町村レベルで展開することが望ましいとの結論から市町村保健センターの整備［第18条］、地域保健の充実のための人材確保支援計画［第21条］、精神保健対策の強化、在宅ケア等専門的、広域的な対応、保健所に「総合相談窓口」設置、地域保健、医療計画の作成と推進など、具体的な新しい保健所としての機能が盛り込まれた。

　そして保健所関係や次の権限委譲関係については、1997年4月から全面施行された。

　a．都道府県から市町村に対する権限委譲

　　イ．母子保健法・児童福祉法による母子保健サービス。

　　ロ．1歳6ケ月児検診（未熟児訪問指導および養育医療は引き続き保健所が実施）

　　ハ．栄養改善法による一般的な栄養指導

　b．都道府県から保健所設置市に対する権限委譲

　　医師法、歯科技工士法、臨床検査技師・衛生検査技師等に関する法律、あん摩マッサージ指圧師・はり師・きゅう師に関する法律、柔道整復士法、薬事法による診療所助産所、歯科技工所、衛生検査所、施術所、薬店等の

第5章　保健衛生に関する法制度

開設許可や届出の受理等の事務を行う。

また、2000年3月の基本指針の一部改正では、ノーマライゼーションや21世紀における国民健康づくり運動（健康日本21）の推進等が、2003年5月の基本指針の一部改正では、国民の健康づくり、次世代育成支援対策、高齢者対策等が示された。

学校保健安全法 ［昭和33年4月10日法律第56号］

> **Keyword**
> 学校保健、学校安全、学校保健技師、学校医、学校歯科医、学校薬剤師

(1) はじめに

学校保健と学校安全とは狭義には文部省設置法第4条第12項「学校保健（学校における保健教育及び保健管理をいう）、学校安全（学校における安全教育及び安全管理をいう）」と定められているが、広義の学校保健行政の法的基盤は、さきの文部科学省設置法（平成11年）、教育基本法（平成18年）、学校教育法（昭和22年）、学校保健安全法（昭和33年）、学校給食法（昭和29年）であり、その他関係法規として、独立行政法人日本スポーツ振興センター法、へき地教育振興法等があるほか、厚生労働省関係法規等も学校保健行政を支えるものとなっている。

(2) 目的

本法は、学校における児童生徒等及び職員の健康の保持増進を図るため、学校における保健管理に関し必要な事項を定めるとともに、学校における教育活動が安全な環境において実施され、児童生徒等の安全の確保が図られるよう、学校における安全管理に関し必要な事項を定め、もって学校教育の円滑な実施とその成果の確保に資することを目的とするものである［第1条］。

(3) 学校保健

学校において児童、生徒、学生または幼児および職員の健康診断、環境衛生検査、安全点検等について計画をたて、これを実施すること［第5条］。換気、採光、照明、清潔を保つ等、環境衛生の維持改善に努めることとなっている［第6条］。また、学校においては、救急処置、健康相談又は保健指導を行うにあたっては、必要に応じ、当該学校の所在する地域の医療機関その他の関係機

④ 学校保健安全法

関との連携を図るよう努めるものとされている［第10条］。

本法における保健管理に関する主な規定は、[a．健康診断、b．健康相談、c．感染症の予防、d．学校保健技師、学校医、学校歯科医、学校薬剤師]である。特にaの健康診断には、「就学時の健康診断」、「児童、生徒、学生および幼児の定期、臨時の健康診断」、「職員の定期、臨時の健康診断」があり、学校保健安全法施行令、施行規則および局長達に基き実施されている。

なお、第11条以下の健康診断後の「事後措置」、第8条以下の「健康相談」、第19条以下の感染症の予防のための出席停止等の基準等が細かく規定されている（「感染症の予防及び感染症の患者に対する医療に関する法律」、その他感染症の予防に関する法規を含み、他に学校における感染症の防止に必要な事項は文部科学省令で定める）。

また、学校教育法で認められる専修学校にも本法は準用される［第32条］。

(4) 学校保健技師、学校医、学校歯科医、学校薬剤師 ［第22条〜第23条］

都道府県の教育委員会事務局に学校の保健管理を行わせるため、学校保健技師を置くことができる。この学校保健技師学校における保健管理に関する専門的事項について学識経験がある者でなければならない［第22条］。

学校には、学校医 を置くものとし、大学以外の学校には、学校歯科医及び学校薬剤師を置くものとする。学校医、学校歯科医及び学校薬剤師は、それぞれ医師、歯科医師又は薬剤師のうちから、任命し、又は委嘱する。学校医、学校歯科医及び学校薬剤師は、学校における保健管理に関する専門的事項に関し、技術及び指導に従事する。

また、学校医、学校歯科医及び学校薬剤師の職務執行の準則は、文部科学省令で定める。

(5) 学 校 安 全

学校管理下の児童または生徒等の災害（負傷、疾病、傷害または死亡等）については、独立行政法人日本スポーツ振興センター法によることになっている。本法において災害共済給付を行う対象は、幼稚園、小学校、中学校、高等学校、中等教育学校、特別支援学校、大学、高等専門学校、幼稚園、幼保連携型認定こども園、保育所及び特定保育事業における災害である。ちなみに学校管理下の死亡事故等の状況を見ると、2014年日本スポーツ振興センターの統計では障害事例409件、死亡事例83件となっている。通学途中の災害は学校管理下の事故として取り扱わないが、「自動車損害賠償法」による損害賠償が行われ

ているため、その数も明らかではない。

健康増進法［平成 14 年 8 月 2 日法律第 103 号］

> **Keyword**
> 健康の増進、国民健康・栄養調査、生活習慣病、生活習慣改善、
> 特定給食施設、受動喫煙、特別用途表示、特別用途食品

(1) 目 的

本法は、日本における急速な高齢化の進展及び疾病構造の変化に伴い、国民の **健康の増進** の重要性が著しく増大していることにかんがみ、国民の健康の増進の総合的な推進に関し基本的な事項を定めるとともに、国民の栄養の改善その他の国民の健康の増進を図るための措置を講じ、もって国民保健の向上を図ることを目的としている［第1条］。

2000 年から国民の健康づくりを目的として取り組まれていた「21 世紀における国民健康づくり運動」（以下、健康日本 21）を推進し、健康づくりや疾病予防対策に重点をおく施策を進めるための法的基盤整備として 2002 年 8 月に制定され、2003 年 5 月に施行された。

本法は、栄養改善法の内容を受け継ぎながら **生活習慣病** を防ぐことを含めて食生活、運動、飲酒、喫煙等の **生活習慣改善** を健康増進の概念としている。

(2) 基本方針

厚生労働大臣は、国民の健康の増進の総合的な推進を図るための基本的な方針（以下「基本方針」という）を定めるものとする［第7条］。

基本方針は、次に掲げる事項について定めるものとする。

　a．国民の健康の増進の推進に関する基本的な方向
　b．国民の健康の増進の目標に関する事項
　c．次条第1項の都道府県健康増進計画及び同条第2項の市町村健康増進計画の策定に関する基本的な事項
　d．第10条第1項の国民健康・栄養調査その他の健康の増進に関する調査及び研究に関する基本的な事項
　e．健康増進事業実施者間における連携及び協力に関する基本的な事項
　f．食生活、運動、休養、飲酒、喫煙、歯の健康の保持その他の生活習慣に関する正しい知識の普及に関する事項

⑤ 健康増進法

　　g．その他国民の健康の増進の推進に関する重要事項

　また厚生労働大臣は、生涯にわたる国民の健康の増進に向けた自主的な努力を促進するため、健康診査の実施及びその結果の通知、健康手帳（自らの健康管理のために必要な事項を記載する手帳をいう）の交付その他の措置に関し、健康増進事業実施者（健康保険法により健康増進事業を行う全国保険協会、健康保険組合または健康保険組合連合会。国民健康保険により健康増進事業を行う市町村、国民健康保険組合又は国民健康保険団体連合会等［第6条］）に対する健康診査の実施等に関する指針を定めるものとする［第9条］。

(3) 国民健康・栄養調査等

　厚生労働大臣は、国民の健康の増進の総合的な推進を図るための基礎資料として、国民の身体の状況、栄養摂取量及び生活習慣の状況を明らかにするため、**国民健康・栄養調査**を行うものとする［第10条第1項］。

　厚生労働大臣は、国立研究開発法人医薬基盤・健康・栄養研究所（以下「研究所」という）に、国民健康・栄養調査の実施に関する事務のうち集計その他の政令で定める事務（施行令第1条により、政令で定める事務とは集計である）の全部または一部を行わせることができる［同第2項］。都道府県知事（保健所を設置する市又は特別区にあっては、市長又は区長。以下同じ）は、その管轄区域内の国民健康・栄養調査の執行に関する事務を行う［同第3項］。

　そして国民健康・栄養調査の対象の選定は、厚生労働省令で定めるところにより、毎年、厚生労働大臣が調査地区を定め、その地区内において都道府県知事が調査世帯を指定することによって行ない、指定された調査世帯に属する者は、国民健康・栄養調査の実施に協力しなければならない［第11条］。また都道府県知事は、その行う国民健康・栄養調査の実施のために必要があるときは、国民健康・栄養調査員を置くことができる。なお、国民健康・栄養調査に要する費用は国が負担する［第13条］。

(4) 保健指導等

　市町村は、住民の健康の増進を図るため、医師、歯科医師、薬剤師、保健師、助産師、看護師、准看護師、管理栄養士、栄養士、歯科衛生士その他の職員に、栄養の改善その他の生活習慣の改善に関する事項につき住民からの相談に応じさせ、及び必要な栄養指導その他の保健指導を行わせ、並びにこれらに付随する業務を行わせるものとする［第17条］。

　都道府県、保健所を設置する市及び特別区は、次に掲げる業務を行うものと

する［第18条］。
　a．住民の健康の増進を図るために必要な栄養指導その他の保健指導のうち、特に専門的な知識及び技術を必要とするものを行うこと。
　b．特定かつ多数の者に対して継続的に食事を供給する施設に対し、栄養管理の実施について必要な指導及び助言を行うこと。
　c．bの業務に付随する業務を行うこと。

　また、都道府県知事は、aに規定する業務（a、cに掲げる業務については、栄養指導に係るものに限る）を行う者として、医師又は管理栄養士の資格を有する都道府県、保健所を設置する市又は特別区の職員のうちから、栄養指導員を命ずるものとする［第19条］。

(5) 特定給食施設

　特定給食施設（特定かつ多数の者に対して継続的に食事を供給する施設のうち栄養管理が必要なものとして厚生労働省令で定めるものをいう。以下同じ）を設置した者は、その事業の開始の日から1月以内に、その施設の所在地の都道府県知事に、厚生労働省令で定める事項を届け出なければならない。この規定による届出をした者は、厚生労働省令で定める事項に変更を生じたときは、変更の日から1月以内に、その旨を当該都道府県知事に届け出なければならない。その事業を休止し、又は廃止したときも、同様とする［第20条］。

　また、特定給食施設であって特別の栄養管理が必要なものとして厚生労働省令で定めるところにより都道府県知事が指定するものの設置者は、当該特定給食施設に管理栄養士を置かなければならない。当該特定給食施設以外の特定給食施設の設置者は、厚生労働省令で定めるところにより、当該特定給食施設に栄養士または管理栄養士を置くように努めなければならないとしている［第21条］。なお、特定給食施設の管理については、指導および助言［第22条］、勧告および命令［第23条］、立入検査［第24条］等が定められている。

(6) 受動喫煙の防止

　本法は、**受動喫煙**（室内又はこれに準ずる環境において、他人のたばこの煙を吸わされることをいう）による人体への害を考慮し、学校、体育館、病院、劇場、観覧場、集会場、展示場、百貨店、事務所、官公庁施設、飲食店その他の多数の者が利用する施設を管理する者に対して、これらを利用する者について、受動喫煙を防止するために必要な措置を講ずるように努めるよう規定した［第25条］。

本法の施行初日より、西武、東武、京王、東急、小田急、京成等、首都圏の私鉄はホームを含めて全面禁煙とし、高速道路のサービスエリアや百貨店も全面禁煙や禁煙スペースの拡大等、これに続いている。近年では、レストラン等、民間施設においても禁煙、分煙が進み、インターネットでは、禁煙の飲食店を紹介するサイトが人気を呼んでいる。

また、2010年4月には全国で初めて学校、病院、百貨店、大規模飲食店、ホテル等の公共的施設内の喫煙を規制する受動喫煙防止条例が神奈川県で施行された。

(7) 特別用途表示、栄養表示基準等

販売に供する食品につき、乳児用、幼児用、妊産婦用、病者用その他内閣府令で定める特別の用途に適する旨の表示（以下「**特別用途表示**」という）をしようとする者は、内閣総理大臣の許可を受けなければならない［第26条第1項］。

前項の許可を受けようとする者は、製品見本を添え、商品名、原材料の配合割合及び当該製品の製造方法、成分分析表、許可を受けようとする特別用途表示の内容その他内閣府令で定める事項を記載した申請書を、その営業所の所在地の都道府県知事を経由して内閣総理大臣に提出しなければならない。また、内閣総理大臣は、研究所または内閣総理大臣の登録を受けた法人に、第一項の許可を行うについて必要な試験を行わせるものとする。この許可を受けて特別用途表示をする者は、当該許可に係る食品（以下、「**特別用途食品**」という）につき、内閣府令で定めるところにより表示しなければならない。

⑥ 母体保護法 ［昭和23年7月13日法律第156号］

Keyword

不妊手術、人工妊娠中絶、受胎調節

(1) 目　的

本法は、不妊手術および人工妊娠中絶に関する事項を定める等により、母性の生命健康を保護することを目的とする［第1条］。

そして、本法でいう**不妊手術**とは、生殖腺を除去せずに生殖を不能にする手術で命令［規則第1条］をもって定めるものである［第2条第1項］。

人工妊娠中絶とは、胎児が母体外で生命を保続できない時期に、人工的に

胎児およびその附属物を母体外に排出することをいう［第2条第2項］。

なお，不妊手術または人工妊娠中絶に従事した者には守秘義務が課せられる［第27条］。また規定によらず生殖を不能する目的で手術またはレントゲン照射を行った場合は，1年以下の懲役または50万円以下の罰金，死に至らしめたときは3年以下の懲役に処せられる［第28条，第34条］。

(2) 不妊手術

医師は，次に該当する者に対して，本人の同意および配偶者（届出をしていないが，事実上婚姻関係と同様な事情にある者を含む。以下同じ）があるときはその同意を得て，不妊手術を行うことができる。ただし，未成年者については，この限りでない［第3条］。

a．妊娠または分娩が，母体の生命に危険を及ぼすおそれのあるもの
b．現に数人の子を有し，かつ，分娩ごとに，母体の健康度を著しく低下するおそれのあるもの
c．前項各号に掲げる場合には，その配偶者についても同項の規定による不妊手術を行うことができる。
　なお，配偶者が知れないときまたはその意思を表示することができないときは本人の同意だけで足りる。

(3) 母性保護（医師の認定による人工妊娠中絶）［第14条］

都道府県の区域を単位として設立された公益社団法人たる医師会（特例社団法人を含む）の指定する医師（以下「指定医師」という）は，次の各号に該当する者に対して，本人及び配偶者の同意を得て，人工妊娠中絶を行うことができる。

a．妊娠の継続又は分娩が身体的又は経済的理由により母体の健康を著しく害するおそれのあるもの
b．暴行若しくは脅迫によって又は抵抗若しくは拒絶することができない間に姦淫されて妊娠したもの
c．前項の同意は，配偶者が知れないとき若しくはその意思を表示することができないとき又は妊娠後に配偶者がなくなったときには本人の同意だけで足りる。

また，本法の改正案として，不治または致死的な疾患のある胎児の中絶を容認する，いわゆる「胎児条項」や満12週未満の中絶に女性の自己決定権を認

める考えなどが出されている。このような意見や考え方は、リプロダクティブヘルス・ライツ（性と生殖に関する健康・権利）の観点からも今後さらに検討されていくものと思われる。

*なお、人工妊娠中絶における「胎児が母体外で生命を保続することができない時期」は、従来は満23週以前［昭和28年6月13日発衛第150号］であったが、次官通達によって平成3年1月1日から満22週未満となった。これは、WHOの規定の改正に合わせるということが根拠になっている。

(4) 受胎調節

女子に対して厚生労働大臣が指定する避妊器具を使用する**受胎調節**の実施指導をなしうることも本法の規定によるものである（医師以外は、都道府県知事の認定する講習を終了した助産師、保健師または看護師）［第15条］。

⑦ 母子保健法［昭和40年8月18日法律第141号］

Keyword

母子保健、母子健康手帳、エンゼルプラン、新エンゼルプラン、保健指導

(1) 目　的

本法は、母性並びに乳児（1歳未満の者）、幼児（満1歳から小学校就学始期前）の**母子保健**に関する原理を明らかにするとともに、母性並びに乳児及び幼児に対する保健指導、健康診査、医療、その他の措置を講じ、国民保健の向上に寄与することを目的としたものである［第1条］。

(2) 施　策

現行の母子保健法による施策は概ね次のように分類できる。[a．保健指導、健康診査を中心とする保健対策、b．医療援助、治療研究等の医療対策、c．母子保健の基盤整備]である。妊娠したものは市町村長（保健所を設置する市または特別区の場合は保健所長を通じて市長または区長）に届出を要する［第15条］。これに対し**母子健康手帳**の交付がなされる［第16条］が、母子保健法の一部改正に伴い、1992年4月からの交付の権限が市町村長に委譲され、市町村の実情に応じた手帳作りがなされている。また手帳の内容も、記録（医学的記録、保護者等の記録）と情報（行政情報、保健、育児情報）の二つの部分で構成された。これは言うまでもなく、妊娠の届出が妊婦から乳幼児へと一貫した母子保健対

第5章　保健衛生に関する法制度

図1　これまでの取組

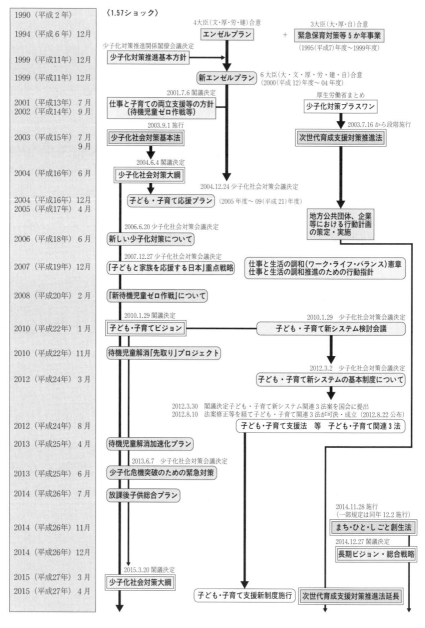

資料：内閣府資料
出典：2015年版「少子化白書」43頁。

⑦ 母子保健法

策を講ずる上で有益な資料を提供することになるからである。

　妊娠、出産、育児に関し、相談に応じて個人的、集団的な指導や助言をなすよう努めなければならない［第9条］。また必要な保健指導を行い、指導を受けるよう勧奨しなければならない［第10条］。

　また「地域保健対策強化のための関係法律の整備に関する法律」［平成6年7月1日法律第84号（平成9年4月1日実施）によって、母子保健事業の実施については市町村長に費用負担を含め、特に健康診査［第12条］等大幅な改正が行われた。

　そして少子化のさらなる進行等をとらえて、おおよそ10年を目安とした「今後の子育て支援のための施策の基本的動向について」（**エンゼルプラン**）を平成6年に策定し、平成11年には「少子化対策基本方針」の決定により「重点的に推進すべき少子化対策の具体的実施計画」（**新エンゼルプラン**）が策定された。エンゼルプランから2015年までの少子化対策は図1のようになっている。

(3) 保健指導

　妊産婦（妊娠中または出産後1年以内の女子）および乳幼児の保護者に対する保健指導は母子保健の最も基本的な対策の一つである。特に妊娠への適切な指導は、未熟児（身体の発育が未熟のまま出生し、正常児の出生時の諸機能を得るに至るまでのもの）の減少につながり、最近の社会環境の変化に注目することは益々重要であり、女性の社会進出が著しい状況の下では言うまでもないことである。

　保健指導には、集団指導（婚前、妊娠、母親、育児学級等）、個別指導（保健師による訪問指導等）があるがいずれも母子保健に欠くことのできないものである。

　妊産婦および乳幼児の健康診断［第12条、第13条］は疾病や異常の早期発見（二次予防）となり、更にリスクの早期発見による疾病の発生予防（一次予防）として重要なものである。妊婦と乳児の健康管理を徹底するため、医療機関においても妊娠前期、後期の2回、乳時期に2回（3〜6カ月、9〜11カ月）精密健康診査、1歳6カ月、3歳児の健康診査が実施されることにより、心身の異常を早期発見し、早期治療を可能にしていることは言うまでもない。特に2005年に発達障害者支援法の施行に伴い、本法に基づく乳幼児健診を行うにあたり、発達障害の早期発見に留意することとなっている。

(4) 公費負担

妊娠中毒症、糖尿病、貧血等は、妊産婦死亡や、出産期死亡の原因となり、未熟児や心身障害の原因となる場合があり、早期に適切な医療援助が行われる。体重2.5kg未満の新生児は低体重児として保護者が乳児の現在地の市町村に届け出なければならない［第18条］。そして未熟児の訪問指導［第19条］、あるいは養育医療［第20条］として公費負担が行われている。

また身体に障害がある児童（18歳未満）に手術等によって確実に治療効果が得られる場合は、育成医療［児童福祉法第20条］、フェニルケトン尿症等などの先天性代謝異常、先天性甲状腺機能低下症（クレチン症）、血友病、小児がん等、小児慢性特定疾患治療研究事業の対象疾患に対し公費負担が行われており、医療の確立と普及を図り、併せて患家の経済的負担、精神的負担の軽減を図る施策が講じられている。その他虚弱児対策、周産期医療対策等母子保健の基盤整備が行われている。

がん対策基本法 ［平成18年6月23日法律第98号］

Keyword

がん、がん登録、がん対策推進基本計画、緩和ケア

(1) はじめに

近年の日本における死因において、がんは常に上位におり、国民的疾病の体をなしている。2014年にも37万人以上が、がんにより死亡している。このがんに対する抜本的対策として、日本のどこでも、高度ながん治療を受けられる体制の実現を目指す「がん対策基本法」が、2006年6月16日に成立した。

本法の大きな特徴は、国が患者や家族、有識者の意見を聞いたうえで、がんに関する基本計画を策定するよう義務付けたことであり、情報の収集提供体制の整備も規定されたことである。これは生存率など基本的なデータを集めるために、患者の氏名や生年月日とともに治療経過を一元的に記録する「がん登録」の推進を事実上、定めたものといえる。今まで任意で都道府県で行われている「地域がん登録」の精度が上がり、全国に広まるきっかけになるのではという期待にもなっていた。そして平成25年12月13日法律第111号で公布された「がん登録等の推進に関する法律」により、がん患者の情報を国がデータベー

⑧ がん対策基本法

ス可し、一元管理し、治療や予防に活用することになった。

厚生労働省は、以下の情報を病院等の管理者を通じて厚生労働省令の定める期間内に所在地の都道府県知事に届け出ることで全国がん登録データベースに登録するとしている(「がん登録等の推進に関する法律」第5条、第6条による)。

a．がんに罹患した者の氏名、性別、生年月日及び住所
b．届出を行った医療機関名
c．がんと診断された日
d．がんの発見経緯
e．がんの種類及び進行度（転移性のがんに係る原発性のがんの種類及び進行度が明らかではない場合にあっては、その旨）
f．bの医療機関が治療を行っていれば、その治療内容
g．cの日における居住地
h．生存確認情報等〔生存しているか死亡したのかの別、及び生存を確認した直前の日として厚生労働省令で定める日〕

また、患者の心身の痛みを取り除く緩和ケアについても、患者の状況に応じて早期から適切に行われるようにすることが定められている。これは欧米に対して緩和ケアが遅れている日本の医療現場にとっておおきな変革をもたらす可能性がある。

以下に本法を概説する。

(2) 目的及び基本理念

本法は、日本のがん対策がこれまでの取組により進展し、成果を収めてきたものの、なお、がんが国民の疾病による死亡の最大の原因となっている等、がんが国民の生命及び健康にとって重大な問題となっている現状にかんがみ、がん対策の一層の充実を図るため、がん対策に関し、基本理念を定め、国、地方公共団体、医療保険者、国民及び医師等の責務を明らかにし、並びにがん対策の推進に関する計画の策定について定めるとともに、がん対策の基本となる事項を定めることにより、がん対策を総合的かつ計画的に推進することを目的とする〔第1条〕。

そして、がん対策は、次に掲げる事項を基本理念として行われなければならない〔第2条〕。

a．がんの克服を目指し、がんに関する専門的、学際的又は総合的な研究を推進するとともに、がんの予防、診断、治療等に係る技術の向上その他の研究等の成果を普及し、活用し、及び発展させること。

b．がん患者がその居住する地域にかかわらず等しく科学的知見に基づく適切ながんに係る医療（以下「がん医療」という）を受けることができるようにすること。
　　c．がん患者の置かれている状況に応じ、本人の意向を十分尊重してがんの治療方法等が選択されるようがん医療を提供する体制の整備がなされること。

(3) 各関係者の責任［第3条～第8条］

　国、自治体に対し、がんへの対策を講じる義務や、医療保険者にがんの予防に関する啓発及び知識の普及、がん検診に関する普及啓発等の施策に協力するよう努力規定を置いた。それとともに国民に対しても喫煙、食生活、運動その他の生活習慣が健康に及ぼす影響等がんに関する正しい知識を持ち、がんの予防に必要な注意を払うよう努めるとともに、必要に応じ、がん検診を受けるよう努力を促している。また、医師やその他の医療関係者に対しては、国及び地方公共団体が講ずるがん対策に協力し、がんの予防に寄与するよう努めるとともに、がん患者の置かれている状況を深く認識し、良質かつ適切ながん医療を行うよう努力規定を置くなど、国全体をあげてがんに取り組む姿勢を定めている。

(4) がん対策推進基本計画［第9条］

　政府は、がん対策の総合的かつ計画的な推進を図るため、がん対策の推進に関する基本的な計画（以下「**がん対策推進基本計画**」という）を策定しなければならない。そして、がん対策推進基本計画に定める施策については、原則として、当該施策の具体的な目標及びその達成の時期を定めるものとする。
　また、厚生労働大臣は、がん対策推進基本計画の案を作成し、閣議の決定を求めなければならない。その際、関係行政機関の長と協議するとともに、がん対策推進協議会の意見を聴くものとする。
　さらに政府は、がん対策推進基本計画を策定したときは、遅滞なく、これを国会に報告するとともに、インターネットの利用その他適切な方法により公表しなければならないとしている。そして、少なくとも5年ごとに、がん対策推進基本計画に検討を加え、必要があると認めるときには、これを変更しなければならないとなっている。
　2014時点では、がんの年齢調整死亡率（75歳未満）の2005年から14.5%減少、治療初期段階からの **緩和ケア**、がん登録の推進等が推進されている。

(5) 基本的施策

① がんの予防及び早期発見の推進〔第12条、第13条〕

　国及び地方公共団体は、喫煙、食生活、運動その他の生活習慣及び生活環境が健康に及ぼす影響に関する啓発及び知識の普及その他のがんの予防の推進のために必要な施策を講ずるものとされ、がんの早期発見に資するよう、がん検診の方法等の検討、がん検診の事業評価の実施、がん検診に携わる医療従事者に対する研修の機会の確保その他のがん検診の質の向上等を図るために必要な施策を講ずるとともに、がん検診の受診率の向上に資するよう、がん検診に関する普及啓発その他の必要な施策を講ずるものとしている。

② がん医療の均等化〔第14条～第18条〕

　国及び地方公共団体は、手術、放射線療法、化学療法その他のがん医療に携わる専門的な知識及び技能を有する医師その他の医療従事者の育成を図るために必要な施策を行い、がん患者がその居住する地域にかかわらず等しくそのがんの状態に応じた適切ながん医療を受けることができるよう、専門的ながん医療の提供等を行う医療機関の整備を図る必要がある。また、医療機関等の間における連携協力体制の整備を図るために必要な施策を行い、がん患者に対し適切ながん医療が提供されるようにする。

　そして、がん患者の状況に応じて疼痛等の緩和を目的とする医療が早期から適切に行われるようにすること、居宅において、がん患者に対し、がん医療を提供するための連携協力体制を確保すること、医療従事者に対するがん患者の療養生活の質の維持向上に関する研修の機会を確保することその他のがん患者の療養生活の質の維持向上のために必要な施策を行うようにする。さらに、がん医療に関する情報の収集及び提供を行う体制を整備するために必要な施策を講ずるとともに、がん患者及びその家族に対する相談支援等を推進、がん患者のがんの罹患、転移その他の状況を把握し、分析するための取組みを支援するために必要な施策を行うものとする。

　なお、がんの本態解明、革新的ながんの予防、診断及び治療に関する方法の開発その他のがんの罹患率及びがんによる死亡率の低下に資する事項についての研究が促進され、並びにその成果が活用されることやがん医療を行う上で特に必要性が高い医薬品、医療機器の早期の「医薬品、医療機器の品質、有効性及び安全性の確保等に関する法律」の規定による製造販売の承認に資するようその治験が迅速かつ確実に行われ、並びにがん医療に係る標準的な治療方法の開発に係る臨床研究が円滑に行われる環境の整備のために必要な施策を行うこ

とも国及び地方公共団体の大切な施策である。

(6) がん対策推進協議会［第19条～第20条］

　厚生労働省に、がん対策推進基本計画に関し、がん対策推進協議会（以下「協議会」という）を置き、委員20人以内で組織する。協議会の委員は、がん患者及びその家族又は遺族を代表する者、がん医療に従事する者並びに学識経験のある者のうちから、厚生労働大臣が任命する。なお、協議会の委員は、非常勤とする。

第6章 薬事に関する法制度

① 医薬品、医療機器等の品質、有効性及び安全性の確保等に関する法律 [昭和35年8月10日法律第145号]

> **Keyword**
>
> 医薬品、医薬部外品、化粧品、医療機器、高度管理医療機器、管理医療機器、一般医療機器、特定保守管理医療機器、再生医療等製品、生物由来製品、特定生物由来製品、体外診断用医薬品、指定薬物、希少疾病用医薬品、希少疾病用医療機器、希少疾病用再生医療等製品、薬局、調剤所、薬剤師、薬局開設者、管理者、健康サポート薬局、医療用医薬品、一般用医薬品、OTC薬、登録販売者、要指導医薬品、毒薬、劇薬、対面、医薬品の製造・輸入、医薬品の販売、表示、製造業の許可、GLP、GCP、GMP、GQP、PMS、GPSP、GVP

(1) 目的及び責務

① 目的及び責務

本法は、医薬品、医薬部外品、化粧品、医療機器及び再生医療等製品（以下、「医薬品等」という。）の品質、有効性及び安全性の確保並びにこれらの使用による保健衛生上の危害の発生及び拡大の防止のために必要な規制を行うとともに、指定薬物の規制に関する措置を講ずるほか、医療上特にその必要性が高い医薬品、医療機器及び再生医療等製品の研究開発の促進のために必要な措置を講ずることにより、保健衛生上の向上を図ることを目的とする［第1条］。

薬事に関する法改正は、2006年の薬事法と医療法の改正が、薬局を「医療提供施設」とする関係法規の改正等が行われ、薬局の存在を大きく変えた。その後も医薬品、医療機器、再生医療等製品等の安全かつ迅速な提供の確保等を図るため、最新の知見に基づく内容が記載された添付文書の届出義務の創設等の安全対策の強化を行う等の目的から「薬事法等の一部を改正する法律」［平成25年11月27日法律第84号］、医薬品のインターネット販売に関する最高裁判決等を踏まえ、医薬品及び薬剤の使用に関する安全性の確保を図る等の目的から「薬事法及び薬剤師法の一部を改正する法律」［平成25年12月13日法律第103

第6章　薬事に関する法制度

号〕等の改正が行われている。

　なお、上記の2013年11月の「薬事法等の一部を改正する法律」の成立により、本法は「薬事法」から「医薬品、医療機器等の品質、有効性及び安全性の確保等に関する法律」に名称を変更した。

② 責　務

　国：国は、この法律の目的を達成するため、医薬品等の品質、有効性及び安全性の確保、これらの使用による保健衛生上の危害の発生及び拡大の防止その他の必要な施策を策定し、及び実施しなければならない〔第1条の2〕。

　都道府県：都道府県、地域保健法（昭和22年法律第101号）第5条第1項の政令で定める市（以下「保健所を設置する市」という）及び特別区は、前条の施策に関し、国との適切な役割分担を踏まえて、当該地域の状況に応じた施策を策定し、及び実施しなければならない〔第1条の3〕。

　医薬品等関連事業者等：医薬品等の製造販売、製造（小分けを含む。以下同じ）、販売、貸与若しくは修理を業として行う者、第4条第1項の許可を受けた者（以下「薬局開設者」という）又は病院、診療所若しくは飼育動物診療施設（獣医療法（平成4年法律第46号）第2条第2項に規定する診療施設をいい、往診のみによって獣医師に飼育動物の診療業務を行わせる者の住所を含む。以下同じ。）の開設者は、その相互間の情報交換を行うことその他の必要な措置を講ずることにより、医薬品等の品質、有効性及び安全性の確保並びにこれらの使用による保健衛生上の危害の発生及び拡大の防止に努めなければならない〔第1条の4〕。

　医薬関係者：医師、歯科医師、薬剤師、獣医師その他の医薬関係者は、医薬品等の有効性及び安全性その他これらの適正な使用に関する知識と理解を深めるとともに、これらの使用の対象者（動物への使用にあっては、その所有者又は管理者。第68条の4、第68条の7第3項及び第4項、第68条の21並びに第68条の22第3項及び第4項において同じ）及びこれらを購入し、又は譲り受けようとする者に対し、これらの適正な使用に関する事項に関する正確かつ適切な情報の提供に努めなければならない〔第1条の5〕。

　国民：国民は、医薬品等を適正に使用するとともに、これらの有効性及び安全性に関する知識と理解を深めるよう努めなければならない〔第1条の6〕。

(2) 医薬品等の定義

　本法における医薬品・医薬部外品・化粧品・医療機器、再生医療等製品の定義は次のようである。

① 医薬品、医療機器等の品質、有効性及び安全性の確保等に関する法律

医薬品とは、次に掲げるものをいう［第2条第1項］。
a．日本薬局方におさめられているもの
b．人又は動物の疾病の診断、治療又は予防に使用されることが目的とされている物であって、機械器具等（機械器具、歯科材料、医療用品、衛生用品並びにプログラム（電子計算機に対する指令であって、一つの結果を得ることができるように組み合わされたものをいう。以下同じ）及びこれを記録した記録媒体をいう。以下同じ）でないもの（医薬部外品及び再生医療等製品を除く）
c．人又は動物の身体の構造又は機能に影響を及ぼすことが目的とされている物であって、機械器具等でないもの（医薬部外品、化粧品及び再生医療等製品を除く）

医薬部外品とは、次に掲げるもので、かつ、人体に対する作用が緩和なものをいう［第2条第2項］。
a．［ア．吐き気・不快感・口臭・体臭の防止、イ．あせも・ただれ等の防止、ウ．脱毛の防止、育毛または除毛］
b．人や動物の保健のためにするねずみ・はえ・蚊・のみ等の防除を目的とするもの（ただし、医薬品のb、cの用途にもあわせて使用する物は除く）であって、機械器具等でないもの
c．医薬品の目的を併せ持つもののうち（前号bを除く）、厚生労働大臣の指定するものをいう。

化粧品とは、人の身体を清潔・美化し、魅力を増し、容貌を変え、または皮膚・毛髪をも健やかに保つために、身体に塗擦、散布その他これらに類似する方法で使用されることが目的とされている物で、その作用が人体に緩和なものをいう（ただし、医薬品のb、cの用途にも併せて使用する物と医薬部外品を除く）［第2条第3項］。

医療機器とは、人や動物の疾病の診断・治療・予防、または人や動物の身体構造や機能に影響を及ぼすことを目的とした機械器具等（再生医療等製品を除く。）で、政令で定めるものをいう［第2条第4項］。
<u>医療機器は、副作用や機能障害が生じた場合、人の生命・健康に与える影響の度合い、つまりはリスクに応じて次のように分類される</u>。また、これに対応して医療機器規制国際整合化会議（GHTF）で議論されたルールを日本でのルールに基づいた分類でクラスⅠ〜Ⅳに分けている。

高度管理医療機器とは、医療機器であって、副作用または機能の障害が生じた場合（適正な目的かつ使用に限る。管理医療機器、一般医療機器も同じ）、<u>人の生命及び健康に重大な影響を与えるおそれがあることから、その適切な管理</u>

が必要なものとして厚生労働大臣が薬事・食品衛生審議会の意見を聴いて指定するものをいう（クラスⅢ～Ⅳ）[第2条第5項]。

管理医療機器とは、高度管理医療機器以外の医療機器であって、副作用または機能の障害が生じた場合に人の生命及び健康に影響を与えるおそれがあることから、その適切な管理が必要なものとして厚生労働大臣が薬事・食品衛生審議会の意見を聴いて指定するものをいう（クラスⅡ）[第2条第6項]。

一般医療機器とは、高度管理医療機器および管理医療機器以外の医療機器であって、副作用または機能の障害が生じた場合に人の生命及び健康に影響を与えるおそれがほとんどないものとして、厚生労働大臣が薬事・食品衛生審議会の意見を聴いて指定するものをいう（クラスⅠ）[第2条第7項]。

特定保守管理医療機器とは、医療機器のうち、保守点検、修理その他の管理に専門的な知識及び技能を必要とすることからその適正な管理が行われなければ疾病の診断、治療又は予防に重大な影響を与えるおそれがあるものとして、厚生労働大臣が薬事・食品衛生審議会の意見を聴いて指定するものをいう[第2条第8項]。特定保守管理医療機器は、リスクではなく、保守管理の特殊性から分類されているもので、すべてのクラスの医療機器の中に存在する。

再生医療等製品とは、次に掲げる物（医薬部外品及び化粧品を除く）であって、政令で定めるものをいう[第2条第9項]。

a． 次に掲げる医療又は獣医療に使用されることが目的とされている物のうち、人又は動物の細胞に培養その他の加工を施したもの
  イ．人又は動物の身体の構造又は機能の再建、修復又は形成
  ロ．人又は動物の疾病の治療又は予防
b． 人又は動物の疾病の治療に使用されることが目的とされている物のうち、人又は動物の細胞に導入され、これらの体内で発現する遺伝子を含有させたもの

生物由来製品とは、人その他の生物（植物を除く）に由来するものを原料または材料として製造（小分けを含む。次項も同じ）をされる医薬品、医薬部外品、化粧品または医療機器のうち、保健衛生上特別の注意を要するものとして厚生労働大臣が薬事・食品衛生審議会の意見を聴いて指定するものをいう[第2条第10項]。

特定生物由来製品とは、生物由来製品のうち、販売し、貸与し、または授与した後において、当該生物由来製品による保健衛生上の危害の発生または拡大を防止するための措置を講ずることが必要なものとして厚生労働大臣が薬事・食品衛生審議会の意見を聴いて指定するものをいう[第2条第11項]。

① 医薬品、医療機器等の品質、有効性及び安全性の確保等に関する法律

体外診断用医薬品とは、専ら疾病の診断に使用されることが目的とされている医薬品のうち、人又は動物の身体に直接使用されることのないものをいう〔第2条第14項〕。

指定薬物とは、中枢神経系の興奮若しくは抑制又は幻覚の作用（当該作用の維持又は強化の作用を含む。以下「精神毒性」という）を有する蓋然性が高く、かつ、人の身体に使用された場合に保健衛生上の危害が発生するおそれがある物（大麻取締法（昭和23年法律第124号）に規定する大麻、覚せい剤取締法（昭和26年法律第252号）に規定する覚醒剤、麻薬及び向精神薬取締法（昭和28年法律第14号）に規定する麻薬及び向精神薬並びにあへん法（昭和29年法律第71号）に規定するあへん及びけしがらを除く）として、厚生労働大臣が薬事・食品衛生審議会の意見を聴いて指定するものをいう〔第2条第15項〕。

希少疾病用医薬品とは、第77条の2第1項の規定による指定を受けた医薬品を、**希少疾病用医療機器**とは、同項の規定による指定を受けた医療機器を、**希少疾病用再生医療等製品**とは、同項の規定による指定を受けた再生医療等製品をいう〔第2条第16項〕。

(3) 薬　　局

① 薬局の定義

薬局とは、**薬剤師**が販売又は授与の目的で調剤の業務を行う場所（その開設者が医薬品の販売業を併せ行う場合には、その販売業に必要な場所を含む）をいう。ただし、病院若しくは診療所又は飼育動物診療施設の**調剤所**を除く〔第2条第12項〕。また薬局の管理は、**薬局開設者**が薬剤師のときは、自ら薬局を自ら管理しなければならないが、他に実務に従事する薬剤師がいるときは、その薬剤師の中から**管理者**を指定して、薬局を実地に管理させることができる〔第7条第1項〕。

② 薬局の開設許可

所在地の都道府県知事の許可を受けて開設する〔第4条第1項〕、この許可は6年ごとにその更新をうけなければ効力を失う〔同法第4条第4項〕。

薬局の許可基準は次のようになる。
　a．構造設備（物的）基準〔第5条〕、〔構造設備規則第1条〕に合致していること。
　b．薬事に関する実務に従事する薬剤師が当令で定める員数に達していること〔第5条、第72条の2〕、〔薬局並びに店舗販売業及び配置販売業の業務を行う体制を定める省令第1条〕。
　c．開設者の人的欠格要件がないこと〔第5条〕。

薬局開設の許可を受けようとする者は、厚生労働省令で定めるところにより、

第6章 薬事に関する法制度

次に掲げる事項を記載した申請書をその薬局の所在地の都道府県知事に提出しなければならない［第4条第2項］。

a．氏名又は名称及び住所並びに法人にあっては、その代表者の氏名
b．その薬局の名称及び所在地
c．その薬局の構造設備の概要
d．その薬局において調剤及び調剤された薬剤の販売又は授与の業務を行う体制の概要並びにその薬局において医薬品の販売業を併せ行う場合にあっては医薬品の販売又は授与の業務を行う体制の概要
e．法人にあっては、薬局開設者の業務を行う役員の氏名
f．その他厚生労働省令で定める事項

前項の申請書には、次に掲げる書類を添付しなければならない［第4条第3項］。

a．その薬局の平面図
b．第7条第1項ただし書又は第2項の規定により薬局の管理者を指定してその薬局を実地に管理させる場合にあっては、その薬局の管理者の氏名及び住所を記載した書類
c．第1項の許可を受けようとする者及び前号の薬局の管理者以外にその薬局において薬事に関する実務に従事する薬剤師又は登録販売者を置く場合にあっては、その薬剤師又は登録販売者の氏名及び住所を記載した書類
d．その薬局において医薬品の販売業を併せ行う場合にあっては、次のイ及びロに掲げる書類
　　イ　その薬局において販売し、又は授与する医薬品の薬局医薬品、要指導医薬品及び一般用医薬品に係る厚生労働省令で定める区分を記載した書類
　　ロ　その薬局においてその薬局以外の場所にいる者に対して一般用医薬品を販売し、又は授与する場合にあっては、その者との間の通信手段その他の厚生労働省令で定める事項を記載した書類
e．その他厚生労働省令で定める書類

③ 名称の使用制限

医薬品を取り扱う場所であって許可を受けた薬局以外は「薬局」の名称を附してはならない。ただし厚生労働省令で定める場所については、この限りではない［第6条］。

病院等の調剤所は、長く薬局と呼ばれてきた背景から、この例外規定が適用されている［規則第10条］。

① 医薬品、医療機器等の品質、有効性及び安全性の確保等に関する法律

④ 薬局の管理　薬局の管理者（いわゆる管理薬剤師）は勤務する他の従事者に対し、監督し、構造設備および医薬品、その他の物品の管理義務［第8条第1項］がある。また厚生労働大臣または都道府県知事は、必要があると認めたとき、病院、診療所の開設者に報告を求め、立入検査をすることができる［第69条］。また、虚偽、誇大広告の禁止［第66条］、特殊疾病用医薬品や再生医療等製品の広告制限［第67条］、承認前の医薬品等の広告禁止［第68条］に注意しなければならない。

⑤ 健康サポート薬局　「経済財政運営と改革の基本方針2015」（平成27年6月30日閣議決定）において「かかりつけ薬局の推進のため、薬局全体の改革について検討する」とされ、厚生労働省は「患者のための薬局ビジョン」を策定することとなった。さらに「日本再興戦略」（平成25年6月14日閣議決定）に、「薬局を地域に密着した健康情報の拠点として、一般用医薬品（OTC）等の適正な使用に関する助言や健康に関する相談、情報提供を行う等、セルフメディケーションの推進のために薬局・薬剤師の活用を促進する。」との内容が盛り込まれた。これにより地域の健康情報拠点として薬局・薬剤師を活用するための「健康サポート薬局」の基準が設定され、この基準の根拠となる医薬品医療機器等法の改正省令（平成28年厚生労働省令第19号）が2016年4月から施行されることとなった。

(4) 医薬品販売と登録販売者

医薬品を行政的に分類すると**医療用医薬品**（処方箋医薬品と処方箋医薬品以外の医薬品に分かれる）と**一般用医薬品**（リスクにより第1類〜第3類医薬品に分かれる［第36条の3］。以下、**OTC薬**）に分かれ、OTC薬に関しては、薬局等での販売が可能となっている。このOTC薬の販売について、2009年6月より施行された資格が、薬剤師とともにOTC薬の販売を行える登録販売者である。

登録販売者は、都道府県知事試験に合格することが必要となる[1]。販売出来る医薬品はOTC薬のうち第2類医薬品及び第3類医薬品に限られ、薬剤師のように調剤を行うことはできない。

OTC薬の販売については、次のようなリスクによる分類と医薬品を販売す

---

[1] 2015年度からは受験資格に実務経験要件や学歴等が撤廃され、誰でも受験可能となった。ただし、正登録販売者として登録するには、2015年度は、過去5年以内に通算1年以上の実務経験が、2016年度以降は、過去5年以内に2年以上の実務経験が必要となる。

る薬局開設者又は店舗販売業者（以下、薬局開設者等）に薬剤師等に医薬品の適正な使用のために情報提供をさせる義務がある［第36条の9、第36条の10］。

［OTC薬のリスク分類と情報提供義務］

第1類医薬品：特にリスクが高い（薬剤師に書面（厚生労働省令で定める方法により表示された電子的記録を含む。）を用いた適正使用の情報提供義務）

＊購入者から説明不要の意思表示があれば情報提供の義務は適用されない。

第2類医薬品：リスクが比較的高い（薬剤師または登録販売者による適正使用の情報提供の努力義務）

第3類医薬品：リスクが比較的低い（情報提供義務はない）

また、薬局開設者等は、あらかじめ、当該医薬品を使用する者の年齢、他の薬剤または医薬品の使用の状況その他の厚生労働省令で定める事項を、第1類医薬品の販売に際しては薬剤師に確認させなければならず、第2類医薬品の販売に際しては薬剤師または登録販売者に確認させるよう努めなければならない［第36条の10第2項、第4項］。

なお薬局開設者等は、OTC薬の購入者等から相談があった場合、厚生労働省令で定めるところにより、医薬品の販売又は授与に従事する薬剤師又は登録販売者に、その適正な使用のために必要な情報を提供させなければならない。

要指導医薬品とは、次のイからニまでに掲げる医薬品（専ら動物のために使用されることが目的とされているものを除く）のうち、その効能及び効果において人体に対する作用が著しくないものであつて、薬剤師その他の医薬関係者から提供された情報に基づく需要者の選択により使用されることが目的とされているものであり、かつ、その適正な使用のために薬剤師の対面による情報の提供及び薬学的知見に基づく指導が行われることが必要なものとして、厚生労働大臣が薬事・食品衛生審議会の意見を聴いて指定するものをいう［第4条第5項第3号］。

イ　その製造販売の承認の申請に際して第14条第8項に該当するとされた医薬品であって、当該申請に係る承認を受けてから厚生労働省令で定める期間を経過しないもの

ロ　その製造販売の承認の申請に際してイに掲げる医薬品と有効成分、分量、用法、用量、効能、効果等が同一性を有すると認められた医薬品であって、当該申請に係る承認を受けてから厚生労働省令で定める期間を経過しないもの

ハ　第44条第1項に規定する**毒薬**

① 医薬品、医療機器等の品質、有効性及び安全性の確保等に関する法律

ニ　第44条第2項に規定する**劇薬**

　また、薬局開設者又は店舗販売業者は、厚生労働省令で定めるところにより、要指導医薬品につき、薬剤師に販売させ、又は授与させなければならない。薬局開設者又は店舗販売業者は、要指導医薬品を使用しようとする者以外の者に対して、正当な理由なく、要指導医薬品を販売し、又は授与してはならない。ただし、薬剤師等に販売し、又は授与するときは、この限りでない［第36条の5］。

　そして情報提供等については、薬局開設者又は店舗販売業者は、要指導医薬品の適正な使用のため、要指導医薬品を販売し、又は授与する場合には、厚生労働省令で定めるところにより、その薬局又は店舗において医薬品の販売又は授与に従事する薬剤師に、**対面**により、厚生労働省令で定める事項を記載した書面（当該事項が電磁的記録に記録されているときは、当該電磁的記録に記録された事項を厚生労働省令で定める方法により表示したものを含む。）を用いて必要な情報を提供させ、及び必要な薬学的知見に基づく指導を行わせなければならない。ただし、薬剤師等に販売し、又は授与するときは、この限りでない［第36条の6第1項］。

(5) 医薬品の製造販売・表示等の概要

　<u>医薬品の製造販売</u>に関しては、厚生労働大臣または都道府県知事の承認が品目ごとに必要である［第14条］そして、<u>医薬品の販売</u>に関しては、薬局開設者または医薬品の販売業の許可を受けた者でなければ、原則、業として、<u>医薬品の販売等することはできない</u>［第24条］。

　また、医薬品は<u>直接の容器等の記載事項（**表示**）</u>として、その直接の容器又は直接の被包に製造販売業者の氏名または名称および住所、その名称・製造番号または製造記号その他を記載し、厚生労働大臣指定の医薬品は、使用期限の表示をしなければならない。その他、直接の容器等の記載事項［第50条］、当該医薬品に関する最新の論文その他により得られた知見に基づいた<u>添付文章等［第52条］</u>の記載のほか、用法、用量、使用上の注意、取扱上の必要な注意なども記載しなければならない。

　また、医薬品の製造販売業者は、厚生労働大臣が指定する医薬品の製造販売をするときは、あらかじめ、厚生労働省令で定めるところにより、当該医薬品の添付文書等記載事項のうち使用及び取扱い上の必要な注意その他の厚生労働省令で定めるものを厚生労働大臣に届け出なければならない。これを変更しようとするときも、同様とする［第52条の2第1項］。前項の規定による届出をし

第6章　薬事に関する法制度

たときは、直ちに、当該医薬品の添付文書等記載事項について、電子情報処理組織を使用する方法その他の情報通信の技術を利用する方法であって厚生労働省令で定めるものにより公表しなければならない［第52条の2第2項］。

<u>厚生労働省令で定める情報通信の技術を利用する方法とは、機構のホームページを使用する方法ということである</u>［施行規則第216条の7］。

<u>製造業の許可</u>については、医薬品（体外診断用医薬品を除く）、医薬部外品、化粧品は、厚生労働省令で定める区分に従い、製造所ごとに許可を受けなければならない。また、その許可は3年を下らない政令で定める期間ごとに更新を受けなければ、その期間の経過によって効力を失う［第13条］［第23条の2第3項］。医療機器又は体外診断用医薬品の製造（設計を含む。以下この章及び第八十条第二項において同じ）をしようとする者は、製造所（医療機器又は体外診断用医薬品の製造工程のうち設計、組立て、滅菌その他の厚生労働省令で定めるものをするものに限る。以下この章及び同項において同じ）ごとに、厚生労働省令で定めるところにより、厚生労働大臣の登録を受けなければならない［第23条の2の3第1項］。

なお、新薬の研究開発・製造・承認の過程では、多くの省令により厳しく規定されている。また、医薬品については、市販後も品質、安全性、有効性等が調査及び評価の制度が採られている。次に略語とともに列挙しておく。

［医薬品等の開発］
GLP：「医薬品の安全性に関する非臨床試験の実施の基準に関する省令」
GCP：「医薬品の臨床試験の実施の基準に関する省令」
GMP：「医薬品及び医薬部外品の製造管理及び品質管理に関する省令」
GQP：「医薬品、医薬部外品、化粧品、及び再生医療品質管理の基準に関する省令」

［医薬品等の市販後調査・再審査、再評価］
PMS：「医薬品の製造販売後調査制度」
　　　＊GPSPとGVPに基づく安全確保業務をいう。
GPSP：「医薬品の製造販売後の調査及び試験の実施の基準に関する省令」
GVP：「医薬品、医薬部外品、化粧品、医療機器の製造販売後安全管理の基準に関する省令」

(6) 広　　告

また、<u>医薬品・医薬部外品・化粧品・医療機器または再生医療等製品の名称等の広告については、明示・暗示的を問わず、虚偽または誇大なものはしては</u>

ならないとされている［第66条］。

② 毒物及び劇物取締法 ［昭和25年12月28日法律第303号］

> **Keyword**
> 毒物、劇物、特定毒物、毒性、劇性、毒物劇物営業者、
> 特定毒物研究者、毒物劇物取扱責任者

(1) 目　的

本法は、毒物および劇物について保健衛生上の見地から必要な取締を行なうことを目的としている［第1条］。いわゆるシンナーの乱用および爆発物についても、本法により規制が行われている[(2)]。

(2) 毒物、劇物の定義

本法では**毒物**、**劇物**は、それぞれ別表1（毒物）、2（劇物）にあって、医薬品・医薬部外品以外のものをいう［第2条第1～2項］。また、特に強い毒性を有するものを**特定毒物**とし、別表3に掲げている［第2条第3項］。特定毒物は別表1に掲げられ、さらに別表3に再掲されている。したがって特定毒物は毒物の規制もすべて受けることになる。

毒物の「**毒性**」と劇物の「**劇性**」ではニュアンスとして差異がある。毒性は、微量でも生体の健康に障害を与えるもので、劇性は、その作用が強いという程度にとどまるものとなり、その程度の差で区別をしているものといえる[(3)]。

(3) 販売・輸入・製造

毒物、劇物は、製造業の登録を受けた者［第3条第1項］、輸入業者も同じように登録を受けた者［第3条第2項］、販売業の登録を受けた者［第3条第3項］でなければ、これを販売・授与の目的で製造また輸入することは許されない。また、これらのものを販売し、授与し、またはその目的で貯蔵、運搬陳列をしてはならないことになっている。この製造、輸入、販売の登録を受けたものを総称して**毒物劇物営業者**という。そして毒物又は劇物の販売業の登録は、a.

---

(2) 穴田秀男編・最新医事法学（増補第2版）(1986年) 212頁（蔡篤俊執筆分）。
(3) 池本卯典・法学部法医学（1984年）395頁。平野龍一＝佐々木史朗＝藤永幸治編・注解特別刑法医事・薬事編「毒物および劇物取締法」(1983年) 9頁（大久保隆二・柴田龍太郎執筆分）。

一般販売業の登録、b．農業用品目販売業の登録、c．特定品目販売業の登録に分けられている［第4条の2］。

毒物劇物製造業者または都道府県知事の許可を受けた**特定毒物研究者**［第3条の2］でなければ、特定毒物を製造してはならないとされている。

(4) 毒物劇物取扱責任者の資格および義務等

毒物劇物営業者は、毒物、劇物を取り扱う製造所、営業所、店舗、研究所ごとに専任の**毒物劇物取扱責任者**をおき、所在地の都道府県知事（販売業）または所在地の都道府県知事を経て厚生労働大臣（製造業又は輸入業）に届出なければならない［第7条］。

それらの取扱責任者の資格は次のとおりである［第8条第1項］。
 a．薬剤師
 b．厚生労働省令で定める学校で応用化学に関する学課を終了した者
 c．都道府県知事が行う毒物劇物取扱者試験に合格した者

また次の何れかに該当する者は、これらの取扱者になることはできない［第8条第2項］。
 a．18歳未満のもの
 b．心身の障害により毒物劇物取扱責任者の業務を適正に行うことができない者として厚生労働省令で定める者
 c．麻薬、大麻、あへんまたは覚せい剤の中毒者
 d．毒物、劇物または薬事に関する罪を犯し罰金以上の刑に処せられ、その執行を終り、または執行を受けることがなくなった日から起算して3年を経過していない者

(5) 毒物、劇物の業務上取扱者の留意すべき事項

 a．毒物、劇物の表示［第12条］：容器及び被包、貯蔵、陳列場所に規定の表示すること
  違反：3年以下の懲役または200万円以下の罰金、その併科
 b．毒物、劇物の紛失等の防止［第11条第1項］：必要な措置を講ずること
 c．毒物、劇物の流失の防止［第11条第2・3項］
 d．運搬、貯蔵、その他の取扱い［第16条］：政令で定める基準の遵守
 e．飲食物の容器の使用制限［第11条第4項］
 f．廃棄および回収［第15条の2〜3］：3年以下の懲役、200万円以下の罰金、その併科（第15条の2について）

g．事故の際の処置［第16条の2］：飛散、流出等の際の危害の防止、保健所、消防署、警察署への通報、違反：30万円以下の罰金

(6) 一般国民とも関係する事項

毒物、劇物法で規制されるのは、毒劇物取扱者や業務上の取扱者だけでなく、すべての国民が次の事項を遵守しなければならない。違反すると罰則の適用がある。

a．廃棄基準の遵守［第15条の2］［令第40条］［第15条の3］……((5) f 参照)
b．運搬、貯蔵、その他の取扱基準の遵守［第16条］……((5) d 参照)
c．シンナー等の取扱い［第3条の3］［令第32条の2］：2年以下の懲役、100万円以下の罰金、その併科これらの販売、授与の制限［第24条の2］
d．爆発性の所持制限［第3条の4］［令第32条の3］：1年以下の懲役、50万円以下の罰金、その他併科
e．販売、授与の制限［第24条の2第2号］：2年以下の懲役、100万円以下の罰金、その他併科

(7) 交　付

交付については、危険防止のため、［a．18歳未満の者、b．心身の障害で毒物または劇物を適正に扱えないと厚生労働省令で定めるもの、c．麻薬・大麻・あへん・覚せい剤の中毒者］に毒物・劇物を交付してはならないとされている［第15条第1項］。

③ 麻薬及び向精神薬取締法 ［昭和28年3月17日法律第14号］

Keyword

麻薬、向精神薬、麻薬中毒患者、麻薬取扱者、麻薬施用者、麻薬管理者、麻薬研究者、麻薬営業者、麻薬処方せん、麻薬管理者

(1) 目　的

本法は、麻薬及び向精神薬の輸入・輸出・製造・製剤・譲渡・譲受・所持などに、必要な取締りを行い、麻薬中毒患者について必要な医療を行うなどの措置を講じることによって、麻薬及び向精神薬の濫用を防止し、公共の福祉の増進を図ることを目的とする［第1条］。

(2) 麻薬取扱者および向精神薬取扱者

本法において、麻薬を取り扱うことができる **麻薬取扱者** は、厚生労働大臣または都道府県知事から免許を受けた **麻薬施用者**（医師・歯科医師・獣医師[4]）、麻薬管理者（医師・歯科医師・獣医師・薬剤師）、**麻薬研究者**（学問研究上、けしを除く麻薬植物を製造し、麻薬・あへん・けしがらを使用する者）であり、その他の麻薬取扱者は **麻薬営業者**（麻薬製造業者、麻薬輸入業者、麻薬小売業者等）という［第2条第8号以下］。また、向精神薬取扱者の規定も麻薬取扱者と同様である［第2条第26号以下］。

(3) 届出と監督等

これらの麻薬取扱者は、一定の規制を受け、業務に関する記録、届出等の業務を負う。以下主なものを列記する。

① 免　　許

麻薬については、麻薬輸入業者、輸出業者、製造業者、製剤業者、家庭麻薬製造業者または元卸売業者は厚生労働大臣の免許。麻薬卸売業者、小売業者、麻薬施用者、麻薬管理者または研究者については麻薬業務所ごとに都道府県知事の免許［第3条第1項］。

向精神薬については、輸入業者、輸出業者、製造製剤業者または使用業者については、厚生労働大臣の、卸売業者または小売業者については都道府県知事の免許を受けなければ、その業務をなし得ない［第50条］。

これら免許の有効期間は、麻薬にあっては免許の日の属する年の翌々年の12月31日までとし、向精神薬については、免許の日から5年（向精神薬輸入業者等）または6年（向精神薬小売業者等）とする。そのいずれも取消されたときは、その効力を失う［第5～6条、第50条の2～3］。

② 施用、施用のための交付および麻薬処方せん

麻薬施用者は、疾病の治療以外の目的で麻薬を施用し、若しくは施用のため交付し、または麻薬を記載した処方せんを交付できない（ただし書きあり）［第27条第3項］。また **麻薬処方せん** を交付する場合、患者氏名、麻薬の品名、分量、用法用量、自己の氏名、免許証の番号、その他省令で定める事項を記載し、記名押印または署名を必要とする［第27条第6項］。

③ 麻薬の所持

---

[4] 池本卯典・獣医事法学（1986年）133頁以下。

③ 麻薬及び向精神薬取締法

麻薬取扱者、麻薬診療施設の開設者、または研究施設の設置者でなければ麻薬を所持できない（ただし書きあり）[第28条]。

④　診療施設における麻薬の管理と保管等

2人以上の麻薬施用者が診療に従事する場合は**麻薬管理者**1人を置かなくてはならない（1人の場合、自ら管理者）[第33条]。また保管はかぎをかけた堅固な施設内に保管[第34条]、管理する麻薬が減失、盗取、所在不明、その他の事故が生じたときは、すみやかに都道府県知事に届出なければならない[第35条]。麻薬管理者は毎年11月30日まで診療施設で保持する麻薬の数量、施用した数量等を都道府県知事に届出る必要がある[第48条]。

これらのことから帳簿を備え管理に関する諸事項を記録することは当然である[第39条、第41条]。

向精神薬は、診療施設で治療のための所持は許される[第50条の16]。向精神薬の保管、事故の届出、記録などは概ね麻薬の取扱いと同様である。

その他厚生労働大臣または都道府県知事は、これらの取締上必要があるときは、「報告の徴収」[第50条の38]、「措置命令」[第50条の39]、「免許の取消し」[第51条]等、必要な措置をとることができる。

(4) 麻薬中毒患者に対する措置

医師は診察の結果、受診者が麻薬中毒患者であると診断したとき、すみやかに、その者の氏名、住所、年齢、性別等厚生労働省令で定める事項を都道府県知事に届け出なければならない[第58条の2第1項]。

都道府県知事は、麻薬中毒患者もしくはその疑いがある者について、必要があると認められたときは、その指定する精神保健指定医によって診察させることができる[第58条の6]。その結果、入院措置が必要と認められた場合、都道府県知事は、精神保健指定医の判断により、3カ月を超えない範囲で麻薬中毒者医療施設に入院させて必要な医療を行うことができる[第58条の8]。そして、麻薬中毒者医療施設の管理者は、患者が入院継続の必要があると認められる場合は、都道府県知事を通じて麻薬中毒審査会[第58条の13]に審査を求めなければならない。また、患者の入院期間は、延長を含めて6ヶ月を超えてはならないとされている[58条の8第8項、第58条の9]。

(5) 罰　則　等

本法は麻薬、向精神薬の濫用によって国民の保健衛生上、あるいは犯罪によってもたらされる弊害を未然に防止するとともに、その回復のため厳格な罰

則をもってのぞんでいる［第64条以下］。

④ 覚せい剤取締法 ［昭和26年6月30日法律第252号］

> **Keyword**
> 覚せい剤濫用、覚せい剤

(1) 目　的

　本法は、覚せい剤濫用による保健衛生上の危害を防止するため、覚せい剤及び覚せい剤原料の輸入・輸出・所持・製造・譲渡・譲受及び使用などに関して取締りを行うことを目的とする［第1条］。

(2) 種　類

　ここでいう覚せい剤とは、フェニルアミノプロパン、フェニルメチルアミノプロパンの2種類であった。しかし、密造に手を焼いたことから、製造原料となる化学物質も取締の対象に加えて現在に至っている[5]。

(3) 覚せい剤取締法における届出、監督等

　本法は「麻薬及び向精神薬取締法」で既に述べたように、その「指定や届出」、「禁止および制限」、「取扱」、「業務に関する記録及び報告」等、法意を同じくするが、輸入・輸出については、全面禁止であり、例外はない。また、医師の自己施用や覚せい剤中毒患者に中毒の緩和、治療目的での覚せい剤施用または交付も禁止されている。

　　＊麻薬・覚せい剤の取締については厳重を要することから、あへん法［昭和29年4月22日法律第71号］、大麻取締法［昭和23年7月10日法律第124号］とともに規制がなされているものである。

⑤ 安全な血液製剤の安定供給の確保等に関する法律
　　［昭和31年6月25日法律第160号］

> **Keyword**
> 血液製剤、採血、採血事業者

---

(5) 冨田功一・コ・メディカルの医療行為と法律（1992年）72頁。

⑤ 安全な血液製剤の安定供給の確保等に関する法律

(1) 目的

本法は、血液製剤の安全性の向上、安定供給の確保および適正な使用の推進のために必要な措置を講ずるとともに、人の血液の利用の適正および献血者等の保護を図るために必要な規制を行うことにより、国民の保健衛生上の向上に資することを目的とする［第1条］。

(2) 血液製剤

本法における血液製剤とは、人血漿その他人体から採取された血液を原料として製造される医薬品（医薬品、医療機器等の品質、有効性及び安全性の確保等に関する法律上に規定する医薬品をいい、同法に規定する体外診断用医薬品を除く。以下同じ）であって、厚生労働省令で定めるものをいう［第2条第1項］。

(3) 基本理念

本法における血液製剤は、その原料である血液の特性から、その安全性の向上に常に配慮し、製造し、供給し、または使用されなければならない。また国内自給が確保されることを原則とするとともに安定的に供給されなければならない。そして献血により得られる血液を原料とする貴重なものであること、およびその原料である血液の特性から、適正に使用されなければならない。

国・地方公共団体その他の関係者は本法による施策の策定および実施に当たっては、公正の確保および透明性の向上が図られるよう努めなければならない［第3条］。

(4) 採血等の制限

［a. 血液製剤、b. 医薬品（血液製剤を除く）、医療機器（医薬品、医療機器等の品質、有効性及び安全性の確保等に関する法律に規定する医療機器をいう。）又は再生医療等製品］を製造する者がその原料とする目的で採血する場合を除いては、何人も業として人体から採血してはならない。ただし、治療行為、輸血、医学的検査もしくは学術的研究のための血液を得る場合の採血は、この限りではない［第12条］。

(5) 業として行う採血の許可

血液製剤の原料とする目的で、業として人体から採血しようとする者は、採血を行う場所（「採血所」という）ごとに、厚生労働大臣の許可を受けなければ

ならない（**採血事業者**）。ただし、病院または診療所の開設者が、その病院または診療所における診療のためだけに用いる血液製剤のみの原料とする目的で採血しようというときは、この限りではない［第13条第1項］。また、厚生労働大臣は、血液製剤等の供給が需要を満たしていると認められるとき、許可申請者が営利目的の採血をしようとする者である等のときは、その許可申請を与えないことができる［第13条第2項］。

なお、何人も有料で人体から採血し、または人の血液の提供のあっせんをしてはならない［第16条］。

(6) 医業としての採血

人から業として採血を行うことは、医業・歯科医業の目的以外であっても、医師法第17条に規定される医業にあたるものとされる［第30条］。

第7章 医療・介護・労働等の社会保障に関する法制度

　日本の社会保障制度の根幹をなすものは、「医療保険」と「年金保険」である。このほか介護保険、雇用保険、労働災害補償保険など総称して社会保険とよばれているが、社会保険とは、傷病など、保険事故とする公的制度であり、全国民を対象に適用され、強制加入と保険料の徴収が行われる仕組になっている。そして社会保険制度と公的扶助、児童手当、社会福祉、保健衛生の各制度を含めて社会保障制度となっているものである。

　昭和36年世界的にも例をみない「国民皆保険制度」、「皆年金制度」が発足した。これは制度的にも画期的なものである。わが国の医療保険制度は、「医療保障」そのものであり、医療サービスとして医療機関を中心に、「現物給付」の形で提供され、すでに国民生活の中に定着している。年金制度は後述するが、国民皆保険が達成されてから、すでに50年余りを経過している。国民の誰しもが、地域の差、所得の多寡にかかわらず医療を受けられるという制度は日本独特のもので、福祉国家の理念に沿うものであると考えられる。

　しかし皆保険以来、高度経済成長の過程で「給付の改善」「財政の安定」をめざしながら運営が行われてきた。さらに平成以降には、見直しを必要とする事態が数多く生じてきた。

　それは、[a. 医療費が毎年増加傾向を示し、医療費を支えられなくなるおそれが生じ、給付内容の改善をはじめ、有限である資源を有効に使用し、成果をあげる施策が優先課題となっていること。b. 人口の高齢化に対応するため、老人医療制度等の制度的長期安定を図る必要があり、平成3年の老人保健法等の改正を皮切りに、全国民が公平に老人の医療費を負担するなど、国民の参加する社会連帯の仕組みを一層強化する必要が生じた。そして、平成9年老人保健法の改正により、外来の一部負担の見直や薬剤費の一部負担が導入された。c. 親族等の同居率の低下、核家族化、扶養概念の変化などから、介護の必要な高齢者やその家族に対する支援体制の確立が一段と必要になってきたことから、平成12年施行の介護保険が創設された。d. 医療サービスに対する国民の要求が多様化し、量から質への転換が図られた。e. 医療機能あるいは、その特質に応じた評価、さらには在宅サービスの推進、医療供給体制などの見直

しなどの要請から、医療法の改正など、さらに一歩進める必要がある。また病院など、医療機関の評価と機能分化を図り、良質な医療が常に国民の前に効率的に提供されるよう要請されている。f. 平成 20 年には高齢者医療制度の改正として老人保健法から高齢者医療の確保に関する法律への移行を行い、後期高齢者医療制度を創設した。］このようにして、施設での治療から、居宅での医療提供、即ち生活の場での医療サービスを重視した 21 世紀への対応が一段と強化・拡大へ向うことを必要としている。そして公的保険のみではなく、民間保険を含めた社会保険となる必要も問われている。社会保険をとりまく情勢は、今大きく変わる必要があった。さらに近年の急速な少子高齢化の進展等による社会保障給付に要する費用の増大及び生産年齢人口の減少に伴い、社会保険料に係る国民の負担が増大するとともに、国及び地方公共団体の財政状況が社会保障制度に係る負担の増大により悪化していることから「社会保障制度改革推進法」［平成 24 年 8 月 22 日法律第 64 号］や世代間及び世代内の公平性が確保された社会保障制度を構築することにより支え合う社会を回復することが、現在の日本が直面する重要な課題であることから、社会保障制度の改革とともに不断に行政改革を推進することに一段と注力しつつ経済状況を好転させることを条件として行う税制の抜本的な改革の一環として、社会保障の安定財源の確保及び財政の健全化を同時に達成することを目指すために「社会保障の安定財源の確保等を図る税制の抜本的な改革を行うための消費税法等の一部を改正する等の法律」［平成 24 年 8 月 22 日法律第 687 号］が成立、そして「持続可能な社会保障制度の確立を図るための改革の推進に関する法律」［平成 25 年 12 月 13 日法律第 112 号］の成立により、入院時の食事代を在宅療養との公平の観点から段階的引上げや紹介状なしの大病院受診時の定額負担の導入等、さらなる社会保障制度の安定的継続とその充実を図ることとなった。以下医療保険を中心に逐次述べることにする。

① 健康保険法

① 健康保険法 ［大正11年4月22日法律第70号］

> **Keyword**
>
> 健康保険（健保）、被保険者、医療制度改革大綱、地域保険、職域保険、後期高齢者医療制度、組合管掌健康保険、全国健康保険協会、任意継続被保険者、任意適用事業所、日雇特例被保険者、被保険者、一般保険料額、介護保険料額、保険給付、療養の給付、療養病床、食事療養、生活療養、評価療養、選定療養、家族療養費、療養費、保険外併用療養費、高齢者医療制度、診療契約、給付制限

(1) 目　的

本法は、労働者又はその被扶養者の業務災害以外の疾病、負傷若しくは死亡又は出産に関して保険給付を行い、もって国民に生活の安定と福祉の向上に寄与することを目的とする［第1条］。

健康保険（以下「健保」という）とは、適用事業所に使用されている労働者を「被保険者（適用事業所に使用される者及び任意継続被保険者*）」とし［第3条］、被保険者およびその者が扶養する「被扶養者」の業務外の疾病、負傷、分娩、死亡等について、短期的経済的損失について、「保険給付」を行うことを目的とした保険をいう。被扶養者は、主に被保険者によって生計を維持している直系尊属、配偶者（事実婚も含む、以下同じ）、子、孫などである［第3条第7項］。なお、2008年4月より健康保険の被保険者及び被扶養者から後期高齢者医療の被保険者が除かれた。

本項では、「医療給付」を中心に、強制加入被保険者、その扶養者について述べる。医療給付は金銭を給付する制度をとらず、医療機関でかかった費用を「保険者」から支払うという、現物給付の形で行われる。

> ＊**任意継続被保険者**：適用事業所に使用されなくなったため、又は第1項ただし書に該当するに至ったため被保険者（日雇特例被保険者を除く）の資格を喪失した者であって、喪失の日の前日まで継続して2カ月以上被保険者（日雇特例被保険者、任意継続被保険者又は共済組合の組合員である被保険者を除く）であったもののうち、保険者に申し出て、継続して当該保険者の被保険者となった者をいう。

(2) 医療保険

医療保険は、大別して「地域保険」、「職域保険」「後期高齢者医療制度」の

3つに分かれる。健康保険、船員保険、国家・地方公務員、私立学校教職員、農林漁業団体職員等の共済組合などは職域保険（被用者保険ともいわれる）に属する。地域保険は、上記職域保険加入者以外の地域住民が対象となる国民健康保険（本章2.参照）をいい、後期高齢者医療制度（本章3.(5)参照）は、75歳以上の国民すべてが加入する医療保険制度である。

(3) 保　険　者

　保険者とは、被保険者にかわって、かかった医療費を医療機関に支払う役目をもったもので、健康保険組合は法人格を有し［第9条］、**組合管掌健康保険**（主として大手企業のサラリーマンが対象被保険者）［第6条］以外の被保険者は、2008年10月より**全国健康保険協会**が管掌する健康保険（主として中小企業のサラリーマンが対象被保険者）に属する［第5条］ものとなる。いずれも「保険料」の徴収によって、その財源に充て、運営されている。

　原則として法定の16業種の事業所であって、5人以上の従業員を常時雇用している事業所は**強制適用事業所**とし、雇用されている者はすべて被保険者である［第3条第3項］。

［法定の16業種］
- ア　物の製造、加工、選別、包装、修理又は解体の事業
- イ　土木、建築その他工作物の建設、改造、保存、修理、変更、破壊、解体又はその準備の事業
- ウ　鉱物の採掘又は採取の事業
- エ　電気又は動力の発生、伝導又は供給の事業
- オ　貨物又は旅客の運送の事業
- カ　貨物積卸しの事業
- キ　焼却、清掃又はとさつの事業
- ク　物の販売又は配給の事業
- ケ　金融又は保険の事業
- コ　物の保管又は賃貸の事業
- サ　媒介周旋の事業
- シ　集金、案内又は広告の事業
- ス　教育、研究又は調査の事業
- セ　疾病の治療、助産その他医療の事業
- ソ　通信又は報道の事業

① 健康保険法

タ　社会福祉法（昭和26年法律第45号）に定める社会福祉事業及び更生保護事業法（平成7年法律第86号）に定める更生保護事業

その他、国、地方公共団体又は法人の事業所であって、常時従業員を使用するものも適用事業所となる。

一方、強制適用事業所に該当しない従業員5人未満の法定の16業種の事業所等においても、一部法改正[1]に基づき政令を制定し[2]、事業所で働く半数以上の人が適用事業所となることに同意し、事業主が申請して厚生労働大臣の認可を受けると適用事業所になることができ（**任意適用事業所**）、労働者は全員（被保険者から除外される人を除く）が加入することが可能である。そして適用事業所になると、保険給付や保険料などは、強制適用事業所と同じ扱いとなる。また、被保険者の4分の3以上が適用事業所の脱退に同意した場合には、事業主が申請し厚生労働大臣の認可を受け適用事業所を脱退することができる。

日々雇われている者については、1984年10月1日施行の改正健保法で、「日雇労働者健康保険法」が廃止された。それによって、健保体制の中で被用者保険全体として、各々の事業所における日雇労働者（**日雇特例被保険者**）の就労事情に応じて財政負担をすることになった。

※第54条、第98条、第123条以下参照。

(4) 保険給付

① 被保険者の保険料　　被保険者の保険料については、介護保険第2号被保険者（介護保険法第9条第2項に規定する被保険者）の場合は、**一般保険料額**（各被保険者の標準報酬月額および標準賞与額それぞれに一般保険料率［平成21年9月以降、全国一律から都道府県単位の保険料率に移行し、全国健康保険協会管掌健康保険（協会けんぽ）での変更範囲は30〜120/1000］を乗じた額）と**介護保険料額**（各被保険者の標準報酬月額および標準賞与額それぞれに介護保険料率を乗じた額）との合算額となる［第156条第1項第1号］。

介護保険第2号被保険者以外の被保険者は、一般保険料額となる［第156条第1項第2号］。

② 保険給付　　**保険給付**は、第52条以下に、給付要件などが規定されている。これを「**法定給付**」といい、それ以外に国民健康保険組

---

[1]　健康保険法等の一部を改正する法律［昭和59年8月14日法律第77号］附則第3条および国民年金法等の一部を改正する法律［昭和60年法律第34号］附則第41条。

[2]　健康保険の被保険者に係る健康保険法の適用および厚生年金保険の適用事業所に係る厚生年金保険法の適用に関する政令［昭和62年2月27日政令第27号］。

第7章 医療・介護・労働等の社会保障に関する法制度

合などで独自の給付を行っているものを「任意給付」とよんでいる（通常、健保ではすべて法定給付）。この保険給付の一つに医療給付があり、正しくは「**療養の給付**」と言うが、一般にこのことを「現物給付」という場合もある。

具体的な事例でいえば、被保険者（本人）または被扶養者（家族）など、病気で治療を受けるには、資格を証する「健康保険被保険者証」あるいは「〇〇共済組合員証」を医療機関（病院、診療所）の窓口に提示する必要がある。一方、医療機関は、資格を確認する義務がある。

療養の給付は次のようなものである［第63条第1項］。
a. 診察
b. 薬剤または治療材料の支給
c. 処置、手術その他の治療
d. 居宅における療養上の管理およびその療養に伴う世話、その他の看護
e. 病院または診療所の入院およびその療養に伴う世話、その他の看護

なお、次に掲げる療養に係る給付は、前項の給付に含まれないものとする［第63条第2項］。

a．食事の提供である療養であって前項第5号に掲げる療養と併せて行うもの（［医療法第7条第2項第4号］に規定する療養病床（以下「療養病床」という））への入院及びその療養に伴う世話その他の看護であって、当該療養を受ける際、65歳に達する日の属する月の翌月以後である被保険者（（以下「特定長期入院被保険者」という）に係るものを除く（以下「**食事療養**」という））。

b．次に掲げる療養であって前項第5号に掲げる療養と併せて行うもの（特定長期入院被保険者に係るものに限る。以下「**生活療養**」という）
　イ．食事の提供である療養
　ロ．温度、照明及び給水に関する適切な療養環境の形成である療養

c．厚生労働大臣が定める高度の医療技術を用いた療養その他の療養であって、前項の給付の対象とすべきものであるか否かについて、適正な医療の効率的な提供を図る観点から評価を行うことが必要な療養として厚生労働大臣が定めるもの（以下「**評価療養**」という）

　なお、評価療養は以下のとおりである。
　　a．先進医療
　　b．その他 医薬品、医療機器、再生医療等製品の治験に係る診療
　　c．その他 薬事法承認後で保険収載前の医薬品、医療機器、再生医療等製品の使用

① 健康保険法

　　d．その他 薬価基準収載医薬品の適応外使用
　　（用法・用量・効能・効果の一部変更の承認申請がなされたもの）
　　e．その他 保険適用医療機器、再生医療等製品の適応外使用
　　（使用目的・効能・効果等の一部変更の承認申請がなされたもの）
　d．被保険者の選定に係る特別の病室の提供その他の厚生労働大臣が定める療養（以下「**選定療養**」という）
　　なお、選定療養は以下のとおりである。
　　a．特別の療養環境の提供（差額ベッド）
　　b．予約診療
　　c．時間外診療
　　d．大病院の初診
　　e．大病院の再診
　　f．制限回数を超える医療行為
　　g．180日を超える入院
　　h．歯科の金合金等
　　i．金属床総義歯
　　j．小児う蝕の指導管理

　2016年4月より新たな保険外併用療養制度として「**患者申出療養**」が始まる。これは難病等と闘う患者からの申し出を起点とする新たな仕組みであり、患者が最先端の高度な医療技術などを希望した場合に、安全性・有効性等を確認したうえで、適正な医療の効率的な提供を図る観点から評価を行うことが必要な療養（臨床研究中核病院（保険医療機関に限る）の開設者等の意見書等を添えて申請されたものを新規の技術については申請から6週間、前例のある技術については申請から2週間で保険外の診療と保険診療との併用を認めるかどうか）を厚生労働大臣が定めるものである（2016年4月より施行する［第63条第2項第4号、同第4項］による）。

　そして被保険者（特定長期入院被保険者を除く）が、厚生労働省令で定めるところにより、第63条第3項各号に掲げる病院又は診療所のうち自己の選定するものから同条第1項第5号に掲げる療養の給付と併せて受けた食事療養に要した費用については、入院時食事療養費を支給することになっている［第85条第1項］。

　家族が療養の給付を受けることを「**家族療養費**」という［第110条］。保険者は、療養の給付若しくは入院時食事療養費、入院時生活療養費若しくは保険外併用療養費の支給（以下この項において「療養の給付等」という）を行うこと

図1　保険診療と支払の仕組

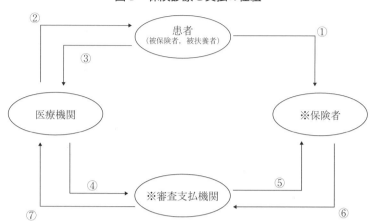

①保険料を支払う，②診療・治療（現物支給），③一部負担金（自己負担分），
④診療報酬の請求（レセプト），⑤審査済みレセプト送付，⑥請求金額の支払い，
⑦診療報酬の支払い
　※保険者……各健康保険組合，市町村等
　※審査支払機関……社会保険診療報酬支払基金，国民健康保険団体連合会等

が困難であると認めるとき、又は被保険者が保険医療機関等以外の病院、診療所、薬局その他の者から診療、薬剤の支給若しくは手当を受けた場合において、保険者がやむを得ないものと認めるときは、療養の給付等に代えて、療養費を支給することができる［第87条第1項］。

　なお、療養費の支給においては柔道整復師・はり師・きゅう師等が保険医療制度に準じる形で国民の健康に寄与している。特に受領委任の形をとっている柔道整復師（接骨院等）を例にとって、以下に概略を述べる。

　医療保険の各制度において、患者の居住地域近くに整形外科を診療科目に掲げる医療機関がない場合や、慣習的に柔道整復師（ほねつぎ）の施術を受ける地域もあることから、柔道整復師の施術を療養費の支給対象にしてきている。この場合は完全に医療保険の枠の中というわけではなく、柔道整復師の団体と保険者との協定による受領委任払いの形をとっている。そして、柔道整復師の施術については事実上現物支給化しているのが現状である。

　次に現行の保険診療と支払いのしくみを示す（図1参照）。

③ 保険外併用療養費

　健康保険法の一部改正により、2006年10月からの特定療養費を廃止し、保険給付として保険外併用療養費を支給することとなった。

① 健康保険法

　保険外併用療養費は前述したように被保険者が、厚生労働省令で定めるところにより、保険医療機関等から、評価療養（厚生労働大臣が定める高度の医療技術を用いた療養その他の療養であって、保険給付の対象とすべきものであるか否かについて、適正な医療の効率的な提供を図る観点から評価を行うことが必要な療養として厚生労働大臣が定めるものをいう）又は選定療養（被保険者の選定に係る特別の病室の提供その他の厚生労働大臣が定める療養をいう）を受けたときに支給することとなった［第86条］。

　また、居宅で疾病または負傷のため、看護師、その外の者による療養上の世話等を受けた場合には「訪問看護療養費」［第88条］が支給される。

　本人や家族が、保険給付を受けるには、「保険医療機関」や「保険薬局」等および「保険医」や「保険薬剤師」等である者から給付を受ける必要がある［第63条第3項］、［第64条］。一方指定を受けるには、管轄の地方厚生局長等に、その旨を申請し、「保険医登録票」「保険医療機関」等の指定を受けた後でなければ保険診療ができない。

(5) 保険医療機関と保険医

　保険医療機関および保険薬局［第65条］と保険医および保険薬剤師［第64条］について述べると、この双方の要件を充たさなければ、保険診療ができない（できないという意味は「診療報酬」の請求ができない）ということである。医療費のすべてを「自費」扱いにすることも可能であるが、現在では、それはむしろ医師の死活問題を意味する。

　そのほか、実務上、保険医療機関および保険医として診療に従事する際に留意すべき点が甚だ多い。a. 社会保険各法による療養ならびに療養の給付に関して保険医療機関または保険薬局として担当すべき責務があること［第70条］。b. 保険医または保険薬剤師として「保険診療」に当たることの責務［第72条］。さらに保険診療について厚生労働大臣の指導を受くべきこと［第73条］。また一部負担金の徴収［第74条］、療養の給付に関する診療報酬の請求［第76条］など、これらを根拠として「保険医療機関及び保険医療養担当規則」および「保険薬局及び保険薬剤師療養担当規則」（以下「担当規則」という）が定められており、この規則に準拠あるいは拘束されることがしばしばある。

(6) 診療契約

　次に保険医療機関と保険医、被保険者との関係が通常の**診療契約**（通説は「準委任契約」とみる）なのか、という問題がある。

結論からいえば、地方厚生局長等が保険医療機関を指定することによって、保険者と保険医療機関との間に準委任契約が生じ、医療機関は保険者にかわって療養の給付を行う義務を負い、保険者は診療報酬の支払い義務を負うことになる。問題なのは、「担当規則」で、この責務を定めていると同時に、被保険者の権利を定めており、医師の診療行為の独立性を損なうものでないかということと、現在わが国の医療は、保険医、保険医療機関の指定を受けなければ医師としての生活が成り立たず、指定を受ける受けないの自由を権利として考えることが困難であること。健康保険法、担当規則の解釈、運用が診療の独立性を侵害しない保障が得られないと、保険診療ひいては医療保障の問題まで波及しかねない。その他指定医療機関や非保険医のなした診療など、どうなるのか、その他いくつかの問題点があるが次の機会にゆずりたい。

(7) 給付制限

そのほか参考として、給付制限のいくつかをあげておきたい。

犯罪または故意に給付事由を生じさせたとき［第116条］、闘争、泥酔または著しい不行跡［第117条］、少年院に入院中の者、拘禁または留置中の者［第118条］、正当な理由なく療養の指示に従わない場合［第119条］詐欺または不正の行為による場合［120条］等。

② 国民健康保険法　[昭和33年12月27日法律第192号]

Keyword

国保、地域保険、国民健康保険組合、患者の一部負担金、軽減特例措置

(1) 目　的

この法律の目的は、国民健康保険事業の健全な運営を通じ、社会保障および国民保健の向上に寄与することを目的としている［第1条］。

国民健康保険（以下「国保」という）は、「地域保険」で、健保、船員保険、各共済組合などに加入していない地域住民を対象に、疾病、負傷、出産または死亡等について保険給付を行う［第2条1項、第6条第1項］。

(2) 保険者

保険者は、「市町村」および「特別区」と「国民健康保険組合」である［第3

② 国民健康保険法

条]。「**国民健康保険組合**」とは、都道府県知事の許可を受けて設置した同種の事業又は業務に従事する者（いわゆる同業者で、医師、歯科医師、薬剤師、弁護士、土木建築業、食品販売、理容、美容、浴場業など）で当該組合の地区内に住所を有する者で組織する（15 人以上の発起人が規約を作成し、300 人以上の組合員で組織）[第 13 条以下]。

国保の場合、すべてが「被保険者」で、市町村はすべて強制加入、その他被用者年金の老齢年金の受給権を有する高齢退職者およびその被扶養者を対象とする「退職者医療制度」は、2008 年 4 月からの新しい高齢者医療制度の創設に伴い廃止され、2014 年度までの間における 65 歳未満の退職被保険者等が 65 歳になるまでは経過的に存続した。市町村は、国保を実施する法的義務があり、国保の主たる実施主体でもある。

(3) 保険給付

国保の保険給付（法定給付）には、療養の給付 [第 36 条]、保険外併用療養費 [第 53 条]、療養費 [第 54 条]、訪問看護療養費 [第 54 条の 2]、特別療養費 [第 54 条の 3]。高額療養費 [第 57 条の 2]、助産費、葬祭費 [第 58 条]、その他育児、出産、傷病等の手当の支給があるが、助産費、葬祭費の支給については特別の理由があれば支給しない。療養の給付は [a. 診察、b. 薬剤または治療材料の支給、c. 処置、手術その他の治療、d. 居宅における療養上の管理及びその療養に伴う世話、その他の看護、e. 病院又は診療所への入院及びその療養に伴う世話、その他の看護] などがある。

療養の給付に要する費用の算定方法、保険医、保険医療機関など全く健保法と同様である。

患者の一部負担金については、2008 年 4 月から、小学生〜70 歳未満は 3 割、義務教育未就学児童については、2 割負担となり、70 歳から 74 歳は、現役並みの（一定以上は 3 割）所得者を除いて、2 割負担となる（国が 1 割相当分等を患者に代わって保険医療機関等に支払うこと等により、<u>患者の一部負担金等を 1 割に据え置く</u> **軽減特例措置** が平成 20 年度に実施され、2014 年 3 月までは 1 割に据え置くことが決まっていたが、3 月末以前に 70 歳になった被保険者等については、軽減特別措置の対象となるため、2014 年 4 月以降も 1 割のままであり、2014 年 4 月以降に 70 歳になった被保険者は段階的に 2 割に移行することになっている）。

また、75 歳以上は、国民健康保険の被保険者から除かれ、新しく創設される「後期高齢者医療保険」に加入することになった。

③ 高齢者の医療の確保に関する法律
［昭和57年8月17日法律第80号］

> **Keyword**
> 高齢者医療制度、特定健康診査、特定保健指導、
> 後期高齢者医療制度、後期高齢者、前期高齢者

(1) 経　緯

　2005年高齢者の患者負担や後期高齢者医療制度の運営主体の在り方など政府を中心に論議が重ねられた。12月1日、政府・与党医療改革協議会が「医療制度改革大綱」（以下「大綱」という）を取りまとめ、これをもとに医療制度改革関連法案が立案されることとなった。「大綱」決定後の12月21日、厚生労働省は2011年度末までに介護保険適用の療養病床を廃止することを含む「療養病床の将来像について」を取りまとめた。議論の末、廃止を健康保険法等改正案に盛り込むとともに、附則に検討規定を置くこととされた。このような経緯を経て、医療制度改革関連法案は、「健康保険法等の一部を改正する法律案」及び「良質な医療を提供する体制の確立を図るための医療法等の一部を改正する法律案」として2006年2月10日閣議決定され、同日、国会に提出された。

　この「健康保険法等の一部を改正する法律案」において、医療費の適正化、介護療養型医療施設の廃止と並び中心となっていたのが、新たな**高齢者医療制度**の創設であり、老人保健法の全面改正であった。このような背景のもと、2008年4月1日改正施行された。

(2) 目　的　等

① 目的［第1条］
　本法は、国民の高齢期における適切な医療の確保を図るため、医療費の適正化を推進するための計画の作成及び保険者による健康診査等の実施に関する措置を講ずるとともに、高齢者の医療について、国民の共同連帯の理念等に基づき、前期高齢者に係る保険者間の費用負担の調整、後期高齢者に対する適切な医療の給付等を行うために必要な制度を設け、もって国民保健の向上及び高齢者の福祉の増進を図ることを目的とする。

② 基本理念［第2条］
　国民は、自助と連帯の精神に基づき、自ら加齢に伴って生ずる心身の変化を

自覚して常に健康の保持増進に努めるとともに、高齢者の医療に要する費用を公平に負担するものとする。また、国民は、年齢、心身の状況等に応じ、職域若しくは地域又は家庭において、高齢期における健康の保持を図るための適切な保健サービスを受ける機会を与えられるものとする。

(3) 定　義

① 保険者：医療保険各法の規定により医療に関する給付を行う全国健康保険協会、健康保険組合、市町村（特別区を含む。以下同じ）、国民健康保険組合、共済組合又は日本私立学校振興・共済事業団をいう。

② 加入者：次に掲げるものをいう。

a．健康保険法の規定による被保険者。ただし、同法第3条第2項の規定による日雇特例被保険者を除く。

b．船員保険法の規定による被保険者

c．国民健康保険法の規定による被保険者

d．国家公務員共済組合法又は地方公務員等共済組合法に基づく共済組合の組合員

e．私立学校教職員共済法の規定による私立学校教職員共済制度の加入者

f．健康保険法、船員保険法、国家公務員共済組合法（他の法律において準用する場合を含む）又は地方公務員等共済組合法の規定による被扶養者。ただし、健康保険法第3条第2項の規定による日雇特例被保険者の同法の規定による被扶養者を除く。

g．健康保険法第126条の規定により日雇特例被保険者手帳の交付を受け、その手帳に健康保険印紙をはり付けるべき余白がなくなるに至るまでの間にある者及び同法の規定によるその者の被扶養者。ただし、同法第3条第2項ただし書の規定による承認を受けて同項の規定による日雇特例被保険者とならない期間内にある者及び同法第126条第3項の規定により当該日雇特例被保険者手帳を返納した者並びに同法の規定によるその者の被扶養者を除く。

(4) 特定健康診査

厚生労働大臣は、**特定健康診査**（糖尿病その他の政令で定める生活習慣病に関する健康診査をいう。以下同じ）及び**特定保健指導**（特定健康診査の結果により健康の保持に努める必要がある者として厚生労働省令で定めるものに対し、保健指導に関する専門的知識及び技術を有する者として厚生労働省令で定めるものが行う

第7章　医療・介護・労働等の社会保障に関する法制度

保健指導をいう。以下同じ）の適切かつ有効な実施を図るための基本的な指針（以下「特定健康診査等基本指針」という）を定めるものとする［第18条第1項］。特定健康診査等基本指針においては、特定健康診査及び特定保健指導（以下「特定健康診査等」という）の実施方法に関する基本的な事項、その他の事項を定めている［第18条第2項］。保険者は、特定健康診査等基本指針に即して、5年ごとに、5年を一期として、特定健康診査等の実施に関する計画（以下「特定健康審査等実施計画」という）定めるものとし［第19条］、これに基づき、<u>厚生労働省令で定めるところにより、40歳以上の加入者に対し、特定健康診査を行うものとする</u>。ただし、加入者が特定健康診査に相当する健康診査を受け、その結果を証明する書面の提出を受けたとき、又は第26条第2項の規定により特定健康診査に関する記録の送付を受けたときは、この限りでない［第20条］。そして特定健康診査を行ったときには、厚生労働省で定めるところにより、その記録を保存しなければならない［第25条］。また、保険者は、特定健康診査等実施計画に基づき、厚生労働省令で定めるところにより、特定保健指導を行うものとする［第24条］。

(5) 後期高齢者医療制度の概要

老人保健法の目的や趣旨は踏まえたまま、本法へ改正され、<u>75歳以上の医療</u>については<u>後期高齢者医療制度</u>が始まり、要点は以下のようになる。

a．<u>75歳以上</u>の<u>後期高齢者</u>については、その心身の特性や生活実態等を踏まえ、本法に独立した後期高齢者医療制度を創設する［第47条以下］。

b．また65歳から74歳の<u>前期高齢者</u>については、退職者が国民健康保険に大量に加入し、保険者間で医療費の負担に不均衡が生じていることから、これを調整する前期高齢者交付金制度を創設する［第32条以下］。

c．そしてbの内容をうけて従来の退職者医療制度は廃止する。ただし、現行制度からの円滑な移行を図るため、2014年度までの間における65歳未満の退職者を対象として現行の退職者医療制度を存続させる経過措置を講ずることにした。※本章2.(3)の患者の一部負担金を参照。

d．財源の患者負担以外は、公費約5割、現役世代からの支援約4割、高齢者から約1割としている。高齢者の保険料負担は等しく負担する均等割と所得に応じた所得割の合計となる。

e．現役世代からの支援は国民健康保険と被保険者保険の加入者数に応じた支援となる。

f．窓口負担は、医療費の1割（現役並みの収入の場合は3割）を負担する。

④ 介護保険法

　本法や関連制度は、一部凍結後も疑問や反対が多く、近年の政権交代等でさらなる改正となる可能性もある。高齢社会の中で高齢者の医療確保と費用負担は、これからますます重要な課題になっていくものである。

④ 介護保険法 ［平成9年12月17日法律第123号］

> **Keyword**
> 介護予防、予防重視型システム、要介護状態、要支援状態、要介護者、要支援者、要介護認定、地域包括支援センター、認定審査会、認定区分、地域支援事業、介護給付、予防給付、自己負担

(1) 法改正の概要

　2000年度から始まった介護保険制度は、施行後5年を目途として全般的に検討するとされており、**介護予防**などを柱として、2005年6月22日に改正介護保険法が成立し、同年10月以降、改正法が次のように順次施行された。
① 2005年10月施行分の中心は、
　a．介護保険施設（短期入所も含む）の居住費相当分について、保険給付の対象外となり、利用者の負担となる。
　b．介護保険施設（短期入所も含む）及び通所介護の食費＋調理費相当分について、保険給付の対象外となり、利用者の方の負担となる。
　c．所得の低い方については、負担額に上限を設け、負担の軽減をはかる。
　であり、特に施設入居者に居住費、食費等の負担してもらうことで居宅者との平等をはかったものである。この負担には施設入居者からの不満もあがっていた。
② 2006年4月施行分の中心は、
　a．**予防重視型システム**への転換
　b．利用者負担の見直し
　c．新たなサービス体系の確立
　d．サービスの質の確保・向上
　e．制度運営・保険料の見直し
であり、特に認定区分の要支援を1、2と二段階とし、そこに予防重視の介護予防サービスを設けたことが大きな特徴といえる。ただし、筋力トレーニングなどで要介護度の悪化を防ぐ取り組みが進む一方、訪問介護を受けられる時間

が減った利用者から、不安や不満の声がでてきており、新たな対応も望まれている。
　③　2012年4月施行分の中心は、
　　a．地域包括ケアの推進
　　b．地域包括ケアを念頭に置いた介護保険事業計画の策定
　　c．24時間対応の定期巡回・随時対応型訪問介護看護サービスの創設
　　d．複合型サービスの創設
　　e．介護予防・日常生活支援総合事業の創設
　　f．介護療養型医療施設の転換期限の延長
　　g．介護福祉士や一定の教育を受けた介護職員等によるたんの吸引等を可能とすること
その他、介護事業所における労働法規の遵守の徹底、市民後見人の活用など、認知症対策の推進、保険料の上昇の緩和等の改正が行われた。
　④　2015年以降の改正
2014年度以降に改正の制度は、利用者各々の支払い能力に応じて負担を引き上げ、サービスの利用を介護度の高い人により重点を置くシステムにしていくことを改正の基本的内容とするものである。
　　a．一定以上の所得のある利用者の利用者負担を2割へ（2015年8月から）。
　　b．特別養護老人ホームの新規入所基準を厳格化し、要介護3以上へ（2015年4月から）。
　　c．特別養護老人ホームの食費や部屋代の低所得者への補助に対し、一定以上の預貯金や遺族年金を多くもらっている利用者への補助の廃止（2015年8月から）
　　d．要支援者向けのサービスを市町村に事業移管へ（2015年4月から）。
　2016年4月より、地域密着型通所介護が創設され、通所介護のうち、利用定員が厚生労働省令で定める数未満のもの（19人未満の事業所）について、地域密着型通所介護として地域密着型サービスに位置づけられることになった。

(2) 目　　的

　この法律は、加齢に伴って生ずる心身の変化に起因する疾病等により要介護状態となり、入浴、排せつ、食事等の介護、機能訓練並びに看護及び療養上の管理その他の医療を要する者等について、これらの者が尊厳を保持し、その有する能力に応じ自立した日常生活を営むことができるよう、必要な保健医療サービス及び福祉サービスに係る給付を行うため、国民の共同連帯の理念に基

④ 介護保険法

づき介護保険制度を設け、その行う保険給付等に関して必要な事項を定め、もって国民の保健医療の向上及び福祉の増進を図ることを目的としている〔第1条〕。

(3) 定　　義〔第3条、第7条、第9条〕

① 保険者：市町村及び特別区（東京23区）は、本法の定めるところにより、介護保険を行う。

② 被保険者：次の各号のいずれかに該当する者は、市町村又は特別区（以下単に「市町村」という）が行う介護保険の被保険者となる。

a．市町村の区域内に住所を有する65歳以上の者（以下「第1号被保険者」という）

b．市町村の区域内に住所を有する40歳以上65歳未満の医療保険加入者（以下「第2号被保険者」という）

したがって介護保険のサービスは40歳以上の者が利用できることになっている。

③ **要介護状態**：身体上又は精神上の障害があるために、入浴、排せつ、食事等の日常生活における基本的な動作の全部又は一部について厚生労働省令で定める期間にわたり継続して、常時介護を要すると見込まれる状態であって、その介護の必要の程度に応じて厚生労働省令で定める区分（以下「要介護状態区分」という）のいずれかに該当するもの（要支援状態に該当するものを除く）をいう。

④ **要支援状態**：身体上若しくは精神上の障害があるために入浴、排せつ、食事等の日常生活における基本的な動作の全部若しくは一部について厚生労働省令で定める期間にわたり継続して常時介護を要する状態の軽減若しくは悪化の防止に特に資する支援を要すると見込まれ、又は身体上若しくは精神上の障害があるために厚生労働省令で定める期間にわたり継続して日常生活を営むのに支障があると見込まれる状態であって、支援の必要の程度に応じて厚生労働省令で定める区分（以下「要支援状態区分」という）のいずれかに該当するものをいう。

⑤ **要介護者**：次の各号のいずれかに該当する者をいう。

a．要介護状態にある65歳以上の者

b．要介護状態にある40歳以上65歳未満の者であって、その要介護状態の原因である身体上又は精神上の障害が加齢に伴って生ずる心身の変化に起因する疾病であって政令で定めるもの（以下「特定疾病」という）によって

生じたものであるもの。

> **＊特定疾病**
>
> 筋萎縮性側索硬化症、後縦靱（じん）帯骨化症、骨折を伴う骨粗しょう症、多系統萎縮症、初老期における認知症、脊髄（せきずい）小脳変性症、脊柱管狭窄(せきちゅうかんきょうさく)症、早老症、糖尿病性神経障害、糖尿病性腎（じん）症および糖尿病性網膜症、脳血管疾患、進行性核上性麻痺、大脳皮質基底核変性症及びパーキンソン病、関連疾患、閉そく性動脈硬化症、関節リウマチ、慢性閉そく性肺疾患、両側の膝関節または股関節に著しい変形を伴う変形性関節症、がん（医師が一般に認められている医学的見地に基づき回復の見込みがない状態に至ったと判断したものに限る）。

⑥ **要支援者**：次の各号のいずれかに該当する者をいう。
a．要支援状態にある65歳以上の者
b．要支援状態にある40歳以上65歳未満の者であって、その要支援状態の原因である身体上又は精神上の障害が特定疾病によって生じたものであるもの

(4) 要介護認定

① 概要：**要介護認定**を受けようとする被保険者は、厚生労働省令で定めるところにより、申請書に被保険者証を添付して市町村に申請をしなければならない。この場合において、被保険者は、厚生労働省令で定めるところにより、指定居宅介護支援事業者、地域密着型介護老人福祉施設若しくは介護保険施設であって厚生労働省令で定めるもの又は地域包括支援センターに、当該申請に関する手続を代わって行わせることができる。

また、市町村は、要介護認定の申請があったときは、その職員をして、申請に係る被保険者に面接させ、その心身の状況、その置かれている環境その他厚生労働省令で定める事項について調査をさせるものとしている。この場合において、市町村は、被保険者が遠隔の地に居所を有するときは、当該調査を他の市町村に嘱託することができることになっている。

また市町村は、申請に係る被保険者の主治の医師に対し、被保険者の身体上又は精神上の障害の原因である疾病又は負傷の状況等につき意見を求めるものとしている。ただし、当該被保険者に係る主治の医師がないときその他当該意見を求めることが困難なときは、市町村は、被保険者に対して、その指定する医師又は当該職員で医師であるものの診断を受けるべきことを命ずることがで

④ 介護保険法

きるものとする。

　この面接による調査に主治医の意見を聞いてコンピュータ判定したものが一次判定である。

　② 市町村：調査の結果、主治の医師の意見又は指定する医師若しくは当該職員で医師であるものの診断の結果その他厚生労働省令で定める事項を認定審査会に通知し、申請に係る被保険者について、次に掲げる被保険者の区分に応じ、各号に定める事項に関し審査及び判定を求めるものとされている。

　　a．第1号被保険者　要介護状態に該当すること及びその該当する要介護状態区分

　　b．第2号被保険者　要介護状態に該当すること、その該当する要介護状態区分及びその要介護状態の原因である身体上又は精神上の障害が特定疾病によって生じたものであること。

　③ 認定審査会：要介護認定の審査及び判定を求められたときは、厚生労働臣が定める基準に従い、審査及び判定に係る被保険者について、同項各号に規定する事項に関し審査及び判定を行い、その結果を市町村に通知するもとされている（二次判定）。この場合において、**認定審査会**は、必要があると認めるときは、次に掲げる事項について、市町村に意見を述べることができる。

　　a．当該被保険者の要介護状態の軽減又は悪化の防止のために必要な療養に関する事項

　　b．指定居宅サービス、指定地域密着型サービス又は指定施設サービス等の適切かつ有効な利用等に関し当該被保険者が留意すべき事項

　また、認定審査会は、審査及び判定をするに当たって必要があると認めるときは、当該審査及び判定に係る被保険者、その家族、主治の医師その他の関係者の意見を聴くことができる。2006年度からは認定調査科目に高齢者の生活機能を評価する項目が追加され、主治医の意見書でも生活機能が拡充されている。

　④ 認定の通知：市町村は、認定審査会の審査及び判定の結果に基づき、要介護認定をしたときは、その結果を当該要介護認定に係る被保険者に通知しなければならない。この場合において、市町村は、次に掲げる事項を被保険者証に記載し、これを返付するものとされている。

　　a．該当する要介護状態区分

　　b．第5項第2号に掲げる事項に係る認定審査会の意見

　介護認定審査会の二次判定にもとづき、市町村が要介護度の認定をし、本人に文書で通知される。認定の結果は、申請した日から30日で届くようになっ

ている。決定の内容は、要支援1・2、要介護1〜要介護5、非該当のいずれかになり、要支援・要介護と認定された場合は、介護保険サービスが利用できることになる。

なお、要介護認定は、その申請のあった日にさかのぼってその効力を生じる。そして要支援の認定も同様に行われ、認定の区分によってケア・プランの内容、手続きが変わってくることになる。

(5) 認定区分

認定区分 は次の要支援2、要介護5の7区分となっている。

要支援1：日常生活を送るうえの基本的動作はほぼ自分で行うことが可能だが、家事や買い物などの日常生活を送るうえの能力になんらかの支援が必要な状態。

要支援2：要支援1の状態から、わずかに能力が低下し、何らかの支援が必要な状態。

要介護1：要支援の状態から「洗身」や「金銭の管理」など日常生活を送るのに必要な能力がさらに低下し、部分的な介護が必要となる状態。

要介護2：要介護1の状態に加え、「移動」などの日常生活を送るうえの基本的動作についても部分的な介護が必要となる状態。

要介護3：要介護2の状態と比較して、日常生活の基本的動作と日常生活を送るのに必要な能力がとても著しく低下し、ほぼ全面的な介護が必要となる状態。

要介護4：要介護3の状態に加え、さらに動作能力が低下し、介護なしには日常生活を送ることが困難な状態。

要介護5：要介護4の状態よりさらに動作能力が低下しており、介護なしには日常生活を送ることがほぼ不可能な状態。

(6) 指定区分ごとのサービス（2015年以降）

2014年6月18日に「地域における医療及び介護の総合的な確保を推進するための関係法律の整備等に関する法律」（医療介護総合確保推進法）が成立し、2016年4月より改正施行となった。これは団塊の世代が75歳以上となる2025年を見据えた「第6期介護保険事業（支援）計画」としての改革であり、「地域包括ケアシステムの構築と費用負担の公平化」が中心点とされ、市町村が行なう 地域支援事業 の重要度が増していくものといえる。

要支援：要支援1・2の対象者について介護保険本体の給付（予防給付）から、

④ 介護保険法

訪問介護と通所介護を外し、対応するサービスについて地域支援事業を再編成する、これに従い地域支援事業を再編成することとなった。介護予防でのサービスの利用は、これまで介護予防通所介護（機能訓練等）と介護予防訪問介護（買い物等）が中心となっていた。この二つ要支援サービスを2016年4月から段階的（2016年～2018年）に廃止することとなった。他のサービスは従来通り、予防介護で行われる。

要介護：2015年4月より特別養護老人ホームの入所条件が設けられ、原則、新規入所（現在に入居している要介護1、2のものは除く）は要介護3以上の人に限定された（認知所高齢者や知的障害・精神障害者等の高齢者は除く。）。

同年8月からは、一定以上の預貯金を持つものも補助対象から外され、課税対象となった（遺族年金等も含む）。また一定以上の所得基準を有している者の利用者負担額が1割から2割に引き上げられた。

施設サービスの場合、ケアマネジャーの紹介やご本人・家族が直接申し込むことにより、施設と契約を結び入所し、施設のケアマネジャーが利用者に適したケアプランを作成し、サービスが開始される。

(7) 給　付

① 介護給付［第40条］

介護給付 は、次に掲げる保険給付となっている。

　ア　居宅介護サービス費の支給
　イ　特例居宅介護サービス費の支給
　ウ　地域密着型介護サービス費の支給
　エ　特例地域密着型介護サービス費の支給
　オ　居宅介護福祉用具購入費の支給
　カ　居宅介護住宅改修費の支給
　キ　居宅介護サービス計画費の支給
　ク　特例居宅介護サービス計画費の支給
　ケ　施設介護サービス費の支給
　コ　特例施設介護サービス費の支給
　サ　高額介護サービス費の支給
　シ　高額医療合算介護サービス費の支給
　ス　特定入所者介護サービス費の支給
　ソ　特例特定入所者介護サービス費の支給

② 予防給付［第52条］

予防給付 は、次に掲げる保険給付となっている。

ア　介護予防サービス費の支給
イ　特例介護予防サービス費の支給
ウ　地域密着型介護予防サービス費の支給
エ　特例地域密着型介護予防サービス費の支給
オ　介護予防福祉用具購入費の支給
カ　介護予防住宅改修費の支給
キ　介護予防サービス計画費の支給
ク　特例介護予防サービス計画費の支給
ケ　高額介護予防サービス費の支給
コ　高額医療合算介護予防サービス費の支給
サ　特定入所者介護予防サービス費の支給
シ　特例特定入所者介護予防サービス費の支給

(8) 利用者負担

サービスに係る費用の1割（一定所得以上の場合は2割）が利用者の **自己負担** となる。また、施設を利用するサービスについては、別に滞在費、日常生活費等がかかり、所得に応じて減額される。介護保険課へ申請が必要であり、利用限度月額を超えて利用した分は、全額利用者の負担となっている。

そして2015年8月からは、(6)で前述のように一定以上の所得基準を有している（「年金収入＋その他の合計所得額」が、「単身280万円、2人以上346万円」を超える。）場合の自己負担額は2割に引き上げられた。また、同一世帯に一定以上の所得者がいる場合は、利用者負担上限額が37,200円から44,400円に引き上げられている。

　　※章末に資料として「地域における医療及び介護の総合的な確保の促進に関する法律」を収載し、参考としたい。

⟨5⟩ 公的年金制度

> **Keyword**
> 国民年金、社会保障・税一体改革関連法、被用者年金一元化法
> 国民年金基金、強制適用事業所、厚生年金、厚生年金基金

⑤ 公的年金制度

(1) 国民年金法　[昭和34年4月16日法律第141号]

① 目的　国民年金制度は、憲法第25条第2項に規定する「生存権及び国民生活の社会的進歩向上に務める国の義務」に基づいて、老齢、障害または死亡によって国民生活の安定が損なわれることを、国民連帯の精神によって、これを防止し、健全な国民生活を維持向上させることを目的とする[第1条]制度である。

② 制度の沿革　従来年金制度は、労働者、公務員等を対象に所得保障の一環として発足したものであるが、その恩恵に浴さない、多くの自営業者、農民、小企業の労働者などを救済するため、1961年に拠出制を原則とし、また通算年金の途を拓いた国民年金法が新たに施行された。したがって、この年金制度の沿革により、国民皆年金制度が誕生したものである。

この皆年金制度の目的は、国民年金、厚生年金、共済年金が制度的にも独立しており、給付内容、手続等についても、格差等があること、それよりもまず、財政的破綻が予想され、大きな社会問題となったのである。現在、公的年金制度は、1985年改正で一元化したが、被用者年金制度は、将来に向けて給付面の均衡を図るよう改善しながら段階的に移行し、いずれ整理統合することになっている。

既述のとおり、国民年金制度は、1961年の国民皆年金と1986年4月から実施された基礎年金の導入等を骨子とした制度改正により、名実共に全国民を対象とする年金制度が確立した。しかし、21世紀は高齢社会がさらに進み、少子社会も到来することが予想できることから、国民の老後生活の安定に不安がもたらされてきた。このことから1996年にはネット所得スライドの導入等を行い、以後も5年に1度の見直しを行っており、次期改正の1999年を目指し、1997年5月より厚生労働大臣の諮問機関である年金審議会は次期財政再計算に向けた審議を開始した。そして1998年2月には『年金白書』が刊行され、5月には「年金改革に関する有識者調査」の結果を公表している。

また、1997年1月からすべての年金制度に共通した基礎年金番号が実施された。これにより加入制度を変更等しても実施がスムーズに行われるようになった。

その後も将来の年金確保のため2011年に年金確保支援法が成立し、2012年2月には社会保障制度の持続可能性を維持するために社会保障・税一体改革大綱が閣議決定され、同8月には社会保障・税一体改革関連法が成立した。

そして2015年年10月1日から「被用者年金一元化法」によりこれまで厚

第7章　医療・介護・労働等の社会保障に関する法制度

生年金と三つの共済年金に分かれていた被用者の年金制度が厚生年金に統一された。それにより具体的には次のような改正が行われた。
　a．国・地方公務員および私学教職員は厚生年金に加入することになり、年金の2階部分は厚生年間に統一される。
　b．公務員の保険料率を引き上げ厚生年金の保険料率（上限18.3％）に統一し、3階部分（職域部分）を廃止し、民間の勤労者と同一保険料・同一給付を実現する。
　c．厚生年金と共済年金の制度的差異については（遺族共済年金の転給等）、基本的に厚生年間に統一される。

③ 被保険者　　次の各号のいずれかに該当する者は、国民年金の被保険者とする［第7条］。
　a．日本国内に住所を有する20歳以上60歳未満の者であってb、cのいずれにも該当しないもの（厚生年金保険法（昭和29年法律第115号）に基づく老齢を支給事由とする年金たる保険給付その他の老齢又は退職を支給事由とする給付であって政令で定めるもの（以下「厚生年金保険法に基づく老齢給付等」という）を受けることができる者を除く。以下「第一号被保険者」という）
　b．厚生年金保険の被保険者（以下「第二号被保険者」という）
　c．第二号被保険者の配偶者であって主として第二号被保険者の収入により生計を維持するもの（第二号被保険者である者を除く。以下「被扶養配偶者」という）のうち20歳以上60歳未満のもの（以下「第三号被保険者」という）

学生については1993年4月から強制適用となったが、2000年4月から学生本人が一定以下の収入以下の場合には、申請に基づき在学期間中の保険料納付を要しないものとした（学生納付特例制度）。なお、学生特例期間の各月から10年間は保険料を追納できることとした。これは特例免除期間も納付期間には含まれるが、年金額には反映しないからである。また適用除外となる人にも任意加入の途が開かれている。

なお、2008年4月から後期高齢者は被保険者から除かれ、後期高齢者医療制度に移行する。

④ 保険料　　国民年金の保険料は定額制であり、第1号被保険者としての被保険者期間の基礎となる各月について徴収する。保険料額については、2015年度15,590円であるが、毎年度280円（2004年度価格）ずつ引き上げ、2017年度以降は16,900円（同）で固定されることとなっている。

また、第2号被保険者と第3号被保険者については、個々に国民年金の保険料の負担は直接には要しない（その属する厚生年金保険の各実施機関（2015年10

⑤ 公的年金制度

月の被用者年金一元化前は被用者年金各制度）が拠出金という形で負担する。）。

なお、保険料は、2年を経過すると時効により納付することができなくなる。ただし、この期間は、2015年10月からの3年間は5年（平成26年成立の政府管掌年金事業等の運営の改善のための国民年金法等の一部を改正する法律）により延長されている。

⑤ 給付の種類

国民年金の給付は、全国民を対象とした次のものがある［第15条］。

1. 老齢基礎年金［第26条以下］
2. 障害基礎年金［第30条以下］
3. 遺族基礎年金［第37条以下］
4. 寡婦年金［第49条以下］
5. 死亡一時金［第52条の2以下］
6. 第1号被保険者に対する独自給付である「付加年金」［第43条以下］

その他拠出制国民年金が発足した1961年4月1日において既に高齢であったため、その対象とされなかった者に、70歳到達以降、全額国庫負担によって支給されるものに「老齢者福祉年金」がある。ただし受給権者本人もしくは、扶養義務者等に一定以上所得がある場合、受給権が他の公的年金を受けることができる場合は支給されない［老齢福祉年金支給規則昭和34年6月15日17号］。

⑥ 国民年金基金

自営業者等の公的な所得保障の仕組みは従来基礎年金のみであったが、これらの人々の老後の多様なニーズに応えるため、また民間等のサラリーマンとの公平を図るため上乗せの公的年金制度として、1993年4月1日から**国民年金基金**が発足した［第115条以下］。概要は以下のとおりである。

この基金は、① 地域型基金［第116条第1項］と、② 職能型基金［第116条第2項］の制度がある。前者は、各都道府県ごとに各地域内に住居を有する1,000人以上の者で設立でき［第119条第4項］、後者は、同種の事業または業務に従事する3,000人以上の者によって組織され、同業者で全国に1つ設立できるものである［第119条第5項、第118条の2］。

基金の加入は任意とし、基金の給付は、1口目は年金月額2万円、2口目以降は1万円となっており、加入する者は自己の生活設計に応じ、口数を選択して加入する仕組みである。基金の掛金［第134条］は口数および加入年令等によって決まるが、原則として上限6万8,000円まで加入できる。

(2) 厚生年金保険法 ［昭和29年5月19日法律第115号］

本法は、労働者の老齢、障害、または死亡について保険給付を行い、労働者及びその遺族の生活の安定と福祉の向上を目的とするものである［第1条］。

① 被保険者

民間の会社、工場、船舶などの事業所で働く労働者が常時5人以上は**強制適用事業所**とし［第6条］、そこに使用される70歳未満の者は、厚生年金保険の被保険者となる［第9条］。それ以外の事業所、事務所で雇用されている者も適用拡大が図られ、1988年4月から、すべての法人も適用の対象となった。

厚生年金保険の被保険者は、同時に国民年金の第2号被保険者となり、2つの制度に同時に加入することになったことは「国民年金法」の中ですでに述べた。

② 保険給付

本法による保険給付は次のとおりである［第32条］。

1. 老齢厚生年金［第42条以下］。
2. 障害年金及び障害手当金［第47条以下］。
3. 遺族厚生年金［第58条以下］。

この保険給付のうち、老齢厚生年金について述べることにする。老齢基礎年金の受給要件を満たしている者に65歳から支給されるが、老齢厚生年金が老齢基礎年金に上乗せする形で支給される［第43条］。

育児休業期間の保険料が、自己負担分に加え、会社側の負担分も免除となる（2001年4月から）。

部分年金制度が施行され、1941年4月2日（女性は1946年4月2日）以降の生まれの者から、徐々に65歳になるまで報酬比例部分だけの支給となる。

③ 厚生年金基金（法改正により2014年4月より新規設立は認めない）

厚生年金基金の制度はいわゆる上乗せ給付を目的とし、1966年から実施されたものである。設立単位は、①単独設立（単独企業）、②連合設立（2つ以上の企業が共同）、③総合設立（同種同業型、地域型）の何れでもよいが、被保険者および労働組合の同意を各事業所ごとに必要とする。一基金加入員数が、それぞれ①1000人以上、②1000人以上、③5000人以上となっている。基金が設立されていると事業所の全員加入となる。

基金の年金給付の算定方式は、厚生年金保険と同様の方法をとる代行型（この方法で設立された基金はない）と、この代行型の方法で計算した額（基本部分）に、さらに一定額（定額又は賃金比例など一定の方式で計算した額（加算部

分)) を加算する加算型、および共済型（融合型ともいわれる）がある。共済型とは、代行部分とプラスアルファ部分が一体化となって計算されるもの（事例は少ない）である。

ただし、「公的年金制度の健全性及び信頼性の確保のための厚生年金保険法等の一部を改正する法律」[平成25年6月26日法律第63号]の成立により、施行日以後は厚生年金基金の新設は認められないことになった。そして、施行日から5年間の時限措置として特例解散制度を見直し、分割納付における事業所間の連帯債務を外すなど、基金の解散時に国に納付する最低責任準備金の納付期限・納付方法の特例を設けることになった。

また、施行日から5年後以降は、代行資産保全の観点から設定した基準を満たさない基金については、厚生労働大臣が第三者委員会の意見を聴いて、解散命令を発動できることになっている。

なお、上乗せ給付の受給権保全を支援するため、厚生年金基金から他の企業年金等への積立金の移行について特例を設けるものである。

⑥ 生活保護法 [昭和25年5月4日法律第144号]

Keyword

シビルミニマム、無差別平等、補足性の原則、ミーンズ・テスト、生活扶助基準、申請保護、医療扶助

(1) 目 的

この法律は、憲法第25条[生存権、国民生活の社会的進歩向上に努める国の義務]に規定する理念に基づき、国が生活に困窮する国民に対し、その困窮の程度に応じ、必要な保護と、最低限度の生活保障（**シビルミニマム**）を行ない、自立を助長することを目的とする[第1条]。

その保護要件は法律の要件を満たすかぎり、保護請求権が「**無差別平等**」（権利の保障という面あるいは保護を要するに至った原因の面での無差別を意味し、保護対象者の生活需要の差異を無視した画一的な給付が行われるべきという意味ではないと解される）に保障されていること[第2条]、「最低限度の生活」は健康で文化的水準を維持しうるものであること[第3条]、また困窮のみが要件で、欠格条項がなく、人権保障の規定から行政上の権限行使に制限等が加えられたことなどである。更に「**補足性の原則**」すなわち、利用しうる資産、能力、その他すべてのものを、最低限度の生活維持のため活用することを要件とし

第7章　医療・介護・労働等の社会保障に関する法制度

(ミーンズ・テスト (means test)：(資力調査) も要件の確認の一つとなる)、親族扶養優先［第4条］と、厚生労働大臣による保護基準の単独制定権［第8条］、あるいは実施機関として地方公共団体が保護費の一部を負担する［第19条以下］［第70条］などである。

(2) 保　　護

① 保護基準　本法による保護は次の通りで、要保護者、その扶養義務者またはその他の同居の親族の申請に基づいて開始される「**申請保護**」［第7条］が原則で、必要に応じて「単給」または「併給」で実施される。

　保護の種類は［a. 生活扶助［第12条、第30、31条］、b. 教育扶助［第13条、第32条］、c. 住宅扶助［第14条、第33条］、d. 医療扶助［第15条、第34条］、e. 介護扶助［第15条の2、第34条の2］、f. 出産扶助［第16条、第35条］、g. 生業扶助［第17条、第36条］、h. 葬祭扶助［第18条、第37条］］の8種類である［第11条］が、はじめに生活保護の基準計算の方式を述べ、本節では主に、d. 医療扶助について概論し、その他は関係のある事項について触れることにする。

　［生活保護の基準］

　生活扶助基準については、一般国民の消費動向に対応して改正する、いわゆる「水準均衡方式」（昭和59年以降）によって被保護者の年齢、世帯構成、地域による6段階の区分に分かれている。

　生活保護法による保護は、申請によって保護が開始されるのが前提であることは既に述べた。さらに「厚生労働大臣の定める基準」［第8条］で、要保護者の年令別、性別、健康状態、その他個人または世帯の実際の必要度を考慮し、「必要即応の原則」［第9条］により、「世帯単位の原則」［第10条］で、有効適切な保護を実施することになる。

② 医療扶助　**医療扶助**［第15条］は、困窮のため最低限度生活を維持することのできない者に対して実施され、次の範囲内で現物支給によって行われる［第34条］。

　（医療扶助）［第15条］

　　a．診察（1号）
　　b．薬剤または治療材料（2号）
　　c．医学的処置、手術およびその他の治療ならびに施術（3号）
　　d．居宅における療養上の管理およびその療養に伴う世話その他の看護（4号）
　　e．病院または診療所への入院およびその療養に伴う世話その他の看護（5

号)
　f．移送 (6号)

　ここで言う現物支給とは、医療による給付のことであるが、厚生労働大臣の指定する医療機関によって診察が行われ、診療の方針および診療報酬は国民健康保険の例に準ずる [第52条] ことになっている。

　そのほか、若干付記すると、保護の実施主体は、国または都道府県および指定都市、市町村であるが、実際の窓口は居住地の福祉事務所である [19条以下]。

③ 用語の定義 [第6条]

　被保護者……現に保護を受けている者。
　要保護者……現に保護を受けているか否かにかかわらず、保護を必要とする状態にある者。
　現物給付……物品の給与または貸与、医療の給付、役務の提供その他金銭給付以外の方法で保護を行うことをいう。

⑦ 労働者災害補償保険法 [昭和22年4月7日法律第50号]

Keyword
労災保険、業務災害、業務上、業務起因性、業務遂行性、通勤災害、日常生活上必要な行為

(1) 目 的

　労働者災害補償保険 (以下「**労災保険**」という) は、労働者の業務上、または通勤による負傷、疾病、障害または死亡に対し迅速かつ公正な保護をなすため、必要な保険給付を行うものである。また、疾病にかかった労働者の社会復帰の促進、当該労働者およびその遺族に対する援護、適正な労働条件の確保等を図って、労働者の福祉の増進に寄与することを目的とする [第1条]。

(2) 保険給付

　労災保険は政府が管掌する [第2条] ものであるが、前述の目的を達するため、保険給付のほか、社会復帰促進等事業を行い、労働者の福祉の増進を図っている [第2条の2]。

　① 業務災害
　労働者の業務上の保険給付は、業務上の負傷、疾病、障害または死亡 (以下「**業務災害**」という) である [第7条第1項第1号]。

第 7 章　医療・介護・労働等の社会保障に関する法制度

「業務災害」の給付がなされるには、「業務上」と認定されなければならない(3)。この解釈は、労働基準法［第 75 条以下］の「業務上」と同義とされる。そして、「業務上」と認定されるには労働者の従事した業務が災害の起因となっている必要ある。これは行政解釈による業務起因性とされる。また労働者が使用者の指揮命令にしたがって業務に赴くことを業務遂行性という。この業務遂行性が認められることが業務起因性を推定し、「業務上」を認定する基準となっている(4)。

②　通勤災害

労働者の通勤による負傷、疾病、障害または死亡（以下「通勤災害」という）による保険給付である［第 7 条第 1 項第 2 号］。ただし、通勤災害は、就業の途中、住居との間を合理的な経路、方法をもって往復（業務の性質を除く）していること、さらに往復の径路を逸脱したり、または中断が日常生活上必要な行為であって、しかも止むを得ない事由で最小限のものであるときの事故は通勤災害に該当する［第 7 条第 2 項］。

次に日常生活に必要な行為とは何かを具体的に述べる。

日常生活に必要な行為［規則第 8 条］
　ａ．日用品購入、その他これに準ずる行為。
　ｂ．職業訓練、学校教育法第 1 条に規定する学校で行なわれる教育、その他これに準ずる職業訓練であって職業能力の開発向上に資するものを受けるための行為。
　ｃ．選挙権の行使、その他これに準ずる行為。
　ｄ．病院または診療所で、診療、治療を受けるためであること
　　その他これに準ずる行為である。
　ｅ．要介護状態にある配偶者、子、父母、配偶者の父母並びに同居し、かつ、扶養している孫、祖父母及び兄弟姉妹の介護（継続的に又は反復して行われるものに限る。）

③　業務災害の保険給付

次に「業務災害」に関する保険給付その他について述べる。

業務災害に関する保険給付［第 12 条の 8］
　ａ．療養補償給付

---

(3)　特に過労死についての業務上認定が問題となっており、年々その判断は職場の現状に近づきつつあるが、未だ批判も多い。西村健一郎「法的問題としての過労死について」（ジュリスト 1197 号）2 頁以下参照。
(4)　角田豊・佐藤進・社会保障法［新版］（1994 年）327 頁。

⑦ 労働者災害補償保険法

  b．休業補償給付
  c．障害補償給付
  d．遺族補償給付
  e．葬祭料
  f．傷病補償年金
  g．介護補償給付

であり、療養補償給付（療養の給付）の内容は次のとおりである［第13条第2項］。

  ア．診察
  イ．薬剤または治療材料の支給
  ウ．処置、手術その他の治療
  エ．居宅における療養上の管理およびその療養に伴う世話、その他の看護
  オ．病院または診療所への入院およびその療養に伴う世話、その他の看護
  カ．移送

で、療養の給付が困難な場合、療養の費用（健保の「療養費の支給」に当たる）を支給することができる［第13条第3項、則第11条の2］。

 ④　通勤災害の保険給付

 通勤災害に関する保険給付［第21条］は以下のとおり。

   療養給付［22条］
   休業給付［第22条の2］
   障害給付［第22条の3］
   遺族給付［第22条の4］
   葬祭給付［第22条の5］
   傷病年金［第23条］
   介護給付［第24条］

で、療養給付は、業務災害の場合の「療養補償給付」と何ら変わるところはない。

 ⑤　給付制限

 a．保険給付の制限［第12条の2の2］

 <u>労働者が故意に負傷、疾病、障害もしくは死亡またはその直接の原因となる事故を生じたときは、保険給付は行われない</u>。故意の犯罪もしくは重大な過失、または正当な理由なく、療養の指示に従わないときは、全部または一部給付を行わない。

 b．不正手段等による保険給付を受けたとき［第12条の3］

 保険給付に要した費用の全部または一部の返還、事業主等が連帯して行った

第 7 章　医療・介護・労働等の社会保障に関する法制度

場合も同様である。

⑥　第三者行為による事故［第12条の4］

保険給付の原因が第三者の行為によるものであるとき、第三者に対する損害賠償の請求権を取得する。ただし労働者が加害者から同一の事由で賠償を受けたときは、給付を行わない。

⑦　保険給付を受ける権利の保護［第12条の5］

　(a)　退職した場合でも変更されない。

　(b)　譲り渡し、担保に供し、差し押さえることはできない。

⑧　その他の給付

そのほか、休業補償給付（休業給付）をはじめとし、医療機関に、傷病または治療上の意見等求められるものもあるが、特に障害補償給付（障害給付）の場合、別表第一「障害等級表」を、傷病補償年金については別表第二「傷病等級表」を参考にする。

なお、労働基準法との関係で業務上負傷し、または疾病にかかった労働者が、療養開始後3年を経過した日において、傷病補償年金を受けているとき、あるいは以後受けるようになったとき、労基法第81条の規定により、打切補償を支払ったものとみなされる［第19条］。

 労働安全衛生法［昭和47年6月8日法律第57号］

Keyword

労働災害の防止、労働環境の安全衛生、
総括安全衛生管理者、労働衛生管理

(1)　目　的

本法は、労働基準法［昭和22年法律第49号］と相まって、**労働災害の防止**のための危害防止基準の確立、責任体制の明確化および自主的活動の促進の措置を講ずる等、その防止に関する総合的計画的な対策を推進することにより、職場における労働者の安全と健康を確保するとともに、快適な職場環境の形成を促進することを目的とする［第1条］。

(2)　定　義

本法に関する用語の定義は以下の通り［第2条］。

　ａ．労働災害：労働者の就業に係る建設物、粉じん等、または作業中やそれ

に関わる業務に起因して、労働者が負傷、疾病、死亡となること。
  b．労働者：労働基準法第9条に規定する労働者（同居親族のみ使用の事務所に使用されるもの等を除く）。
  c．事業者：事業を行い、労働者を使用するもの。
  d．化学物質：元素および化合物をいう。
  e．作業環境測定：作業環境の実態を把握するために空気環境や作業環境等についてのデザイン、サンプリングおよび分析のこと。

(3) 安全衛生管理

　事業者等は、労働災害の防止のみならず、**労働環境の安全衛生**にも配慮しなければならない［第3条第1項］。また政令でさだめる事業場ごとに、労働省令で定める次の管理者等を置かなければならない。
  a．**総括安全衛生管理者**［第10条］、b．安全管理者［第11条］、c．衛生管理者［第12条］、d．安全衛生推進者等［第12条の2］、e．産業医等［第13条］、f．作業主任者［第14条］、g．統括安全衛生責任者［第15条］、h．元方安全衛生管理者［第15条の2］、i．店社安全衛生管理者［第15条の3］、j．安全衛生責任者［第16条］、k．安全委員会［第17条］、l．衛生委員会［第18条］、m．安全衛生委員会［第19条］。

(4) 労働衛生管理

　労働衛生管理の基本は、a．作業環境管理、b．作業管理、c．健康管理の3つである。社会・産業の変化によって、これまで幾たびか対策や法改革が行われた。特に1992年には、「快適な職場環境の形成のための措置」が法改正によって盛り込まれた。さらに1996年には、高齢化の進展などから労働者の健康を保持するために産業医について専門性の確保を図る等の対策をとっており、健康診断の結果について事業者は医師または歯科医師（通常は産業医）から意見を聴収しなければならなくなった［第66条の4］。
　なお、2005年には、石綿による健康被害が大きな社会問題となり、健康窓口の設置、健康管理手帳や労災補償制度の周知徹底、離職者への臨時の健康診断事業者への実施養成等が行われた。そして2011年には石綿健康被害救済法の改正がなされた。2006年には、石綿業務に従事した職者への特別健康診断も実施された。

第7章 医療・介護・労働等の社会保障に関する法制度

(資料)「地域における医療及び介護の総合的な確保と促進に関する法律」[平成元年6月30日法律第64号]

第1章 総則

(目的)

第1条 この法律は、国民の健康の保持及び福祉の増進に係る多様なサービスへの需要が増大していることに鑑み、地域における創意工夫を生かしつつ、地域において効率的かつ質の高い医療提供体制を構築するとともに地域包括ケアシステムを構築することを通じ、地域における医療及び介護の総合的な確保を促進する措置を講じ、もって高齢者をはじめとする国民の健康の保持及び福祉の増進を図り、あわせて国民が生きがいを持ち健康で安らかな生活を営むことができる地域社会の形成に資することを目的とする。

(定義)

第2条 この法律において「地域包括ケアシステム」とは、地域の実情に応じて、高齢者が、可能な限り、住み慣れた地域でその有する能力に応じ自立した日常生活を営むことができるよう、医療、介護、介護予防(要介護状態若しくは要支援状態となることの予防又は要介護状態若しくは要支援状態の軽減若しくは悪化の防止をいう。)、住まい及び自立した日常生活の支援が包括的に確保される体制をいう。

 2 この法律において「介護給付等対象サービス等」とは、介護保険法(平成9年法律第123号)第24条第2項に規定する介護給付等対象サービス及び老人福祉法(昭和38年法律第133号)に基づく福祉サービスをいう。

 3 この法律において「公的介護施設等」とは、地域において介護給付等対象サービス等を提供する施設その他これに類する施設又は設備のうち厚生労働省令で定めるもの(次項に規定する特定民間施設を除く。)をいう。

 4 この法律において「特定民間施設」とは、介護給付等対象サービス等との連携の下に地域において保健サービス及び福祉サービスを総合的に提供する1群の施設であって、民間事業者が整備する次に掲げる施設から構成されるものをいう。

 1 住民の老後における疾病予防のため有酸素運動(継続的に酸素を摂取して全身持久力に関する生理機能の維持又は回復のために行う身体の運動をいう。)を行わせるとともに、老人に対して機能訓練を行う施設であって、診療所が附置されていることその他の政令で定める要件に適合するもの

 2 老人に対して、各種の相談に応ずるとともに、教養の向上及びレクリエーションのための便宜を総合的に供与する施設(老人福祉法第20条の7に規定する老人福祉センターを除く。)

 3 イに掲げる施設であってロに掲げる施設が併せて設置されるもの

(資料）地域における医療及び介護の総合的な確保と促進に関する法律

　　イ　身体上若しくは精神上の障害があって日常生活を営むのに支障がある老人又はその者を現に養護する者を通わせ、入浴若しくは給食又は介護方法の指導の実施その他の厚生労働省令で定める便宜を供与する施設
　　ロ　身体上又は精神上の障害があって日常生活を営むのに支障がある老人につきその者の居宅において入浴、排せつ、食事等の介護を行う事業その他のその者が居宅において日常生活を営むのに必要な便宜を供与する事業であって政令で定めるもののために必要な施設
4　老人福祉法第29条第1項に規定する有料老人ホーム

第2章　地域における医療及び介護の総合的な確保

（総合確保方針）
第3条　厚生労働大臣は、地域において効率的かつ質の高い医療提供体制を構築するとともに地域包括ケアシステムを構築することを通じ、地域における医療及び介護を総合的に確保するための基本的な方針（以下「総合確保方針」という。）を定めなければならない。
2　総合確保方針においては、次に掲げる事項を定めるものとする。
　1　地域における医療及び介護の総合的な確保の意義及び基本的な方向に関する事項
　2　地域における医療及び介護の総合的な確保に関し、医療法（昭和23年法律第205号）第30条の3第1項に規定する基本方針及び介護保険法第116条第1項に規定する基本指針の基本となるべき事項
　3　次条第1項に規定する都道府県計画及び第5条第1項に規定する市町村計画の作成並びにこれらの整合性の確保に関する基本的な事項
　4　前2号に掲げるもののほか、地域における医療及び介護の総合的な確保に関し、次条第1項に規定する都道府県計画、医療法第30条の4第1項に規定する医療計画（以下「医療計画」という。）及び介護保険法第118条第1項に規定する都道府県介護保険事業支援計画（以下「都道府県介護保険事業支援計画」という。）の整合性の確保に関する事項
　5　公正性及び透明性の確保その他第6条の基金を充てて実施する同条に規定する都道府県事業に関する基本的な事項
　6　その他地域における医療及び介護の総合的な確保に関し必要な事項
3　厚生労働大臣は、総合確保方針の案を作成し、又はこれを変更しようとするときは、あらかじめ、医療又は介護を受ける立場にある者、都道府県知事、市町村長（特別区の区長を含む。次条第4項及び第10条において同じ。）、介護保険法第7条第7項に規定する医療保険者（次条第4項及び第5条第4項において「医療保険者」という。）、医療機関、同法第115条の32第1項に規定する介護サービス事業者（次条第4項及び第5条第4項において「介護サービス事業者」という。）、診療又は調剤に

第7章　医療・介護・労働等の社会保障に関する法制度

関する学識経験者の団体その他の関係団体、学識経験を有する者その他の関係者の意見を反映させるために必要な措置を講ずるものとする。
4　厚生労働大臣は、総合確保方針を定め、又はこれを変更したときは、遅滞なく、これを公表しなければならない。

（都道府県計画）
第4条　都道府県は、総合確保方針に即して、かつ、地域の実情に応じて、当該都道府県の地域における医療及び介護の総合的な確保のための事業の実施に関する計画（以下「都道府県計画」という。）を作成することができる。
2　都道府県計画においては、おおむね次に掲げる事項について定めるものとする。
　1　医療介護総合確保区域（地理的条件、人口、交通事情その他の社会的条件、医療機関の施設及び設備並びに公的介護施設等及び特定民間施設の整備の状況その他の条件からみて医療及び介護の総合的な確保の促進を図るべき区域をいう。以下同じ。）ごとの当該区域における医療及び介護の総合的な確保に関する目標及び計画期間
　2　前号の目標を達成するために必要な次に掲げる事業に関する事項
　　イ　医療法第30条の4第2項第7号に規定する地域医療構想の達成に向けた医療機関の施設又は設備の整備に関する事業
　　ロ　地域における医療及び介護の総合的な確保のための医療介護総合確保区域における居宅等（居宅その他厚生労働省令で定める場所をいう。次条第2項第2号イにおいて同じ。）における医療の提供に関する事業（同条第5項の規定により提出された市町村計画に掲載された同号イに掲げる事業を含む。）
　　ハ　公的介護施設等の整備に関する事業（次条第5項の規定により提出された市町村計画に掲載された同条第2項第2号ロ及びハに掲げる事業を含む。）
　　ニ　医療従事者の確保に関する事業
　　ホ　介護従事者の確保に関する事業
　　ヘ　その他地域における医療及び介護の総合的な確保のために実施する必要があるものとして厚生労働省令で定める事業（次条第5項の規定により提出された市町村計画に掲載された同条第2項第2号ニに掲げる事業を含む。）
　3　その他地域における医療及び介護の総合的な確保のために必要な事項
3　都道府県は、都道府県計画を作成するに当たっては、医療計画及び都道府県介護保険事業支援計画との整合性の確保を図らなければならない。
4　都道府県は、都道府県計画を作成し、又はこれを変更しようとするときは、あらかじめ、市町村長、医療又は介護を受ける立場にある者、医療保険者、医療機関、介護サービス事業者、診療又は調剤に関する学識経験者の団体その他の関係団体、学識経験を有する者その他の関係者の意見を反映させるために必要な措置を講ずるよう努めるものとする。
5　都道府県は、都道府県計画を作成し、又はこれを変更したときは、遅滞なく、これを厚生労働大臣に提出しなければならない。

(資料）地域における医療及び介護の総合的な確保と促進に関する法律

（市町村計画）
第5条　市町村（特別区を含む。以下同じ。）は、総合確保方針に即して、かつ、地域の実情に応じて、当該市町村の地域における医療及び介護の総合的な確保のための事業の実施に関する計画（以下「市町村計画」という。）を作成することができる。
2　市町村計画においては、おおむね次に掲げる事項について定めるものとする。
　1　医療介護総合確保区域ごとの当該区域又は当該市町村の区域における医療及び介護の総合的な確保に関する目標及び計画期間
　2　前号の目標を達成するために必要な次に掲げる事業に関する事項
　　イ　地域における医療及び介護の総合的な確保のための医療介護総合確保区域又は当該市町村の区域における居宅等における医療の提供に関する事業
　　ロ　老人福祉法第5条の2第1項に規定する老人居宅生活支援事業が実施される施設であって医療介護総合確保区域又は当該市町村の区域において整備する必要があるものとして厚生労働省令で定めるものを整備する事業
　　ハ　次に掲げる老人福祉法第5条の3に規定する老人福祉施設であって医療介護総合確保区域又は当該市町村の区域において整備する必要があるものとして厚生労働省令で定めるものを整備する事業
　　　(1)　老人福祉法第20条の5に規定する特別養護老人ホーム
　　　(2)　老人福祉法第20条の6に規定する軽費老人ホーム（以下「軽費老人ホーム」という。)
　　ニ　その他地域における医療及び介護の総合的な確保のために実施する必要があるものとして厚生労働省令で定める事業
　3　その他地域における医療及び介護の総合的な確保のために必要な事項
3　市町村は、市町村計画を作成するに当たっては、介護保険法第117条第1項に規定する市町村介護保険事業計画との整合性の確保を図らなければならない。
4　市町村は、市町村計画を作成し、又はこれを変更しようとするときは、あらかじめ、都道府県知事、医療又は介護を受ける立場にある者、医療保険者、医療機関、介護サービス事業者、診療又は調剤に関する学識経験者の団体その他の関係団体、学識経験を有する者その他の関係者の意見を反映させるために必要な措置を講ずるよう努めるものとする。
5　市町村は、市町村計画を作成し、又はこれを変更したときは、遅滞なく、これを当該市町村の属する都道府県に提出しなければならない。

（基　金）
第6条　都道府県が、都道府県計画に掲載された第4条第2項第2号に掲げる事業（第9条において「都道府県事業」という。）に要する経費の全部又は1部を支弁するため、地方自治法（昭和22年法律第67号）第241条の基金を設ける場合には、国は、政令で定めるところにより、その財源に充てるために必要な資金の3分の2を負担するものとする。

（財源の確保）
第7条　前条の基金の財源に充てるために、同条の規定により国が負担する費用については、社会保障の安定財源の確保等を図る税制の抜本的な改革を行うための消費税法の1部を改正する等の法律（平成24年法律第68号）の施行により増加する消費税の収入をもって充てるものとする。

（老人福祉法等の特例）
第8条　第6条の基金を充てて実施する医療計画に基づく事業に要する費用又は老人福祉法に定める老人の福祉のための事業に要する費用については、医療法第30条の9又は老人福祉法第26条第2項の規定に基づく国の補助は、これらの規定にかかわらず、行わないものとする。

第9条　都道府県事業により整備される施設（以下この条及び次条において「都道府県整備施設」という。）に係る施設を設置する者が、当該都道府県整備施設につき老人福祉法第14条若しくは第15条第2項若しくは第3項又は社会福祉法（昭和26年法律第45号）第62条第1項の規定により届出を行わなければならない場合には、それぞれ当該規定にかかわらず、事業の開始の日又は施設の設置の日から1月以内に、その旨を当該都道府県整備施設の所在地を管轄する都道府県知事に届け出ることをもって足りる。

第10条　都道府県整備施設（市町村計画に掲載された事業に係る施設に限る。）に係る施設を設置する者（以下この条において「施設設置者」という。）は、前条の規定による届出をする場合には、当該届出を、当該施設設置者に係る都道府県整備施設の所在地を管轄する市町村長を経由してすることができる。

（大都市等の特例）
第11条　この法律中都道府県が処理することとされている事務で政令で定めるものは、地方自治法第252条の19第1項の指定都市（以下「指定都市」という。）及び同法第252条の22第1項の中核市（以下「中核市」という。）においては、政令で定めるところにより、指定都市又は中核市（以下「指定都市等」という。）が処理するものとする。この場合においては、この法律中都道府県に関する規定は、指定都市等に関する規定として、指定都市等に適用があるものとする。

第3章　特定民間施設の整備

（基本方針）
第12条　厚生労働大臣は、特定民間施設の整備に関する基本方針（以下「基本方針」という。）を定めなければならない。
2　基本方針においては、次に掲げる事項を定めるものとする。
　1　特定民間施設の整備に関する基本的な事項
　2　特定民間施設の立地並びに規模及び配置に関する事項
　3　特定民間施設の整備の事業を行う者に関する事項

（資料）地域における医療及び介護の総合的な確保と促進に関する法律

　　4　特定民間施設の施設及び設備に関する事項
　　5　特定民間施設の運営に関する事項
　　6　他の医療施設又は社会福祉施設との連携に関する事項
　　7　介護給付等対象サービス等との連携に関する事項
　　8　その他特定民間施設の整備に際し配慮すべき重要事項
3　厚生労働大臣は、基本方針を定め、又はこれを変更しようとするときは、総務大臣その他関係行政機関の長に協議しなければならない。
4　厚生労働大臣は、基本方針を定め、又はこれを変更したときは、遅滞なく、これを公表しなければならない。

（整備計画の認定等）
第13条　特定民間施設の整備の事業を行おうとする者（当該事業を行う法人を設立しようとする者を含む。）は、当該特定民間施設の整備の事業に関する計画（以下「整備計画」という。）を作成し、これを厚生労働大臣に提出して、当該整備計画が適当である旨の認定を受けることができる。
2　整備計画においては、次に掲げる事項を記載しなければならない。
　　1　特定民間施設の位置
　　2　特定民間施設の概要、規模及び配置
　　3　特定民間施設が立地する市町村又はその周辺の市町村に含まれる地域であって、その住民が当該特定民間施設を利用することが想定されるもの（以下「対象地域」という。）の区域
　　4　特定民間施設の整備の事業を行う者に関する事項
　　5　特定民間施設の運営に関する事項
　　6　他の医療施設又は社会福祉施設との連携に関する事項
　　7　介護給付等対象サービス等との連携に関する事項
　　8　特定民間施設の整備の事業の実施時期
　　9　特定民間施設の整備の事業を行うのに必要な資金の額及びその調達方法
　　10　その他厚生労働省令で定める事項
3　第1項の認定（以下「計画の認定」という。）の申請は、その計画に係る特定民間施設の所在地を管轄する都道府県知事を経由してするものとする。

（認定の基準）
第14条　厚生労働大臣は、計画の認定の申請があった場合において、当該申請に係る整備計画が次の各号に適合すると認めるときは、計画の認定をするものとする。
　　1　前条第2項第1号から第7号まで及び第10号に掲げる事項が基本方針に照らし当該特定民間施設の整備の目的を達成し、当該特定民間施設の機能を発揮させるため適切なものであること。
　　2　前条第2項第4号、第8号及び第9号に掲げる事項が当該特定民間施設の整備の事

第7章　医療・介護・労働等の社会保障に関する法制度

（関係都道府県等の意見の聴取）
第15条　厚生労働大臣は、計画の認定をしようとするときは、あらかじめ、関係都道府県（対象地域の全部又は1部が指定都市の区域内である場合には、当該指定都市を含む。以下同じ。）の意見を聴かなければならない。
2　前項の場合において、都道府県が意見を述べようとするときは、あらかじめ、関係市町村（指定都市を除く。以下同じ。）の意見を聴かなければならない。

（認定の通知）
第16条　厚生労働大臣は、計画の認定をしたときは、速やかに、その旨を関係都道府県に通知しなければならない。
2　前項の通知を受けた都道府県は、速やかに、当該通知に係る事項を関係市町村に通知しなければならない。

（整備計画の変更）
第17条　計画の認定を受けた者（その者の設立に係る第13条第1項の法人を含む。）は、当該計画の認定を受けた整備計画の変更をしようとするときは、厚生労働大臣の認定を受けなければならない。
2　第13条第3項及び前3条の規定は、前項の変更の認定の申請があった場合について準用する。

（報告の徴収）
第18条　厚生労働大臣は、計画の認定を受けた整備計画（前条第1項の変更の認定があったときは、その変更後のもの。以下「認定計画」という。）に係る特定民間施設の整備の事業を行う者（以下「認定事業者」という。）に対し、当該認定計画に係る特定民間施設の整備の事業の実施状況に関し報告をさせることができる。

（改善命令）
第19条　厚生労働大臣は、認定事業者による特定民間施設の整備の事業の実施が認定計画に適合しないおそれがあると認めるときは、当該認定事業者に対し、その改善に必要な措置を採るべきことを命ずることができる。

（認定の取消し）
第20条　厚生労働大臣は、認定事業者が認定計画に従って特定民間施設の整備の事業を実施しないとき、又は前条の規定による厚生労働大臣の処分に違反したときは、計画の認定を取り消すことができる。
2　第16条の規定は、前項の規定による取消しについて準用する。

（指導及び助言）
第21条　国及び地方公共団体は、認定事業者に対し、認定計画に従って行われる特定民間施設の整備の事業の実施に関し必要な指導及び助言を行うものとする。

（認定事業者に係る軽費老人ホームの設置についての特例）
第22条　軽費老人ホームを設置しようとする認定事業者（公益社団法人又は公益財団法人に限る。）は、あらかじめ厚生労働省令で定める事項をその設置し、経営しよ

(資料）地域における医療及び介護の総合的な確保と促進に関する法律

うとする地を管轄する都道府県知事に届け出たときは、老人福祉法第15条第5項及び社会福祉法第62条第2項の規定にかかわらず、同項の許可を受けないで、当該軽費老人ホームを設置し、経営することができる。

2　前項の規定による届出に係る軽費老人ホームを設置し、経営する者に関しては、同項の規定による届出を社会福祉法第62条第1項の規定による届出とみなして、同法第63条第1項、第64条、第71条並びに第72条第1項及び第2項の規定を適用する。

第4章　雑　　則

第23条　この法律に規定する厚生労働大臣の権限は、厚生労働省令で定めるところにより、地方厚生局長に委任することができる。

2　前項の規定により地方厚生局長に委任された権限は、厚生労働省令で定めるところにより、地方厚生支局長に委任することができる。

第5章　罰　　則

第24条　第18条の規定による報告をせず、又は虚偽の報告をした者は、10万円以下の罰金に処する。

2　法人の代表者又は法人若しくは人の代理人、使用人その他の従業者が、その法人又は人の業務に関し、前項の違反行為をしたときは、行為者を罰するほか、その法人又は人に対して同項の刑を科する。

附　　則

（施行期日）
第1条　この法律は、公布の日から施行する。
（租税特別措置法の1部改正）
第2条　租税特別措置法の1部を次のように改正する。
　第45条の2第2項を次のように改める。

2　青色申告書を提出する法人で次の表の各号の上欄に掲げるものが、昭和54年4月1日から平成3年3月31日までの間に、当該各号の中欄に掲げる減価償却資産のうちその製作若しくは建設の後事業の用に供されたことのないもの（第43条から前条まで若しくは前項若しくは同表の他の号又はこれらの規定に係る第52条の3第1項の規定の適用を受けるものを除く。以下この項において「医療用機器等」という。）を取得し、又は医療用機器等を製作し、若しくは建設して、これを当該法人の営む当該各号の上欄に規定する事業の用に供した場合には、その用に供した日を含む事業年度の当該医療用機器等の償却限度額は、法人税法第31条第1項の規定にかかわらず、当該医療用機器等の普通償却限度額と特別償却限度額（当該医療用機器

第7章　医療・介護・労働等の社会保障に関する法制度

等の取得価額に当該各号の下欄に掲げる割合を乗じて計算した金額をいう。）との合計額とする。

法人資産割合
1　医療保健業を営む法人次に掲げる減価償却資産
　イ　医療用の機械及び装置並びに器具及び備品で政令で定めるもの（以下この号において「医療用機器」という。）
　ロ　昭和63年４月１日前に建築されたものとして政令で定める医療施設に係る消火又は防火に資する減価償却資産で政令で定めるもの（以下この号において「特定消防用資産」という。）100分の15（医療用機器のうち医療法第30条の６の規定により同条に定める利用に供されるもので政令で定めるものについては100分の18とし、特定消防用資産については100分の８とする。）
2　民間事業者による老後の保健及び福祉のための総合的施設の整備の促進に関する法律（平成元年法律第64号）第９条に規定する認定事業者で同法第２条に規定する特定民間施設の設置及び運営に係る事業を営む法人当該特定民間施設の機能の発揮に資する機械及び装置並びに器具及び備品で政令で定めるもの100分の18

（租税特別措置法の１部改正に伴う経過措置）
第３条　前条の規定による改正後の租税特別措置法第45条の２第２項の規定は、法人（法人税法（昭和40年法律第34号）第２条第８号に規定する人格のない社団等を含む。以下この条において同じ。）がこの法律の施行の日以後に取得等（取得又は製作若しくは建設をいう。以下この条において同じ。）をしてその事業の用に供する同項に規定する医療用機器等について適用し、法人が同日前に取得等をした前条の規定による改正前の租税特別措置法第45条の２第２項に規定する医療用機器等をその事業の用に供した場合については、なお従前の例による。

（地方税法の１部改正）
第４条　地方税法（昭和25年法律第226号）の１部を次のように改正する。
　　附則第31条の２第９項中「第６項」を「第７項」に改め、同項を同条第10項とし、同条第８項中「第６項」を「第７項」に改め、同項を同条第９項とし、同条第７項を同条第８項とし、同条第６項の次に次の１項を加える。
7　市町村は、民間事業者による老後の保健及び福祉のための総合的施設の整備の促進に関する法律（平成元年法律第64号）第９条に規定する認定事業者が、同法の施行の日から平成３年３月31日までの間に、同条に規定する認定計画に従つて整備される同法第２条に規定する特定民間施設のうち政令で定めるものの用に供する家屋（政令で定める要件を満たすものに限る。）で、その建設の後事業の用に供されたことのないものを取得し、又は建設してこれを当該認定事業者の事業の用に供した場合には、当該家屋の敷地である土地で、当該認定事業者が当該期間内に取得し、かつ、保有するものに対しては、第585条第１項の規定にかかわらず、特

(資料）地域における医療及び介護の総合的な確保と促進に関する法律

別土地保有税を課することができない。

（厚生省設置法の1部改正）
第5条　厚生省設置法（昭和24年法律第151号）の1部を次のように改正する。
　　第5条第65号中「及び災害弔慰金の支給等に関する法律（昭和48年法律第82号）」を「、災害弔慰金の支給等に関する法律（昭和48年法律第82号）及び民間事業者による老後の保健及び福祉のための総合的施設の整備の促進に関する法律（平成元年法律第64号）」に改める。
　　第6条第57号の次に次の1号を加える。
　　57の2　民間事業者による老後の保健及び福祉のための総合的施設の整備の促進に関する法律の定めるところにより、基本方針を定め、及び整備計画の認定を行うこと。
　　　附　則　（平成2年6月29日法律第58号）　抄
（施行期日）
第1条　この法律は、平成3年1月1日から施行する。
　　　附　則　（平成9年12月17日法律第124号）　抄
この法律は、介護保険法の施行の日から施行する。
　　　附　則　（平成11年12月22日法律第160号）　抄
（施行期日）
第1条　この法律（第2条及び第3条を除く。）は、平成13年1月6日から施行する。
　　　附　則　（平成12年6月7日法律第111号）　抄
（施行期日）
第1条　この法律は、公布の日から施行する。
　　　附　則　（平成17年4月1日法律第25号）　抄
（施行期日）
第1条　この法律は、平成17年4月1日から施行する。
（その他の経過措置の政令への委任）
第10条　この附則に規定するもののほか、この法律の施行に伴い必要な経過措置は、政令で定める。
　　　附　則　（平成17年6月29日法律第77号）　抄
（施行期日）
第1条　この法律は、平成18年4月1日から施行する。ただし、次の各号に掲げる規定は、それぞれ当該各号に定める日から施行する。
　1　第1条、第5条、第8条、第11条、第13条及び第15条並びに附則第4条、第15条、第22条、第23条第2項、第32条、第39条及び第56条の規定　公布の日
（罰則に関する経過措置）
第55条　この法律の施行前にした行為及び附則第9条の規定によりなお従前の例に

(その他の経過措置の政令への委任)

第 56 条 附則第 3 条から第 27 条まで、第 36 条及び第 37 条に定めるもののほか、この法律の施行に関し必要な経過措置（罰則に関する経過措置を含む。）は、政令で定める。

　　附　　則　（平成 18 年 3 月 31 日法律第 2 〇号）　抄

(施行期日)

第 1 条　この法律は、平成 18 年 4 月 1 日から施行する。

(地域における公的介護施設等の計画的な整備等の促進に関する法律の 1 部改正に伴う経過措置)

第 9 条　この法律の施行前に作成された第 7 条の規定による改正前の地域における公的介護施設等の計画的な整備等の促進に関する法律（以下「旧介護施設整備法」という。）第 6 条第 1 項に規定する施設生活環境改善計画に掲載された同条第 2 項第 2 号に掲げる施設に係る施設を設置する者又は施設において地域における公的介護施設等の計画的な整備等の促進に関する法律第 2 条第 1 項に規定する介護給付等対象サービス等を提供している者については、旧介護施設整備法第 9 条第 2 項の規定は、この法律の施行後も、なおその効力を有する。この場合において、同項中「施設生活環境改善計画」とあるのは「国の補助金等の整理及び合理化等に伴う児童手当法等の 1 部を改正する法律（平成 18 年法律第 20 号）第 7 条の規定による改正前の地域における公的介護施設等の計画的な整備等の促進に関する法律第 6 条第 1 項に規定する施設生活環境改善計画」と、「第 6 条第 2 項第 2 号」とあるのは「同条第 2 項第 2 号」とする。

(その他の経過措置の政令への委任)

第 11 条　この附則に規定するもののほか、この法律の施行に伴い必要な経過措置は、政令で定める。

　　附　　則　（平成 18 年 6 月 2 日法律第 5 〇号）　抄

この法律は、1 般社団・財団法人法の施行の日から施行する。

　　附　　則　（平成 18 年 6 月 21 日法律第 83 号）　抄

(施行期日)

第 1 条　この法律は、平成 18 年 10 月 1 日から施行する。ただし、次の各号に掲げる規定は、それぞれ当該各号に定める日から施行する。

1　第 10 条並びに附則第 4 条、第 33 条から第 36 条まで、第 52 条第 1 項及び第 2 項、第 105 条、第 124 条並びに第 131 条から第 133 条までの規定　公布の日
2　第 22 条及び附則第 52 条第 3 項の規定　平成 19 年 3 月 1 日
3　第 2 条、第 12 条及び第 18 条並びに附則第 7 条から第 11 条まで、第 48 条から第 51 条まで、第 54 条、第 56 条、第 62 条、第 63 条、第 65 条、第 71 条、第

(資料）地域における医療及び介護の総合的な確保と促進に関する法律

　　　72条、第74条及び第86条の規定　平成19年4月1日
　4　第3条、第7条、第13条、第16条、第19条及び第24条並びに附則第2条第2項、第37条から第39条まで、第41条、第42条、第44条、第57条、第66条、第75条、第76条、第78条、第79条、第81条、第84条、第85条、第87条、第89条、第93条から第95条まで、第97条から第100条まで、第103条、第109条、第114条、第117条、第120条、第123条、第126条、第128条及び第130条の規定　平成20年4月1日
　5　第4条、第8条及び第25条並びに附則第16条、第17条、第18条第1項及び第2項、第19条から第31条まで、第80条、第82条、第88条、第92条、第101条、第104条、第107条、第108条、第115条、第116条、第118条、第121条並びに第129条の規定　平成20年10月1日
　6　第5条、第9条、第14条、第20条及び第26条並びに附則第53条、第58条、第67条、第90条、第91条、第96条、第111条、第111条の2及び第130条の2の規定　平成24年4月1日

（罰則に関する経過措置）

第131条　この法律（附則第1条各号に掲げる規定については、当該各規定。以下同じ。）の施行前にした行為、この附則の規定によりなお従前の例によることとされる場合及びこの附則の規定によりなおその効力を有することとされる場合におけるこの法律の施行後にした行為並びにこの法律の施行後前条第1項の規定によりなおその効力を有するものとされる同項に規定する法律の規定の失効前にした行為に対する罰則の適用については、なお従前の例による。

（処分、手続等に関する経過措置）

第132条　この法律の施行前に改正前のそれぞれの法律（これに基づく命令を含む。以下この条において同じ。）の規定によってした処分、手続その他の行為であって、改正後のそれぞれの法律の規定に相当の規定があるものは、この附則に別段の定めがあるものを除き、改正後のそれぞれの法律の相当の規定によってしたものとみなす。

2　この法律の施行前に改正前のそれぞれの法律の規定により届出その他の手続をしなければならない事項で、この法律の施行の日前にその手続がされていないものについては、この法律及びこれに基づく命令に別段の定めがあるものを除き、これを、改正後のそれぞれの法律中の相当の規定により手続がされていないものとみなして、改正後のそれぞれの法律の規定を適用する。

（その他の経過措置の政令への委任）

第133条　附則第3条から前条までに規定するもののほか、この法律の施行に伴い必要な経過措置は、政令で定める。

　　　附　則　（平成23年6月22日法律第72号）　抄

（施行期日）

第 7 章　医療・介護・労働等の社会保障に関する法制度

第 1 条　この法律は、平成 24 年 4 月 1 日から施行する。ただし、次の各号に掲げる規定は、当該各号に定める日から施行する。
　1　第 2 条（老人福祉法目次の改正規定、同法第 4 章の 2 を削る改正規定、同法第 4 章の 3 を第 4 章の 2 とする改正規定及び同法第 40 条第 1 号の改正規定（「第 28 条の 12 第 1 項若しくは」を削る部分に限る。）に限る。）、第 4 条、第 6 条及び第 7 条の規定並びに附則第 9 条、第 11 条、第 15 条、第 22 条、第 41 条、第 47 条（東日本大震災に対処するための特別の財政援助及び助成に関する法律（平成 23 年法律第 40 号）附則第 1 条ただし書の改正規定及び同条各号を削る改正規定並びに同法附則第 14 条の改正規定に限る。）及び第 50 条から第 52 条までの規定　公布の日

　　附　則　（平成 23 年 6 月 24 日法律第 74 号）　抄

（施行期日）
第 1 条　この法律は、公布の日から起算して 20 日を経過した日から施行する。

　　附　則　（平成 23 年 8 月 3〇日法律第 1〇5 号）　抄

（施行期日）
第 1 条　この法律は、公布の日から施行する。

（罰則に関する経過措置）
第 81 条　この法律（附則第 1 条各号に掲げる規定にあっては、当該規定。以下この条において同じ。）の施行前にした行為及びこの附則の規定によりなお従前の例によることとされる場合におけるこの法律の施行後にした行為に対する罰則の適用については、なお従前の例による。

（政令への委任）
第 82 条　この附則に規定するもののほか、この法律の施行に関し必要な経過措置（罰則に関する経過措置を含む。）は、政令で定める。

　　附　則　（平成 26 年 6 月 25 日法律第 83 号）　抄

（施行期日）
第 1 条　この法律は、公布の日又は平成 26 年 4 月 1 日のいずれか遅い日から施行する。ただし、次の各号に掲げる規定は、当該各号に定める日から施行する。
　1　第 12 条中診療放射線技師法第 26 条第 2 項の改正規定及び第 24 条の規定並びに次条並びに附則第 7 条、第 13 条ただし書、第 18 条、第 20 条第 1 項ただし書、第 22 条、第 25 条、第 29 条、第 31 条、第 61 条、第 62 条、第 64 条、第 67 条、第 71 条及び第 72 条の規定　公布の日
　2　第 3 条の規定（医療法第 30 条の 3 第 1 項の改正規定（「厚生労働大臣は」の下に「、地域における医療及び介護の総合的な確保の促進に関する法律（平成元年法律第 64 号）第 3 条第 1 項に規定する総合確保方針に即して」を加える部分に限る。）を除く。）並びに第 20 条及び第 23 条の規定並びに附則第 8 条第 1 項及び第 3 項、第 32 条第 2 項、第 40 条、第 45 条、第 53 条並びに第 69 条の規定　平成 26 年 10 月 1 日
　3　第 2 条の規定、第 4 条の規定（第 5 号に掲げる改正規定を除く。）、第 5 条のうち、

(資料) 地域における医療及び介護の総合的な確保と促進に関する法律

介護保険法の目次の改正規定、同法第7条第5項、第8条、第8条の2、第13条、第24条の2第5項、第32条第4項、第42条の2、第42条の3第2項、第53条、第54条第3項、第54条の2、第54条の3第2項、第58条第1項、第68条第5項、第69条の34、第69条の38第2項、第69条の39第2項、第78条の2、第78条の14第1項、第115条の12、第115条の22第1項及び第115条の45の改正規定、同法第115条の45の次に10条を加える改正規定、同法第115条の46及び第115条の47の改正規定、同法第6章中同法第115条の48を同法第115条の49とし、同法第115条の47の次に1条を加える改正規定、同法第117条、第118条、第122条の2、第123条第3項及び第124条第3項の改正規定、同法第124条の次に2条を加える改正規定、同法第126条第1項、第127条、第128条、第141条の見出し及び同条第1項、第148条第2項、第152条及び第153条並びに第176条の改正規定、同法第11章の章名の改正規定、同法第179条から第182条までの改正規定、同法第200条の次に1条を加える改正規定、同法第202条第1項、第203条及び第205条並びに附則第9条第1項ただし書の改正規定並びに同法附則に1条を加える改正規定、第7条の規定（次号に掲げる改正規定を除く。）、第9条及び第10条の規定、第12条の規定（第1号に掲げる改正規定を除く。）、第13条及び第14条の規定、第15条の規定（第6号に掲げる改正規定を除く。）、第16条の規定（第6号に掲げる改正規定を除く。）、第17条の規定、第18条の規定（第6号に掲げる改正規定を除く。）、第19条の規定並びに第21条中看護師等の人材確保の促進に関する法律第2条第2項の改正規定並びに附則第5条、第8条第2項及び第4項、第9条から第12条まで、第13条（ただし書を除く。）、第14条から第17条まで、第28条、第30条、第32条第1項、第33条から第39条まで、第44条、第46条並びに第48条の規定、附則第50条の規定（第6号に掲げる改正規定を除く。）、附則第51条の規定、附則第52条の規定（第6号に掲げる改正規定を除く。）、附則第54条、第57条及び第58条の規定、附則第59条中高齢者虐待の防止、高齢者の養護者に対する支援等に関する法律（平成17年法律第124号）第2条第5項第2号の改正規定（「同条第14項」を「同条第12項」に、「同条第18項」を「同条第16項」に改める部分に限る。）並びに附則第65条、第66条及び第70条の規定　平成27年4月1日

(検　討)

第2条　政府は、この法律の公布後必要に応じ、地域における病床の機能の分化及び連携の推進の状況等を勘案し、更なる病床の機能の分化及び連携の推進の方策について検討を加え、必要があると認めるときは、その結果に基づいて所要の措置を講ずるものとする。

2　政府は、第4条の規定（前条第5号に掲げる改正規定に限る。）による改正後の医療法（以下「第5号新医療法」という。）第6条の11第1項に規定する医療事故調査（以下この項において「医療事故調査」という。）の実施状況等を勘案し、医師法（昭和

第7章 医療・介護・労働等の社会保障に関する法制度

23年法律第201号)第21条の規定による届出及び第5号新医療法第6条の15第1項の医療事故調査・支援センター(以下この項において「医療事故調査・支援センター」という。)への第5号新医療法第6条の10第1項の規定による医療事故の報告、医療事故調査及び医療事故調査・支援センターの在り方を見直すこと等について検討を加え、その結果に基づき、この法律の公布後2年以内に法制上の措置その他の必要な措置を講ずるものとする。

3 政府は、我が国における急速な高齢化の進展等に伴い、介護関係業務に係る労働力への需要が増大していることに鑑み、この法律の公布後1年を目途として、介護関係業務に係る労働力の確保のための方策について検討を加え、必要があると認めるときは、その結果に基づいて所要の措置を講ずるものとする。

4 政府は、前3項に定める事項のほか、この法律の公布後5年を目途として、この法律による改正後のそれぞれの法律(以下この項において「改正後の各法律」という。)の施行の状況等を勘案し、改正後の各法律の規定について検討を加え、必要があると認めるときは、その結果に基づいて所要の措置を講ずるものとする。

(地域における公的介護施設等の計画的な整備等の促進に関する法律の1部改正に伴う経過措置)

第3条 この法律の施行の日前に第1条の規定による改正前の地域における公的介護施設等の計画的な整備等の促進に関する法律(以下この条において「旧整備法」という。)第5条第1項の規定により提出された旧整備法第4条第1項に規定する市町村整備計画に基づく事業等については、旧整備法第5条及び第6条の規定は、同日以後においても、なおその効力を有する。

2 この法律の施行の日前に旧整備法第4条第1項に規定する市町村整備計画に掲載された同条第2項第2号に掲げる事業により整備される施設については、旧整備法第7条及び第8条の規定は、同日以後においても、なおその効力を有する。

(罰則の適用に関する経過措置)

第71条 この法律(附則第1条各号に掲げる規定にあっては、当該規定。以下この条において同じ。)の施行前にした行為並びにこの附則の規定によりなお従前の例によることとされる場合におけるこの法律の施行後にした行為及びこの附則の規定によりなお効力を有することとされる場合におけるこの法律の施行後にした行為に対する罰則の適用については、なお従前の例による。

(政令への委任)

第72条 附則第3条から第41条まで及び前条に定めるもののほか、この法律の施行に伴い必要な経過措置は、政令で定める。

第8章 高齢者・障害者等の福祉に関する法制度

序：社会福祉について

　高齢者や障害者をめぐる法制度は社会福祉を念頭に置いた制度が多い。この社会福祉という言葉は、戦後、1946年制定の「日本国憲法」第25条1項で「すべての国民は健康で文化的な最低限度の生活を営む権利を有する」、2項で「国はすべての生活部面において社会福祉、社会保障および公衆衛生向上および増進に努めなければならない」、と規定して以来のことである。

　さらに1950年、社会保障制度審議会の行った「社会保障制度に関する勧告」の中で述べられている。そのなかで特に「社会福祉」については、「国家扶助の適用を受けている者、身体障害者、児童、その他援護育成を要する者が自立して、その能力を発揮できるよう必要な生活指導、更生補導、その他の援護育成を行なうことをいうのである。」とされている。これらのことを換言すると「社会的弱者」を対象とし、それらの人々に対する社会的保護の方策ということになる。

　社会福祉という言葉は、社会保障や社会福祉の規定の仕方、あるいは国際的にも、また専門家の間においても意見の一致をみているわけでない。したがって用いる時、場所によって意味の異なる、いくつかの類型に分類される。例えば、最広義では「活動の目標」あるいは「人間社会の理念」を指す場合もあり、前述「社会保障制度審議会」の勧告に盛られたものは、狭義の意味のものと考えられるが、抽象的には、すべての人々が人生の諸段階において、幸せな生活をおくることができるようにする社会的施策ということになる。

　わが国の社会福祉関連法規は次のようになっている（表1参照）

表1　現行社会福祉関係法令

平成27('15)年4月現在

1　社会福祉一般

(1) 社会福祉共通基本事項・対象者を横断した施策事項

年	法律番号	法律名
昭和26年法律第	45号	社会福祉法
平成24	64	社会保障制度改革推進法
25	112	持続可能な社会保障制度の確立を図るための改革の推進に関する法律

(2) 社会福祉の担い手

① 福祉専門職等の資格

年	法律番号	法律名
昭和23年法律第198号		民生委員法
40	137	理学療法士及び作業療法士法
46	64	視能訓練士法
62	30	社会福祉士及び介護福祉士法
62	61	義肢装具士法
平成9	131	精神保健福祉士法
9	132	言語聴覚士法

② 福祉の行政組織

年	法律番号	法律名
昭和22年法律第 67号		地方自治法
平成11	97	厚生労働省設置法

2　対象者の属性に対応した法律

(1) 高齢者福祉・介護保険

年	法律番号	法律名
昭和38年法律第133号		老人福祉法
46	68	高年齢者等の雇用の安定等に関する法律
57	80	高齢者の医療の確保に関する法律
平成元	64	地域における公的介護施設等の計画的な整備の促進に関する法律
4	63	介護労働者の雇用管理の改善等に関する法律
5	38	福祉用具の研究開発及び普及の促進に関する法律
7	129	高齢社会対策基本法
9	123	介護保険法
13	26	高齢者の居住の安定確保に関する法律
17	124	高齢者虐待の防止、高齢者の養護者に対する支援等に関する法律
20	44	介護従事者等の人材確保のための介護従事者等の処遇改善に関する法律

(2) 障害者福祉・自立支援

年	法律番号	法律名
昭和24年法律第283号		身体障害者福祉法
25	123	精神保健及び精神障害者福祉に関する法律
35	37	知的障害者福祉法
35	123	障害者の雇用の促進等に関する法律
45	84	障害者基本法
平成5	54	身体障害者の利便の増進に資する通信・放送身体障害者利用円滑化事業の推進に関する法律
14	49	身体障害者補助犬法
15	110	心神喪失等の状態で重大な他害行為を行った者の医療及び観察等に関する法律
16	166	特定障害者に対する特別障害給付金の支給に関する法律
16	167	発達障害者支援法
17	123	障害者自立支援法
22	71	障がい者制度改革推進本部等における検討を踏まえて障害保健福祉施策を見直すまでの間において障害者等の地域生活を支援するための関係法律の整備に関する法律
23	79	障害者虐待の防止、障害者の養護者に対する支援等に関する法律
24	50	国等による障害者就労施設等からの物品等の調達の推進に関する法律
24	51	地域社会における共生の実現に向けて新たな障害保健福祉施策を講ずるための関係法律の整備に関する法律
25	65	障害を理由とする差別の解消の推進に関する法律

(3) 児童家庭福祉・次世代育成支援

年	法律番号	法律名
昭和22年法律第164号		児童福祉法
36	238	児童扶養手当法
39	129	母子及び寡婦福祉法
39	134	特別児童扶養手当等の支給に関する法律
46	73	児童手当法
平成11	52	児童買春、児童ポルノに係る行為の処罰及び児童の保護等に関する法律
12	82	児童虐待の防止等に関する法律
15	120	次世代育成支援対策推進法
15	133	少子化社会対策基本法
18	77	就学前の子どもに関する教育、保育等の総合的な提供の推進に関する法律
21	71	子ども・若者育成支援推進法
22	19	平成二十二年度における子ども手当の支給に関する法律
23	107	平成二十三年度における子ども手当の支給等に関する特別措置法
24	65	子ども・子育て支援法
24	92	母子家庭の母及び父子家庭の父の就業の支援に関する特別措置法
25	64	子どもの貧困対策の推進に関する法律

(4) 低所得者福祉・生活困窮者支援

年	法律番号	法律名
昭和25年法律第144号		生活保護法
平成14年法律第105号		ホームレスの自立の支援等に関する特別措置法
23	47	職業訓練の実施等による特定求職者の就職の支援に関する法律
25	105	生活困窮者自立支援法

(5) 戦傷病者戦没者等援護

年	法律番号	法律名
昭和27年法律第127号		戦傷病者戦没者遺族等援護法
28	161	未帰還者留守家族等援護法
32	109	引揚者給付金等支給法
34	7	未帰還者に関する特別措置法
38	61	戦没者等の妻に対する特別給付金支給法
38	168	戦傷病者特別援護法
40	100	戦没者等の遺族に対する特別弔慰金支給法
41	109	戦傷病者等の妻に対する特別給付金支給法
42	57	戦没者の父母等に対する特別給付金支給法
42	114	引揚者等に対する特別交付金の支給に関する法律
平成6	30	中国残留邦人等の円滑な帰国の促進及び永住帰国後の自立の支援に関する法律
12	114	平和条約国籍離脱者等である戦没者遺族等に対する弔慰金等の支給に関する法律

3　その他

年	法律番号	法律名
大正11年法律第 70号		健康保険法
12	48	恩給法
昭和22	50	労働者災害補償保険法
22	101	地域保健法
22	118	災害救助法
22	217	あん摩マッサージ指圧師、はり師、きゅう師等に関する法律
22	233	食品衛生法
23	200	消費生活協同組合法
23	201	医師法
23	202	歯科医師法
23	203	保健師助産師看護師法
23	205	医療法
26	193	公営住宅法
27	305	日本赤十字社法
28	245	私立学校教職員共済法
29	115	厚生年金保険法
31	118	売春防止法
33	128	国家公務員共済組合法
33	192	国民健康保険法
34	141	国民年金法
35	145	薬事法
35	146	薬剤師法
36	155	社会福祉施設職員等退職手当共済法
37	152	地方公務員等共済組合法
40	141	母子保健法
45	94	国民生活センター法
49	116	雇用保険法
平成3	36	救急救命士法
3	76	育児休業、介護休業等育児又は家族介護を行う労働者の福祉に関する法律
10	7	特定非営利活動促進法
10	114	感染症の予防及び感染症の患者に対する医療に関する法律
13	31	配偶者からの暴力の防止及び被害者の保護に関する法律
14	103	健康増進法
14	166	独立行政法人福祉医療機構法
15	48	食品安全基本法
17	63	食育基本法
18	85	自殺対策基本法
18	91	高齢者、障害者等の移動等の円滑化の促進に関する法律
19	53	統計法
19	109	日本年金機構法
21	97	肝炎対策基本法
23	78	スポーツ基本法
24	102	年金生活者支援給付金の支給に関する法律

出典：厚生統計協会『国民福祉と介護の動向』2015／2016、323頁

① 社会福祉法 [昭和26年3月29日法律第45号]

> **Keyword**
> 社会福祉、地域福祉、福祉サービス、社会福祉法人、NPO、社会福祉事業、地方社会福祉審議会、社会福祉主事、社会福祉法人

(1) 沿　革

本法は、1950年に**社会福祉**を目的とする事業の共通的事項を規定するため社会福祉事業法として制定された。当時の行政の考え方としては「国家扶助の適用を受けている者、身体障害者、児童、その他援護育成を要する者が、自立してその能力を発揮できるよう、必要な生活指導、更生指導、その他の援護育成を行なうこと」という、福祉の支援を恩恵的に捉えるような当時の社会福祉観の中にあり、経済的自立を主としたものであった。したがって、行政のサービスにおいても利用者の事情というよりも行政側が画一的に行う措置であり、それなりの成果はあがっていた。

しかし、その後の社会の変革とともに福祉を取り巻く環境は大きな変化を遂げることになる。たとえば、女性の社会進出、少子高齢化、地域や家族関係の変化などにより、従来の行政の画一的な措置、サービスのあり方では支えきれない面が創出されてきたのである。

このような状況において、時代の変化に即した社会福祉を行なうため、社会福祉事業、社会福祉法人、措置制度等の基礎構造改革を行なうため、「社会福祉の増進のための社会福祉事業法等の一部を改正する等の法律」[平成12年6月7日法律第111号] (以下、改正法とする) を公布・施行した。これにより「社会事業法」から「社会福祉法」に改称した。

(2) 目　的

本法は、社会福祉を目的とする事業の全分野における共通的基本事項を定め、社会福祉を目的とする他の法律と相まって、福祉サービスの利用者の利益の保護および地域における社会福祉（地域福祉）の推進を図るとともに社会福祉事業の公明かつ適正な実施の確保および社会福祉を目的とする事業の健全な発達を図り、もって社会福祉の増進に資することを目的とする [第1条]。

(3) 2000年の法改正

改正法の概要を以下に簡単に示す[1]。

① 利用者本位の社会福祉サービス

利用者の立場にたった社会福祉サービスを実現する改正を行なった。特に障害者等のノーマライゼーションと自己決定の実現を図るため、利用者が事業者と「対等な関係」に基づいて福祉サービスを選択する制度に転換する。さらに民法上の成年後見制度を補完するための地域福祉権利擁護制度も新設された。

② 福祉サービスの向上

改正法においては、福祉サービスを行う事業者が、提供するサービスについて自ら評価するべきことを明記するとともに、国についても福祉サービスの質の公正かつ適正な評価の実施を行うものとした。また、福祉サービスの質を第三者が評価するガイドラインが作成された（最低ラインではなくサービス向上への誘導のため）。

③ 社会福祉事業の充実

認知性高齢者、知的障害者等の自己決定能力が低下している者にも安心して地域で生活を営むのに必要な福祉サービスを受けられるよう、無料または低額で福祉サービス利用、相談、助言、手続きや支払の代行等を行う「福祉サービス利用援助事業」を第2種社会福祉事業とした［第80条以下］。

また、地域の福祉活動をより細かく推進するため、社会福祉法人の設立の規模要件を緩和した。これまでは収容型でない社会福祉事業では常時20人以上としていたが、障害者の通所授産施設については利用人員10人以上のものを社会福祉事業とし、社会福祉法人となる途を開いたのである。

④ 地域福祉計画

改正法における地域福祉計画には以下のようなものがある。

　ア．地域における福祉サービスの適切な利用と推進。
　イ．地域における社会福祉を目的とする事業の健全な発達。
　ウ．地域福祉への住民参加。

さらにボランティアやNPO（Non Profit Organization＝民間非営利組織）等の活動も広範囲に計画に盛り込むことが期待されている。

---

[1] 古川夏樹「社会福祉事業法等の改正の経緯と概要」（ジュリスト1204号）10頁以下、新井誠「社会福祉法と福祉サービス利用者の権利擁護」（ジュリスト1204号）15頁以下参照。

① 社会福祉法

(4) 定 義 等

① 社会福祉事業

社会福祉事業は、第1種社会福祉事業と第2種社会福祉事業に分かれる［第2条第1項］。

第1種社会福祉事業は、救護施設、乳児院等の事業、養護老人ホーム等の事業、障害者支援施設、婦人保護施設等がある［第2条第2項］。

第2種社会福祉事業は、生活困難者に生活必需品やこれに要する金銭を与え相談に応じる事業、認定生活困窮者就労訓練事業、障害児通所支援事業等、幼保連携型認定こども園、母子（父子）家庭居宅介護等事業、老人デイサービス事業等、障害者の日常生活及び社会生活を総合的に支援するための法律に規定する障害者福祉サービス事業等がある［第2条第3項］。

② 福祉サービスの基本理念

福祉サービスは個人の尊厳の保持を旨とし、その内容は福祉サービスの利用者が心身ともに健やかに育成され、またはその有する能力に応じ自立した日常生活を営むことができるように支援するものとして、良質かつ適切なものでなければならない［第3条］。

③ 地方社会福祉審議会

社会福祉に関する事項（児童福祉と精神障害者福祉を除く）を調査審議するために都道府県並びに指定都市、中核都市に社会福祉に関する審議会その他の合議制の機関（**地方社会福祉審議会**）を置く［第7条］。

④ 福祉に関する事務所［第14条］

都道府県及び市は、条例で福祉に関する事務所を置かなければならない（町村が設けていない地域）。町村は条例で福祉に関する事務所を設けることができる。

町村は必要に応じて地方自治法の規定により一部事務組合または広域連合を設けて福祉に関する事務所を設置することができる。

都道府県の設置する福祉に関する事務所は、生活保護法、児童福祉法、母子及び父子並びに寡婦福祉法に定める援護、育成の措置に関する事務のうち都道府県が処理することとされているものをつかさどるところとする。

特別区を含む市町村の設置する福祉に関する事務所は、生活保護法、児童福祉法、母子及び父子並びに寡婦福祉法、老人福祉法、身体障害者福祉法および知的障害者福祉法に定める援護、育成または更生の措置に関する事務のうち市町村が処理することとされているもの（政令で定める者を除く）をつかさどる

ところとする。

⑤ 社会福祉主事 [第18条]

都道府県、市および福祉に関する事務所を設置する町村に **社会福祉主事** を置く（これ以外の町村は社会福祉主事を置くことができる）。

都道府県の社会福祉主事は、都道府県の設置する福祉に関する事務所において、生活保護法、児童福祉法、母子及び父子並びに寡婦福祉法に定める援護、育成の措置に関する事務を行うことを職務とする。

市および福祉に関する事務所を設置する町村の社会福祉主事は、その設置する福祉に関する事務所において生活保護法、児童福祉法、母子及び父子並びに寡婦福祉法、老人福祉法、身体障害者福祉法および知的障害者福祉法に定める援護または更生の措置に関する事務を行うことを職務とする。

⑥ 社会福祉法人

本法において **社会福祉法人** とは、社会福祉事業を行なうことを目的として、本法の定めるところにより設立された法人をいう [第22条]。社会福祉法人以外の者は、その名称に「社会福祉法人」またはこれに紛らわしい文字を使用してはならない [第23条]。

社会福祉法人は、政令に定めるところにより、その設立、従たる事務所の新設、事務所の移転、その他登記事項の変更、解散、合併、清算人の就任またはその変更および清算の終了の各場合に登記をしなければならない [第28条]。

社会福祉法人の設立は、定款により少なくとも次に掲げる事項（ア～セ）を定め、厚生労働省令に基づき、その定款について所轄庁の許可を得なければならない。

[ア．目的、イ．名称、ウ．社会福祉事業の種類、エ．事務所の所在地、オ．役員に関する事項、カ．会議に関する事項、キ．資産に関する事項、ク．会計に関する事項、ケ．評議員を置く場合にそれに関する事項、コ．公益事業を行なう場合には、その種類、サ．収益事業を行なう場合には、その種類、シ．解散に関する事項、ス．定款の変更に関する事項、セ．公告の方法]

その他、社会福祉事業 [第60条以下]、都道府県福祉人材センター [第93条以下]、中央福祉人材センター [第99条以下]、福利厚生センター [第102条以下]、社会福祉協議会 [第109条以下] 等が規定されている。

② 老人福祉法 ［昭和38年7月11日法律第133号］

Keyword

老人福祉、ゴールドプラン、新ゴールドプラン、ゴールドプラン21、特別養護老人ホーム、成年後見制度（民法）、高齢者虐待防止法

(1) 目　的

　老人福祉制度の主な根拠法は、「老人福祉法」と「介護保険法」である。特に身体上又は精神上の障害があるために日常生活を営むのに支障がある老人の介護等に関する措置及び福祉の措置の実施においては、連帯と調整に努めなければならない［第10条の2］。

　本法は老人の福祉に関する原理を明らかにするとともに、老人に対して、その心身の健康の保持および生活の安定のため必要な措置を講じ、もって老人の福祉を図ることを目的としている［第1条］。

　老人は多年にわたって社会の進展に寄与してきた者として敬愛され、かつ健全で安らかな生活を保障され、老人自身も心身の変化を自覚して、健康を保持し、その知識と経験を社会に役立たせるよう努め、また、老人の希望と能力に応じて適当な仕事と社会的な活動に参与する機会が与えられる［第2条、第3条］。

　国および地方公共団体は、老人の福祉に関係のある施策を講ずるにあたって、基本的理念の具現、老人の生活に直接影響をおよぼす事業を営むものには、その事業の運営に当たって、老人の福祉増進に役立つよう運営するものとされている［第4条］。

(2) 沿　革

　昭和38年に、**老人福祉**の向上を図るための施策を総合的に推進するため、本法が制定されたが、年を追うごとに老齢人口が増加し、一方では、家族制度の変革、扶養意識の変化、核家族の進行、住宅事情の悪化等、老人をとりまく状況は一段と深刻になりつつある。1970年には、65歳以上の老齢人口が全人口の7％にとどまっていたが、すでに15.7％（1997年）を占め、21世紀のピーク時（2021年）には25.6％台に達することが予測されている。

　さらに人口の高齢化は増加の一途をたどり、因みに100歳以上の老人は、1963年には153人、1985年は1740人を超え、2009年には40,399人となった。また65歳以上のひとり暮らしの老人は約386万人（2005年）と推定され、寝たきり老人数は65歳以上の人口の5.3％（1993年）を占め、要介護の認知性

高齢者（寝たきりの者を除く）数は10万人と推計され、この認知性高齢者の総数が2015年には250万人に達すると予想されている。

こうした社会的状況を背景に1989年12月、厚生、大蔵、自治の各大臣の合意事項として、「高齢者保健福祉推進10ヶ年戦略（ゴールドプラン）」が策定された。さらに1990年6月の「福祉8法」の改正により、1993年4月より、すべての市町村、都道府県において、「老人保健福祉計画」を策定、施行した。

(3) ゴールドプラン～ゴールドプラン21

ゴールドプランに基づく諸計画を概観すると、まず市町村における在宅福祉対策として、地域社会で生活している、寝たきり老人、痴呆性老人、虚弱老人など、援護を要する老人に対する具体的施策は、ホームヘルプサービス、デイサービス、ショートステイのいわゆる在宅3本柱を中心に行なわれている。この要援護老人対策は、「老人居宅生活支援事業」［第5条の2、第10条の4］といわれるもので、老人居宅介護等事業、老人デイサービス事業、老人短期入所事業、認知症対応型老人共同生活援助事業等がある。

1994年12月、高齢者保健福祉推進の10ヶ年戦略の見直し（新ゴールドプラン）が行われ、特に「新寝たきり老人ゼロ作戦」を中心とした国民に対する啓発活動の展開・寝たきりの原因となる病気やケガの発生予防・リハビリ実施体制の強化・脳卒中情報システムの整備・ホームヘルパーや機能訓練等の在宅サービスの拡充・日常生活用具給付事業等による住環境の整備がさらに押進められることになった。1999年度までにホームヘルパー17万人（1995年度予算では、9万2千人）、特別養護老人ホーム29万人分（同23万人分）、老人保健施設28万人分（同17万人分）を増やす予定としていた。

2000（平成12）年には介護保険法によるサービスが開始され、高齢化率も世界最高の水準になった。そのため同年から5か年間を原則として（状況により見直しもある）、高齢者保健福祉施策と介護サービスの充実を図るため、「ゴールドプラン21」が策定され、2004年度に終了した（表1参照）。

なお、なお2013年現在は、特別養護老人ホーム51.7万人分、老人保健施設（介護老人保健施設）35.6万人分に増えている。

基本的な目標と具体的施策は以下のようなものである。
① 基本的な目標
　a．活力ある高齢者像の構築
　b．高齢者の尊厳の確保と自立支援

② 老人福祉法

表1　ゴールドプラン21の施策の概要図

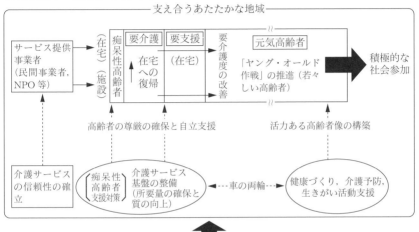

出典：厚生統計協会『国民の福祉の動向 2003年版』169頁

　　c．支え合う地域社会の形成
　　d．利用者から信頼される介護サービスの確立
② 具体的施策
　　a．介護サービス基盤の整備～「いつでもどこでも介護サービス」～
　　b．認知症高齢者支援対策の推進～「高齢者が尊厳を保ちながら暮らせる社会づくり」～
　　c．元気高齢者づくり対策の推進～「ヤング・オールド作戦」の推進～
　　d．地域生活支援体制の整備～「支え合うあたたかな地域づくり」～
　　e．利用者保護と信頼できる介護サービスの育成～「安心して選べるサービスづくり」～
　　f．高齢者の保健福祉を支える社会的基礎の確立～「保健福祉を支える基礎づくり」～

第8章　高齢者・障害者等の福祉に関する法制度

(4) 老人福祉施設

更に施設福祉対策として、老人福祉施設は、およそ次のとおりである［第5条の3］。また、この法律で老人とは、原則として65歳以上の者をいう［第5条の4以下］。

　ａ．老人デイサービスセンター［第20条の2の2］

65歳以上の者で、心身上の障害があるため、日常生活に支障があるものを施設に通わせ、入浴、排泄・食事等の介護、機能訓練、介護方法の指導などを行う［第10条の4第1項2号］。

　ｂ．老人短期入所施設［第20条の3］

老人を養護する者が病気その他の理由で、居宅で介護を受けることが困難であるとき、短期間入所させ、養護を行うものである［第10条の4第1項3号］。

　ｃ．養護老人ホーム［第20条の4］

一応身の回りのことはできるが、経済上および家庭環境上居宅で養護を受けることが困難な老人が対象［第11条の第1項1号］。

　ｄ．**特別養護老人ホーム**［第20条の5］

心身機能の低下が著しく、身の回りのことができず、常時介護を必要とし、家庭で介護を受けることが困難な老人。ただし病院でないので入院治療はできない［第11条第1項2号］。離島、山村、過疎地域では地域の特性を考慮し、小規模（30人以上）の特別養護老人ホームの建設が認められている。

　ｅ．軽費老人ホーム［第20条の6］

身寄りがなく、また家庭の事情で同居が困難な60歳以上（夫婦入所は一方が60歳以上）の老人に対し、低額な料金で住居（個室）を提供する。A型は給食、B型は自炊を原則とする。平成元年度から、食事提供のほか、居住環境面を考慮した、ケアハウスが創設された。

　ｆ．老人福祉センター［第20条の7］

老人に対し、無料または低額な料金で各種の相談、健康の増進、教養の向上など、多面的、総合的な便宜を供与する施設である。

　ｇ．老人介護支援センター［第20条の7の2］

在宅の65歳以上の要援護老人を抱える家族等に対し、ソーシャルワーカー・看護師等の専門家により、在宅介護に関する総合的な相談に応ずると共に、寝たきり老人及びその介護人のニーズに対応した公的保健、福祉サービス等が円滑に受けられるよう市町村との連絡、調整等を行う事業である。

　ｈ．有料老人ホーム［第29条］

② 老人福祉法

設置主体に法的制限はない。したがって公的補助もないが、給食その他、日生活上必要な便宜を供与する施設で、設置にあたって、あらかじめ都道府県知に所定の届出義務がある［第29条］。また、全国有料老人ホーム協会が設立され［第30条］、自主規制、健全経営、利用者の福祉向上が図られている。

以上が老人福祉施設の概略であるが、市町村および社会福祉法人は、厚生労省令で定める事項を厚生労働大臣に届出、あるいは認可を受けて老人福祉施設を設置することができる［第15条］。また、これらの事業について不当な営利を図り、違反行為を行った場合は、都道府県知事は改善命令を発することができる［第18条の2］。

(5) 成年後見制度（民法）

① 成年後見制度

成年後見制度 とは、判断能力の不十分な成年者（精神障害者、知的障害者、認知性老人等）を保護するための制度である。

従来の制度は、本人の保護に目的を置き、民法において、禁治産者、準禁治産者（これを前提とする後見・保佐制度）が設けられていた。

しかし近年、社会の複雑化と高齢社会への対応としては、利用しにくい点も多くなったとの指摘がなされてきた。これを受けて、ノーマライゼーション、自己決定権の尊重、残存能力の活用等の新たな理念を導入し、法改正（民法）による新制度が必要となったわけである。

そして2000年4月1日、成年後見制度はスタートすることになった。この制度の特徴は［ア．法定による後見制度である法定後見制度と契約による任意見制度に大別されること、イ．公示方法が従来の戸籍への記載ではなく、新たに成年後見登記制度となった］ことである。そして従来の禁治産、準禁治産にかえて後見、保佐、補助の3つの類型に改正された（②参照）。

新制度スタートから1年後のアンケートによれば（2000年4月〜2001年3月）[2]、申立て件数は9007件に上り、後見開始（期間内7451件）の審判は禁治産の申立て時代の2.5倍となっている。保佐開始（同884件）については準禁治産時代から浪費者がはずされたことから緩やかな増加にとどまっている。補助開始（同621件）については、新制度であるため周知されることにより今後増加するものと考えられる。

---

(2) 最高裁判所事務総局家庭局「成年後見関係事件の概況――平成12年4月から成13年3月――」（ジュリスト1211号）34頁以下。

第8章　高齢者・障害者等の福祉に関する法制度

表1　補助・保佐・後見の3類型の概要

		補助類型	保佐類型	後見類型
要件	判断能力〈対象者〉	軽度の痴呆・知的障害・精神障害等により代理権又は同意権・取消権による保護を必要とする者	心神耗弱者	心神喪失の常況にある者
	鑑定	原則として不要（要検討）	原則として必要	同　　左
開始の手続	申立権者	本人、配偶者、四親等内親族、任意後見人、後見監督人、保佐人、保佐監督人、検察官	本人、配偶者、四親等内の親族、後見人、後見監督人、補助人、補助監督人、検察官	本人、配偶者、四親等内の親族、未成年後見人、未成年後見監督人、保佐人、保佐監督人、補助人、補助監督人、検察官
	本人の同意	必　　要		
	成年後見人	補　助　人	保　佐　人	後　見　人
同意権・取消権	付与の対象	特定の法律行為	民法12条1項各号所定の行為	日常生活必要行為以外の行為
	付与の申立て	必　要	不　要	同　左
	本人の同意	必　要		
	取消権者	本人〔及び補助人〕	本人及び保佐人	本人及び後見人
代理権	付与の対象	特定の法律行為	保佐人の同意必要行為の全部・一部	財産に関するすべての法律行為
	付与の申立て	必　要	同　左	不　要
	本人の同意	必　要	同　左	
職務	財産管理	本人の財産を管理する権利〈代理権等の範囲に対応〉	同　左	同　左
	身上監護	本人の身上に配慮する義務〈代理権等の範囲に対応〉	同　左	同　左　療養看護義務

「成年後見制度の改正に関する要綱試案の概要」ジュリスト1141号（法務省民事局参事官室執筆分）13頁。

　また、法定後見に比べ任意後見は任意後見監督人の選任が必要となるまでにある程度の期間を要するため期間内の任意後見契約締結の登記は801件であった。今後、任意後見監督人選任の申立てにつながっていくものと思われる。なお、全体の認容率は68.7％であった。
　②　補助、保佐、後見の3類型の概要（②の条文数は民法の条文数である）
　3類型全体の概要は表1を参考とし、その他の個々の内容を以下に述べる[3]。
　ア．後見（禁治産制度を改正）　精神上の障害により事理を弁識する能力を欠く状態にある者を対象とする。家庭裁判所の後見開始の審判により成年被後見

---

[3]　小川秀樹「新しい成年後見制度の概要」（ジュリスト1172号）18頁以下。

人（本人）のために成年後見人が選任される［第7条、第8条］。被後見人の財産は後見人が管理権を有し、その財産に関する法律行為を代理する［第859条］。被後見人の法律行為は取り消すことができる［第9条、第120条第1項］。ただし、日用品の購入や日常生活に関する行為はノーマライゼーション等の観点から取り消すことはできないことになっている［第9条但し書き］。

　イ．保佐（準禁治産制度を改正）　精神上の障害により事理を弁識する能力が著しく不十分な者を対象とする。家庭裁判所の保佐開始の審判により被保佐人（本人）のために保佐人が選任される［第11条、第12条］。被保佐人は不動産その他重要な財産の処分等第13条第1項に列挙される行為をするには保佐人の同意を必要とし、それ以外でも家庭裁判所が定めた行為については保佐人の同意を要する。保佐人の同意を要する行為において、原則として保佐人の同意またはこれに代わる家庭裁判所の許可を得ずにした行為は取り消すことができる［第13条第4項］。なお、旧法とは異なり本人の他に保佐人もこの取消権を有することとなった。

　ウ．補助　精神上の障害により事理を弁識する能力が不十分な者を対象とする。新法での新制度である。家庭裁判所の補助開始の審判により被補助人（本人）のために補助人が選任される［第15条、第16条］。当事者の家庭裁判所への申立てにより特定の法律行為について補助人は代理権または同意権（取消権）の一方または双方を付与される［第16条第1項、第120条第1項、第876条の9第1項］。補助の申立てを本人以外の者が申立をする場合には、本人の同意を必要とする。なお、未成年の規定［第4条］と併せて制限能力者制度ともいわれる。

　なお、高齢者の尊厳の保持と高齢者虐待の防止を目的とするものとして、2006年4月より、「高齢者の養護者に対する支援等に関する法律」（以下、**高齢者虐待防止法**）が施行された。高齢者虐待防止法では高齢者を65歳以上と定義付け、高齢者虐待を養護者による高齢者虐待と要介護施設従事者による高齢者虐待に分類している。

③ 児童福祉法［昭和22年12月12日法律第164号］

> **Keyword**
> 児童福祉、児童、児童福祉司、子どもの子育て支援新制度、保育士、保育教諭

第 8 章　高齢者・障害者等の福祉に関する法制度

(1) 目　的

すべての国民は、児童が心身ともに健やかに生まれ、かつ育成されるよう努め、すべての児童は、等しくその生活を保障され、愛護されねばならない［第1条］。

児童福祉の理念は前記の通りであるが、児童の育成には、国および地方公共団体はもとより、児童の保護者と協力して心身ともに健やかに育てる責務［第2条］があり、行政上の施策に当たっても常に、この原理は尊重されなければならない［第3条］。

本法でいう児童とは、18歳未満の者［第4条］であるが、児童福祉の歴史を検証すると、昭和20年代には、心身障害児、非行児童保護活動に重点が置かれ、昭和30年代には、心身障害児、情緒障害児、母子家庭に対する施策、昭和40年代は、急激な都市化高度産業化社会が生み出した社会病理現象から児童を守るための健全育成活動が重視され、母子保健等の施策も展開された。そして50年代から今日まで、物質的な豊かさの背景に精神的ストレス、家庭や地域社会の児童養育機能の低下、非行や不登校、家庭内暴力、いじめ等、家庭や地域社会のひずみを象徴する現象が顕在化し、問題となっている。

児童福祉法の理念を実現するには、単に国、地方公共団体のみならず、国民各自、家庭に多くの期待のあることを深く自覚して、相互連携を進めることが必要と思われる。

そして近年の少子化の進行や家庭・地域の子育て機能の低下、児童虐待等、昭和22年制定以来基本的枠組みが変わっていないことから、従来の本法による適切な対応が困難となってきた。このことから平成8年3月より中央児童福祉審議会基本問題部会が審議を行い、「少子社会にふさわしい保育システムについて」、「少子社会にふさわしい児童自立支援システムについて」、「母子家庭の実態と施策の方向について」の3つの報告を提示した。

そして近年の児童を取り巻く状況の変化から「児童福祉法の一部を改正する法律案」が国会に提出され、2001年11月30日法律第135号として公布された（以下、改正法）。

また「児童虐待の防止等に関する法律」［平成12年5月24日法律第82号］、「児童売春、児童ポルノに係る行為等の処罰等に関する法律」［平成11年5月26日法律第52号］の施行や少年法の改正による刑事罰の低年齢化等、児童、少年を取り巻く法規制も変化してきている。

そして近年の改正［平成20年12月3日法律第85号］では、次のような改正が行

③ 児童福祉法

われ、原則として2009年4月から施行された。
　ア　地域における次世代育成支援対策の推進
　　　a．新たな子育て支援サービスの創設（児童福祉法等の一部改正）
　　　b．困難な状況にある子どもや家族に対する支援の強化（児童福祉法等の一部改正）
　　　c．地域での子育て支援サービスの基盤整備（次世代育成支援対策推進法の一部改正）
　イ　職場における次世代育成支援対策の推進
　　仕事と家庭の両立支援の促進（次世代育成支援対策推進法の一部改正）

(2) 定義等

　a．児童［第4条］
　本法で**児童**とは満18歳に満たない者をいう。また、児童を乳児（満1歳に満たない者）、幼児（満1歳から小学校に就学前の者）、少年（小学校就学時から満18歳に満たない者）に区分ける。
　b．妊産婦［第5条］
　本法では妊娠中から出産後1年以内の女子とする。
　c．保護者［第6条］
　本法では親権を行う者、未成年後見人その他の者で児童を現に監護する者とする。
　d．児童福祉施設［第7条第1項］
　本法で児童福祉施設とは、助産施設、乳児院、母子生活支援施設、保育所、児童厚生施設、児童養護施設、障害児入所施設、情緒障害児短期治療施設、児童自立支援施設及び児童家庭支援センターとする。
　なお、法改正により（2001年11月30日から1年以内の政令で定める日から施行）許可を受けない施設に対して、都道府県知事は児童の福祉に必要がある場合、その施設に改善命令等の勧告を出すことができ、勧告に従わないときはその旨を公表できる。また都道府県児童福祉審議会の意見を聞き、その施設の事業停止や閉鎖を命ずることができる等となる［第59条第3～7項］。そして許可を受けていない保育所（少数の乳児または幼児を対象とする等、厚生労働省令で定めるものを除く）については、保育所開設から1カ月以内に施設の名称、住所、施設の構造等を都道府県知事に届け出なければならない、サービス内容の掲示義務や説明の努力義務等を定めた［第59条の2～第59条の2の6］。これは近年、無許可保育所に多発したトラブルに対する行政側の規制といえる。

e．児童福祉司［第13条］

都道府県は児童相談所に都道府県知事の補助機関である職員であって次のア～カに該当する者の中から児童福祉の事務をつかさどる **児童福祉司** を置かなければならない。

　ア　都道府県知事指定の児童福祉司養成校等を卒業したか、都道府県知事指定の講習会の課程を修了した者。

　イ　学校教育法または旧大学令による大学で心理学、教育学若しくは社会学を専修する学科かこれに相当する課程を修めて卒業した者であって、厚生労働省令で定める施設において1年以上児童その他の者の福祉に関する相談に応じ、助言、指導その他の援助を行う業務に従事したもの。

　ウ　医師

　エ　社会福祉士

　オ　社会福祉主事として2年以上児童福祉事業に従事した者。

　カ　ア～オと同等以上の能力を有すると厚生労働省令で定める者。

児童福祉司は、児童相談所長の命を受けて、児童の保護その他児童の福祉に関する事項について、相談に応じ、専門技術に基づいて必要な指導を行う等、児童の福祉増進につとめる者とする［第13条第3項］。なお法改正により、平成13年12月1日から市町村長は児童福祉司に第13条第3項の事項について必要な状況の通報および資料の提供並びに必要な援助を求めることができるようになり、児童福祉司はその必要な事項につき、担当地域の児童相談所長または市町村長にその状況を通知し、併せて意見を述べなくてはならなくなった［第14条第1～2項］。

f．児童委員［第16条］

市町村の区域に児童委員を置く。法改正により、2001年12月1日より以下のように児童委員の規定が改正された。

　ア　民生委員法による民生委員は、児童委員に充てられた者とする。

　イ　厚生労働大臣は児童委員の中から主任児童委員を指名する。

　ウ　イの厚生労働大臣の指名は、民生委員法第5条の規定による推薦によって行う。

児童委員の職務は児童および妊産婦につき、その生活及び取り巻く環境の状況把握、その保護、保健その他福祉に関し必要な情報の提供、援助指導を行ったり、児童および妊産婦にかかる福祉を業にしたり、児童の健やかな育成に関する活動をする者と密に連携し、その事業または活動を支援する等である［第17条］。

③ 児童福祉法

　g．児童相談所［第12条］

　都道府県は、児童相談所 を設置しなければならない。児童相談所は、家庭からの相談、児童および家庭についての必要な調査、ならびに医学的、心理学的、教育学的、社会学的および精神保健上の判定、児童の一時保護等、少年法第18条第1項（児童福祉の措置）による送致を受けた児童等の相談等が行われる。

　h．福祉事務所［第12条第4項、社会福祉法［第14条］］

　児童または妊産婦の福祉に関する相談、調査、指導等が行われる。

　i．保健所［第12条の6］

　児童の健康相談、健康審査、保健指導、身障者である児童の療養指導等身障者手帳の交付を受けた児童に対する「盲人安全つえ、車椅子等補装具の交付または費用の支給［第21条の6以下］、補装具の種目、受託報酬の額等に関する基準［昭和44年6月28日厚生労働省告示第187号参照］等の相談など行う。

　j．指定障害児入所施設等［第24条の9以下］

　k．保護者からの隔離措置［第28条］

　児童の虐待、著しくその児童の福祉を害する状態のあるとき等、一時的保護［第33条］とあいまって児童の保護が行われる。

　l．禁止行為［第34条］

　児童を公共の観覧に供し、または公衆の娯楽目的とするような行為等は禁じられている。

以上は、ごく限られた範囲の説明であるが、児童相談所長の措置［第26条］をはじめ、行政上の保護、あるいは施設を含めた児童福祉の措置（福祉事務所長の措置［第25条の8］、都道府県の措置［第27条］）は多岐にわたっている。次に児童福祉による医療について述べる。

(3) 療育の給付［第20条］

　都道府県が結核にかかっている児童に対し、療養に併せて学習の援助を行うため、病院に入院させ療育の給付を行うものである。医療の給付は、育成医療の規定が準用され、指定療育機関で行うものとし、そのほか、学習および療養生活に必要な物品の支給がなされることになっている。

(4) 保育所への入所

　市町村は、保護者の労働・疾病等、保育にかける乳幼児等の保護者から申込があった場合、それらの児童を保育所において保育しなければならない。この

保育の実施を希望する保護者は、厚生労働省令に定めるところに従って希望する保育所を記載して市町村に申込みを行う。また、一つの保育所について申込児童のすべてが入所するときに適切な保育が困難となる等の場合には、市町村は公正な方法で児童を選考できる［第24条］。なお、保育所等の児童福祉施設［第7条］において、児童の保育に従事する者の名称を従来は「保母」と呼称していたが、法改正により「保育士」に改めた。次の(5)で概説する。

なお、2012年8月に「子ども・子育て支援法」、「認定こども園法の一部改正」、「子ども・子育て支援法及び認定こども園法の一部改正法の施行に伴う関係法律の整備等に関する法律」の子ども・子育て関連3法が成立し、いわゆる「**子ども・子育て支援新制度**」が2015年4月よりスタートした。市町村が実施主体となり、地域のニーズに基づき計画を策定、給付・事業を実施する。「子ども・子育て支援新制度」の主な内容は次のようになる。

　a．認定こども園、幼稚園、保育所を通じた共通の給付（「施設型給付」）及び小規模保育等への給付（「地域型保育給付」）の創設
　b．認定こども園制度の改善（幼保連携型認定こども園の認可・指導を一本化する等）
　c．利用者支援、地域子育て支援拠点、放課後児童クラブなどの「地域子ども・子育て支援事業」を充実
　d．消費税引き上げによる国及び地方公共団体の財源確保を前提として社会全体による費用負担と政府の推進体制として内閣府に子供・子育て本部を設置

(5)　**保育士資格に関する規定**

①　**保育士** とは、厚生労働大臣の指定する指定保育士養成施設を卒業し、厚生労働大臣の定める基準で都道府県知事が行う試験に合格し、保育士登録簿に登録した者で、保育士の名称を用いて、専門的知識および技術を持って児童の保育および児童の保護者に対する保育の知識に関する指導を行うことを業とする者をいう［第18条の4、第18条の6、第18条の8、第18条の18］。

②　欠格事由［第18条の5］
次の名号に該当する者は保育士になることができない。
　ア．成年被後見人または被保佐人。
　イ．禁固以上の刑に処せられ、その執行を終わり、または執行を受けることがなくなった日から起算して2年を経過しない者。
　ウ．本法その他児童の福祉に関する法律の規定であって政令で定めるものに

より、罰金刑に処せられ、その執行を終わり、または執行を受けることがなくなった日から起算して2年を経過しない者。

エ．保育士の登録について、虚偽または不正の事実に基づいて登録を受けたことから登録を取り消され、その取消しの日から起算して2年を経過しない者。

その他、信用失墜の禁止義務［第18条の21］、守秘義務［第18条の22］、名称独占［第18条の23］等が規定されている。

また、「子ども・子育て支援新制度」により幼保連携型認定こども園では、保育士登録と幼稚園教諭免許の併有が必要な「保育教諭」の設置が必要となる。そのため、保育士登録、幼稚園教諭の一方のみの保有者については、新制度本格施行後5年間は「**保育教諭**」として従事することができる経過措置が取られる。

④ 障害者基本法 ［昭和45年5月21日法律第84号］

> **Keyword**
> 障害者、身体障害、知的障害、精神障害、障害者基本計画、
> 福祉用具、身体障害者補助犬、地方障害者施策推進協議会

(1) 概　要

法律の題名を1993年に「障害者基本法」と改めた。

これは障害者全体のための基本法であることを表現し、また、対策法とするだけではなく、障害者の人権等、幅の広い内容を含んだ法律としての意味合の表現となっている。これにしたがって、各条文中の「心身障害者」は「障害者」に改められている。また、「精神薄弱の用語の整理のための関係法律の一部改正」［平成10年9月28日法律第110号］により、本法等32の法律における「精神薄弱」の用語を「知的障害」と改めた。

(2) 目　的

本法は、**障害者**のための施策に関する基本理念を定め、国・地方公共団体の責務を明らかにする。そして、障害者に対する施策の基本的事項を定め、その施策を総合的かつ計画的に推進することによって、障害者の自立と社会、経済、文化その他あらゆる分野の活動への参加を促進することを目的とする［第1条、第3条］。

また、第3条の見出しを基本的理念と改め、「すべて障害者は、社会を構成する一員として社会、経済、文化その他あらゆる分野の活動に参加する機会を与えられるものとする［第3条第2項］」という一項を加えた。これは「国際障害者年」や「国連・障害者の10年」の目標テーマである「完全参加と平等」ないし機会均等の理念を条文化したものとされる。

(3) 障害者の定義

本法による障害者とは、「身体障害」、「知的障害」または「精神障害（発達障害を含む以下同じ。）」、「その他の心身の機能の障害」（以下、「障害」と総称する）があるために長期にわたり日常生活や社会生活に相当な制限を受ける者をいう［第2条］。

平成5年の改正法では従来のように障害を細かく列挙せずに大きく3つに集約された。これにより障害の範囲程度が弾力的に判別されうるようになった。しかし、個々の障害がどのように分類されるのかという疑問も生じる。たとえば、てんかん、自閉症および難病についてはすでにこの疑義があり、参議院厚生委員会の附帯決議において「てんかん及び自閉症を有するもの並びに難病に起因する身体または精神上の障害を有するものであって長期にわたり生活上の支障があるものは、この法律の障害者の範囲に含まれる」と確認されている。そして具体的には、てんかんは「精神障害」、自閉症は「知的障害」、難病は「身体障害」または「精神障害」の中で対応がなされてきた。

(4) 障害者基本対策等

政府は、障害者の自立及び社会参加の支援等のための施策の総合的かつ計画的な推進を図るため、障害者のための施策に関する基本的な計画(以下「障害者基本計画」という)をなさなければならない［第11条］。また、都道府県および市町村は障害者基本計画を基本とし、当該都道府県および当該市町村における障害者のための施策に関する基本的な計画を策定するように努めなければならない［第11条第2～3項］。

本法の個別具体的（保険医療、福祉、教育等）な改正点としては、雇用と公共施設および情報の利用等についてである。

雇用については、国および地方公共団体は障害者の雇用促進のため、障害者に適した職種等を障害者に優先的に雇用されるよう施策を講じなければならない。そして事業主は、障害者の能力を正当に評価し、その雇用の安定を図るようにしなければならない。この事業主の責務に対して、国および地方公共団体

④ 障害者基本法

は、障害者を雇用する事業主のために必要な施設や設備等に要する費用の助成を講じなければならないとしている〔第19条〕。

公共施設の利用については、国および地方公共団体は、その設置する施設等の障害者の円滑利用ができるように当該公共施設の構造・設備の整備等（スロープ、エレベータ、車椅子用のトイレ等）について配慮しなければならない。また、公共施設を設置する事業者も同様の配慮を図るよう努めなければならない〔第21条〕。

情報の利用については、障害者が社会生活を送る上で、必要な情報の授受や円滑なコミュニケーションのため、国および地方公共団体は必要な施設の整備等を図り、また、電気通信および放送の利用に関して、障害者の利便を講じる必要がある。そして、電気通信および放送の役務の提供を行う事業者も同様の配慮を図るように努めなければならないとしている〔第22条〕。

(5) 医療・介護等の基本施策

① 施　　策

国及び地方公共団体は、障害者が生活機能を回復し、取得し、又は維持するために必要な医療の給付及びリハビリテーションの提供を行うよう必要な施策を講じなければならない。そしてそのための医療及びリハビリテーションの研究、開発及び普及を促進しなければならない。また、障害者がその性別、年齢及び障害の状態に応じ、医療、介護、保健、生活支援その他自立のための適切な支援を受けられるよう必要な施策を講じなければならないとしている〔第14条〕。

② 専門職員の養成

国及び地方公共団体は、第一項及び前項に規定する施策を講ずるために必要な専門的技術職員その他の専門的知識又は技能を有する職員を育成するよう努めなければならない〔第14条第4項〕。

③ 福祉用具・身体障害者補助犬

国及び地方公共団体は、**福祉用具**及び**身体障害者補助犬**の給付又は貸与その他障害者が日常生活を営むのに必要な施策を講じなければならない。また、この施策を講ずるために必要な福祉用具の研究及び開発、身体障害者補助犬の育成等を促進しなければならないとしている〔第14条第6～7項〕。

(6) 教　　育

障害者の年齢、能力ならびに障害の種類や程度に応じた教育など、国や地方

第8章 高齢者・障害者等の福祉に関する法制度

公共団体は、必要な施策を講ずることが求められている［第16条］。

その他、職業指導、訓練、職業紹介の実施等［第18条］、雇用の促進［第19条］、生活安定のための年金、手当等［第15条］、教育［第16条］、住宅の確保［第20条］など、経済的負担の軽減策など講ずることなどである［第24条］。

さらに障害者に関する基本的、総合的な施策の樹立のため、障害者政策委員会の設置［第32条］等によって福祉の増進を図ることなどである。

⑤ 身体障害者福祉法［昭和24年12月26日法律第283号］

Keyword

身体障害者、身体障害者手帳

(1) 目　的

本法は、「障害者の日常生活及び社会生活を総合的に支援するための法律」と相まって自立と社会経済活動への参加を促進するため、身体障害者を援助し、その必要な保護を行ない、もって身体障害者の福祉の増進を図るものである［第1条］。

(2) 身体障害者の範囲

広義で**身体障害者**とは、肢体不自由、視覚障害、平衡機能障害、音声または言語機能に障害のある者、心臓障害、呼吸機能、腎機能および膀胱、直腸、小腸、肝臓等の固定臓器機能障害者、もしくは、ヒト免疫不全ウイルスによる免疫の機能障害があるため、長期にわたって日常生活または社会生活に相当の制限を受ける者である［別表第4条、15条、16条関係参照］。

2011年12月厚生労働省で行った全国在宅障害児・者等の実態調査によると前回（2006年7月）より更に8.1％増加し、推計では386.4万人（2011年度）（人口比8.1％）で、いくつかの特徴的なことが表れている。a．障害の種類別では、肢体不自由者が圧倒的に多く、次に内部障害が大きい。b．年齢階級別では老齢化を反映し、70歳以上の階層が目立っている。c．障害程度の状況は、1級2級の重障害者グループが最も多い。

身体障害者福祉法でいう障害者とは、身体に障害のある者で、「別表」（(3)参照）にある障害があって、都道府県知事から身体障害者手帳の交付（1級から6級）を受けている18歳以上の者である［第4条］。

⑤ 身体障害者福祉法

(3) 身体障害者手帳の交付

　身体障害者手帳の交付［第15条～17条］手続きは、指定医師の診断書および意見書を添え、居住地の都道府県知事に申請する［第15条］。

　身体障害者の医療給付は自立支援医療費等があって、「育成医療」についてはすでに述べた（本章3．児童福祉法（3）参照）。

別表　（第4条、第15条、第16条関係）
- 一　次に掲げる視覚障害で、永続するもの
  1　両眼の視力（万国式試視力表によつて測つたものをいい、屈折異常がある者については、矯正視力について測つたものをいう。以下同じ。）がそれぞれ0.1以下のもの
  2　一眼の視力が0.02以下、他眼の視力が0.6以下のもの
  3　両眼の視野がそれぞれ10度以内のもの
  4　両眼による視野の2分の1以上が欠けているもの
- 二　次に掲げる聴覚又は平衡機能の障害で、永続するもの
  1　両耳の聴力レベルがそれぞれ70デシベル以上のもの
  2　一耳の聴力レベルが90デシベル以上、他耳の聴力レベルが50デシベル以上のもの
  3　両耳による普通話声の最良の語音明瞭度が50パーセント以下のもの
  4　平衡機能の著しい障害
- 三　次に掲げる音声機能、言語機能又はそしやく機能の障害
  1　音声機能、言語機能又はそしやく機能の喪失
  2　音声機能、言語機能又はそしやく機能の著しい障害で、永続するもの
- 四　次に掲げる肢体不自由
  1　一上肢、一下肢又は体幹の機能の著しい障害で、永続するもの
  2　一上肢のおや指を指骨間関節以上で欠くもの又はひとさし指を含めて一上肢の二指以上をそれぞれ第一指骨間関節以上で欠くもの
  3　一下肢をリスフラン関節以上で欠くもの
  4　両下肢のすべての指を欠くもの
  5　一上肢のおや指の機能の著しい障害又はひとさし指を含めて一上肢の三指以上の機能の著しい障害で、永続するもの
  6　1から5までに掲げるもののほか、その程度が1から5までに掲げる障害の程度以上であると認められる障害
- 五　心臓、じん臓又は呼吸器の機能の障害その他政令で定める障害で、永続し、かつ、日常生活が著しい制限を受ける程度であると認められるもの

⟨6⟩ 知的障害者福祉法 [昭和35年3月31日法律第37号]

Keyword
知的障害者、援助施設、障害者福祉サービス

(1) 目 的 等

本法は **知的障害者** に対し、障害者の日常生活及び社会生活を総合的に支援するための法律とともにその更生を援助するため、保護を行い知的障害者の福祉を図ることを目的としている [第1条]。すべての知的障害者は、その有する能力を活用することにより、進んで社会経済活動に参加するよう努めなければならない。すべての知的障害者は、社会を構成する一員として、社会、経済、文化その他あらゆる分野の活動に参加する機会を与えられるものとする。[第1条の2] また、国および地方公共団体は、この目的に沿い、国民の理解と、知的障害者に対する更生の援助と必要な保護(以下「更生援護」という)に努める義務がある [第2条]。

(2) 実 施 者

更生援護の実施者は都道府県または市町村(特別区を含む)であるが、窓口は知的障害者の居住地の福祉事務所である [第9条、第10条]。市町村は必要に応じ、介護その他日常生活を営むのに必要な便宜供与またはそのことを委託する福祉の措置を講ずる必要がある [第15条の3]。都道府県は「知的障害者更生相談所」を設け、相談に応じ、18歳以上の知的障害者の医学的、心理学的および職能的判定などを行う [第12条]。

(3) 障害者福祉サービス・障害者支援施設

その他援助施設として、次のようなものがある [第16条以下]。

市町村は、障害者の日常生活及び社会生活を総合的に支援するための法律第5条第1項に規定する **障害福祉サービス** (同条第6項に規定する療養介護及び同条第10項に規定する施設入所支援(以下この条及び次条第1項第2号において「療養介護等」という)を除く。以下「障害福祉サービス」という)を必要とする知的障害者が、やむを得ない事由により介護給付費等(療養介護等に係るものを除く)の支給を受けることが著しく困難であると認めるときは、その知的障害者につき、政令で定める基準に従い、障害福祉サービスを提供し、又は当該市町

村以外の者に障害福祉サービスの提供を委託することができる［第15条の4］。

⑦ 障害者の日常生活及び社会生活を総合的に支援するための法律［平成17年11月7日法律第123号］

> **Keyword**
> 支援費制度、バリアフリー、ノーマライゼーション、
> 応益負担、自立支援給付、支給決定、市町村審査会

(1) 目　的

　本法は、障害者基本法［昭和45年法律第84号］の基本的理念にのっとり、身体障害者福祉法［昭和24年法律第283号］、知的障害者福祉法［昭和35年法律第37号］、精神保健及び精神障害者福祉に関する法律［昭和25年法律第123号］、児童福祉法［昭和22年法律第164号］その他障害者及び障害児の福祉に関する法律と相まって、障害者及び障害児がその有する能力及び適性に応じ、自立した日常生活又は社会生活を営むことができるよう、必要な障害福祉サービスに係る給付その他の支援を行い、もって障害者及び障害児の福祉の増進を図るとともに、障害の有無にかかわらず国民が相互に人格と個性を尊重し安心して暮らすことのできる地域社会の実現に寄与することを目的とする［第1条］。

(2) 制度の変遷

　当初の措置制度は、利用者とサービス提供者の間に直接的な契約関係はなく、行政が画一的に決めたサービス内容となっていた。そこで2003年4月から利用者とサービス提供者が対等な立場として、身体障害者、知的障害者の施設および在宅サービス並びに障害児の在宅サービスについて利用者がサービスを選択し、事業者と直接契約を行う支援費制度を導入した。**支援費制度**は、市町村は障害者が利用したサービスに対して支援費を支払う（実際は事業者や施設が代理受領する）ものであった。そして利用者が自ら選択する以上、障害者等が適切な選択ができるように権利擁護の役割が成年後見制度に託されることとなる。

　しかし、障害者の在宅サービスの利用格差は見られたものの、それを支える財政基盤の脆弱さから、精神障害者が対象に入っていなかったことなどの問題があったことから、2006年4月1日制定され、10月1日から全面施行された。

　障害者の自立を支援する法律（自立支援法）として「**バリアフリー**」、「ノー

マライゼーション」という考え方に立脚し、障害者が健常者と同じように暮らせる社会を目指すことを目的した制度となった。

　しかし、本法の成立、施行に際して、障害者やその家族から多くの不安の声が上がり、反対運動がおこったことも事実である。それは次のような本法の内容からといわれている。

　本法の中心は、a．応能負担から応益負担へ、b．障害の種類別に法律があったものを、あらゆる障害について、本法で対応する、c．市区町村を事業の母体とする、d．障害者も自立できる社会をめざす」の4つである。

　特に、当事者の収入ではなく、受けたサービスに応じ、支払い負担を一律1割にするという応益負担の取り決めは、今までの福祉政策とはまったく異なった考え方であり、非課税世帯への配慮はあるものの、国は厳しい財政難から、公費負担を増やさないことを前提に、障害者も含め、相互負担を前提としたものであった。

　これが障害者やその家族の負担を増加させるものとして、大きな反対を生んでしまったといえる。この様々な問題や批判に対し、2012年に自立支援法が改正され、「応益負担→応能負担へ」、「相談支援の充実」、「発達障害も対象に」等、大幅な変更が行われ、自立支援法の実質廃止、改称において多くは本法に引き継がれた。

(3) 定　　義［第4条〜第5条］

※以下に主な定義をあげる。

　a．障害者：身体障害者福祉法第4条に規定する身体障害者、知的障害者福祉法にいう知的障害者のうち18歳以上である者及び精神保健及び精神障害者福祉に関する法律第5条に規定する精神障害者（発達障害者支援法（平成16年法律第167号）第2条第2項に規定する発達障害者を含み、知的障害者福祉法にいう知的障害者を除く。以下「精神障害者」という）のうち18歳以上である者並びに治療方法が確立していない疾病その他の特殊の疾病であって政令で定めるものによる障害の程度が厚生労働大臣が定める程度である者であって18歳以上であるものをいう。

　b．障害児：「児童福祉法」第4条第2項に規定する障害児をいう。

　c．保護者：「児童福祉法」第六条に規定する保護者をいう。

　d．障害者等の障害の多様な特性その他の心身の状態に応じて必要とされる標準的な支援の度合を総合的に示すものとして厚生労働省令で定める区分をいう。

⑦ 障害者の日常生活及び社会生活を総合的に支援するための法律

　e．障害福祉サービス：居宅介護、重度訪問介護、同行援護、行動援護、療養介護、生活介護、短期入所、重度障害者等包括支援、施設入所支援、自立訓練、就労移行支援、就労継続支援及び共同生活援助をいい、「障害福祉サービス事業」とは、障害福祉サービス（障害者支援施設、独立行政法人国立重度知的障害者総合施設のぞみの園法（平成14年法律第167号）第11条第1号の規定により独立行政法人国立重度知的障害者総合施設のぞみの園が設置する施設（以下「のぞみの園」という）その他厚生労働省令で定める施設において行われる施設障害福祉サービス（施設入所支援及び厚生労働省令で定める障害福祉サービスをいう。以下同じ）を除く）を行う事業をいう。

　f．居宅介護：障害者等につき、居宅において入浴、排せつ又は食事の介護その他の厚生労働省令で定める便宜を供与することをいう。

　g．重度訪問介護：重度の肢体不自由者であって常時介護を要する障害者につき、居宅における入浴、排せつ又は食事の介護その他の厚生労働省令で定める便宜及び外出時における移動中の介護を総合的に供与することをいう。

　h．同行援護：視覚障害により、移動に著しい困難を有する障害者等につき、外出時において、当該障害者等に同行し、移動に必要な情報を提供するとともに、移動の援護その他の厚生労働省令で定める便宜を供与することをいう。

　i．行動援護：知的障害又は精神障害により行動上著しい困難を有する障害者等であって常時介護を要するものにつき、当該障害者等が行動する際に生じ得る危険を回避するために必要な援護、外出時における移動中の介護その他の厚生労働省令で定める便宜を供与することをいう。

　j．療養介護：医療を要する障害者であって常時介護を要するものとして厚生労働省令で定めるものにつき、主として昼間において、病院その他の厚生労働省令で定める施設において行われる機能訓練、療養上の管理、看護、医学的管理の下における介護及び日常生活上の世話の供与をいい、「療養介護医療」とは、療養介護のうち医療に係るものをいう。

　k．生活介護：常時介護を要する障害者として厚生労働省令で定める者につき、主として昼間において、障害者支援施設その他の厚生労働省令で定める施設において行われる入浴、排せつ又は食事の介護、創作的活動又は生産活動の機会の提供その他の厚生労働省令で定める便宜を供与することをいう。

　その他、短期入所、重度障害者等包括支援、自立支援医療等が定義づけされている。

(4) 自立支援給付

自立支援給付は、介護給付費、特例介護給付費、訓練等給付費、特例訓練等給付費、高額障害福祉サービス等給付費、特定障害者特別給付費、特例特定障害者特別給付費、自立支援医療費、療養介護医療費、基準該当療養介護医療費及び補装具費の支給とする［第6条］。

(5) 介護給付等［第19条］

① 介護給付費、特例介護給付費、訓練等給付費又は特例訓練等給付費（以下、「介護給付費等」という）の支給を受けようとする障害者又は障害児の保護者は市町村の介護給付費等を支給する旨の決定（以下「**支給決定**」という）を受けなければならない。支給決定は、障害者又は障害児の保護者の居住地の市町村が行うものとする。ただし、障害者又は障害児の保護者が居住地を有しないとき、又は明らかでないときは、その障害者又は障害児の保護者の現在地の市町村が行うものとする。

② 都道府県は、市町村の求めに応じ、市町村が行う介護給付費等の業務に関し、その設置する身体障害者更生相談所等による技術的事項についての協力その他市町村に対する必要な援助を行うものとする。それは地方自治法第252条の14第1項の規定により市町村の委託を受けて審査判定業務並びに市町村審査会［第15条］が行う業務をいう。当該審査判定業務を行わせるため、介護給付費等支給に関する審査会である**都道府県審査会**を置く［第26条］。

　＊なお、「障がい者制度改革推進本部等における検討を踏まえて障害保健福祉施策を見直すまでの間において障害者等の地域生活を支援するための関係法律の整備に関する法律」（平成22年12月10日法律第71号）が2012年4月から順次施行され、第4条第1項中「精神障害者」の下に「発達障害者支援法（平成16年法律第167号）第2条第2項に規定する発達障害者を含み、」を加えたり、第6条中「高額障害福祉サービス費」を削り、「及び補装具費」を「補装具費及び高額障害福祉サービス等給付費」に改める等の改正が行われた。

⟨8⟩ 発達障害者支援法［平成16年12月10日法律第167号］

Keyword
発達障害、発達障害者、発達障害児、発達支援、発達障害者支援センター

⑧ 発達障害者支援法

(1) 目　　的

　本法は、発達障害者の心理機能の適正な発達及び円滑な社会生活の促進のために発達障害の症状の発現後できるだけ早期に発達支援を行うことが特に重要であることにかんがみ、発達障害を早期に発見し、発達支援を行うことに関する国及び地方公共団体の責務を明らかにするとともに、学校教育における発達障害者への支援、発達障害者の就労の支援、発達障害者支援センターの指定等について定めることにより、発達障害者の自立及び社会参加に資するようその生活全般にわたる支援を図り、もってその福祉の増進に寄与することを目的とする［第1条］。

　また、自閉症、アスペルガー症候群、学習障害、注意欠陥多動性障害（ADHD）等の発達障害については、これまでの障害者福祉制度の対象とはなっておらず、また専門家も少ないことから障害としての社会的認識も一般的ではなかったことが、本法成立へと向かわせた要因ともなっている。

(2) 定　　義［第2条］

　a．**発達障害**：本法において「発達障害」とは、自閉症、アスペルガー症候群その他の広汎性発達障害、学習障害、注意欠陥多動性障害（ADHD）その他これに類する脳機能の障害であってその症状が通常低年齢において発現するものとして政令で定めるものをいう。

　b．**発達障害者**：本法において「発達障害者」とは、発達障害を有するために日常生活又は社会生活に制限を受ける者をいい、「発達障害児」とは、発達障害者のうち18歳未満のものをいう。

　c．**発達支援**：本法において「発達支援」とは、発達障害者に対し、その心理機能の適正な発達を支援し、及び円滑な社会生活を促進するため行う発達障害の特性に対応した医療的、福祉的及び教育的援助をいう。

(3) 発達障害の早期発見等

　市町村は、母子保健法に規定される健康診査を行うに当たり発達障害の早期発見に十分留意しなければならない。市町村の教育委員会が学校保健安全法に規定される健康診断を行う場合も同様である。また市町村は、児童に発達障害の疑いがある場合には、適切に支援を行うため、その児童についての継続的な相談を行うよう努めるとともに、必要に応じ、児童が早期に医学的又は心理学的判定を受けることができるよう、児童の保護者に対し、第14条第1項の

発達障害者支援センター、第 19 条の規定により都道府県が確保した医療機関その他の機関（センター等という）を紹介し、又は助言を行うものとする。この場合市町村は、その措置の対象となる児童及び保護者の意思を尊重するとともに、必要な配慮をしなければならないと規定されている［第 5 条］。

第9章 環境衛生に関する法制度

① 食品衛生法 ［昭和22年12月24日法律第233号］

Keyword

食品、(食品)添加物、食品衛生、賞味期限、消費期限、遺伝子組換え食品、虚偽表示等を禁止、食品衛生監視員、残留農薬、健康食品、栄養機能食品、特定保健用食品

(1) 目　的

本法は、食品の安全性の確保のために公衆衛生の見地から必要な規制その他の措置を講ずることにより、飲食に起因する衛生上の危害の発生を防止し、もって国民の健康の保護を図ることを目的とするものである［第1条］。

(2) 用語の定義

「<u>食品</u>」とは、全ての飲食物をいう。ただし、医薬品、医療機器等の品質、有効性及び安全性の確保等に関する法律に規定される医薬品、医薬部外品及び再生医療等製品は含まない［第4条第1項］。

「添加物」とは、食品の製造過程で、加工もしくは保存の目的で食品に添加、混和、浸潤その他の方法によって使用する物をいう［第4条第2項］。

「天然香料」とは、動植物から得られた物またはその混合物で、食品の着香の目的で使用される添加物をいう［第4条第3項］。

「器具」［第2条第4項］、「容器包装」［第4条第5項］。

「<u>食品衛生</u>」とは、食品、添加物、器具および容器包装を対象とした飲食に関する衛生のことをいう［第4条第6項］。「営業」［第4条第7項］、「営業者」［第4条第8項］。登録検査機関［第4条第9項］→第33条の項の規定により、厚生労働大臣の登録を受けたものをいう。

近年、国民の食品安全への関心の高まりから、明確な用語・定義の統一が望まれていた。このようなことから2002年12月厚生労働省は農林水産省と協力し、本法とJAS法に共通する表示項目、表示方法の検討を行い、2003年7月には、従来の「品質保持期間」を廃止し、次のように「賞味期限」と「消費期

限」の定義を統一した［規則第 21 条］。

「賞味期限」とは、定められた方法により保存した場合において、期待されるすべての品質の保持が十分に可能であると認められる期限を示す年月日をいう。ただし、当該期限を超えた場合であっても、これらの品質が保持されていることがあるものとする。

「消費期限」とは、定められた方法により保存した場合において、腐敗、変敗その他の品質の劣化に伴い安全性を欠くこととなるおそれがないと認められる期限を示す年月日をいう。

(3) 食品および添加物等

厚生労働大臣は、公衆衛生の見地から販売の用に供する食品等の基準や規格を定め［第 11 条］、それに合致しない食品等の製造、輸入、加工、販売、使用、調理等を薬事・食品衛生審議会の意見を聴いて、その物を食品として販売することを禁止することができる［第 8 条］、すなわち、まず清潔で衛生的であること［第 5 条］、腐敗、変敗したもの、有毒、有害な物質が含まれ、病原微生物により汚染されているものなど、人の健康を害するおそれのあるものなどの販売等を禁じている［第 6 条］。

さらに無害の確証のない新開発食品の販売を禁じ［第 7 条］、疾病にかかった獣畜の肉等の販売を禁止し［第 9 条］。厚生労働大臣は食品衛生審議会の意見を聴いて、食品の添加物として用いる目的とした化学合成品並びにこれを含んだ薬品等の販売等、人の健康を害するおそれのないものに限って許可する［第 10 条］。食品添加物 449 品目（2015 年 9 月末現在）が指定されている。

また、近年安全性が問題になっている遺伝子組換え食品については、平成 13 年 4 月より安全性審査が義務化され、現在 303 品種の食品および 21 品目の添加物（2015 年 11 月現在）について安全性評価がなされていることを厚生労働省が確認している。

また、飲食物自体に限らず、その食品に使用する器具、容器包装類についても、取扱いの原則［第 15 条］を定め、有毒、有害なもの、若しくは、人の健康を害するおそれのあるものの使用販売を禁止［第 16 条］し、販売の用に供する飲食物、添加物について基準規格を定め［第 10 条第 1 項］、それに基づいて内容物、容器包装物に、基準に合致する旨の「表示」を行わせる［第 19 条］と同時に誇大な広告、表示など、いわゆる虚偽表示等を禁止［第 20 条］している。

① 食品衛生法

(4) 製品検査等

　第11条第1項に基づく食品または添加物の基準、規格の設定等、第18条第1項に基づく器具または容器包装の規格、基準の設定等の規定により、厚生労働大臣または都道府県知事、もしくは登録検査機関の行なう検査を受け、これに合格した旨の表示のないものは、販売、営業上に使用してはならない［第25条］。更に必要があれば、厚生労働大臣もしくは都道府県知事は「製品検査命令」を発することができる［第26条］。国および都道府県は、食品衛生検査施設を設け［第29条第1項］、保健所を設置する市及び特別区は、収去した食品等の検査［第29条第2項］、**食品衛生監視員**［第30条］を置くなど公衆衛生の向上に努めている。

　厚生労働大臣、都道府県知事または内閣総理大臣は営業を行なう者等から食品等の販売等について必要な報告を求め、場合によっては臨検検査を行ない、試験に必要な範囲で食品等を無償で収去できる［第28条］。

　乳製品、化学的合成品たる添加物等の製造または加工において、政令で定める営業者は、施設ごとに専任の食品衛生管理者を置かねばならない［第48条第1項］。

　厚生労働大臣または都道府県知事は、第6条、第9条、第10条、第11条第2項もしくは第3項、第16条もしくは第18条第2項の規定に違反した、または第8条第2項もしくは第17条第1項の禁止に違反した営業者に対し食品等の廃棄を命ずることができる［第54条］。また都道府県知事は営業者が営業施設について第51条の規定に違反したときは、必要な改善あるいは処置を求め、場合によっては許可を取消し、営業の全部または一部を禁止し、もしくは期間を定めて停止を命ずることができる［第56条］。本法における罰則は、懲役か罰金刑［第71条以下］で、しかも両罰規定が置かれている［第78条］。

　ちなみに、最近食品等に対する国民の関心が極めて高いものに、a．食品添加物、b．残留農薬等の安全性についての二つがある。食品添加物、残留農薬等食品中の化学物質については、長期の動物試験成績に基づき、実際の暴露量が1日許容摂取量（ADI）、耐用1日摂取量（TDI）を超えないよう、必要に応じて各基準を設定し、収去検査などより把握することを基本とする。

　食品添加物の指定については、1996年「食品添加物の指定及び使用基準改正に関する指針」、2001年「保健機能食品であって、カプセル、錠剤等通常の食品形態ではない食品の成分となる物質の指定及び使用基準改正に関する指針」の通知がなされ、動物実験等から有効性、安全性が確認されたもののみ使

用が認められている。

食品中の**残留農薬**等については、一定の量を超えて農薬等が残留する食品の売等を禁止する、いわゆるポジティブリスト制度が、2006年5月29日から施行された。

(5) 健康食品について

最近、健康意識の向上、生活習慣病予防、超高齢化社会を背景に「健康、自然食品」とよばれるものが、消費者の潜在的ニーズに支えられ、ブームになっている。現在流通している「健康食品」といわれるものは、相当数にのぼり、中には、食品衛生法、医薬品医療機器等法、健康増進法、不当景品類及び不当表示防止法、割賦販売等に抵触するものや、巧妙に法律をかいくぐって、国民衛生に不利益を与えているものも少なくない。これらの取締りを強化する一方、国民の食生活に適切な摂取方法、摂取量に関する正しい情報を提供することも必要である。さきに(公財)日本健康・栄養食品協会が設立され、健康補助食品の自主基準を公示し、基準に適合したものには認定マーク（JHFAマーク）を表示することにしている。現在この基準に適合したものとしてJHFAマーク65種類（2013年11月末現在）がある。

さらに2001年には、栄養成分について一定の基準を満たした場合に、その栄養成分のもつ健康にかかわる機能の表示をすることができる**栄養機能食品**を新たに設定し、栄養機能食品（規格基準型）と特定保健用食品（個別許可型）の2種類からなる保健機能食品制度を創設した。**特定保健用食品**は、特定の保健目的で摂取する者に対し、整腸等の強調表示ができるもので、食品の保健の効果を個々の食品の組成や成分などから総合的に検討した上で判断すべきであることから、商品ごとに個別審査が行われ、2015年11月末現在、1210商品が許可・承認されている。

また、2005年2月には、特定保健用食品の見直しとして、有効性の科学的根拠のレベルには届かないものの、一定の有効性が確認される食品について、限定的な科学的根拠であるという表示をすることを条件として許可する「条件付き特定保健用食品」を、特定保健用食品としての許可実績が十分あるなど、科学的根拠が蓄積されている食品について、規格基準により許可する「特定保健用食品（規格基準型）」を創設した。

(6) 死体の解剖等

都道府県知事（保健所を設置する市長、特別区の区長を含む）は、食品、添加物、

器具、容器包装に起因し、または起因すると疑われる疾病で死亡した者の死体を解剖しなければ原因が判明せず、その結果公衆衛生に重大な危害をおよぼすおそれのあるときは遺族の同意を得ないでも死体解剖ができる［第59条第1～2項］。

② 墓地、埋葬等に関する法律［昭和23年5月31日法律第48号］

埋葬、墓地

(1) 目　的

本法は、墓地、納骨堂・火葬場の管理・埋葬などが、国民の宗教的感情に適合し、かつ公衆衛生その他公共の福祉の見地から、支障なく行なわれることを目的とする［第1条］。

(2) 定義と主な規定

① 定　義

埋葬：死体（妊娠4カ月以上の死胎を含む。以下同じ）を土中に葬ることをいう。

火葬：死体を葬るために、これを焼くことをいう。

火葬場：火葬を行うために、火葬場として都道府県知事の許可をうけた施設をいう。

墓地：墳墓を設けるために、墓地として都道府県知事の許可をうけた区域をいう。

② 主な規定

本法の主な規定は、［a．死亡または死産後の24時間以内の埋葬・火葬の禁止（妊娠7カ月に満たない死産を除く）［第3条］、b．墓地外での埋葬または火葬場外での火葬の禁止［第4条］、c．埋葬・火葬・改葬には市町村長（特別区から区長以下同じ）の許可が必要であること［第5条］、d．死体の埋葬又は火葬を行う者がいないとき又は判明しないときは市町村長には埋葬・火葬の義務があること［第9条］、e．墓地・納骨堂・火葬場の経営には、都道府県知事の許可が必要で［第10条］、その経営者は管理者におき、その者の本籍、住所、氏名など墓地等の所在地の市長村長に届け出なければならない［第12条］］など

である。

なお、a、b、cなどの違反には罰則が適用される［第20条、第21条、第22条］。

③ 水道法［昭和32年6月15日法律第177号］

Keyword

水道、水道普及率

(1) 目　的

この法律は、水道の布設および管理を適切かつ合理的ならしめるとともに、水道を計画的に整備し、および水道事業を保護育成することによって、清浄にして豊富低廉な水の供給を図り、もって公衆衛生の向上と生活環境の改善とに寄与することを目的とする［第1条］。

(2) 国および地方公共団体の責務

水道は国民の日常生活に直結しており、その健康を守るため欠くことのできないものである。また水は貴重な資源であることからも、水源その他周辺の清潔保持と合理的な利用等必要な施策を講ずる必要がある［第2条第1項］。さらに国民もまた清潔保持や水の適正かつ合理的な使用に努める義務がある［第2条第2項］。

(3) 主たる用語の定義

「水道」とは、導管及びその他の工作物により、水を人の飲用に適する水として、供給する施設の総体をいう［第3条第1項］。

「水道事業」とは、一般の需要に応じた水道により水を供給する事業をいう。ただし、給水人口100人以下である水道によるものを除く［第3条第2項］。

その他、「簡易水道事業」、「専用水道」、「水道施設」、「給水装置」等がある。

(4) 水質基準

水道により供給される水は次の要件を備えるものとされる［第4条］。

a．病原生物に汚染され、または病原生物に汚染されたことを疑わせるような生物、もしくは物質を含んでいないこと。

b．シアン、水銀、その他有害物質を含まないこと。

c．銅、鉄、フッ素、フェノール、その他の物質をその許容量を超えて含まないこと。
　d．異常な酸性またはアルカリ性を呈しないこと。
　e．異常な臭味がないこと、ただし消毒による臭みを除く
　f．外観はほとんど無色透明であること。
　g．その他、厚生労働省令［水質基準に関する省令・平成15年5月30日厚令101］で定めるもの。

ちなみに <u>水道普及率</u> としては、2013年度末における給水人口が総人口の約97.7％になっているが、水道水質管理について次のような点が問題点として分類される。

　a．水道水源の汚染による原水水質問題
　b．水道原水の汚染を間接要因とした、直接的には塩素消毒により生成するクロロホルムなどトリハロメタンに代表される消毒副生成物問題
　c．病原微生物、特に塩素処理を必須としている日本の水道ではクリプトスポリジウムに代表される塩素耐性原虫類への対応問題
　　＊平成19年より「水道におけるクリプトスポリジウム等対策指針」に基づき対策を講じている。
　d．着色、発泡、色、におい、硬度などの水の性状に関する問題
　e．水道水中の放射性物質については、飲料水を含む放射性物質の規定が食品衛生法により2012年4月に施行された。水道水についても飲料水の新基準値である放射性セシウム（セシウム134と137の合計）10Bq/kgを水道水中の新たな目標値としている。

そして、近年の市町村合併による市町村の行政能力、財政基盤の確保が大きな話題となっているが、水道水質管理の高度化などを考えた場合、水道事業者の技術、経営基盤の確保も急務であり、水道事業の広域化、広域連携は避けて通れない課題といえる。

④ 下水道法［昭和33年4月24日法律第79号］

Keyword
下水、下水道、水質環境基準、下水道普及率

(1) 目　的

本法は、流域別下水道整備総合計画の策定に関する事項並びに公共下水道、

流域下水道および都市下水路の設置、その他管理の基準等を定めて、下水道の整備を図ることにより、都市の健全な発達および公衆衛生の向上に寄与し、あわせて公共用水域の水質の保全に資することを目的とする［第1条］ものである。

(2) 用語の定義

「下水」とは、生活もしくは事業に起因し、それらに附随する廃水（以下「汚水」という）または雨水をいう［第2条1号］。

「下水道」とは、下水を排除するため設けられた排水管、排水渠、その他の排水施設（かんがい配水施設を除く）、これに接続して下水を処理するために設けられる処理施設（し尿浄化槽を除く）またはこれらの施設を補完するために設けられるポンプ施設、その他の施設の総体をいう［第2条第2号］。

「公共下水道」とは、主として市街地における下水を排除し、または処理するために地方公共団体が管理する下水道で、終末処理場を有するもの、または流域下水道に接続するものであり、かつ汚水を排除すべきである構造のものをいう［第2条第3号］。

(3) 流域別下水道整備総合計画

都道府県は、環境基本法第16条1項の規定に基づいて、水質の汚濁に係る環境上の条件について生活環境を保全するうえで維持されることが望ましい基準（以下「水質環境基準」という）が定められた、河川その他公共の水域または海域で、政令で定める要件に該当するものについて、その環境上の条件を当該水質環境準に達せしめるため、それぞれの公共の水域または海域ごとに、下水道の整備に関する総合的な基本計画を定めなければならない［第2条の2］としている。

(4) 特定事業場からの下水の排除の制限［第12条の2］

特定事業場（工場または事業場）から下水を排除して公共下水道を使用するものは、排出口において政令で定める基準に適合しない下水を排除してはならない［第12条の2第1項］こと。

下水に含まれる物質のうち、人の健康に係る被害または生活環境に係る被害を生ずるおそれがあり、かつ終末処理場において処理することが困難なものは政令で定める基準に従い、条例で水質の基準を定めることができる［第12条の2第2～4項］。

排水口において基準に適合しない下水は排除できない［第12条の2第5項］。

第12条の2第1項、5項などの違反には罰則の規定（懲役または罰金、再犯は禁錮または罰金）が課せられる［第46条の2］。

ちなみに、わが国の**下水道普及率**は77.6％（平成26年3月現在）であるが、人口5万人未満の中小市町村では48.0％と、都市への人口集中と山がちな地形が下水道設置普及に地域格差を生んでいることが指摘されている。東京都、神奈川県、大阪府等の大都市圏は普及率が90％を超えているのに比べて、徳島県は10％台である。

⑤ 廃棄物の処理及び清掃に関する法律
［昭和45年12月25日法律第137号］

> **Keyword**
> 廃棄物、一般廃棄物、産業廃棄物、特別管理産業廃棄物、
> 感染性廃棄物処理マニュアル、産業廃棄物管理票、不法投棄

(1) 目　的

本法は、廃棄物の排出を抑制し、および廃棄物の適正な分別、保管、収集、運搬、再生、処分等の処理をし、並びに生活環境を清潔にすることにより、生活環境の保全および公衆衛生の向上を図ることを目的とする［第1条］ものである。

(2) 定　義

「廃棄物」とは、ごみ、粗大ごみ、燃え殻、汚泥、ふん尿、廃油、廃酸、廃アルカリ、動物の死体その他の汚物又は不要物であって、固形状又は液状のもの（放射性物質及びこれによって汚染された物を除く）をいう［第2条第1項］。

「一般廃棄物」とは、産業廃棄物以外の廃棄物をいう［第2条第2項］。

「特別管理一般廃棄物」とは、一般廃棄物のうち、爆発性、毒性、感染性その他の人の健康又は生活環境に係る被害を生ずるおそれがある性状を有するものとして政令で定めるものをいう［第2条第3項］。

「産業廃棄物」とは、次に掲げる廃棄物をいう［第2条第4項］。

① 事業活動に伴って生じた廃棄物のうち、燃え殻、汚泥、廃油、廃酸、廃アルカリ、廃プラスチック類その他政令で定める廃棄物。

② 輸入された廃棄物（前号に掲げる廃棄物、船舶及び航空機の航行に伴い生ずる廃棄物（政令で定めるものに限る。第15条の4の5第1項において「航行廃棄

物」という）並びに本邦に入国する者が携帯する廃棄物（政令で定めるものに限る。同項において「携帯廃棄物」という）を除く。

<u>「特別管理産業廃棄物」とは、産業廃棄物のうち、爆発性、毒性、感染性その他の人の健康又は生活環境に係る被害を生ずるおそれがある性状を有するものとして政令で定めるものをいう</u>［第2条第5項］。

(3) 医療と廃棄物

ここでは、医療機関ならびに医療関係者として、廃棄物について、どのような知識を要し、いかなる対応をなすべきかについて述べることにする。

ちなみに、2013年度における年間の、ごみ総排出量は、4,487万 t、し尿総量（計画処理量）2,186万 $k\ell$、同24年度産業廃棄物総排出量3億7,913万 t と推計されている。こうした廃棄物の対応は社会問題となっている。

1991年10月、いわゆる「廃棄物処理法」の一部改正が行なわれ、同4年7月施行されたが、その骨子は、a．廃棄物の減量化、b．廃棄物の適正処理の確保、c．処理施設の確保であった。

ごみ、し尿など一般廃棄物の処理は、市町村の責務、事業活動に伴って生ずる産業廃棄物の処理は、排出事業者の責務であるが、これも自ら処理することが原則とされている。しかし現実は、産廃処理業者に委託するか、地方公共団体のサービス提供を受けるかのいずれかである。

さきの一部改正で、<u>医療機関で排出する廃棄物には、通常の一般廃棄物［第2条第2項］のほか、特別管理産業廃棄物として、感染性病原体を含むかそのおそれのある性状を有するものが最も大きな問題となっている。在宅医療廃棄物によるものは一般廃棄物であり、市町村に処理責任がある</u>［第2条第5項］。

1989年11月13日旧厚生省生活衛生局水道環境部長（通知）による「医療廃棄物処理ガイドライン」により、医療行為等に伴って発生する廃棄物の処理方法が示された。そして法改正により（1993年4月施行）、「感染性廃棄物処理マニュアル」が、これまでのガイドラインにかわる基準となり、幾度かの改正があった。

(4) 感染性廃棄物処理マニュアルの改正（表1、図1参照）

感染性廃棄物の適正処理を推進するため、「廃棄物処理法に基づく感染性廃棄物処理マニュアル」（以下「**感染性廃棄物処理マニュアル**」という）の改正が2004年3月に行われた。この改正は、感染性廃棄物の判断基準をより客観的なものにすることを主な目的とする。

⑤ 廃棄物の処理及び清掃に関する法律

表1 感染性廃棄物の判断基準

感染性廃棄物の具体的な判断に当たっては、1、2又は3によるものとする。
1 形状の観点
  (1) 血液、血清、血漿及び体液（精液を含む。）（以下「血液等」という。）
  (2) 手術等に伴って発生する病理廃棄物（摘出又は切除された臓器、組織、郭清に伴う皮膚等）
  (3) 血液等が付着した鋭利なもの
  (4) 病原微生物に関連した試験、検査等に用いられたもの
2 排出場所の観点
  感染症病床、結核病床、手術室、緊急外来室、集中治療室及び検査室（以下「感染症病床等」という。）において治療、検査等に使用された後、排出されたもの
3 感染症の種類の観点
  (1) 感染症法の一類、二類、三類感染症、新型インフルエンザ等感染症、指定感染症及び新感染症の治療、検査等に使用された後、排出されたもの
  (2) 感染症法の四類及び五類感染症の治療、検査等に使用された後、排出された医療器材、ディスポーザブル製品、衛生材料等（ただし、紙おむつについては、特定の感染症に係るもの等に限る。）

通常、医療関係機関等から排出される廃棄物は「形状」、「排出場所」及び「感染症の種類」の観点から感染性廃棄物の該否について判断ができるが、これらいずれの観点からも判断できない場合であっても、血液等その他の付着の程度やこれらが付着した廃棄物の形状、性状の違いにより、専門知識を有する者（医師、歯科医師及び獣医師）によって感染のおそれがあると判断される場合は感染性廃棄物とする。
なお、非感染性の廃棄物であっても、鋭利なものについては感染性廃棄物と同等の取扱いとする。

出典：「廃棄物処理法に基づく感染性廃棄物処理マニュアル」
平成24年5月環境省大臣官房廃棄物・リサイクル対策部資料より（図1も同様）

　改正の内容としては、感染性廃棄物の判断基準について、「廃棄物の形状」、「排出場所」、「感染症の種類」の観点から、医療関係機関等がより客観的に感染性廃棄物を判断できる基準に変更した。
　そして近年では、2009年5月に環境省大臣官房　廃棄物・リサイクル対策部が「廃棄物処理法に基づく　感染性廃棄物処理マニュアル」を作製した。
　主な改定内容としては、新たに医療関係機関等による**産業廃棄物管理票**（マニフェスト）交付状況の都道府県知事への報告や、収集運搬車両への表示及び

第9章　環境衛生に関する法制度

図1　感染性廃棄物の判断フロー

【STEP1】（形状）
廃棄物が以下のいずれかに該当する。
①血液、血清、血漿及び体液（精液を含む。）（以下「血液等」という。）
②病理廃棄物（臓器、組織、皮膚等）(注1)
③病原微生物に関連した試験、検査等に用いられたもの(注2)
④血液等が付着している鋭利なもの（破損したガラスくず等を含む。）(注3)

→YES：感染性廃棄物

↓NO

【STEP2】（排出場所）
感染症病床(注4)、結核病床、手術室、緊急外来室、集中治療室及び検査室において治療、検査等に使用された後、排出されたもの

→YES：感染性廃棄物

↓NO

【STEP3】（感染症の種類）
①感染症法の一類、二類、三類感染症、新型インフルエンザ等感染症、指定感染症及び新感染症の治療、検査等に使用された後、排出されたもの
②感染症法の四類及び五類感染症の治療、検査等に使用された後、排出された医療器材等（ただし、紙おむつについては特定の感染症に係るもの等に限る。）(注5)

→YES：感染性廃棄物

↓NO (注6)

非 感 染 性 廃 棄 物

(注) 次の廃棄物も感染性廃棄物と同等の取扱いとする。
　・外見上血液と見分けがつかない輸血用血液製剤等
　・血液等が付着していない鋭利なもの（破損したガラスくず等を含む。）
(注1) ホルマリン漬臓器等を含む。
(注2) 病原微生物に関連した試験、検査等に使用した培地、実験動物の死体、試験管、シャーレ等
(注3) 医療器材としての注射針、メス、破損したアンプル・バイヤル等
(注4) 感染症法により入院措置が講ぜられる一類、二類感染症、新型インフルエンザ等感染症、指定感染症及び新感染症の病床
(注5) 医療器材（注射針、メス、ガラスくず等）、ディスポーザブルの医療器材（ピンセット、注射器、カテーテル類、透析等回路、輸液点滴セット、手袋、血液パック、リネン類等）、衛生材料（ガーゼ、脱脂綿等）、紙おむつ、標本（検体標本）等
　　なお、インフルエンザ（鳥インフルエンザ及び新型インフルエンザ等感染症を除く。）伝染性紅斑、レジオネラ症等の患者の紙おむつ（参考1参照）は、血液等が付着していなければ感染性廃棄物ではない。
(注6) 感染性・非感染性のいずれかであるかは、通常はこのフローで判断が可能であるが、このフローで判断できないものについては、医師等（医師、歯科医師及び獣医師）により、感染のおそれがあると判断される場合は感染性廃棄物とする。

出典：は表1に同じ。

書面の備え付けを追加したほか、感染症の類型変更に伴う紙おむつの取扱い（特定の感染症にかかるものに限る）を一部変更した。またこれを平成24年5月に一部改定した。

また医療廃棄物の関連法規として、医療法では診療用放射性同位元素または放射性同位元素によって汚染された廃棄物（医療用放射性汚染物）については、廃棄施設を設け、この構造設備の基準が示されており、厳格な規制の下に処理しなければならないとなっている［医療法施行規則第30条の11］。

(5) 廃棄物の不法廃棄対策

1997年6月18日に公布された「廃棄物の処理及び清掃に関する法律の一部を改正する法律」［平成9年法律第85号］により、産業廃棄物の最終処分場の不足、**不法投棄**の増加等の問題から、廃棄物の適正処理の確保と、廃棄物の減量・リサイクルを推進し、処理施設の信頼性・安全性の向上等の総合的対策を目指しており、論点は以下の通りである。

　　a．廃棄物の減量および再生利用
　　b．廃棄物処理施設
　　c．廃棄物処理施設の維持管理
　　d．廃棄物処理業者
　　e．産業廃棄物管理票制度
　　f．罰則の強化
　　g．生活環境保全上の支障の除去等
　　h．情報交換の促進等

また、廃棄物焼却に伴うダイオキシン削減のため、政令と省令を改め（平成9年12月より施行）、燃焼室中の燃焼ガス温度を800度以上に保つこと、小規模施設に対する規制強化を行う等の改正を行った。

なお、「大気汚染防止法施行令の一部改正」［平成10年1月19日政令10号］（平成10年4月1日施行）により、ダイオキシン類は有害大気汚染物質のうち抑制基準を定める指定物質となった。

また2001年4月1日より、いわゆる家電リサイクル法（特定家庭用機器再商品化法［平成10年6月5日法律第97号］）によって、［エアコン（80％）、テレビ（55％）、冷蔵庫（70％）、洗濯機（82％）］を対象に業者にリサイクルを義務づけ［同施行令第13条］、排出者にも費用を負担させるようになった。そして同様の法規が、建築物解体や食品、自動車にもつくられてきている。

そして2003年6月18日に公布し、同12月1日に施行（罰則の強化に関して

第9章　環境衛生に関する法制度

は公布から 20 日を経過した日）となった「廃棄物の処理及び清掃に関する法律の一部を改正する法律」は、度重なるゴミの不法投棄を取締るための法改正であり、法人の不法投棄の罰金を最高 1 億円以下とした。概要は次のようになる。

- 都道府県等の調査権限の拡充
- 不法投棄等に係る罰則の強化＊

    ＊個人の場合は 3 年以下の懲役もしくは 1000 万円以下の罰金、またはこの併科、法人の場合は代表者や従業員が処罰される他、法人に対して 1 億円以下の罰金という両罰規定が定められたが、平成 22 年 5 月 12 日に「廃棄物の処理及び清掃に関する法律の一部を改正する法律」が成立し、同 19 日に公布され、1 年以内の施行となった改正法では 3 億円以下の罰金に引き上げられた。

- 国の関与の強化等
- 悪質な廃棄物処理業者への対応の更なる厳格化等
- 事業者が一般廃棄物の処理を委託する場合の基準等の創設

また、この法改正によりリサイクルの促進等のための措置も行われている。

なお、同時に「特定産業廃棄物に起因する支障の除去等に関する特別措置法」も成立した。

その他、主な関連法規は以下の通りである。

- 産業廃棄物の処理に係る特定施設の整備の促進に関する法律［平成 4 年 5 月 27 日法律第 62 号］
- 特定有害廃棄物等の輸出入等の規制に関する法律［平成 4 年 12 月 16 日法律第 108 号］

第10章 医療契約と医療従事者の責任

1 医療契約と医療従事者の法的責任

> **Keyword**
>
> 契約、患者、医療契約、医療を受ける権利、報酬支払義務、双務契約、概括的な申込、準委任契約、請負契約、手段債務、結果債務、医療契約の当事者、代理説、第三者のためにする契約説、保険医療、自費診療、混合診療の禁止の原則、善良な管理者の注意義務（善管注意義務）、注意義務、結果予見義務、結果回避義務、輸血梅毒事件、水虫レントゲン事件、医療水準、未熟児網膜症訴訟事件、医療水準相対論、診療報酬支払義務、診療協力義務、医療契約の終了

(1) 診療における法律関係

① 医療と契約

過去においては、患者が医師から診療を受けることを契約に基づく行為と考えることは一般的ではなかった。しかし、現在では診療をするという医療行為は契約の考え方で処理することが適切なものであると理解されるようになっている。そして、健康診断や人間ドック・脳ドック、または採血や臓器提供等の治療目的ではない行為も契約に基づくものと考えられている。これは現在の医療が患者中心の医療へと変化しており、医師と患者の権利義務関係も、患者を主体としての範囲で捉えるべきとのことからであろう。

患者（健康診断等の治療を要しない受診者も含む）が医師または医療機関の開設者（以下、医療側とする）から医療の給付（診療・治療等）を受けたいとき、医療側と結ぶのが医療契約である。この**医療契約**を結ぶことにより、患者ははじめて医師等に対して**医療を受ける権利**を得たものとなり、その診療に対する報酬支払義務が生じるとされる。一方医師は、適切な診療・治療を行う義務が生じ、また、その費用の支払請求権も同時に発生するものである。したがって、双方に権利義務関係が生じることからいわゆる**双務契約**と解せる。

通常は、患者からの申込と医療側の承諾の合致によって医療契約は成立する。しかし、医療契約による申込は医療の性質上、申込時点で内容が確定していな

第 10 章　医療契約と医療従事者の責任

いものがほとんどである。したがって、**概括的な申込**となる[1]。

　申込の方法であるが、患者の明示・黙示を問わず、診療の場に診察・治療を受ける意思で来ているか、またはその必要（緊急時等）があれば足りるものと解する。実際には、受付窓口に診療カードや初診申込書を提出するか、口頭で申し入れる場合がほとんどである。なお、FAXやインターネットによる診療予約を受けつけている医療機関もある。

　また、保険診療の場合には、保険証の提出が必要だが、それも緊急やむを得ない場合には、その提出がなくてもよいことがある[2]。なお、保険医療については後述する。

　医師の承諾についても、患者の申込と同様、概括的なものとされる。判例も「通常病的症状を訴えて病院を訪れる患者と医師の間には、患者においてまず病的症状の医学的解明を求め、これに対する治療方法があるなら治療行為も求める旨の事務処理を目的とした準委任契約の申込をなし、医師において診察を始める以上は右病的症状の医学的解明という事務処理を目的とした準委任契約の申込を意思の実現により承諾し、続いて患者を他に紹介する等これに対する治療を断らずこれを行う以上は治療行為という事務処理をも引き続き行うことを前同様承諾しものと解するのが相当である[3]」とし、医療契約成立の当初においては一般に、当時の医療水準に即して、患者の訴える病的症状の医学的解明と治療を行うことを内容とする申込と承諾がなされるものとみることができる[4]。

　このように日本の医療契約とは、患者側（申込）と医療側（承諾）の双方が、当初の契約内容を概括的なものとして結び、その後の診療内容の進展において（侵襲を伴う検査や手術等）、新たに患者側の同意を必要になるなど、契約の履行中に新たな内容やそれに伴う新たな同意（新たな個別の契約ともいえる）が必要になるなど、これらを包括した契約ともいえる[5]。

② **医療契約の法的性質**　上記の医療上の性質から、準委任［民法第656条］と解する説、請負［民法第632条］とする説、委任

---

[1] 野田寛・医事法（中巻）（1987年）368頁、石橋信・医療過誤の裁判（1977年）208頁。
[2] 野田・前掲369頁。
[3] 神戸地竜野支判昭和42年1月25日（下民18巻1号58頁、判時481号119頁）。
[4] 野田・前掲370頁。
[5] 日本医事法学会編・年報医事法学21（2006年）38頁（増田聖子執筆分）は、同意の指摘の他、医療契約特有の性質を列挙している。

① 医療契約と医療従事者の法的責任

と請負の混合契約と解する説など多数の主張がなされてきた。そして現在では、前述の判例（註の(3)）からも**準委任契約**が医療契約の通説と解することが妥当とされてきている。ただし、手術のように一定の明確な事項を目的とするときには、その行為の完成を目的とする**請負契約**だといってよいものともいわれる[6]。

また、大谷教授は、a．民法に定められている各種の契約にはなじまない契約とする無名契約説、b．契約としての申込と承諾という法律構成が不可能な単なる事実行為とする事実行為説、c．民法に規定されている契約とする準委任契約説と分類した場合に、民法上類型化されている契約として把握したほうが法律上の要件および効果がはっきりし、民法の規定に反しない限りそこで定められている契約の一種と解するほうが便利であることから、やはり準委任契約を妥当とされている[7]。

したがって日本においては、準委任契約が医療契約の通説といわれている。これは前述のような医療の特質によるものだが、以下に若干の考察をする。

準委任契約は、委任契約のうち法律行為以外の事務を処理する場合を指すものである。委任契約は、契約内容が一定の事務の処理をその目的に従い合理的に処理することを受任者に委託するものである。その処理にあたっては善良な管理者の注意をもってあたり、ある程度受任者の独自の判断が許されるものである。そして、原則として無償（特約があれば有償とされる）としている。

医療行為は事実行為であり、法律行為ではないことからその医療を行なう契約を準委任と解しているが、準委任も委任に関する規定を準用しており、両者の間に法的処理の差異はないことになる。

また、手術等の特定の医療行為は請負と解する学説および判例もある[8]。しかし、手術を請負と解した場合でも、通常は、治癒ではなく、一定の手術そのものが完成すべき仕事の内容と見られ[9]、当時の医療水準において診療治療することを約しうるにとどまり、これを治癒させることまでは契約の内容とは解しえないとされている[10]。

つまり、準委任契約説と請負契約説の差異は、その診療・治療の「結果」に

---

(6) 加藤一郎・不法行為法の研究（1961年）5頁。
(7) 大谷實・医療行為と法［新版］（1990年）63頁。
(8) 野田・前掲387頁。
(9) 加藤・前掲5頁。
(10) 東京地判昭和46年4月14日（下民22巻3－4号372頁、判時2号33頁、判タ265号244頁）。

第 10 章 医療契約と医療従事者の責任

対する見解の違いである。準委任契約と解せば、委任された事務を処理すればよく、当時の医療水準に従い善良な管理者の注意をもって医療行為を実施すること自体を内容とする「**手段債務**」である(11)。そして、請負と解せば、請け負った事務処理の完成を目的とする「**結果債務**」となる。しかし、手術といえどもその結果（治癒）までを保証することが医療として不可能であることから、手術などもその実施自体を請負の内容とすれば、もはや請負ではなく、準委任の事務処理と同様となる。したがって、義肢を作成したり、美容整形手術で鼻を何ミリ高くするなど、結果を必要とする場合は医療行為を請負と考えられるが、それ以外では請負と解することは難しいものである(12)。その他、医療契約を雇用契約とする説については、ドイツでは委任が無償とされるため医療契約を雇用契約と見るのが通説であるが、わが国ではこの説はほとんど採用されていない(13)。また、医療契約を民法による典型的な 13 の契約の類型に当てはまらないとして、無名契約としたり、準委任と請負の混合契約とする説も少数である(14)。

このようにわが国においては準委任契約を通説とし、前述の美容整形手術等は請負と解することができよう。

ただし、学説の動向において、これまでの典型的契約関係では、論じきれない部分もあることが指摘されている。たとえば、臓器移植のドナーと医師の間における臓器摘出を内容とする合意、治療を目的としない検診（健康診断、生命保険用の診査、人間ドック、脳ドック等）等は、それぞれの特質から医療契約の内容や形式を検討する必要があるといえる(15)。なお、入院時には診療契約

---

(11) 京都地判昭和 50 年 10 月 9 日（判タ 334 号 305 頁）、札幌地判昭和 52 年 4 月 27 日（判タ 362 号 310 頁）等。
(12) 日本医事法学会編・医事法学叢書 3 医事紛争・医療過誤（1986 年）98 頁（鈴木俊光執筆分）。
(13) 野田・前掲 389 頁。
(14) 日本医事法学会編・前掲 98-99 頁（鈴木俊光執筆分）。
(15) 金川琢雄・現代医事法学（改訂第 2 版）(1995 年) 99 頁、莇立明＝中井美雄編・医療過誤法（1994 年）60 頁（高嶌英弘執筆分）。
　なお、村山淳子・医療契約論（2015 年）48-49 頁においては、委任契約論では、その「無償性原則と任意告知権が学術的な主要論点を形成し、実務の訴訟でも専門家事務処理契約の任意告知兼ね報酬請求権に争点が集中」し、医療契約論では、「医療行為の持つ侵襲性と、それゆえのインフォームド・コンセントの要請を絶対的な核として、債務内容の決定と履践における患者の認識という独自の法発展の方向性……契約当事者論、医療水準論、そして説明義務論など、医療行為の特性にかかわるテーマに関心が集中」していることをあげ、両者の焦点のズレゆえに、規範の照合作業にあたっては、議論の素材と質の格差が壁になったり、比較対象に適さないとき、または無理にそう

とともに施設の賃貸借契約等を含む入院契約が締結されたものと考えられる[16]。

(2) 医療契約の当事者

① 一般医療 医療契約の一方の当事者は医師または病院等の開設者である。医療施設に勤務する勤務医は、その医療施設の経営者の履行補助者であり、医療契約の当事者とはならない。これは経営主体たる医療施設と患者の間に診療報酬に関する権利義務が生ずること、特に病院の場合には、特定の患者に対して特定の医師のみが責任を負って医療を行なうことは少ないことなどの現代医療の諸事情による[17]。

もう一方の当事者である患者は、本人に行為能力がある場合には、患者本人が<u>医療契約の当事者</u>となることには問題はない。しかし、<u>患者が意識不明者、精神障害者、幼児のように意思能力を欠く場合には、親族、友人等の第三者が同伴して診療の申込を行うことになるものであろう。その場合、医療契約の当事者を誰と解するのかは学説・判例とも分かれている</u>[18]。主なものを以下に示す。

a. **代理説**：夫婦の一方が患者で意識不明のときには、もう一方の配偶者が代理とし医療契約を締結できるとする見解である。すなわち民法第761条は「夫婦の一方が日常の家事に関して第三者と法律行為をしたときには、他の一方は、これによって生じた債務について連帯の責に任ずる─」と規定している。その場合、配偶者以外の家族（両親や同居の兄弟姉妹）が診療の申込をしたときは、その家族が当事者と解る。この点については、権限なくして代理行為をしたものと解する見解［民法第117条］、頼まれないでしたということから事務管理［民法第697条以下］になるという見解もある[19]。

また、意思能力のない子供のような場合にも、一人で医療契約を結ぶ契約締結能力がなく、「第三者のためにする契約」の法理も、その受益の意思表示を

すべきでない点等を指摘している。
(16) 金川・前掲102頁。
(17) 野田寛・医療事故と法（1982年）103頁（主に厚生労働省の説明による旨明記されている）。
(18) 未成年等でも医療行為が自己におよぼす性質や結果が認識できる程度の意思能力を有する者も含むと考えられるが、行為能力なき者の行為として取消しうるかどうかは争いが多く、親権者等が同伴の場合は、法定代理人もしくは保護者が契約の当事者であると解する方が妥当であろう。
(19) 穴田秀男編・最新医事法学（増補第2版）（1987年）17頁（尾中普子執筆分）。

する能力を有しないことから成立せず、親権による代理が妥当とする説がある[20]。

以上のように配偶者の一方や法定代理人（親権者）、または精神医療における保護者などの代理は妥当と解せるが、それ以外の者の代理は、代理権の授権行為がない限り、代理の擬制といわざるをえないと考えられる[21]。

b．第三者のためにする契約説：医療行為も契約の一類型と解することから「第三者のためにする契約［民法第 537 条］も成立すると考えられる。「第三者のためにする契約」は、契約によって当事者の一方（親権者等の要約者）が第三者（患者）に対して、ある給付をすることを約束した場合、その第三者は債務者（医師等の諾約者）にその給付を直接請求する権利を持つ。その場合、第三者が「契約の利益を享受する意思」を表示することによって第三者の権利が発生するものである。しかし、問題は第三者の「契約の利益を享受する意思」である。この点については、意識不明者が意識を取り戻した際、診療を受ける意思表示をすることを条件に一方の配偶者が第三者のためにする契約の成立を認める説[22]、親権者や後見人などが医療契約の当事者となり、本人を第三者とする契約を締結する説[23]などがある。

判例においては、原告である両親を要約者、医師を諾約者、15 才の子を第三者とする診療契約の成立を認めた事例[24]、産婦を要約者、産婦人科医を諾約者、胎児を第三者とした診療介助契約が成立し、出産時に産婦が親権者として（父親も親権者として許諾）黙示に受益の意思表示をしたと認めた事例[25]、出産介助につき、産婦を要約者、病院を諾約者、胎児を受益者である第三者とし、その際第三者の受益の意思表示がなされ、診療契約の効果が至ったかどうかはしばらく措いて、進んでその診療契約の成立を認めた事例[26]などがある。

以上のように「第三者のためにする契約」は、患者本人の「契約の利益を享受する意思」が問題になるが、明らかに第三者（患者）の利益が優先される限りは、判例にあるように黙示的に意思表示をしたと解するか、要約者（親権者等）が第三者のために黙示的に意思表示をしたものと解することが妥当であろ

---

(20) 門脇稔・医療過誤民事責任論（1979 年）179 頁。
(21) 大谷・前掲 70 頁。※一部用語は旧法による。
(22) 門脇・前掲 179 頁。
(23) 広中俊雄＝龍田節編・契約の法律相談 (2)（1978 年）115 頁（字都木伸執筆分）。
(24) 旭川地判昭和 45 年 11 月 25 日（下民 21 巻 11-12 号 1451 頁、判時 623 号 52 頁）。
(25) 東京地判昭和 54 年 4 月 24 日（判タ 388 号 147 頁）。
(26) 横浜地判昭和 57 年 4 月 30 日（判タ 471 号 210 頁）。

う。

　また、まれではあるが急病人・交通事故被害者などが第三者によって医療機関に運びこまれ診療を求められた場合には、第三者の事務管理に基づく診療契約が成立するとの見解がある[27]。そして、救急医療では、多かれ少なかれ緊急事務管理［民法第698条］が適用できるとの考えが示されている[28]。

② 保険医療（第7章Ⅰ〜2等参照）

　現在わが国の医療は、大部分が保険医療によってなされており、「健康保険法」「国民健康保険法」「船員保険法」等の規定により医療給付が行われている。

　医療給付は原則として現物給付方式（正式には「療養の給付」という）をとっている。それは保険者（国・健康保険組合等）から直接（保険組合が直接審査することもできる）または医療費を社会保険診療報酬支払基金を通じて医療機関に支払、被保険者は一部負担金を除いて医療給付そのものを受けることができるのである。そのかわり被保険者はあらかじめ定められた保険料を納めておく方式である。通常、保険者は直接保険医療給付を行なうことはできないことから、代わって保険医療給付を行う医療機関が必要になる。保険医療給付を行なう医療機関（薬局も同様）は、いわゆる保険医療機関（実際には医療機関の申請により所在地の地方厚生局長（厚生労働大臣からの権限委任）に申請し、社会保険医療協議会の都道府県部会の審議を経て指定を受ける。拒否をしなければ、健康保険による保険医療機関の指定と同時に国民健康保険の保険医療機関の指定も受ける）と保険医（保健薬剤師も同様）の登録制（保険医療機関と同様に医師の拒否がなければ健康保険による指定と同時に国民健康保険の指定も受ける）による二重指定制度となっている。

　この場合、医療契約の当事者を誰と解するか、以下のような説が示されている[29]。

　a．あらかじめ締結された保険者と指定医療機関との一時的診療契約の範囲内でなされる間接的または二次的診療契約であるとする説。
　b．保険者と指定医療機関との間に締結される第三者のためにする診療契約

---

(27)　中川淳＝大野真義編・医療関係者法学（1989年）58頁（中川淳執筆分）、門脇・前掲190頁。なお、大野真義福・現代医療と医事法制（1995年）30頁（野田寛執筆分）では、医師が頼まれていないのに、付添人のいない意識不明の急病人を診療する場合を事務管理の例とし、患者が意識回復した後は、その意思によって医師と患者間に遡及して医療契約が成立するとしている。門脇・前掲198頁も同旨。
(28)　大谷・前掲71頁。
(29)　中川＝大野編・前掲58頁（中川淳執筆分）。

とする説。
　c．被保険者と指定医療機関とを当事者とする直接的診療契約であるとする説。

　aについては、あらかじめ締結されている保険者（事業主）と指定医療機関（医師・病院）との間の双務協定（制限診療その他種々の制約を条件として定められた公法上の協定）の枠内で行う二次的（間接的）診療契約となり、本来の一次的診療契約はむしろ保険者と被保険者（患者）との間になされていると解すべきである。したがって、債務不履行の主張は、一次的には、医師・病院に対するよりむしろ事業主に対してなされるべきもの、少なくとも、医師・病院と事業主との「連帯責任」の存在を前提にしてなされるべきではないかとの問題提起によるものである(30)。

　しかし、**保険医療**といえども、現状では患者に医療費を一部自己負担させる制度である。したがって医療保険制度も、損害の補填という保険制度の本質を無視したものといえず、将来医療が完全に公営にならない限り受入れるのが難しい説とする見解がある(31)。

　bについては、保険医療機関の指定（国民健康保険も同じ）が、国の機関が被保険者（患者である第三者）のために保険者に代わって、医療機関との間で締結する公法上の双務契約とする通説に従った判例が出された(32)。それは国民健康保険において、一般に、保険診療は、保険者を要約者、医師等を諾約者、被保険者（患者）を受益者とする第三者のためにする契約と解され、保険診療の契約当事者は保険者と医師等であり、被保険者ではないと判示した(33)。

　この通説・判例を前提とした診療・治療を行うことを保険医療の原則とする保険医療の契約内容が健康保険法等の法定約款（治療方針、療養の給付、診療報酬等）によって定められた範囲で診療・治療を行えば、医師等の責任が充足されると解せる。また、保険医療機関が診療方針などに即して診療した以上は、それが現代医学の水準から見て不充分であったとしても一応債務を果たしたことになる。<u>これでは、急を要したり、保険医療の枠を超える治療を必要とする患者への医療行為は、保険医療の外になる。そして、このような制限ないし規格が、医療の本質に反し、特に患者の生命や健康に重大な危険が予想されるな</u>

---

(30)　大阪府医師会編・医療と法律（1971年）10-11頁（松倉豊治執筆分）。
(31)　中川善之助＝兼子一監修・医療過誤・国家賠償（1973年）17頁（定塚孝司執筆分）。
(32)　野田・前掲医事法（中巻）382頁。
(33)　大阪地判昭和60年6月28日（判タ565号170頁）。

① 医療契約と医療従事者の法的責任

ら、医師は保険医療の枠を超えて診療をすることを要することとなる⁽³⁴⁾。

したがって、保険医療においても、その範囲を超えた医療の本質に基づく直接的な医療契約が、被保険者と指定医療機関を当事者とする直接的診療契約として成立していると考えられる。そして、判例においても健康保険⁽³⁵⁾・国民健康保険⁽³⁶⁾とも被保険者と指定医療機関との間に私法上の医療契約の成立を認める判示がなされている。このようなことから現在の通説的見解であり、c説が妥当であると解する。

ただし、現実には医療機関が保険医療の枠を超えた診療・治療をした場合、給付外のものとなり、医療費の請求ができない、これが医療機関の負担となっているのが実情である。そして、厚生労働省の行政上の指導もそのようになっている。それならば、現在の通説的見解とされるc説に基づき、私法上の契約関係として、患者側に給付外の治療費の請求が可能なのであろうか。しかし実際に患者が同一疾患の治療において保険医療の枠を超えた診療部分を自費の**自由診療**として望んだ場合、これまでの保険医療制度では、診療全体について保険が使えなくなってしまうことになっていた（＊混合診療の禁止の原則）。

＊混合診療の禁止：同一疾患を同一期間内に同一の診療所・病院で受診するさい（初診から治療の完了にいたる一連の診療）に自由診療と保険診療の混在を認めず、混合した場合には、そのすべての診療について保険の適応を認めない。

なお、2016年4月より新たな保険外併用療養制度として「患者申出療養」が始まる。これは難病等と闘う患者からの申し出を起点とする新たな仕組みであり、患者が最先端の高度な医療技術などを希望した場合に、安全性・有効性等を確認したうえで、厚生労働大臣が定めるもので、混合医療の一部解禁ともいわれるものである。（第7章 1.(4)参照）。

(3) 医療契約の内容（注意義務を中心に）

> ① はじめに

医療契約が、複雑多岐にわたることは前述した。しかし、現在のところ私法上（民法）の契約と解する以上、民法の一般的契約法理に服するものとして以下に論じる。

私法上の契約は、契約自由の原則から、その契約内容は自由に定めることが

---

(34) 唄孝一＝有泉亨編・現代損害賠償法講座4 医療事故・製造物責任（1974年）148頁（野田寛執筆分）。
(35) 東京地判昭和49年4月2日（判タ307号122頁）。同趣旨、東京地判昭和51年2月9日（判時824号83頁、判タ338号278頁）、東京地判昭和58年10月20日（判時1127号119頁）。
(36) 東京地判昭和47年1月25日（判タ277号185頁）。

第10章 医療契約と医療従事者の責任

できる。ただし、内容は実現可能なものでなければならず、履行期までに確定することを要する。

② 医療側の義務

医療側の義務としては、診療義務（業務②）、各種証明書交付義務（業務③）、守秘義務（業務⑥）等がある（前述第3章1．医師法の解説を参照）。その他の義務としては、診療にあたり患者から受け取ったもの（前払い費用の残高、患者の身体から分離した手・足等）の返還義務、特殊医療契約ないし特約による義務等があるとされる[37]。ここでは注意義務の概要を中心に解説し、特にその内容の一つである説明義務については次項で解説する。

医師は患者に対して（準委任契約と解することから）、善良な管理者の注意義務（善管注意義務）をもって、その診療にあたらなければならない［民法第644条］（第11章1(3)参照）ことは前述した。

この場合の注意義務とは、一般的には社会に有害な結果を発生させないように一定程度の注意をなすべき義務である。そして、この義務に違反することが通説的には過失とされることになる。医師と患者の関係でいえば、医師が注意義務違反（過失）によって、患者の生命・身体に侵害を加えたことを指すものであり、民事責任あるいは刑事責任の発生を意味することになる。この場合、医療関係者は通常患者の身体を侵襲する行為を反復・継続していることから業務上の過失を構成するとされる[38]。

注意義務の内容は、民事上・刑事上において異なるが、基本的には意識を集中することによっていかなる結果が発生するかがあらかじめ認識できる範囲で課される結果予見義務と予見可能な結果をその可能な範囲において回避しなければならない結果回避義務とがある。

以上のように法律上の注意義務は、結果予見義務と結果回避義務とで成り立っているものであり、その程度をどこに置くかによって、過失の成否がかかってくる。

一般的に善管注意義務の程度は、通常人がその地位・職業・立場等において、当然期待しうる注意を払うことを意味している。したがって医療関係者は、その職業的立場によって、注意義務を課されることになる。特に医師の注意義務については、戦前には見られなかったような高度な注意義務が、戦後の判例により判示されるようになった。以下に代表的な判例を示す。

---

(37) 野田・前掲401頁。
(38) 中川＝大野編・前掲84-85頁（佐久間修執筆分）。

① 医療契約と医療従事者の法的責任

　まず、裁判において医師に高度な注意義務を課す契機になったのが、いわゆる**輸血梅毒事件**の最高裁判決である[39]。この事案は、子宮筋腫の手術を東大病院で受けた女性が、術後の体力補強のために受けた輸血から梅毒に感染したものである。判決においては、採血・輸血した医師が、採血の際に供血者に対し、梅毒感染の危険の有無を問診しなかったことに過失があるとして、病院(国)に使用者責任〔民法第715条〕による損害賠償を認めたものである。そして、医師の注意義務に関して判旨は「いやしくも人の生命及び健康を管理すべき業務(医業)に従事するものは、その業務の性質に照らし、危険防止のために実験上必要とされる最善の注意義務を要求されるのは、やむを得ないところといわざるを得ない」としている。この判決は、医師に通常用いる注意の要求を注意義務の最高限度まで引き上げたものと考えられる。これは特に医師の問診義務に重点を置いたものであるが、問診義務の全体[40]が、この基準によるものというより、被害者の保護を優先したという感が強いものと考える。しかし、この判示が現在の医師の注意義務に対する先例となり、医師の高度な注意義務を位置づけたものとなった。また、その後の医療過誤訴訟のあり方を大きく変えてしまったといえる[41]。

　そして、この判旨はいわゆる**水虫レントゲン事件**の最高裁判決に受け継がれ[42]、医師の医療行為に対する最善の注意義務を確認している。さらに「したがって、医師としては、患者の病状に十分注意してその治療方法の内容および程度などについては診療当時の医学知識にもとづきその効果と副作用などすべての事情を考慮し、万全の注意を払って、その治療を実施しなければならな

---

(39) 最判昭和36年2月16日(民集15巻2号244頁、判時251号7頁、判タ115号76頁、ジュリスト225号3頁)。

(40) 本件をはじめ問診義務については、石田雅男「医師の問診義務——医療事故訴訟をめぐって——」(1988年帝京女子短期大学紀要第8号)が詳細である。

(41) 唄孝一・医事法学への歩み(1970年)264-265頁では、「むしろ問題は、この表現の明快さの故に、将来、この表現だけがそれをうみ出した具体的事情をはなれて独り歩きする、と予想されることである。」と示唆している。この唄教授の考察と同様、判決直後から多くの評釈は原告を勝訴させたことに異論はないものの、法的義務ではない問診に注意義務違反を認めたことには懐疑的であった。しかし、浦川道太郎「東大輸血事件」(別冊ジュリスト183号医事法判例百選179頁)は、当時から「医師であれば対話を通して採決を中止すべきか否かの判断は困難ではないとして、本判決がA医師に問診義務の懈怠を責めたことをむしろ常識的な判断である」とした星野教授の見解(星野英一・法学協会雑誌81巻5号569頁)に対し、時間の経過とともに賛意を表するものが増えていることを紹介している。

(42) 最判昭和44年2月6日(民集23巻2号195頁)。

いことは、もとより当然である」とし、医師の注意義務が、診療当時の医学知識に基づき、万全の注意を払うものとした。

この2つの判例をもとに、医師の注意義務と医療水準が学説・判例[43]として確立していったものである[44]。

(4) 医療水準

① 実践としての医療水準

松倉教授は、医療水準は本来医学自身が主体的に考えるものであり、次のように分けられるとされている[45]。

a．学問としての医学水準：研究水準もしくは学会水準といってもよいものである。それは学術的な問題として学会に提出され、基礎医学的または臨床医学的に何十回かあるいは何年聞かの内外諸学者間・学会間の研究や討議の繰り返しを経て、問題の内容またはその核心の方向づけが学会レベルで一応認定されるに至って初めて形成されるというものである。

b．実践としての医療水準：経験水準もしくは技術水準という意味も含むものである。そして、aのようにして形成された医学水準による諸問題について、これを医療の実践として普遍化するため、あるいは普遍化しうるかどうかを知るために、さらに多くの技術や施設の改善や経験的研究を積み重ね、時には学説の修正をも試みてようやく専門家レベルでその実際適用の水準としてほぼ定着したものというべきものである。

通常において患者に対する医療行為は、「実践としての医療水準」の基準にしたがって行なわれるべきものである。つまり、臨床医学の先端での診療を為すことを必ずしも必要とはしないということを示す。判例・学説の中には、医学雑等で掲載されていることに当時の医療水準の確立を見るものもある。しかし、医学雑誌等に掲載される治療方等は、実際には極めて高い水準での医療技術や施設を必要とするものも多く、また、数回程度の症例の掲載を持って一般

---

(43) 医療水準に関して判例を追ったものとして、遠藤賢治「医療水準と過失——判例を追って——」（自由と正義第28巻10号）23頁以下が詳細である。

(44) 稲垣喬・医療過誤訴訟の理論（1985年）6-7頁。近年においては、医療水準概念を使わずに過失判断を行う判決が多数出現している（最判平成14年11月8日判タ1111号15頁、最判平成18年11月14日判時1956号77頁等）ことが、米村慈人「医療事故責任における高度の注意義務と医療水準」（別冊ジュリスト219号医事法判例百選［第2版］98-100頁）、福田剛久・高橋譲・中村也寸志編・医療訴訟（2014年）275頁（廣谷章雄執筆分）に近似の判例分析とともに紹介している。

(45) 松倉豊治・医学と法律の間（1977年）131-132頁。

① 医療契約と医療従事者の法的責任

臨床医全の医療水準とするのは難しいものである。

したがって、「実践としての医療水準」を形成するには、一般臨床医に診療・治療の指針として認識される程度の浸透が必要になるであろう。これについては、いわゆる **未熟児網膜症訴訟事件** の判決が重要であることから次に説明する。

② 未熟児網膜症訴訟事件と医療水準の確立

未熟児網膜症は、在胎期間が短く出産時の体重が少ない（いわゆる）未熟児に多発したものである。そして、重症の場合は網膜剥離から失明する程であった。また、未熟児の救命技術である閉鎖式保育器を用いる酸素療法の普及とともに症例が増加していった。その発症原因は、網膜欠陥の未熟成という素因のほかに、未熟児の生命維持および脳性麻痺などの予防のために投与される酸素の量が関係しているとされる。しかし、酸素を使用しない場合にも発症することがあり、その正確な原因については不明な点が多い。その療法としては、光凝固法が一時かなり成功率が高く、本症の唯一の治療法として支持を得ていた。そして、この有効性を前提とする定期的眼底検査も普及しはじめ、昭和50年には、厚生労働省が未熟児網膜症の臨床経過や予後基準とともに「現時点における治療の一応の基準」として光凝固法による治療を示した（後に <u>50年線引論</u> といわれる）。しかし、その後に光凝固法の副作用や後遺症に対する危惧と治療効果に対して疑問が出されたりもしていた[46]。以下に主な訴訟の流れと論点を示す。

未熟児網膜症に関する訴訟は、百数十件を超すものであるが、この光凝固法という新療法の採用が医療水準を構成するか否かが重要な争点となっている。その最初の判決は日赤高山病院事件第一審判決（岐阜地判昭和49年3月25日）で、病院に対して過失を認めた。その理由付けを次のようなものである。医療機関においても医師と同様に患者の生命自体に対する危険防止のため必要とされる最善の注意義務が要求されることを前提に、「医師はその業務の性質上その診療について疑義のあるときは、患者に対する治療の適正を期しうる他の病院に治療の協力を求めるべく患者を転移させる等して診療について適切な措置を講じ最悪の事態を回避するために最善の注意をなすべきである」とした。そして、光凝固法について、T病院においては最早実験段階を脱却し治療法とし

---

(46) 丸山英二「未熟児網膜症事件」（別冊ジュリスト102号医療過誤判例百選213頁）。現在では、臨床上の通例として未熟児網膜症と診断した場合にはⅠ型3期中期となったら光凝固法による治療をすべきとされており、未熟児網膜症以外の糖尿病性網膜症の治療等にも光凝固法は有効な治療法とされている。

て確実性を有するに至っていたとし、「医師としては患者に対する治療もむなしく、ただ悪化を待つしかないという状況に直面した際、その最悪の状態を回避すべき治療手段が仮にその施行が医学界の常例ではないとしても他において施行され、しかもその有効性が認められているとしたなら、当該治療手段を受けしめるべく適正な手続きをとるのが医師としての最善の注意義務と考える。当該治療手段が医学界の常例でないからといって、ただその悪化のみを黙認することは決して許されるべきではない」として、「当時、光凝固法が未だ医学界での常例ではないからその故に過失がないとの被告の主張はその理由がないといわざるをえない。前記の如く光凝固法の存在等に対しては学会での講演専門誌での発表により眼科医の殆どが医学知識として有していたであろうことは推定でき、少なくともそれが専門医として有すべき一般水準であり決して最高水準であるとはいえないと考えるが、仮にそれが高度な知識であるとしても、医師はその当時の医学的知識、医療技術を駆使して最善適正な治療を施すべきものであるから、高度な注意義務があるものであり、しかも被告病院は総合病院で且つ未熟児センターを有することからすると、その性格から当然高度な注意義務が要求されるところがある」とした[47]。

そこで、医学界で必ずしも常例となっていない新療法でも、医師に他の治療手段が存在しない場合は、医療水準に含まれるのか否かが大きな問題となった。この点について、同控訴審判決（名古屋高判昭和54年8月21日）では、昭和45年当時では光凝固法は眼科臨床医で一般的に認められた治療法ではなく、そのための転移措置や説明の法的義務は存在しなかったとして逆の立場から一審判決を破棄し、同最高裁判決（最判昭和57年3月30日）でもその結論が維持された。同趣旨の最高裁判決（最判昭和61年5月30日民集148号139頁）をあげると、「人の生命及び健康を管理すべき業務に従事する者は、その業務の性質に照らし、危険防止のため実験上必要とされる最善の注意義務を要求されるが、右注意義務の基準となるべきものは、診療当時のいわゆる臨床医学の実践における医療水準であるところ、前記確定事実によればXがS病院に入院中の昭和45年11月当時、光凝固法は当時の臨床医学の実践基準としては本症の有効な

---

[47] 「医療水準——専門医、地域差、施設差」（判タ686号）71頁以下（畔柳達雄執筆分）では、「最善の注意義務」について明らかに拡大稀釈し、高度化しているとし従来の最高裁の判例（最判昭和44年2月6日いわゆる水虫レントゲン事件（本章1(3)②参照））等の「診療当時の医学的知識に基づき」といった限定されることを明確にしていた判決に比して、岐阜地裁判決のごとき注意義務の認定は、大審院、最高裁を通じて形成・承継されてきた伝統的な考え方に明らかに反すると批判されている。

① 医療契約と医療従事者の法的責任

治療方法として確立されていなかったのであり、また、ほかに本症につき有効な治療方法はなかったというのであるから、A医師には、必要な認識のなかったことは当然であり、Xの両親の要求を受けたB医師からの眼底検査の依頼があった場合であっても、眼底検査を行った結果を告知説明すべき法的義務まではなかったというべきである。そうとすればS病院においてXの眼底検査をしたA医師の医師としての対応の当否は別として、同医師に前記のような法的義務を負わせることはできないというべきである」としている。

そして最高裁は昭和47年1月出生児の未熟児網膜症による失明に対して、「昭和47年当時、未熟児網膜症に対する治療法として光凝固法を実施することがいまだ臨床医学の実践における医療水準にまで達していたものとはいえないとした原審[48]の認定判断は、原判決挙示の証拠関係に照らし、正当として是認することができ、その過程に所論の違法はない。論旨は、採用することができない。」として、原審を支持し、上告を棄却した（最判昭和63年1月19日、判タ661号141頁、判時1265号75頁）。この判決において最高裁は、「50年線引論」から抜け出すことはなかった。

しかし、本判決において伊藤正己裁判官から以下のような医療水準に対する補足意見が呈された。

「医療水準は、医師の注意義務の基準となるべきものであるから、平均的医師が現に行なっている医療慣行とでもいうべきものとは異なるものであり、専門家としての相応の能力を備えた医師が研鑽義務を尽くし、転移勧告義務をも前提とした場合に達せられるあるべき水準として考えられなければならない。そして、このような医療水準は、特定の疾病に対する診療にあたった医師の注意義務の基準とされるものであるから、当該医師のおかれた諸条件、例えば、当該医師の専門分野、当該医師の診療活動の場が大学病院等の研究・診療機関であるのか、それとも総合病院、一般診療機関などのうちのいずれであるのかという診療機関の性格、当該診療機関の存在する地域における医療に関する地域的特性等を考慮して判断されるべきものである」としている。また、医療水

---

[48] 福岡高判昭和57年6月21日（判タ479号172頁）、本判決においては、昭和47年当時光凝固・冷凍凝固治療は「臨床専門医のレベルで治療法としてほぼ定着していたものということは到底できず、昭和50年に至り、厚生労働省研究班報告『未熟児網膜症の診断および治療基準に関する研究』が発表され、本症の診断、治療に関し、一応の基準が提示されることによって、ようやく、臨床専門医の療法として定義し始めたものと認められる。」としている。また、この厚生労働省の研究班の報告によって、全国一律に治療技術が確立したと解する同旨の判決が相次ぐようになった。

準にはさまざまな段階があり、「全国一律に絶対的な基準として考えるべきものではなく、前記の諸条件に応じた基準として考えるものである。」とした。

　この伊藤正己裁判官の補足意見は、以後の判決等にも踏襲され(49)、現在の医療水準をとらえる指針となってきており、「相対説」とも呼ばれる。この新たな医療水準論を最高裁が取り上げ、事実上これまでの医療水準論から方向転換したといわれるのが、未熟児網膜症に関する最判平成7年6月9日（民集49巻6号1499頁）である。この判決においては、「ある新規の治療法の存在を前提にして検挙・診断・治療等に当たることが診療契約に基づき医療機関に要求される医療水準であるかどうかを決するについては、当該医療機関の性格、所在地域の医療環境の特性等の諸般の事情を考慮すべきであり、右の事情を捨象して、すべての医療機関について診療契約に基づき要求される医療水準を一律に解するのは相当でない。そして、新規の治療法に関する知見が当該医療機関と類似の特性を備えた医療機関に相当程度普及しており、当該医療機関において右知見を有することを期待することが相当と認められる場合には、特段の事情が存しない限り、右知見は右医療機関にとっての医療水準であるというべきである。」と判示し、医療水準の確立が全国一律ではなく、各医療機関のおかれた諸条件になることを明示したことになる。

　たしかに難しい問題ではあるが、やはり「臨床医学の実践における医療水準」を医師の医療行為の基準とすべきである。そうでなければ、もし誤った治療法を医療水準として取り込む場合、法的処理を誤らせることになる(50)。しかし、医学は決して万能ではなく試行錯誤の積み重ねであり、未熟児網膜症訴訟事件などはその典型といえる。そうなれば医療水準なるものを法的処理の要因として扱うならば、裁判所の冷静・慎重な判断による判例の積み重ねによることが法学のみならず医療の場からも希求されるものと考える(51)。

　また、医療水準論を巡る煩雑さは、医療過誤訴訟での患者側立証の不利な点として、結果的には作用していたことは否めない。しかし平成7年以降の最判(52)は、医療水準を全国一律としない「相対説」を採ることが多くなってき

---

(49) 甲府地判平成元年5月10日（判タ696号248頁）、東京地判平成元年7月21日（判時1334号21頁）、広島地判平成4年10月12日（判タ798号97頁）等。
　　前田和彦「三宅島緑内障誤診事件」（別冊ジュリスト140号医療過誤判例百選〔第二版〕30-31頁参照。
(50) 米田泰邦・医療行為と刑法（1985年）113頁。
(51) 「未熟児医療過誤訴訟の動向」（判タ415号）37頁（小堺堅吾執筆分）。なお、本論文は、昭和55年当時までの未熟児網膜症訴訟の動向について詳細である。
(52) 最判平成7年6月9日民集49巻6号57頁、最判平成8年1月23日民集50巻1号

ている。これは、その後の下級審の判決にも影響し患者側に有利な材料となった。そして医療レベルの底上げを伴うことも一つの光明となったが、「相対説」は同時に医療体制が整わない等の事情が認められれば、それを当該医療機関の医療水準として判断される等、かえって医療レベルを下げてしまう点も指摘される[53]。

いずれにせよ近年の判例[54]は医療水準絶対論など医療側の視点として語られてきた医療水準論を**医療水準相対論**へと患者の視点を含んだものとして進展してきていることは理解される。特に平成8年の最高裁判決（第11章1(3)参照）では、①医療水準を「医療現場の慣行」ではなく、規範として位置づけたこと。②麻酔薬の注意書きを遵守するのは医療として当然義務として、一般社会の常識を取り入れる方向性を示した、2点が特徴的から重要な判決内容となった[55]。医療が「患者中心の医療」に向くべきである以上、今後の医療水準論と判例のあり方がますます問われることになった。

だが、さらに近時の判例では医療水準論を用いずに過失判断を行う判決が多数出ており、これは医療水準による過失判断は未熟児網膜症のような定型的場面には有用だが、臨床経過等の個別性の大きい場面では他の事例を想定しにくく、「医療水準」という形での一般的基準設定が無意味なことが理由であるとしている（注(44)米村・前掲100頁）。

(5) 患者側の義務

a.　**診療報酬支払義務**：医療契約により患者には、診療報酬支払義務が生じることになる。医療契約の種類や態様は、医療事故に基づく責任の追及というより、診療報酬請求権の法的根拠という面において意味を持つとされる。しかし、現在の診療報酬に関する諸問題の多くは、社会保険法の規定により処理されている[56]。診療報酬には、診察料・処置料・手術料はもちろん薬品・入院に関する費用などおよそ診療に必要な全ての費用が含まれるものである。この場合の支払義務者は、保険診療であるならば保険者であるが、医師が治療上の必要などから保険診療の枠を超えた診療・治療を行った場合、その費用を医療契約に基づいて患者側に請求できるもの

1頁。
(53)　日本医事法学会編・年報医事法学16（2001年）92頁（山口斉昭執筆分）。
(54)　東京地判平成11年5月31日（判タ1009号223頁）等。
(55)　日本医事法学会・前掲94-96頁（山口斉昭執筆分）。
(56)　野田・前掲404頁。

第10章　医療契約と医療従事者の責任

であるのかが今後の問題となろうことは前述した。

b．**診療協力義務**：医療における疾病等の治癒は、医療側だけの責任ではなく、患者側の診療・治療に対する協力が不可欠なものである。たとえば、疾病の治癒は唯一に医師ないし医学の功績によるものではなく、「治癒しえる素因」が患者側にも存在することを医学自身が率直に認め、また反対に患者側にその基盤のない場合にはいかなる医療も究極において功を奏しえないものとされる[57]。したがって、医療が疾病を治癒に至らしめるのは「医師と患者との共同責分」といえよう[58]。

このように医療は、医師と患者の協力関係を必要とすることから、患者に対しても診療協力義務が認められる。そこで患者が決められた診療時期に受診しなかった場合には、債権者遅滞（受領遅滞）の効果が生じることになる。たとえば、医療契約による診療債務では、患者が身体を医師に委ね、かつ入院中医師の指示にしたがって行動することが債権者（患者）の協力内容である[59]。この場合、債権者の受領義務を認めるものとはせず、医師の不履行責任の免除[民法第492条]、債務者（医師）の注意義務の軽減等は認められているが、債権者の受領義務を認めない見解においては否定されている。なお、医師の責任によらない患者の受診中止とくに受診拒否は、債務者の責に帰すべからざる事由による履行不能として医療契約は消滅すると考えられる[60]。

医療上、特に問診に対する協力義務は適正かつ安全な治療を確保する前提として重要とされるが、その違反に対する効果の法的意味は慎重を期すところである。

(6)　**医療契約の終了**

医療契約が準委任契約と解するならば、委任契約に準じて、告知（解除）は当事者の都合でいつでも為し得ることになっているが、これは委任が対人的な信頼関係に基づくことに由来するからである[61]。また、やむを得ない事由がなければ、相手方の不利な時期に委任を解除したときには損害賠償をしなければならないとされる［民法第651条］。しかし、医師は診療義務（応招義務）があることから患者に対する契約解除は、正当な事由がない限り制限を受けるもの

---

(57)　松倉・前掲13頁。
(58)　日本医事法学会編・前掲33頁（松倉豊治執筆分）。
(59)　奥田昌道・債権総論［増補版］（1992年）218頁。
(60)　野田・前掲407-408頁。
(61)　石川利夫＝尾中普子・債権法講義（1983年）160頁。

② 医療とインフォームド・コンセント

である。

医療契約の終了において、医療契約が医師の事情で終了する場合は、開業医では医師の死亡、禁治産、禁治産などの医師の資格の喪失であるが、病院等の勤務医の場合は、病院の開者との医療契約と解せるので、担当の医師の死亡をもって、すぐさま医療契約終了とはならない。また、破産も終了原因にはならない。患者の禁治産、準治産、破産も終了原因にはならず、患者の事情では、疾病の治癒、転移、死亡によって終了することになる。これらの点において医療契約は、準委任契約と異なる性質をもつと指摘される[62]ところである。

② 医療とインフォームド・コンセント

Keyword

患者の自己決定権、インフォームド・コンセント、アカウンタビリティ、説明義務、合理的医師説、合理的患者説、具体的患者説、段階的説明義務、義務的自己決定権論、許容的自己決定権論、承諾方法、承諾能力、代諾、ニュールンベルク綱領、ジュネーブ宣言、ヘルシンキ宣言、リスボン宣言、インフォームド・アセント

(1) はじめに

現代医療は、患者の人権保護を認識することによって、新たな展開を見せるようになった。特に近時の診断過程における医師と患者の関係は、医師の説明義務と患者の承諾という問題を生じさせたものである。

これは医師と患者の理想的な関係が信頼にあることによる。また、医療行為の適法性も医療水準に基づいた治療を目的とし、患者の同意に基づいたことにより許されることを原則とすることからも当然といえる。このためには、医師・患者間に対話が必要であり、その対話の中に説明・承諾という要素が多分に含まれてくることも自明とされる[63]。そこで近年クローズ・アップされているのが、患者が医療行為を受けるか否かを自ら決定する権利である「**患者の自己決定権**」や、その前提とされる「**インフォームド・コンセント**」に対する考え方である。これについては後述する。また近年では、医療の質の向上として、患者を含めた**アカウンタビリティ**（証明責任）が必要であるとの考

---

(62) 中川善之助＝兼子一監修・前掲 31 頁（定塚孝司執筆分）。
(63) 浅井登美彦「過失認定の一環としての説明と承諾について――判例と医療側の疑問――」（ジュリスト 745 号）39 頁。

第10章 医療契約と医療従事者の責任

えができている。

　また現在、医師が患者に対する医的侵襲行為を行う場合には、事前に十分な説明をし、その承諾を得なければならないことは、わが国における判例[64]・学説[65]の確立を見るものといえよう。この場合の医師の説明は、患者の自己決定のために必要不可欠のものであり、患者の承諾を有効にならしめ、かつ、その承諾によって正当化される治療行為の範囲、程度を確定する機能を営むとされる[66]。

　しかし、このような医師の**説明義務**と患者の承諾を認めるためには、次のような批判もなされている[67]。

　a．患者はその最終決定権（自己決定権）を行使するための情報、とりわけ、自らが受ける治療行為に伴う危険のような不快ないし不安は情報を与えられることを望んでいない。

　b．たとえ医師が医学情報を提供したとしても、患者はその情報を理解する能力を持たない。

　c．患者に詳細な説明をすればするほど患者は理解できなくなる（bにも関連）。

　d．患者に治療行為に伴う危険等を説明しても、それが患者にとって不愉快なものであるため、患者はそれを理解しようとしない（b、cにも関連）。

　e．患者の自己決定権を承認したとしても、患者は医師の指示に盲目的に従うのが現実であり、無意味であること。

　f．患者に治療行為に伴う危険等、患者にとって不利な情報を与えると、そのことによって患者は自己に必要な治療行為を拒絶することになり、患者にとって不都合な結果が生ずるということ。

　g．患者に治療行為に伴う危険等について説明すると、患者に心理的な不安

---

(64)　東京地判昭和46年5月19日（下民集22巻5・6号626頁）、秋田地大曲支判昭和48年3月27日（判時718号98頁、判タ第297号275頁）、最判昭和56年6月19日（判時1011号54頁、判タ447号78頁）、名古屋地判平成元年5月29日（判タ699号279頁）。

(65)　唄孝一・医事法学への歩み（1970年）3頁以下、新美育文「医師の説明義務と患者の同意」（ジュリスト増刊民法の争点Ⅱ）230頁以下、金川琢雄・診療における説明と承諾の法理と実情（1988年）等、多数の学説・研究が積み上げられてきている。

(66)　日本医事法学会編・医事法学叢書3医事紛争・医療過誤（1986年）226頁（金川琢雄執筆文）。

(67)　加藤一郎＝森島昭夫・医療と人権（1984年）90頁以下（新美教授は説明義務と承諾について批判的ではないが、分類を詳細になされていることから参照した）。

② 医療とインフォームド・コンセント

を与え、治療効果が減殺される状況が生じ、時には、心理的な混乱さえ招き、自殺といった不幸すら招きかねないこと（換言すれば、説明自体が有害であり、患者にとって好ましくないものとする）。
  h．a～gのような様々な事情を克服して、患者に理解しうるように、かつ、患者が自発的な意思決定ができるように、情報を提供し、その反応に対応するためには、時間がかかりすぎる。
  i．医療保険が医師による説明という行為に対する正当な診療報酬を認めていない現状では、hで見たような時間のかかる説明を医師に要求することは無理を強いることになりはしないか。

特にiについては、この医師の説明義務が保険診療と自由診療との差異を考慮すべき性質を持つものかなどの疑問が生じる。しかし、現在の考え方から行けば、どちらの診療の形をとったとしても説明義務の免除または軽減が生じるものとはいえないであろう。

以上のような批判はあったが、学説・判例の積み重ねや国民全体としての権利意識の向上から、医師の説明義務の存在とそれに基づく患者の承諾を医療行為の適法性の一つと認めることがほぼ定着してきた。そして、近年は説明義務と承諾の問題が、その内容や基準をどのように捉えるかという方向へ移行しつつある。

(2) 医師の説明義務とインフォームド・コンセント

① 説明義務の内容

医師の説明義務の内容は、患者の容体、受けるべき侵襲の程度、副作用の大きさまたは患者の理解能力等、種々の条件により決定されるものである。そして、当然患者の同意（治療に関する自己決定権の行使の意を含む）に対応できるものでなければならないと解される。

学説においては、［a．患者の承諾の有効要件としての説明義務、b．結果の実現または悪結果回避義務としての説明義務[68]］などに分けられてきた。また、金川教授は、従来の判例の分析から［a．患者の有効な承諾を得るための説明、b．療養の方法の指示指導としての説明（治療行為の内容としての説明）、c．転医勧告としての説明］と分類している[69]。

---

(68) 稲垣・前掲・医療過誤訴訟の理論 51-52 頁、野田寛・医事法（中巻）（1987 年）440-441 頁。
(69) 日本医事法学会編・前掲 225-226 頁（金川琢雄執筆分）、金川・前掲・診療における説明の承諾 4 頁。

そして金川教授は具体的な事項として［a．病気の程度、b．治癒の見込み、c．治療行為による侵襲の程度、d．侵襲の緊急性、e．侵襲の目的、f．副作用、g．代替方法の有無、h．転医の必要性］等をあげられ[70]、主観的要素としては唄教授が［a．患者の人格、b．年令、c．教養の程度、d．心身の状態、e．医師と患者の信頼関係、f．患者の一身上の都合、g．患者の職業上の事情］等をあげている[71]。

また行政の指針「診療情報の提供等に関する指針の策定について」（平成15年9月12日医政発第0912001号）においては、「a．現在の症状及び診断病名、b．予後、c．処置及び治療の方針、d．処方する薬剤について、薬剤名、服用方法、効能及び特に注意を要する副作用、e．代替的治療法がある場合には、その内容及び利害得失（患者が負担すべき費用が大きく異なる場合には、それぞれの場合の費用を含む。）、f．手術や侵襲的な検査を行う場合には、その概要（執刀者及び助手の氏名を含む。）、危険性、実施しない場合の危険性及び合併症の有無、g．治療目的以外に、臨床試験や研究などの他の目的も有する場合には、その旨及び目的の内容」と分類し、併せて「ア．医療従事者は、患者が「知らないでいたい希望」を表明した場合には、これを尊重しなければならない、イ．患者が未成年者等で判断能力がない場合には、診療中の診療情報の提供は親権者等に対してなされなければならない。」ことも挙げられている。

説明義務は、このように多くの内容を持つが、その中でも特に問題となるのが医療侵襲の程度や緊急性とそれに伴う危険である。たとえ治療により治癒が為されるとしてもその侵襲が危険を伴うなら、治療を受けるかどうかは患者の自己決定によるものでなければならないからである。このような危険性の説明は、結局、侵襲によって通常一般的に生ずる身体の変形の内容・範囲・副作用、術後の身体的・精神的影響、ときには死の蓋然性さえも説明されなければならない。要するに、具体的状況下で、説明を受ければ同意しなかったであろうといえる場合には説明義務があるとされる[72]。

② 説明義務の基準　医師の説明の基準は、医学・医療の水準、つまりは医師によるその存在と認識（診療と療法）に関連し[73]、一般的には、病状に対する侵襲の危険性の度合いとの関係で規定されざるを得

---

(70) 唄・前掲37頁、日本医事法学会編・前掲227頁（金川琢雄執筆分）、大谷實・医療行為と法［新版］（1990年）104-105頁。
(71) 唄・前掲37-38頁。
(72) 大谷・前掲106頁。
(73) 稲垣喬・医療過誤訴訟の理論（1985年）60頁。

② 医療とインフォームド・コンセント

ないものとされる[74]。

この点についての学説は以下のように示される[75]。

a．**合理的医師説**：合理的な医師の判断のもとであれば、患者に対して説明するであろう範囲を説明の対象とする説。

b．**合理的患者説**：合理的患者であれば、通常重要視するであろう情報を説明の対象とする説。

c．**具体的患者説**：具体的に個々の患者がいかなる情報を重要視するのかを医師が予見可能な場合に当該情報を説明する説。

以上の説については、患者の自己決定権のための判断資料の提供の意を貫くならば、cの具体的患者説を妥当とすべきとの見解がある[76]。しかし、この見解に対しては、患者の要求と医療現場の実際とのバランス考えれば、現場の停滞の発生は避けられないとして、否定的な見解がでることも当然予想される[77]。たとえば、緊急に輸血しなければ生命の保障ができないような状況下においては、宗教上理由等により、患者または家族の同意がなかなか得られないような場合、生命尊重の立場から当該所属長の判断で輸血を行なうとしている医療機関もある[78]。また、判例も「いかなる医療措置をとるかを一般に患者の「自己決定」ないし選択に委ねるべきことを前提として、そのために医師が患者に対する説明義務を負うということは考えられない」と判示している[79]。

しかしながら、これをもってすぐさまc説の妥当性を否定できない。個々の患者が医師から治療によりどの程度治癒できるのかという情報（プラス要因）とそれに伴う危険性（マイナス要因）の両方の説明を十分に受けて（インフォームド・コンセント）、治療を受けるかどうか決定すること（患者の自己決定権）は、現在の医療現場においても認識されるべき考えである。もちろん、すべてが患者主導型であることは医療現場の停滞を起こすことも理解しなければならないだろう。

したがって、医師の説明義務は一次的にはaの合理的医師説に従い、二次的

---

[74] 稲垣喬・医療訴訟と医師の責任（1981年）39頁。
[75] 加藤＝森島編・前掲112-114頁（新美育文執筆分）、野田・前掲441頁、中川淳＝大野真義編・医療関係者法学（1989年）72頁（手嶋豊執筆分）、日本医事法学会編・前掲227頁（金川琢雄執筆分）。
[76] 日本医事法学会編・前掲228頁（金川琢雄執筆分）、野田・前掲441頁、大野真義編・現代医療と医事法制（1995年）66頁（門田成人執筆分）。
[77] 中川＝大野編・前掲73頁（手嶋豊執筆分）。
[78] 森岡恭彦・インフォームド・コンセント（1994年）84-85頁。
[79] 東京高判昭和60年4月22日（判時1159号86頁、判タ556号221頁）。

第 10 章　医療契約と医療従事者の責任

には個々の患者の自己決定の判断材料として、その要求に応じた説明（c 説）が必要と考える（以下、段階的説明義務とする）。これは、一次的説明段階での違反はすでに説明義務違反を構成し、二次的説明段階としては、説明義務が免除または軽減されるであろう事由を除いて患者の自己決定の判断材料に必要な情報（特に治療法が確立していない場合、副作用、死の蓋然性等のマイナス要因）を説明する義務の違反を説明義務違反とする**段階的説明義務**と解するものである。

　以上のように私見もまじえて説明義務の基準を考えてきたが、いずれも通説とまではなっておらず、今後の学説・判例の積み重ねが必要である。しかし、他国の医療現場の流れといえるインフォームド・コンセントとそれに基づく患者の自己決定権を認める考えは、わが国でも高まりを見せている。おそらくはその考えにあう形（日本の医療現場にあう形が望ましい）で説明義務の確立へと向かわなければならない。平成 9 年の医療法の一部改正により、医療従事者のインフォームド・コンセントが努力規定になったことからも適切な説明義務の確立が望まれる。

　なお、現場での意識の定着には疑義もあるが、判例上は確立してきているといえる。特に平成 12 年の「エホバの証人信者輸血拒否訴訟事件」（最判平成 12 年 2 月 29 日判タ 1031 号 158 頁等）では、成人の患者が宗教上の理由で明確に輸血拒否をしていた場合、無断輸血は人格権の侵害にあたり、医師に不法行為責任が生まれることを認めたことで注目される。本判決は医師の救命義務との衝突であっても患者の意思（原審では自己決定という文言を使った）を尊重するとし、インフォームド・コンセントの法理をこれまで以上に進めた判決といえる。ただし、本人の直接の意思表示であったことを注目しなければならないだろう。乳幼児の親権者による代諾や本人の意思表示が確認できない場合等は、社会通念上やはり救命処置が認められると考えるべきである[80]。

　③　説明義務が免除または軽減される場合

　医師の説明義務がすべての場合に課されることは医師や医療現場に不可能や必要以上の混乱を招いたり、かえって患者の不利益になることがある。そこで近時の学説では、次のような場合に、説明義務の免除や軽減がなされることがあるとされる[81]。

---

(80)　日本医事法学会編・年報医事学 16（2001 年）295 頁（山田卓生執筆分）。他に潮見佳男「「エホバの証人」信者輸血拒否訴訟事件」（ジュリスト 1202 号）66 頁以下も参照。

(81)　日本医事法学会編・前掲 228 頁（金川琢雄執筆分）、中川＝大野編・前掲 74-75 頁（手嶋豊執筆分）。

② 医療とインフォームド・コンセント

a．侵襲の程度が小さく、危険発生の可能性が小さい場合。
b．説明の内容が一般に知られているような常識に入る場合。
c．患者が説明を受けることを拒否している場合。
d．説明することによって、かえって患者の健康に悪影響をおよぼす危険がある場合。
e．緊急状態の場合。
f．法に特別の規定（強制治療が法によって認められているときなど）がある場合。

(3) 患者の承諾（患者の自己決定権）

① インフォームド・コンセントと患者の自己決定権

医師の説明義務と患者の承諾について、「インフォームド・コンセント」と「患者の自己決定権」が近年とみに聞かれるようになったのは、英米法を中心とした人権思想とその法的処理の積み重ねによるものである。以下に簡単ではあるが、医の倫理やインフォームド・コンセントに関連する患者の権利に関する宣言について述べる。

a．**ニュールンベルク綱領**（1947年）：医学的研究のための被験者の意思と自由を保護するガイドラインで、試験・研究に当たっては被験者の自発的な同意が必要であること等が定められている。

b．**ジュネーブ宣言**（1948年）：医の倫理に関する規定であり、人道的立場に立って医療を行う、人命を最大限に尊重する等が定められている。

c．**ヘルシンキ宣言**（1964年）：人体実験に対する倫理規範であり、「ヒトを対象とする医学研究の倫理的原則」である。主たる基本原則は次の通り。
　ア　患者・被験者の福利の尊重
　イ　本人の自発的・自由意思による参加であること
　ウ　インフォームド・コンセント実施の必要
　エ　倫理委員会が存在していること
　オ　常識的な内容の医学研究であること

d．**リスボン宣言**（1981年）：医療従事者が知っておくべき患者の権利として、選択の自由や自己決定等が挙げられている。

米国においては1970年代初頭に「患者の権利章典」として採択され始め、1981年リスボンでの世界医師会総会における「患者の権利に関するリスボン

宣言」により、日常における国際的基準として確認されたとされる[82]。そして人権概念の先進国の米国では、1990年に「患者の自己決定権法（Patient Self-Determinatio Act）」が成立した。

このような流れによって、英米法では患者に対してその承諾なくして治療を為すことは原則として許されないとする「インフォームド・コンセント」の法理が確立し、患者の承諾を得ない治療は、民事上の責任のみならず、刑事上の責任も発生せしめるようになってきている[83]。

つまり、インフォームド・コンセントとは、医師（診療内容によってはコ・メディカルを含めた医療従事者との読み替えも必要）が患者に対し、治療に関する情報をプラスの要因もマイナスの要因もあわせて十分に提供し、患者が自己の身体に関するコントロールを自己決定できるように説明する義務（法的義務ではなく、医療従事者のもつ職能的義務と考える）である。この提供すべき情報にはアメリカで以下のようなものがあるとされる[84]。

a．医師がすすめたい治療または処置に関する概要の説明。
b．医師がすすめたい治療や処置の便益の説明、特に死亡や重大な身体傷害のリスクについての説明。
c．すすめたい治療や処置以外にどのような別の治療法や処置が選択できるのかと、それについてのリスクの説明。
d．治療を受けない場合に予想される結果。
e．成功する確率と何をもって成功とするかの説明。
f．回復時に予想される主な問題点と、患者が日常生活に戻れるまでの期間の説明。
g．信頼にたる医師たちが、同様の状況で通常提供しているa～f以外の情報。

これは、わが国の学説による説明義務の内容と重なるところも多い。しかしながら、わが国の医療の中ではなかなか実施しにくいとされる。理由としては「a．医師がよく説明しない（したがらない）、b．医師が（患者に理解できるような）説明する能力を持たない、c．患者が説明を求めない（求めたがらない）、

---

[82]　日本医事法学会編・年報医事法学7（1992年）72頁（池永満執筆分）。
[83]　山田卓生・私事と自己決定（1987年）267頁、植木哲＝丸山英二編・医事法の現代的諸相（1992年）347頁（高井裕之執筆分）。
[84]　ジョージ・J・アナス（上原鳴雄・赤津晴子訳）・患者の権利（1992年）35-36頁。

② 医療とインフォームド・コンセント

d．すべてを説明できない（ガンの告知など）］などがあげられている[85]。

特にｂに関しては、医師が医師免許の取得に際して事由の説明能力を問われているわけではなく、医療水準のように医師であればある一定以上の説明能力を要するというものでもない。また、保険医療の場合などに点数に入らないインフォームド・コンセントを一定水準の義務として医師に求めるのは権利義務関係の成立として難しいものである。なお、患者への説明（インフォームド・コンセント）を保険医療の点数制度に組み入れることが検討されていることが注目される。

しかし、わが国自体の現状でいかにあれ[86]、医療行為の適法性は医療水準に基づくものであることは異論がない。したがって、患者の人権（自己決定権）を保護するためにインフォームド・コンセントの法理が必要不可欠なものとして認識され、実行されなければならない（医療法の一部改正により努力規定となったことはすでに述べた）。そのためには、医師側だけに義務を押しつけるのではなく、患者側の協力も必要である。また、医師の説明の理解や患者側の要求などの仲立ちとして、看護師を中心としたコ・メディカルの協力や役割も大切である[87]。これによっても、患者の自己決定権は確保されるものと考える[88]。

ところで、アメリカにおいては、インフォームド・コンセントからの患者の自己決定権について、二つの対立した考え方が問題となったことがあり、以下に示す[89]。

一つは患者の自己決定権が強まることに際限はなく、しかもまだまだ不十分とする立場である。この立場は、患者が自己決定を放棄することを極力妨げ、義務的なほど強く自己決定権の行使を正しいとし、「**義務的自己決定権論**」といわれる。

---

(85) 日本医事法学会編・前掲年報医事法学7・20頁（杉田聡、山門實執筆分）。
(86) 山田・前掲278頁以下に輸血拒否事件等、わが国の問題が論じられ、流れについては日本医事法学会編・年報医事法学8（1993年）60頁（平林勝政執筆分）を参照されたい。また、水野肇・インフォームド・コンセント（1990年）35頁以下は、日本の医師の認識等について述べられている。
(87) 日本医事法学会編・前掲年報医事法学7・104頁（石井トク執筆分）、日本医事法学会編・年報医事法学9（1994年）30頁以下（引田邦子執筆分）等。
(88) わが国の自己決定権は、私法上として山田・前掲、刑事上として町野朔・患者の自己決定権と法（1986年）等が労作である。
(89) カール・シュナイダー（樋口範雄訳）「アメリカ医事法における患者の自己決定権」（ジュリスト1064号）86-93頁参照。

もう一つは、患者が自己決定権を行使する妨げになる障害を可能な限り取り除き、本人が望めば障害を取り除く助けを与える「**許容的自己決定権論**」と呼ばれる立場である。この立場では、患者に自己決定を強制することはせず、自己決定の拒否自体も患者の権利とする。

　この二つの立場の対立は、今まで患者の自己決定権が強すぎることはなく、さらなる前進のみを捉えていたインフォームド・コンセントからの自己決定権の論調に波紋を投げかけるには十分なこととなった。アメリカのある研究者の調査でも、すべて自分で決定したいとした患者は３％、医師と平等に決定に参加したいとした患者は19％、医師に決定してもらいたいが47％、そして残りが患者の意見を十分に考慮した上で医師に決定してもらいたいと答えたという。つまり、者の自己決定権が強力に叫ばれているはずのアメリカであっても患者自体の意識は、自己の情報を得ることは望んでも治療に対する義務的なまでの自己決定は望んでいないことがうかがえる[90]。

　もちろん、わが国のインフォームド・コンセントや自己決定権は、「義務的自己決定権」どころか「許容的自己決定権」すら発展途上ではある（図１参照）。しかし、近い将来わが国においても、このような対立が起こることが予想される。私見では、患者に全ての責任を押しつけるような「義務的自己決定権論」よりも医療者側と患者の信頼関係の中で「許容的自己決定権」への道をとることがのぞましいと考える。

　なお、わが国における自己決定権は、憲法が例示する諸自由の前提ないし上位概念と考えるのがよいとの見解があり、支持するものである[91]。

図１　インフォームド・コンセントのあり方に関する検討会の報告

1995年６月厚生省「インフォームド・コンセントのあり方に関する検討会の報告」
　（1993年７月「医療法改正案付則第２条」による）
①　診断結果に基づく患者の現在の病状を正しく患者側に伝える。
②　治療に必要とする検査の目的と内容を患者の理解できる言葉によって伝える。
③　治療の危険性の説明をする。
④　成功率についての説明をする。
⑤　その治療以外に有効な治療があれば説明する。
⑥　あらゆる治療を拒否した場合にどうなるかを伝える。
　＊どの事項についても患者に伝わったかどうかを確認しなければなりません。

---

(90)　手嶋豊・医事法学入門［第４版］（2015年）227-229頁にアメリカにおけるインフォームド・コンセントの議論状況が述べられている。
(91)　山田・前掲343頁。

② 医療とインフォームド・コンセント

② 承諾能力と代諾

患者の **承諾方法** は、明示・黙示を問わず、書面による必要もない。また、書面により治療効果に対する請求権放棄の承諾を行なっても、そのような承諾は法律上、公序良俗により無効になることが妥当であろう。

さて、患者の承諾において問題となるのは、患者が緊急状態や **承諾能力** がなく（未成年の特に乳幼児、精神病者等）、本人の承諾が得られない場合である。このような場合には、医師は近親者などに患者の代わりに医療行為の説明をし、その承諾（**代諾**）を得なければならない。患者に親権者・後見人などの法定代理人がいる場合には、その者が代諾権者となる。しかし、患者が未成年であっても十分な判断能力を有する場合は、本人に対する説明義務とその者の同意権（承諾）が認められるので代諾は不要となる見解がある[92]。この場合の判断能力は、財産処分とは異なる次元であるから民法上の行為能力と同様に解せない。少なくとも、自己の身体への医療侵襲の程度が大体にでも認識できることを要求することから、不法行為における責任能力（12歳前後と解する）を参考とするべきとされる[93]。

代諾は自己決定権と密接に関係するが、あくまでも患者の利益を図ることを目的とするものであり、自己決定権の本質とは異なるものである。ここに代諾の限界がある。

③ インフォームド・アセント

近年、子どもを対象[94]とした **インフォームド・アセント** という概念が小児科領域や移植医療の現場を中心に浸透してきている。これは、これから行う医療行為

---

[92] 加藤＝森島編・前掲144頁（新美育文執筆分）。
[93] 中川＝大野編・前掲77頁（手嶋豊執筆分）。
[94] 事理弁識能力には、年齢を明記したものはないが、民法712条では未成年者の責任の免責について「自己の行為の責任を弁識するに足りる知能」が必要と表記し、判例では小学校卒業程度の子どもに事理弁識能力なしと判断しており、年齢にすると12歳程度である。自己の行為の結果を理解できる程度の判断能力（精神能力）を意思能力といい、一般には、7歳〜10歳程度で有するとされる。同じく民法961条では、意思能力があれば、遺言をできる能力を15歳以上とする。また、日本小児血液学会の倫理指針では、1歳未満の子どもからは骨髄および末梢血の採取はせず、10歳以上の同胞においてのみ骨髄および末梢血のいずれも選択ができるとしている。このようなことから、わが国におけるインフォームド・アセントの対象をおおよそ10歳〜15歳程度ではないかと推察する。
　ちなみに米国小児科学会は、インフォームド・コンセントの対象を、15歳以上、インフォームド・アセントの対象を、7歳〜14歳としている（Committee on Bioethics, American Academy of Pediatrics:Informed consent, parental permission, and assent in Peditric practice. Pediatrics, 95 1995.）。

に対して、医療従事者が子どもに理解出来るように、分かりやすく説明し、その内容に対して子どもの納得を得るということである。日本看護協会が公表している「小児看護領域の看護業務基準」(1999)においても、小児看護領域で特に留意すべき子どもの権利と必要な看護行為として、「説明と同意」、「意思の伝達」などの項目が明示されている。アメリカ小児科学会によると、インフォームド・アセントの実践に必要な要素は以下の4点とされる（日本看護協会HP「インフォームド・アセントとは」より）。

1. 子どもたちが自分の症状について発達段階に適した理解が得られるよう支援する
2. なされる検査や処置の内容とその結果について子どもに説明する
3. 子どもの状況理解や反応に影響を与える要素について臨床的に査定する
4. 提案されたケアについて自発的に子どもが納得しているか否かを表現できるよう工夫する

第11章　医療過誤とリスクマネジメント

 医療過誤と民事責任

Keyword

医療過誤、医療事故、民事責任、刑事責任、不法行為、特殊な不法行為、一般的不法行為、責任能力、手段債務、債務不履行、履行遅滞、履行不能、不完全履行、立証責任、時効期間、因果関係、ルンバール事件、過失、抽象的過失、具体的過失、医療現場の慣行、医療補助者（被用者）、履行補助者、共同不法行為責任、履行代用者、看護水準

　診療過程において、患者その他に傷害または致死等の結果を生じさせることを総称して **医療過誤** という。この医療過誤という言葉は諸説あるが[1]、唄教授は、「**医療事故** とは「本来の医療行為が開始されてから終了するまでのプロセスにおいて、予想外のことがおこった場合」を広く指し、それらのうち、「医療上の過誤でおこったもの」（医療側の責任が問われるもの）だけが医療過誤であるから、すべての医療過誤は医療事故であるが、すべての医療事故が医療過誤であるわけではない。すなわち、医療過誤は医療事故に包摂され、その一部である」とされている[2]。

　この医療過誤が現在のようにとりざたされるようになった背景には、医師と患者の関係の変化が一つの大きな要因とおもわれる。昭和30年代の前半までは、医師における治療は一般的に重度な外傷や病症等の場合に行われ、また、医師の診療は崇高なものとされていた。したがって、医師の過誤を問題とするようなことはよほどのことであったといえる。しかし、この関係は昭和30年

---

(1)　石橋信・医療過誤の裁判（1977年）3頁では、"過誤"は"事故"よりはその責任が重大だとの社会感覚が形成されているから、医師側はこれを避けたいと考えるとされている。
　　上山滋太郎＝富田功一・標準法医学・医事法制（1984年）272頁（富田功一執筆分）では、医療事故のうち医療関係者の過失が原因となっている（あるいはそう思われる）事故が"医療過誤"であるとされている。
　　米田泰邦・医療紛争と医療裁判（1986年）33頁以下では、事故も過誤もなくても医療上のトラブルはおこるのだから医療紛争とすべきとされている。
(2)　唄孝一＝有泉亨編・現代損害賠償法講座4 医療事故・製造物責任（1974年）3頁。

第 11 章　医療過誤とリスクマネジメント

代の後半に崩れてきたものである。近年の医療過誤の増加と原因については[a．昭和34年の国民皆保険制度の導入により、患者が医師の治療を受けられる機会が増大した。これにより患者数が増え、必然的に医療過誤の発生件数も増加したこと、b．医学の発展と医学技術の進歩により、危険性の高い高度な医療行為の増加や新薬の副作用、c．患者の権利意識の増大と医師と患者の人間関係が希薄になってきたこと]が考えられてきた。そしてさらに第4の要因として、[d．高度複雑化した医療の中で医療従事者の技術的未熟さや意識的向上の不足]が問題となってきている[3]。この場合の「意識的向上の不足」は医療従事者としての倫理観の向上の不足と置き換えてもよい。

　医療過誤がおこった場合、その責任の所在が問題となる。もちろん、すべて医療側（医師または医療機関の開設者）が責任を負うわけでなく、患者の自己決定（第10章2(3)参照）や当時の医療水準による注意義務の基準（第10章1(3)(4)参照）等、様々な要因がからむものである。この医療過誤を考察するにあたっては、医療の本質の観点の考察が要求される。すなわち、医学の実践としての医療は医学の進歩とその具体化である医療制度の双方を内包し、また、医療は医療側と患者側の共同作業であるということである[4]。そして、医療過誤の法的責任の形としては、主として**民事責任、刑事責任**等があるが、現在の医療過誤訴訟の多くは民事事件であり、本章も民事責任を中心に述べる。

(1) 不法行為と債務不履行

　医療過誤の民事責任（損害賠償請求）の主な法的根拠としては、不法行為[民法第709条以下]と債務不履行[民法第415条以下]があげられる。両責任とも医師側の違法行為によって患者側に生じた損害の賠償を目的とするが、基本的要件と効果には差異がある。

　① 不法行為　　民法における**不法行為**の類型は、一般的不法行為と特殊な不法行為に分けられる。**特殊な不法行為**の中で医療過誤に関わるのは、通常は使用者責任[第715条]が多い。
　一般的不法行為の成立要件は、次のように考えられてきた[5]。
　a．自己の故意または過失による行為に基づくこと（故意・過失）。

---

(3) 村上陽一郎・橋本迪生・森田立美・西村健司・熊谷孝三・前田和彦・リスクマネジメント（2002年）170頁（前田和彦執筆分）。
(4) 大野真義編・現代医療と医事法制（1995年）72頁（野田寛執筆分）。
(5) 加藤一郎・不法行為法[増補版]（1974年）61頁、幾代通・不法行為（1977年）17-18頁、松坂佐一・民法提要債権各論（1981年）275頁。

① 医療過誤と民事責任

　b．他人の権利または利益を違法に侵害したと認められること（権利侵害・違法性）。
　c．自己の行為により他人に損害が生じたこと（因果関係・損害発生）。
　d．行為者（加害者）に責任能力があること（責任能力）。
　このように不法行為の損害賠償責任の発生要件に、故意または過失を必要(a)としたのは過失責任主義の原則にあてはまることになる。しかし実際には、医師が故意に不法行為を侵すことは考えにくく、過失による損害の賠償義務の問題となる。そして立証責任は患者側が負うものである（③ a 立証責任参照）。
　そして、権利侵害・違法性を要件とする場合(b)、その権利は、少なくとも法的なレベルで権利として位置づけられるものであることが必要である。しかし、現代の社会生活の中では法的保護を要する利益は拡大している。したがって、法によって権利として確認されていないものは不法行為的保護を受けないというのでは、妥当な解決をもたらすことができない場合もある[6]。
　また、行為者の**責任能力**(d)は、医療現場での医師や医療補助者（看護師、薬剤師等）については、その資格要件からも通常は問題にならないことが多い。したがって、医療上の不法行為で特に問題になるのは、過失と因果関係である（後述）。
　なお、不法行為の要件については、平井教授により［統一的要件主義によって故意過失および権利侵害の要件が、制限賠償主義によって因果関係の要件が、差額説的損害賠償概念の再定方式によって損害の要件が、それぞれ説明され、わが国の不法行為の構造と判例の実現に適合した不法行為像を形成できる］とする見解が有力に主張されているが、ここでは紹介のみにとどめたい[7]。
　従来（戦前より）の医療過誤の訴訟形式は、ほとんど不法行為による訴訟であった。それは以下のような理由があげられている[8]。
　a．医療契約の成立についての不明確さがあること。
　b．債務の具体的内容の特定が困難な場合があること。
　c．診療に複数の医師や看護師または病院が関与している場合、契約責任だけでは責任追求の処理が難しいこと。
　d．契約責任のおよぶ範囲に問題があること。

---

[6] 莇立明＝中井美雄編・医療過誤法（1994年）101-102頁（中井美雄執筆分）。
[7] 平井宜雄・債権各論Ⅱ不法行為（1992年）19頁以下参照。
[8] 中井幸之助＝兼子一監修・医療過誤・国家賠償（1973年）48-49頁（石垣君雄執筆分）、加藤一郎・不法行為法の研究（1961年）9頁、野田寛・医事法（中巻）（1987年）425頁。

e．人体に対する直接の侵害が一般的に不法行為として意識されていたこと。
f．実務家が、医療過誤については長らく債務不履行よりも不法行為のほうによりなれ親しんでいたこと。

しかし、現在では医療自体が医療契約に基づくものと解されるようになったことや、不法行為による訴訟の立証責任の難しさなどから、必ずしも不法行為による訴訟が多いわけではない。

② 債務不履行　医療における医師と患者の関係は、医療契約（準委任関係）によって結ばれた契約関係であることはすでに述べた（第10章1参照）。

医療契約における債務は、診療当時の医療水準により誠意適正な診療・治療をなすことである。しかし、治癒する義務までは負わないとされる（**手段債務**）。その医療行為が、医学的にも問題があり、契約の本旨にもとって、患者の症状がさらに悪化し、傷害や死に至ったとすれば、債務不履行を構成する。**債務不履行**は、広義には債務の本旨にかなった履行がなされなかった状態をいい、「あるべき状態」と「現実」の不適合ともいえる。これには、債務者の「責に帰すべき事由」のある場合があり、狭義には単に客観的にみて債務の本旨の不履行だけではなく、それが違法と評価され、かつ、債務者に「帰責事由」のあることによって、不履行に基づく損害賠償の問題が生じる。このことから、通常では債務不履行は狭義に用いられる(9)。

したがって、債務不履行の成立要件は、[a．債務者の「責に帰すべき事由（帰責事由）」が存在すること、b．不履行による「損害の発生」]である(10)。

この帰責事由は、故意・過失と同義に解され、医療においては、医師の注意義務違反を指す。そして帰責事由（注意義務違反）の立証責任は債務者側（医師等）が持つものである。つまり、医師側が、自らの注意義務違反がなかったことを立証しない限り、患者側に対する損害賠償義務を負うことになる。

債務不履行の態様は、[a．履行遅滞 [民法第412条]、b．履行不能 [民法第543条]、c．不完全履行] に分けられる。医療過誤の場合、aの **履行遅滞** は診療の着手が遅れて、患者が医療契約を解除して転医することがあればという程度で、治療の遅滞から病症が悪化した場合はむしろ不完全履行である。また、bの **履行不能** は患者の死亡した場合(11)になるが、通常の医療は患者が死に至

---

(9)　奥田昌道・債権総論 [増補版]（1992年）122-123頁。
(10)　星野英一・民法概論Ⅲ（債権総論）（1978年）54-58頁。
(11)　神戸地竜野支判昭和42年1月25日（下民18巻1号58頁、判時481号119頁）では、患者が薬物注射によりショック死した事案につき、医師の無過失の立証がないと

① 医療過誤と民事責任

るまで診療・治療を続けていた場合がほとんどであるから不完全履行と区別をつけ難い。したがって、医療過誤の債務不履行責任は、c **不完全履行** としてとらえることが大部分である[12]。

　債務不履行の訴訟は、戦後から急激に増加することになる。その理由としては、実際上はほとんどが医療契約を締結しておきながら、その契約関係を前提としていない不法行為制度で患者等の権利の救済をはかっている。これは今日の国民の権利義務意識にそぐわないという理念的な問題[13]や、訴訟における過失の立証責任が医療側にある（すなわち無過失の立証責任を負う）ので、患者側に有利に展開されたからといわれる。しかし、債務不履行による訴訟が特に有利といえる判例が積み重なっているわけではない[14]。

③ 不法行為と債務不履行の差異　不法行為の責任と債務不履行の責任は、過失の立証責任、損害賠償の範囲、過失相殺、時効期間、使用者責任と履行補助者による責任などにおいて差異を生じる。この中でもっとも著しい差異は、立証責任および時効期間についてであり、以下に簡単に述べる。

　a．**立証責任**：不法行為責任では条文上、故意・過失が成立要件の一つとなっているので、被害者（患者側）が加害者（医療側）の故意・過失の立証責任を負う。これに対して債務不履行責任は、条文上に故意・過失の規定がなく、債務者の責めに帰すべき事由が成立要件の一つ（帰責事由）とされているが、これは故意・過失と同意と解することは前述した。そして、立証責任は医療契約に基づくことから、加害者（債務者）が責めに帰すべき事由のなかったことを立証できない限り責任を負うことになる。

　　〇不法行為責任　→　被害者が立証責任を負う。
　　□債務不履行責任　→　加害者（債務者＝医療側）が立証責任を負う。

　しかし、不法行為責任の追及において、ある程度医師に過失があることが患者側から証明されれば、医師側に過失のあることを一応推定して、医師側が反証できなければ責任を認めた場合もある[15]。また、債務不履行責任の追及に

―――――――――
　　　して債務不履行（履行不能）を認めた。
(12)　唄＝有泉編・前掲8頁（唄孝一執筆分）、畔柳達雄・医療事故訴訟の研究（1987年）63-64頁。
(13)　中川＝兼子・前掲49頁（石垣君雄執筆分）。
(14)　前掲注(8)の神戸地竜野支判は債務不履行責任を正面から認めた代表例といえる。
(15)　東京地判大正14年1月15日、東京地判昭和42年6月7日下民集18巻5・6号616頁（ただし、控訴審では鑑定結果により過失は否定されている）等。

255

おいても、医師側の立証に際し、患者側にその前提としての医療契約の存在とその履行の不完全であったことの立証をする責任があるとされる[16]。このように同じ損害賠償の請求原因である不法行為と債務不履行で、立証責任に差をおきすぎるのは衡平の原則に反することの疑問も多く、実際の訴訟においても両者の歩み寄りが見られる。

　b．**時効期間**：不法行為に基づく損害賠償請求権の消滅時効の期間は、被害者（患者）またはその法定代理人がその損害および加害者を知ったときから3年であり、不法行為のあったときから20年である［民法第724条］。これに対して債務不履行に基づく損害賠償請求権の消滅時効は、普通の債権とはその目的が異なるだけであり、時効期間も一般債権と同様に10年である［民法第167条第1項］。

　〇不法行為責任　→　短期3年、長期20年
　□債務不履行責任　→　一般債権同様10年

そうなると不法行為に3年の短期時効の規定があることから、医療過誤の場合に債務不履行を適用する方が患者側に有利におもえるが、時効の起算点については特別な配慮がなされている[17]。

このように不法行為と債務不履行は、一面では互いの要件を重ねて充足するものである。そこで、両者の関係について［a．両請求権は被害者側において競合して生じる（請求権競合説）、b．契約（たとえば医療契約）が存在する以上、債務不履行にもとづく請求権のみとなり、不法行為にもとづく請求権は排除される（法条競合説あるいは請求権非競合説）］とするいわゆる請求権競合問題が論じられる。この問題については、判例・学説とも請求権競合説を採ってきたが、近時の学説は法条競合説も有力になってきている[18]。しかし、医療過誤訴訟については、現在でも請求権競合説が多く採られている[19]。

(2) 因果関係

医療過誤において損害賠償請求権が認められるには、不法行為に基づく場合も、または債務不履行に基づく場合でも［a．賠償義務者に責任能力があり、

---

(16)　穴田秀男扁・最新医事法学（増補第2版）（1987年）45頁（中村敏昭執筆分）。
(17)　石川利夫＝尾中普子・債権法講義（1983年）215-216頁、野田寛・医療事故と法（1982年）23頁。
(18)　幾代・前掲10頁、森島昭夫・不法行為法講義（1987年）2頁、穴田編・前掲44頁（中村敏昭執筆分）。
(19)　前田達明＝稲垣喬＝手島豊執筆代表・医事法（2000年）241-242頁（稲垣喬執筆分）。

① 医療過誤と民事責任

故意・過失のある注意義務違反があること（帰責事由）、b．損害の発生のあること（損害）、c．帰責事由（過失行為）と損害発生の間に因果関係が存在すること（因果関係）］等の要件が必要とされる[20]。

つまり、医療過誤があった場合にすぐさま医師に法的責任が生ずるわけではなく、その過誤が患者の法益を侵害したという結果が発生して、はじめて法的責任を問われる。すなわち、帰責事由と損害の間に**因果関係**の存在が成立する場合に限られている。それには主として次の２つの概念が論じられている[21]。

 a．事実的因果関係（自然的因果関係）：純粋に事実的・自然的・機械的・没価値的に事物生起の過程を観察したときに認められる具体的・現実的な関係。
 b．相当因果関係（保護範囲、法的因果関係）：ａの事実的因果関係が認められた場合、そこに法的価値判断を加え、加害者がその存在を被害者に賠償せしめるに値するような関係。

ａの事実的因果関係の成立は、たとえば、Ａの一定の行為とＢの受けた損害の間に「あれなければ、これなし」という条件関係が認められれば、たとえその中間に他の偶然的事実の介入があっても因果関係が成立するというものである。この事実的因果関係に対しては、因果関係をどこまでも追っていけば、意外なところまで及ぶことがあり、その損害をすべて加害者に負担させるのは適当でない。そこで、それを相当因果関係で打ち切ることが考えられる。相当因果関係があるとされるのは、第一に、その行為がなければその損害が生じなかったであろうと認められ、かつ、第二に、そのような行為があれば通常はそのような損害が生じるであろうと認められる場合であるとする場合である。また、加藤教授は、民法第415条（債務不履行）が相当因果関係を表わしたものとすれば、損害賠償の一般原則として、不法行為の場合もそれによるべきとした判例[22]・学説[23]の態度を支持されている[24]。

ｂの相当因果関係については多数の議論があり、判例・学説の通説とされな

---

[20]　中川＝兼子監修・前掲52頁（石垣君雄執筆分）。
[21]　幾代・前掲111-112頁。幾代教授は保護範囲として論じられているが、従来の学説・判例との比較のため、相当因果関係の文言を先にだした。
[22]　最判昭和48年6月7日民集27巻6号681頁、最判昭和49年4月25日民集28巻3号上的7頁等がある。
[23]　鈴木禄弥・債権法講義（1980年）25頁では、民法第416条は、債務不履行の場合を示したものにすぎず、不法行為については同条の適用はない、と解すべきとしている。
[24]　加藤・前掲不法行為［増補版日54頁。また同296頁では、相当因果関係として論じられてきたものは、加害者にどの範囲まで賠償されるのかという法律上の因果関係（法的因果関係）としている。同旨、茹＝中井縮・前掲108頁（田中実執筆分）。

がらも批判・疑問も多い(25)。特に平井教授は、ドイツ民法下では完全賠償の原則に立っており、損害賠償の範囲が広すぎるという理論上・学説上の要請に答えるために相当因果関係の概念が導入されたものであって、ドイツとは基本構造を異にした（英米法、フランス法的な）制限賠償主義を採るわが国の民法に相当因果関係概念を用いることは理論的に不要であり、混乱をもたらすものと強く批判された(26)。

通常、医療過誤の因果関係で問題になるのは、責任の範囲よりも行為（作為、不作為）と結果の間に関連があるのか否かということであり、不法行為についていえばその成立要件としてとらえるわけである。ここで問題となるのは事実上どの程度まで医学的に根拠づける必要があるかである(27)。

これについては、**ルンバール事件**差戻し判決（東京高判昭和54年4月16日刊時924号27頁、判タ383号56頁）が「訴訟上の因果関係の立証は、一点の疑義も許されない自然科学的証明ではなく、経験則に照らして全証拠を総合検討し、特定の事実が特定の結果発生を招来した関係を是認しうる高度の蓋然性を証明すること」と判示している。

なお、近時の学説等によれば、以下の諸条件の存在において因果関係の推定を認めてきている。

a．医療行為と結果発生が時間的に近接している場合（投薬直後の患者の死亡等）。
b．医療行為と結果発生に統計的可能性がある場合（過去にも結果の発生例がある等）。
c．重大または多数の不手際の存在（薬品の取り違え等）。
d．異常体質等の不存在。

これは民事事件の因果関係の立証責任が、原則として原告（患者側）にあるため、厳密な科学的証明を図れば、患者側の救済は難しいものとなるからである。また、いわゆる法的因果関係（注(23)参照）の証明は原因と結果の間の詳細なメカニズムの解明までは必要とされていないからである(28)。

(3) 過　失

医療過誤においての損害賠償責任は、不法行為と解しても債務不履行と解し

---

(25)　星野・前掲69頁以下、奥田・前掲172頁以下（特に176-177頁）。
(26)　平井・前掲79-82頁。
(27)　石川＝尾中・前掲217頁。
(28)　大野編・前掲73-74頁（野田寛執筆分）

① 医療過誤と民事責任

ても（帰責事由を故意・過失と同義と解すれば）、過失があることを持って損害賠償責任発生の要件としている（過失責任主義）。

　過失とは、なんらかの注意を怠ったことをいうが、前提となる注意義務の性質から抽象的過失と具体的過失に分けられる。抽象的過失は、一般人・通常人ないし合理人がその地位・職業・立場等において、当然払うことを期待される程度の注意である（善良なる管理者の義務、いわゆる「善管注意義務」）をいう。具体的過失とは、その人の平常の注意（「自己のためにすると同一の注意」または「自己の財産におけると同一の注意」）を怠ったことをいう。医療過誤において問題とされるのは、抽象的過失における善管注意義務である。つまり、医療過誤における過失は、医師等が医療従事者として（それぞれの資格に基づいて）当然払うべき注意義務を怠ることによって、患者に損害を発生させた場合をいう。

　医師の注意義務の基準は、前述の輸血梅毒事件にある「いやしくも人の生命及び健康を管理すべき義務（医業）に従事するものは、その業務の性質に照らし、危険防止のために実験上必要とされる最善の注意義務を要求される」という判示が現在のリーディング・ケースとなっており、医師には高度な注意義務が課されている。また、この医師の注意義は当時の医療水準（実践としての医療水準）に基づくものであり（第10章1(4)参照）、その水準に見合う医療が提供できないときは、患者を適正な医療提供ができる医療施設に転医させる義務を負うことも含んでいる（転医義務）。

　しかし、この「実践としての医療水準」として、これまで基準の一つと考えられてきた「医療現場の慣行」と注意義務の関係に対して厳しい判決が言い渡された。

　平成8年1月23日最高裁第3小法廷において、医療現場の慣行の方にしたがって麻酔薬の注意書きを守らなかった医師に対し、「医薬品の説明書の使用上の注意を守らずに医療事故が起きた場合は、特別な事情がない限り医師の過失が推定される」との判断がくだされた。

　医療過誤における医師の注意義務の有無の判断は「医療現場における医療水準」が基準とされている。そして裁判所は、医療技術の普及状況、対象となった医療機関の規模などを考慮し、診療行為が医療水準を満たしているかどうか判断してきた（第10章1(4)参照）。

　しかし本判決は、医療現場の慣行が必ずしも医療水準をクリアするものではないと判断したものである。このことは医薬品の説明書に書いてある内容を守ることは「最低限の医療水準」であり、現実の慣行は免責事由にならないこと

を明示したともいえる。また本判決は、当時の医療慣行自体の評価よりも医薬品の添付文書の内容に従わなかったことをもって過失の推定を判断したことから、これまでの医療水準論とは違った注意義務違反の判断を示したものでもある。

このように医師に対して、人命に関わる専門職として高度の知識と前向きの向上心が求められたことは、これからの医療過誤のあり方に大きな影響を与えるものであろう。

医師の説明義務（第10章2(2)①参照）、立証責任（本項(1)③参照）は前述した。

(4) 複数関与者と責任

① 医師と病院　医療機関や特定の医師に使用されている他の医師やコ・メディカル等の **医療補助者**（被用者）に過失があった場合、不法行為と債務不履行では法律構成が異なる。

不法行為においては、使用者責任［民法第715条］により、使用者が被用者の選任監督に過失がなかったことを立証しなければ、使用者も責任を負うことになる。この場合、使用者である病院などに責任を負わすのは、他人（医師）を使用することによって自己の活動範囲を拡張し危険を創り出しその結果利益を得ている者は、それに伴って生ずる損害も負担すべきであるという理由による[29]。病院が個人経営の場合は、医師個人が責任の主体となり、法人組織の病院であれば、法人としての病院が責任の主体となる。病院に雇われている医師・看護師は法的には病院が負う患者への債務を履行する **履行補助者** と考えられる[30]。しかし、担当医の裁量性を考えれば、単なる履行補助者とするには不自然さがある[31]。また非営利的な医療などは民法第715条第1項における「事業」に、はいらないのでは、という疑問もある。しかしここでいう事業とは、一定の業務であればよく、営利的であることも、継続的であることも特に必要とされない。無償の場合でも、また、一時的な手伝いのような場合[32]でも、そこに指揮監督の関係があり、事業活動の一部をなすのであれば、使用者責任を認めてよい。つまり使用について、選任・監督の余地があれば、事実上の使用関係の存在だけで足り、報酬の有無、期間の長短、使用の法律関係を

---

[29] 加藤一郎＝森島昭夫編・医療と人権（1984年）389頁（松浦以津子執筆分）。
[30] 東京地裁昭和53年10月27日（判タ378号145頁）、加藤・前掲不法行為［増補版］171頁。
[31] 内田貴・民法Ⅱ債権各論（1997年）280頁。
[32] 大判大正6年2月22日民録23輯212頁。

① 医療過誤と民事責任

問わないとされる[33]。使用者の免責については、第715条第1項但書きで使用者の選任とその監督に過失がなかったことを立証すれば責任を負わないとされる。しかし、事実上立証が難しく、無過失責任の一類型とする見解もある[34]。

また、医師が複数関与する場合には**共同不法行為責任**［民法第719条］により責任の追及も可能である。

債務不履行においても、勤務医（**履行代用者**）である医師に過失があっても医療機関の開設者の選任監督に過失がなければ開設者は責任を負わない。しかし、看護師（履行補助者）に過失がある場合には医療機関の開設者はその選任監督に過失がなくとも責任を負うことになる。

以上のように不法行為と債務不履行では、勤務医（履行代用者）の責任追求の形態には違いがないが、看護師（履行補助者）については医療行為の補助であるという職務上の性質から、不法行為による使用者責任を負うと解するのが妥当である[35]。

② 医師と看護師

看護師は、医療の場において医師のパートナーとして重要な位置を占める。その看護師の行為により、医療過誤がおこった場合には、医師の指示の有無が特に問題となる。

看護師の業務（第3章3(4)参照）のうち「診療の補助」に関しては、医師の指示なく行なうことを禁止（緊急の場合の応急処置は保助看法第37条で許されている）されているからである。そして、看護師が医師の指示なく医療行為を行なった場合は、看護師の過失は専門医と同等の注意義務を基準として判断される[36]。しかし、医師の指示を受けて医療行為を行った場合には、看護師としての当時の一定レベルの看護知識・技術を前提とするいわゆる**看護水準**によって判断される。この場合、医師が看護師に医療行為をさせた程度が、高度に専門的な医療行為の場合は過失とされ、使用者責任の問題となるが、難手術

---

(33) 加藤・前掲不法行為［増補版］170-173頁、前田達明・民法Ⅵ2（不法行為法）（1980年）142頁。
(34) 石橋・前掲71頁、加藤・前掲不法行為［増補版］166頁。
(35) 石川＝尾中・前掲218頁。
(36) 石井トク・医療事故――看護の法と倫理の視点から（1992年）20-21頁。
　ただし、点滴等の静脈注射に関する看護師の業務は、実務と法解釈のずれが長くが、「厚生労働省医政局長通知（平成14年9月30日医政発第0930002号）」により、長い間の医療現場の実態と法的・行政的解釈の乗離から解放され、医師の指示の下に看護職が行う静脈注射は保助看法5条に規定する診療の補助行為の範疇として取り扱われることになった（前田和彦「看護師の輸液に際しての注意義務」別冊ジュリスト219号医事法判例百選［第2版］173頁）。

等で看護師の補助行為を信頼せざるを得ないときには、他の関係者が合理的な行動をとることを信頼して行動してよいとする「信頼の原則」(従来は刑事上の適用が多かったことから後述する) の適用の問題となる。

看護業務上の問題として静脈注射がよく取り上げられてきた。看護師(認めている)[37] と准看護師(認めない見解もある)[38] では多少異なっている。また、看護助手やナース・エイドと呼ばれる無資格者であっても目の前で医師が指示をしての注射ならば、すぐさま違法とはならないとの見解もある[39]。

 刑事責任

Keyword

刑事事件、罪刑法定主義、医的侵襲行為、違法性の阻却、業務上過失致傷罪、疑わしくは罰せず、過失犯、予見義務、結果回避義務、新過失論、許された危険、信頼の原則

(1) 刑法と医療行為

刑事事件は、民事事件と異なり国家の刑罰権という観点から責任が追求されるものである。したがって、罪刑法定主義により、刑法に規定されていない行為は罰せられない。

医療行為は人の生命・身体に対し、極めて危険性の高い侵襲行為をなすことがある(医的侵襲行為)。その医的侵襲行為(たとえば手術等)が、傷害罪等にとられずに正当な医療行為と認められるには、[a. 治療の目的、b. 医療準則の遵守(医師等、専門家によることを含む)、c. 患者の同意[40]](正当化の要件)を充足してはじめて刑法上適法となる(刑法第35条正当行為)。

このように医療における侵襲行為が正当化された場合、原則的に違法性は阻却される。しかし、かような業務行為であっても、その方法を誤ったときは(医師が治療を誤った場合など)、違法性を帯びることがある[41]。

---

(37) 名古屋高裁金沢支部昭和27年6月13日高刑集5巻9号1432頁。
(38) 昭和26年9月医収第517号厚生労働省医務局回答付録通牒。
(39) 富田功一・コ・メディカルの医療行為と法律(1992年) 28頁。
(40) 前田雅英・刑法総論講義(1988年) 238頁では、患者の意思に反した専断的治療行為は成功したとしても違法であるとしている。また、患者の同意と医師の説明義務との関連は、佐々木養二・医療と刑法(1994年) 18頁以下に詳しい。
(41) 正田満三郎・刑法体系総論(1979年) 208-213頁。

② 刑事責任

ところで、医師がヤクザの指を切り落とす手術を請け負うのは正当な医療行為ではなく、同意があっても傷害罪を構成するものである。しかし、火傷患者の治療のため、健康人の皮膚をその人の同意に基づき、それを切り取ることは正当な医療行為として、違法性は阻却される。つまり、承諾に基づく法益侵害は、その目的、侵害の態様から見て相当と認められる限り違法性が阻却される[42]。

さて、近年この**違法性の阻却**において、生命の放棄を含む個人の自由な処分権はどこまで認められるのか否かが、「患者中心の医療」、「個人の法益の保護」といった考えから問題となってきている。これまでは違法性阻却事由の一つとしての「被害者の承諾」に対する議論となっていた。そして、被害者の承諾によっても法的に公的な保護がすべて排除されるとは考えられてこなかったのが事実である[43]。

医療行為による侵襲の結果が違法性を阻却されなかった場合には、傷害罪［刑法第204条］が成立し、さらに患者が死亡した場合には、傷害致死罪［刑法205条］の成立が問題となる。これは故意に基づく場合だが、実際には医師等の不注意（過失）な医療行為により、患者の生命・身体に侵害を与えたとする業務上過失致傷罪［刑法第211条］の成立が問題になることがほとんどである。

(2) 刑法と医療過誤

① 過失と因果関係

刑事事件としての医療過誤において、**業務上過失致傷罪**が成立するには、民法と同様に注意義務違反を要件とする。注意義務違反は、精神の緊張を欠いていた状態である。しかし、精神の緊張を欠いていただけで、ただちに過失責任を負うわけではなく、［a．結果回避の可能性があったこと（結果回遊可能性）、b．（医療）行為が、その結果を発生させる実質的な危険を持つものであること、c．実質的な危険を侵して行動することが許されない場合、d．予見可能な状態であったこと（予見可能性）］の場合につき、原則として注意義務違反の責任を負うことになる[44]。この過失の前提に因果関係があるわけだが、刑事上の医療過誤における傷害は身体の外形不良変更または生理的機能の侵害をいう。治療が不適切で容易に治癒しなかったような場合は傷害とはいわない。治療において、かえって疾患が

---

[42] 藤木英雄・新版刑法（1978年）86-87頁。
[43] 佐久間修・最先端法領域の刑事規制（2003年）102頁以下。
[44] 平野龍一・刑法概説（1977年）84-87頁。

悪化したり、新たな疾患をつくり出したような場合に限られる。そして、刑法は「疑わしくは罰せず」という原則が支配しているので、その結果が蓋然的に推定できる程度では因果関係を認められない[45]。

なお、過失犯の構造については、[a．過失（注意義務）の判断基準を結果予見義務を中心に構成し、意識の集中を欠いたため、行為者が犯罪事実を予見しえなかったという「予見義務」の違反を過失の根拠とする（旧過失論）、b．予見可能性があったのに適切な結果回避措置をとらなかった「結果回避義務」の違反を過失の根拠とする（新過失論）］が論じられているが、詳細は他の良書による[46]。

そして近年の判決として「薬害エイズ帝京大ルート判決」（東京地判平成13年3月28日判時1763号17頁）は、被告人の予見可能性の程度と結果回避義務とを連動させ、最終的には結果回避義務違反の有無により過失責任を判断するという、いわば新過失論を前提としての解釈として注目されている[47]。

② 許された危険と信頼の原則

新過失論の基礎となったのが「許された危険」の法理である。許された危険とは、社会生活における鉱山・工場・高速度交通・医療などの行為について、それ自体が種々の法益侵害の危険性を含むが、われわれの生活に不可欠の意義を持ち（社会有用性）、禁止することによって社会にかえって不利益をもたらすときは、法益侵害が発生しても一定の範囲で許容されるとする。医療行為でいえば、医師が患者の生命の危険を予見できる困難な大手術を行なっても、許された危険の法理に基づけば、その結果回避義務を課せられないものとなる。ただし、許された危険の法理が、その他の医療上の注意義務の遵守を免れさせるものでないことは当然であろう[48]。

さらに今日の高度に専門化した現代の医療では、医師も自己の専門外の領域に対しては他の専門医や看護師などのコ・メディカルに頼らざるを得ない[49]。

---

(45) 加藤一郎＝森島昭夫編・医療と入植（1984年）410頁（大谷實執筆分）。
(46) 平野・前掲88頁、藤木・前掲120-121頁、前田・前掲358-359頁等を参考とされたい。
(47) 山口厚「薬害エイズ事件三判決と刑事過失論」（ジュリスト1216号）14頁、井田良「薬害エイズ帝京大学病院事件第1審無罪判決をめぐって」（ジュリスト1204号）31頁。
(48) 中川淳＝大野真義編・医療関係者法学（1989年）89頁（佐久間修執筆分）、前田・前掲359頁以下。
(49) 大野真義編・現代医療と医事法制（1995年）102-103頁（佐久間修執筆分）では、看護師等の訓練・経験・能力を掛酌せずに安易に「信頼の原則」を適用することに疑問を呈するなど、医療施設の安全管理の過失について考察している。

つまり、複数の医療関係者が共同して治療にあたる場合（チーム医療）、それぞれが危険を避けるべく適切に行動するであろうとして、自己の分担だけの結果回避義務を負えばよいとするものである。これを「**信頼の原則**」といい、許された危険の法理の応用である[50]。しかし、この信頼の原則の適用は、交通関係者間の過失責任の分配の際の基準[51]として考慮されたものであり、ストレートにチーム医療内の危険の分配に適用できるかは検討すべきともされている[52]。

なお従来は、医療過誤訴訟が刑事事件となることは日常的ではなく、前述のように多くは民事事件であり、総体的には今も変わりはない。しかし平成11年以降、業務上過失致死傷罪［刑法211条］の適用を中心に刑事訴追が急激に増加し、委縮医療等をもたらしている場面もあるという[53]。このような社会の流れは、医療現場に緊張をもたらす危惧もあるが、いたずらに委縮することなく患者と真摯にむきあうことで、新たな信頼関係を構築する場ともなりえるはずである。

③ その他の責任

国の賠償責任、国家賠償法、公権力の行使

医療過誤の中には、**国の賠償責任**が問われる場合も数多くあるので、簡単ではあるが説明したい。

医療事故のうちで国の責任に関係してくるものは、次のように例示される[54]。

a．公務員たる医師等によって引きおこされた医療過誤（検査・消毒・診断・治療・注射・輸血採血・手術・放射線等に関するもの）。

b．医療機器等（公物）の瑕疵による医療事故。

c．チーム医療に係る場合の事故。

d．救急業務に係る医療事故。

---

(50) 前田・前掲361頁、植松正・再訂刑法概論I総論（1981年）298-304頁。
(51) 最高裁昭和41年12月20日刑集20巻10号1212頁、最高裁昭和42年10月13日刑集21巻8号1097頁等。
(52) 加藤久雄・医事刑法入門（1996年）21頁。
(53) 大磯義一郎＝加治一毅＝山田奈美江・医療法学入門（2012年）103-104頁。
(54) 唄孝一＝有泉亨編・現代損害賠償法講座4 医療事故・製造物責任（1974年）212頁（下山瑛二執筆分）。

第11章 医療過誤とリスクマネジメント

　e．サービス不提供に基づく医療事故。
　f．行政当局の規制措置を伴う行為に係る医療事故（強制入院等に関するもの）。
　g．行政当局の規制的行為を媒介とする医療事故（医薬品、医療機器等の品質、有効性及び安全性の確保等に関する法律第14条関係の薬禍、免許されたニセ医師によっておこされた医療事故）。

　このように様々な医療事故が、国の責任として発生するものとされる。近年、国の責任が問題とされるようになったのは、予防接種事件[55]や薬害事件[56]のように国の責任を追及する事件が起こったことと国民の権利意識の向上によるものである[57]。特に代表的な例がａの公務員である医師によって引きおこされた医療過誤である。この場合の責任は、判例・学説とも**国家賠償法**によらずに民法の条文を適用し、医師については第709条（不法行為）、国等については第715条・（使用責任）または第415条（債務不履行）によっている。<u>国公立の病院といえども、の治療行為は</u>「**公権力の行使**」<u>にあたらないからとされるからである</u>[58]。

　なお、国家賠償法が適用される場合は、予防接種法に基づく予防接種や在監者医療での事故（「公権力の行使」国家賠償法１条）、または国公立医療施設の設備に欠陥があった場合など（「公の営造物の設置または管理に瑕疵」国家賠償法２条）に限られる[59]。

　この他の詳細は他の良書によられたい[60]。

---

(55)　東京高裁平成４年12月18日は、予防接種被害東京集団訴訟に関して「厚生労働大臣には予防接種を受ける個々の国民に重大な事故が生じないよう努める法的義務がある」とし、「接種を回避すべき禁忌者に予防接種を実施させないための十分な体制づくりをしていくうえで、これを怠った過失があった」として行政責任を認め、損害賠償の支払いを国に命じた。
(56)　第12章４薬害エイズ参照。
(57)　唄＝有泉編・前掲209-210頁（下山瑛二執筆分）。
(58)　野田寛・医療事故と法（1982年）124頁。
(59)　大野真義編・現代医療と医事法制（1995年）71頁（野田寛執筆分）。
(60)　唄＝有泉編・前掲209頁以下（下山瑛二執筆分）が医療過誤と国の責任について詳細である。

④ 医療のリスクマネジメント

> **Keyword**
> リスクマネジメント、ヒューマンエラー、人とは間違えるものである、
> 医療事故、医療過誤、ヒヤリ・ハット、インシデント、
> 地域連携クリティカルパス

(1) リスクマネジメントとは

　リスクマネジメントとは、もともと産業界を中心とした経営管理の問題であった。経営上のリスクを分析することで、その資産や活動の減少を最小限に防ぐことを目的としたものである。したがって利益効率や企業の利益を守る危機管理として発達したものといわれている。

　その後、このリスクマネジメントの概念は経営管理の問題のみではなく、「安全」が求められる飛行機や列車などの事故防止に関しても危機管理が問題とされるようになってきたのである。そして偶発的なものだけではなく人的なミス、いわゆるヒューマンエラーを中心とした危機管理が語られるようになった。

　そして、どれほど人員を配置しようが教育しようが「人とは間違えるものである」という前提を理解することから始まることになる[61]。したがって、とりわけ「安全」を義務付けながらも多くの事故を考えねばならない医療現場において必要不可欠な概念となるのは至極当然のことである。ただし医療の場でいうリスクマネジメントとは、先進的または難易度の高い手術等には危険（リスク）がつきものといった予想がつかない部分での偶発的なリスクの防止のことではない。診療過程の中、本来ならば「回避すべきもの、回避できたもの」のミスを防ぐ危機管理の問題である。つまり、患者の生命身体や人権にまで侵害を与える事故の可能性をいかに減少させるのかが医療のリスクマネジメントの問題点である。

(2) リスクマネジメントマニュアル作成指針

　2000年8月の厚生省リスクマネジメントスタンダードマニュアル作成委員会の報告は、次のような指針を出している。

---

[61] L. コーン／J. コリガン／M. ドナルドソン編（米国医療の質委員会／医学研究所、医学ジャーナリスト協会訳）・人は誰でも間違える（2002年）6頁。

第11章 医療過誤とリスクマネジメント

【用語の定義】
　a．医療事故
　　　医療にかかわる場所で医療の全過程において発生するすべての人身事故で、以下の場合を含む。なお、医療従事者の過誤、過失の有無を問わない。
　　ア　死亡、生命の危機、病状の悪化等の身体的被害および苦痛、不安等の精神的被害が生じた場合。
　　イ　患者が廊下で転倒し、負傷した事例のように医療行為とは直接関係しない場合。
　　ウ　患者についてだけではなく、注射針の誤刺のように、医療従事者に被害が生じた場合。
　b．医療過誤
　　　医療事故の一類型であって、医療従事者が、医療の遂行において、医療的準則に違反して患者に被害を発生させた行為。
　c．ヒヤリ・ハット事例（インシデント）
　　　患者に被害を及ぼすことはなかったが、日常診療の現場で、ヒヤリとしたり、ハッとした経験を有する事例。
　　　具体的には、ある医療行為が、①患者には実施されなかったが、仮に実施されたとすれば、何らかの被害が予測される場合、②患者には実施されたが、結果的に被害がなく、またその後の観察も不要であった場合等を指す。

(3) リスクマネジメントの医事法学的認識

　現在、医療現場においてのリスクマネジメントを強く望まれている。しかし医療従事者や医療機関の管理者に患者への安全管理の意識が根付かない限り、インシデント（ヒヤリ・ハット）や事故は画期的に減少するとは考えられない。なぜなら法規の設定とは限度ではなく基準（基本）だからである。その上に個々の個人や組織の意識の積み上げがある。その中で医療過誤の背景、インフォームド・コンセント、医療従事者間のコミュニケーション、医療従事者の資格法改正といった医事法学的アプローチが意識され実践されることである。これらの段階を経て、リスクマネジメントが法的に位置づけられていくことが最善の道と考える[62]。
　そして現在の医療は、従来の受身の医療から患者側が積極的に医療を選択す

---

(62)　古村節男＝野田寛・医事法の方法と課題（2004年）689頁（前田和彦執筆分

④ 医療のリスクマネジメント

る時代に入ってきている。つまりは「与える医療から望まれる医療への変革」である。したがってインフォームド・コンセントは患者と医療従事者の双方が医療のチェックができることから徹底するべきである。

　また、近年は診療報酬の引き下げすら行われた。これにより医療現場の多くは最小限のスタッフで最大限の効果を経営者側から期待されることになるという問題が浮上している。本来、日常の業務さえ、十分な確認とコミュニケーションが求められるのが医療現場である。さらに患者中心の医療が現代医療の目指すものといわれている以上、インフォームド・コンセントをはじめ、患者と医療従事者や医療従事者同士のコミュニケーションは必要不可欠なものである。しかし、員数的な余裕のなさから、患者とはもちろん医療従事者同士のコミュニケーションもままならない状態では、インフォームド・コンセントどころか個々の医療行為に対する確認も難しい現場が増えていることになる。これではいくら医療制度改革で「医療の質」を示唆しても実践は困難なことになる。これを是正するためには、現在の業務の流れを再チェックすることが重要となる。だからこそ医療機関全体や部署ごとの研修や検討会を通して医療従事者間のコミュニケーションが安全管理意識の高まりとして必要不可欠となる。そして医療従事者間の安全管理意識が定着すれば、<u>地域連携クリティカルパス</u>[63]の普及にも大きな進展と充実をもたらすことが期待できるはずである。

　また、免許上の法的な業務範囲と現実の医療とが一致しているかどうかも問題となる。それができてはじめて患者への安全確認の目安として、免許を医療従事者に与えた意義があるはずである。

　<u>すなわち法制度が創出した最も基本的な医療のリスクマネジメントが医療従事者の資格制度であり、法と医療現場とのギャップが広がれば広がるほど、資格制度は安全管理能力を失うことになるからである。</u>

　このようにして医療従事者が医療事故（過誤）を起こさぬよう細心の注意を払うよう意識が向上し、法もそれを義務付けたとしよう。確かに医療事故の減少が見られるのかもしれない。しかし、それでも人はミスを犯す以上、医療事

---

(63) 患者が発症した急性期から、回復期、生活機能維持のリハビリなどを行う維持期まで医療の内容を評価・改善等を行い、切れ目なく質の高い医療を患者に提供することを目的とし、入院から退院までの計画を立てることをクリティカルパスという。また、平成20年度に始まった新医療計画により、都道府県は地域の医療機能に応じた医療連携体制の構築を求められており、その手段として地域連携クリティカルパスが有用とされる。特にがん対策基本法に基づくがん対策推進基本計画及びがん診療連携拠点病院の指定要件の見直しにともない平成24年度末までに5大がん（肺がん、胃がん、肝がん、大腸がん、乳がん）の地域連携クリティカルパスを運用が求められている。

第11章 医療過誤とリスクマネジメント

故(過誤)は起きると考えなければならない。その前提から安全構築が始まることとなる。何のために医療機関の安全管理を行うのか、すべては患者(の人権)を守ることであり、それが医事法学的認識と一致することは当然の帰結となる。

そして安全な医療を確保するには、ヒューマンエラーが個人としてよりも組織としての問題を多くはらみ、リスクマネジメントも組織全体の取り組みが必要であることを再認識するべきである。医療機関を維持発展させることは、ミスを隠蔽し管理者や医療従事者を守ることではなく、患者を守り信頼を得ることと考えるべきなのである。そして医療従事者の意識向上と組織の適正化により、法規制の必要さえもなくなることが、本来の医療のあるべき姿である。

法とは人を守るべきもので管理規制するためのものではない。医療も法も守るべき最大の目標は人(権)であり、そのなかにリスクマネジメントもある[64]。

---

(64) 村上陽一郎・橋本迪生・森田立美・西村健司・熊谷孝三・前田和彦・リスクマネジメント(2002年)181-182頁(前田和彦執筆分)

第12章　医事法に関わる生命倫理分野と法制度

① バイオエシックスと法

> **Keyword**
>
> 医療倫理、バイオエシックス（生命倫理）、生命倫理学、環境倫理学、患者中心の医療、ヒポクラテスの誓い、ニュールンベルク倫理綱領、いわれなき差別の撤廃、患者の人権、インフォームド・コンセント

(1) 医療倫理とバイオエシックス（生命倫理）

　まず本項における医療倫理とバイオエシックス（生命倫理）の位置づけであるが、医療倫理はギリシャのヒポクラテスが説いたといわれる患者個人の生命と幸福を神聖なものとし、個々の患者に対する医師の倫理的義務を中心としたものとしても大きな差異はないと考える。しかしバイオエシックス（生命倫理）については、日本における理解は、欧米における当初の語源や学問的定義とはいくらか違った広がり方（特に医学領域における自己決定等に中心に広がりを見せた）をしたといわれる。

　ここでは医療倫理は従来からの医師中心の倫理観の中でのものとし、バイオエシックス（生命倫理）は、従来の医療の中では問題にされていなかったり、いまだ創出されていなかった新たな医療技術や生命の選択等に対する問題に関し、その倫理的問題を論ずることを中心としたい。

　医療は社会生活と共にある。社会から隔絶された医療は存在しない。なぜならば、元来人間は、常に負傷し、疾病に悩まされ、誰しも医療に依存する可能性が有るからである。しかし医療は、そうした脆弱な存在である人間を前提として成立し、さらにその社会化を押し進めてきたという歴史的過程を持ち、良かれ悪しかれ社会との緊密な相互関係を形成してきたのである。したがって、現代の医療は、その様々な面において現代社会を反映したものとなっている。近年急速に進歩したハイテク技術やバイオテクノロジーと医学との融合が作りあげた先端医療は、その顕著なものといえよう。

　しかし、このような社会の在りようを敏感に反映し、体現する医療の世界にあって、依然として変化を好まないものも存在する。それは大きく分けて二つ

第12章　医事法に関わる生命倫理分野と法制度

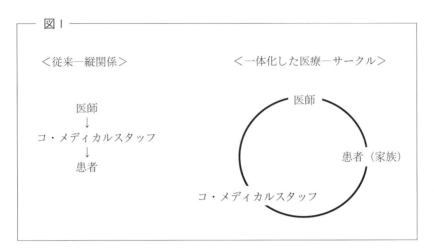

ある。一つは近代医学を基とする医療の基本理念であり、他の一つは医師を頂点とする権威主義的・家父長的関係を「医師→コ・メディカルスタッフ→患者」関係の在り方とする医療の構造的本質である[1]（図1参照）。前者は、特定病因説に収斂される機械論であり、後者は、医師のパターナリズムに集約される非人間的なケア無しの医療（curingのみの技術主義に傾斜した医療）に留まるものといえる。

　ところが、この現代の医療のもつ偏向した在り方に対して、欧米では既に70年代からその根底的な批判と反省が開始されている。その一つの表れが、**バイオエシックス**（バイオ・メディカル・エシックス）という学際的な研究の興隆である[2]。通常、このバイオエシックスには、「生命倫理」という訳語が当てられるが、本来の意味からいえば、必ずしも的確なものとはいえない。勿論、「生命倫理」は、現代医学と先端医療が、従来の生命観と倫理観の再考をうながし、それに呼応するかたちで現れた生命科学と倫理学をクロスオーバーさせた新しい試みであることは事実である。しかし、この試みの本質は、今まで受身であった、医学における被験者、医療における患者、それぞれの権利と主体性を取り戻そうとするかつて存在しなかった視点からの捉え直しであるこ

---

[1]　今井道夫＝香川知晶編・バイオエシックス入門［第二版］（1995年）158頁以下（田中信司執筆分）においては「患者の自律性」と「医師の専門性」の二つのモデルに注目し、医師と患者の問題点を考察している。
[2]　エンゲルハート（加藤尚武・飯田亘之訳）バイオエシックスの基礎づけ（1989年）Ⅴ項。

① バイオエシックスと法

とに留意する必要がある。そして、残念ながら「生命倫理」[3]という訳語から、このバイオエシックスの本質的な内容と定義を汲み取ることは難しい。この点にバイオエシックスの直訳表現が不十分な理由がある（→「**生命倫理学**」）。今日ではさらに、生命を地球的規模の生態系にまで視点を拡大し、また、現在だけでなく次世代までをも射程に置いた「**環境倫理学**」[4]までが勃興し、既にその地位を築きつつあるともいわれている。

たしかに、一面では現代医学は長足の進歩を遂げ、その知識と技術とを援用した現代の医療は、最先端医療の分野において高度な医療内容を実現し、人類に多大な恩恵を与えてくれてはいる。しかし、同時に医療は、その高度な知識・技術故に、かつて人類が体験したことのない様々な問題にわれわれを直面させることにもなった。例えば、安楽死や尊厳死の問題、あるいは、脳死と臓器移植の問題など、主として「ヒトの死」をめぐる問題、また、人工受精をはじめとし、男女産み分けの問題など様々な生殖医学領域における問題、さらには、遺伝病診断や遺伝子治療などの遺伝子の領域に踏み込むなど、正に、生命そのものを問い直さざるをえない事柄にまで及んでいる。

このような問題に直面しているという現実についていえば、欧米と日本との状況の本質的な違いはさしてない。ただし、欧米社会は、この問題に対応するにあたって、医療の基本的理念と構造を根底から変容させてきた点において、日本とはその様相を異にしている。「**患者中心の医療**」[5]（図2参照）、これこそがそのメルクマールであり、それを基礎付けるのが、個人の人権の保護、とくに自己決定権を基本とするバイオエシックスであった。バイオエシックスは、現在の医療をめぐる混迷と対峙し、また、未来を展望するための視座として欠くべからざるものとして登場してきた。したがって、かつての欧米社会と同様、混迷する医療問題に直面する日本の社会にあっても、バイオエシックスが内包する意味は、決して無視しえないものとして受けとめるべきであろう。

それでは、何故に欧米社会においては、そのような医療革命とも呼べるほどの一大転換が可能であったのか。ここで結論を先取りすれば、答えは二つある。一つは医師の権威の失墜ということであり、二つめは患者の人権への配慮とその尊重の気運の高まりということにつきる。前者の問題についていえば、元来、医師とは「**ヒポクラテスの誓い**」（太枠参照[6]）に示されたように、絶対的に

---

[3] 星野一正・医療の倫理（1991年）75-76頁。
[4] 加藤尚武・環境倫理学のすすめ（1992年）。
[5] 星野一正・前掲101頁。
[6] 阿南成一・医の倫理（1985年）6-8頁。

第12章　医事法に関わる生命倫理分野と法制度

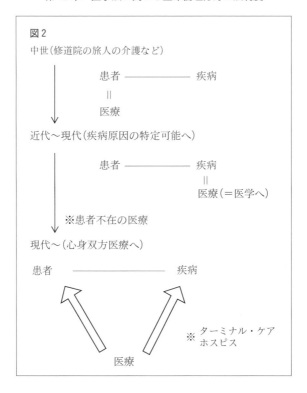

「善なる存在」であった。その主なものを挙げると、それは次のようなものである。

> 要約：「わたしの能力と判断力の限りをつくして食餌療法を施します。これは患者の福祉のためにするものであり、加害と不正のためにはしないようにつつしみます。致死薬は、誰に頼まれても、けっして授与しません。またそのような助言をも行ないません。同様に、婦人に堕胎用器具を与えません。純潔に敬虔にわたしの生涯を送り、わたしの術を施します。治療の機会に見聞きしたことや、治療と関係なくても他人の私生活についての洩らすべきでないことは、他言してはならないとの信念をもって、沈黙を守ります……」。

つまり、医療行為の主体である医師は、たとえその行為が直接、間接に患者にとって危険を伴うものであったとしても、全幅の信頼を寄せられていたのである。

しかし、この「ヒポクラテスの誓い」以来連綿と受け継がれてきた倫理綱領にささえられた医師の権威は、現代になってその信頼を根底から覆されること

① バイオエシックスと法

になった。ナチスのユダヤ人虐殺に加担した医師の存在が明らかにされたからである。この事件は、ニュールンベルク戦争裁判で審判に附されたが、このことは、当事者として裁かれるドイツ医療界はもとより、裁く側にあった連合国側の医療界にとっても重大な事件として真剣に受け止められたのである。それは、1947年患者（この場合は、主として医療実験の際に不可欠な被験者）の人権の尊重を提唱した**ニュールンベルク倫理綱領**として結実した。この医療従事者による根底的な自己批判と反省は、その後開催される世界医師会議ごとに表明される宣言の基調を成している[7]。

　もう一つのモーメントは、1960年代に端を発し、1970年代に大転換したアメリカ社会の構造変革に求めることができる。事の発端は、1963年のケネディ政権の誕生である。ケネディは、自分自身がアメリカにおけるマイノリティ（アイルランド系移民出身で、しかもカトリック）であることもあって、大統領選期間中からマイノリティに対する集票活動に積極的に取り組んでいた。その理念は「いわれなき**差別の撤廃**」[8]ということに集約されるものである。そしてこれは、単に選挙対策であったというものではなかった。それは、ケネディが弟のロバートと共に政権掌握後も具体的な政策でもってこの理念を具現化しようとしたからである。その象徴が「公民権法」の制定である。ケネディ兄弟は、この運動の強力な推進役の一人であったキング牧師と同様に、あいついで凶弾に倒れることになるが、「人権の尊重」即ち「差別の撤廃」の気運は、かれらの死を乗り越えてもりあがり、やがて制定、施行されることになる。アメリカの第二次大戦後のターニングポイントは、この公民権法の制定であったといっても過言ではなかろう。そしてこの公民権法の理念には、人種差別ばかりでなく、女性差別、子どもの人権、などの様々な差別意識を変容させる内容を含んでおり、前述した医療における「医師＝患者」の、その権威主義的・家父長的関係についても、弱者の人権の尊重の立場から、当然のごとく「**患者の人権**」として見直されることになったのである。

　バイオエシックスの中心課題の一つである**インフォームド・コンセント**（医療従事者の側からの患者に対する、診断、治療についての十分な説明と患者の同意）が積極的に検討されだしたのも、この時期からであり、それは、1975年の第29回世界医師会議ヘルシンキ宣言東京修正において明言されている。このことは、現代の医療の拘える問題が、従来の医師の自己規律を中核とする古典的

---

(7)　星野一正・前掲79頁-80頁。
(8)　國信潤子「アメリカ・フェミニズムの軌跡」フェミニズム・入門（1990年）62-64頁。

な医療倫理では十分に対応できず、個人の人権の尊重と保護、とくに患者の自己決定権を基本とするバイオエシックスの樹立が、医療関係者側からも提起されたものといえよう。また、今日、このバイオエシックスの樹立は、広く社会的な問題として医療従事者ばかりではなく、哲学、倫理学、心理学、社会学、経済学、法学など多様な分野の人々によっても目指されている。

　ようするにバイオエシックス（生命倫理）は基本的に患者の自己決定とインフォームド・コンセントを重視することから、パターナリズムとヒポクラテスの誓いを中核としていた医療倫理とは大きく異なるものといえる[9]。

(2) バイオエシックスと法

　元来、医療は専門家たるべき医師によって担われてきた歴史をもつ。医師は患者をはじめ、広く社会の信託を得る存在であった。そして、今日医療の危機が問題とされる最大のポイントは、この医師をはじめ医療従事者への信頼が喪失されることにある。バイオエシックスの登場は、この医療の危機に対応する一つの表れではあったが、もとよりこれは基本的に道徳領域に属するものであり、これと平行して、一定程度の法的規制もやむを得ないものとして強化される傾向にある。つまり、度重なる医療過誤による医事紛争の頻発などは、医療関係者の当事者能力の欠如を物語るものといえる。その意味で、一方の支えであった倫理・道徳の力の低下は否めないとするならば、もう一方の力である法の支えも相対的に強まることは必定であろう。したがって、医療における法と道徳の関係は、どちらも合理的に・相互補完的に機能することが望ましいのであり、それによって、その目的とするところの医療の適正と安全が保持されると考えるべきである。

　たしかにこれまでの医療は、医師および医療従事者の内なる自主・自律的な規制である倫理規範によって支えられてきた面が大であった。そして、その崇高な理念である倫理規範の故に、彼らは患者から、また、社会から全幅の信頼を寄せられてきたのであった。しかし、かつて自明とされた医師、病院への信頼感が崩れ、また、旧態依然たる倫理綱領のみでは十分に事態に対応しきれなくなった現在にあっては、ある程度の法の規制は必要であろう。しかし、だからといって医療関係者側の自主・自律的な倫理規範が軽んじられてはならない。また、その倫理規範に代わって、法が第一義的に考えられたり、法的規制が一人歩きするかたちで強化されてもならない。そうではなくて、医療はあくまで

---

(9)　前田達明＝稲垣喬＝手嶋豊・医事法（2000年）11頁（手嶋豊執筆分）。

も医師および医療従事者の自主・自律的な倫理規範であるバイオエシックス（生命倫理）によってなされるべきである。なぜならば、医療への法の無原則な介入は、既に複雑化してしまっている医療問題をさらに混乱させてしまう恐れが多々あり、また、法の主導による医療が、必ずしもより良い医療の実現に結びつくものでもないからである。それは本来、法が求める倫理観と医療における倫理観が全く同一のものとはしがたいからである。法はその適用範囲全体に原則として共通認識的な倫理観を創出させるが、医療は医療全体に及ぶ倫理観だけで共通認識的に解決するのは難しく、患者個人の価値観や人生観に大きく影響されるからである。このことを理解したうえで両者の有益な到達点を目指すべきである。

そして、もしこれからも人々がより良い医療の実現を望むならば、そのためには医療関係者が打って一丸として、常に法的規制の水準を超えるレヴェルで、誠実に、誠心誠意己に課せられた仕事に取り組むこと意外には道はない[10]。そうして失われた信頼や患者との距離感が回復されたとき、そのときこそより良い医療が実現するはずである。

② 生殖補助医療

> **Keyword**
>
> 生殖補助医療技術、ヒト生殖医学、生殖技術、リプロダクティブ・ヘルス／ライツ、夫婦間人工授精（AIH）、非配偶者間人工授精（AID）、選別人工授精法（HIT）、人工授精子、嫡出子、体外受精（IVF）、体外受精・胚移植（IVF-ET）、試験管ベビー、顕微授精（ICSI）、死亡後妊娠、借り腹、代理出産、ホストマザー、サロゲートマザー、着床前診断、出生前診断

(1) 生殖補助医療とは

生殖補助医療技術（Assisted Reproductive Technology：ART）として、狭義には**ヒト生殖医学**に応用され、広義には生殖現象一般に使用される技術のすべてを指す言葉であり、**生殖技術**ともいう。ここではヒト生殖医学等、医療の場での問題を中心に述べたい。

生殖補助医療は、このように医療の場においては、体外受精などの不妊治療

---

[10] 川喜田愛郎＝唄孝一＝大森文子＝中島みち・生命倫理（1988年）111-124頁（唄孝一執筆分）。

第12章 医事法に関わる生命倫理分野と法制度

や胎児診断等の生物医学の発達によって登場してきた新生殖技術をさす。生殖技術は20世紀以降、避妊手段・不妊治療・出生前診断等において次々と進展してきた。しかし、新しい技術によって生殖における選択や生殖の管理が可能になったことは、すべてを手放しで歓迎できることではなかった。また、すべての医療機関が何の規制も受けずに生殖補助医療を行っていいものなのかとの疑問もあり、日本産婦人科学会も「生殖補助医療実施医療機関の登録と報告に関する見解の改定について」（平成22年4月22日改訂）において、「<u>生殖補助医療（ART）は不妊診療の重要な選択肢のひとつであり、難治性不妊症に対する治療法として位置付けられている。ARTの実施にあたっては、受ける患者の医学的、社会的、経済的かつ心理的側面に十分に配慮するとともに、施設・設備、要員などについて一定の基準を満たすことが必要である。また、登録施設においては効果的で安全な医療を行うために、必要な義務を負う。</u>」として、現在におけるART実施施設が満たすべき義務、施設・設備・要員の基準、および登録および安全管理に関する留意点について、最小必要要件を示している。

また、WHO（世界保健機関）は、**リプロダクティブ・ヘルス／ライツ**（Reproductive Health/Rights）という言葉を用い[11]、「人びとが安全で満ち足りた性生活を営むことができ、生殖能力をもち、子どもを産むか産まないか、いつ産むか、何人産むかを決める自由をもつこと」といった生殖能力を十分持つことも健康の概念であり、権利としている。これは1994年のカイロ国際人口・開発会議で採択に基づいたものである。

以下本項では、人工授精、体外受精、代理母の問題を中心に生殖補助医療のあり方を考えてみたい

(2) 人工授精

人工授精は、受精することを目的として、人工的に精子を女性性器内に注入する医療技術をいう。そのうち提供される精子が夫の精子の場合を**配偶者間人工授精**（AIH）といい、第三者からの提供精子を使う**非配偶者間人工授精**（AID）という。

配偶者間人工授精（AIH）は、倫理的な問題もほとんど問われることなく不妊治療として広く用いられてきた。近年は、取り出した精子に選別・洗浄・濃

---

[11] リプロダクティブ・ヘルスとリプロダクティブ・ライツは、その概念の捉え方に国際社会におけるさまざまな妥協や政治的な背景があり、安易に混同することで、その意味するところが曖昧になる恐れがあるとの指摘もあるが、ここでは日本における一般的な表記例に従い、「リプロダクティブ・ヘルス／ライツ」とする。

② 生殖補助医療

縮などのさまざまな操作を加えることが可能となり、運動性のよい優秀な精子だけを選んで注入する方法である **選別人工授精法**（HIT）が用いられている。

なお、人工授精の対象となるのは次のようなケースである。
 a．精子の濃度や運動率に問題がある場合。
 b．子宮頚管粘液（排卵前の透明な分泌物）が少ない場合。
 c．抗精子抗体がある場合。

一方、第三者の精子を使う非配偶者間人工授精（AID）という方法は、夫に絶対的な不妊原因がある場合を適応の条件としている。これは親子関係の確定の問題をはじめ、様々な問題を生ずる可能性があるからである。精子の提供者は、夫と同じ血液型であることを条件とし、遺伝性欠陥をはじめ、肝炎、HIDSなどの検査をして、安全に受精させられる精子を提供できるかチェックされた後に実施されている。

当初は法的な規制はなく実施されてきたが、1992年に男性不妊の治療に顕微授精が導入され、AID選択者は減少したといわれているが、日本産婦人科学会の2008年度分の報告では、年間患者総数908人がAIDを受け、76名の新生児が出生しているとされる[12]。生まれてきた子どもは、法的にもその夫婦の正式な子どもとされ、精子提供者は生まれてきた子どもについて何の義務も権利も持つことはできない。

そして2003年4月、生殖補助医療（非配偶者間の生殖補助医療）のあり方について検討を重ねていた厚生科学審議会生殖補助医療部会から最終報告書が提出された。その内容は、法律上の夫婦が自分たちの精子と卵子では子どもができない場合に限って、提供された精子による人工授精、提供された精子や卵子、または胚による体外受精を利用できる。ただし、加齢により妊娠できない夫婦は対象とならない。第3者からの精子・卵子・胚などの提供は認めるものの、近親者などからの提供は今後の検討としたほか、第3者の女性が出産する代理出産は禁止するとした。また生まれた子どもからの福祉的観点から、子どもの出自（しゅつじ）を知る権利を認め、子どもが15歳になり希望すれば遺伝上の親の氏名・住所などの情報を知ることができるとした。

なお、人工授精により出生した子（**人工授精子**）の親権であるが、AIDによる場合でも真実の親子関係が存在しない一方の親権をすぐさま否定するもので

---

[12] 日本産婦人科学会・平成21年度倫理委員会　登録・調査小委員会報告（日本産婦人科学会雑誌第62巻9号）1830頁。

はない。もともと配偶者間の同意を得て人工授精が行われた場合には、人工授精子は嫡出推定の及ぶ **嫡出子** と解することが妥当である。たとえば未成年の人工授精子の親権の認定においても、判例では当事者双方の養育態度、養育環境、未成年者の受け入れ態度等を勘案して判断されるとしている[13]。

(3) 体外受精・胚移植

＊IVF-ET（In Vitro Fertilization Embryo-Transfer）

自然の性交渉では妊娠できない場合、通常、タイミング法や人工授精でも妊娠に至らない場合に卵胞から採取した卵子を体外に取り出し、男性から採取した精子と培養器の中で人工的に受精させる方法があり、**体外受精**（IVF）といわれる。そして、できた受精卵を48時間ほど培養し、2〜8分割した初期胚を子宮に移植し着床させる方法を含めて **体外受精・胚移植**（IVF-ET）という。初期胚の間だけは通常起きる拒否反応を免れる機能があるので、卵子や胚の移植も可能となるからである。

歴史的には1978年7月25日、ケンブリッジ大学教授ロバート・エドワードと産婦人科医パトリック・ステプトーの手により、世界で初めての体外受精児ルイーズ・ブラウンが生まれた。当時、「**試験管ベビー**」という言葉でニュースになったことからよく知られ、ロバート・エドワードはこの「体外受精技術の開発」で2010年にノーベル生理学医学賞を受賞している。国内では、1983年東北大学医学部付属病院の産婦人科教授であった鈴木雅州医師を中心とするチームの手により成功している。以来、日本においても体外受精による不妊治療は定着し、2006年の日本産婦人科学会の報告ではIVF-ETだけでも出生児数名4,614を数えている[14]。現在のところ、学会は夫婦間での治療しか認めていないため、海外で外国人の女性から卵子の提供を受けて妊娠・出産するケースなども増えている。

また、通常の体外受精では受精しない場合や重度の男性不妊症の場合にIVF-ETの一環として受精障害の場合に顕微鏡下の操作で卵細胞質内に1匹の精子を注入し、受精させる **顕微授精**（ICSI、卵細胞質内精子注入法）が行われるようになった。1992年にベルギーで初めて顕微授精による妊娠、出産が成功し、日本では1992年に最初の顕微授精による子が誕生している。

---

(13) 町野朔＝水野紀子＝辰井聡子＝米村滋人・生殖医療と法（「AID児」[東京高決平成10年9月16日家月51巻3号165頁]）(2010年) 236-237頁（水野紀子執筆分）

(14) 前掲・日本産婦人科学会1827頁。また同報告によれば、2005年までに体外受精による出生数は累計117,589人となっている。

② 生殖補助医療

　また、体外受精では妊娠率を上げるために複数の胚を子宮に戻すが、すべての胚が着床してしまうと胚の成長と母体の健康の両方を害することになり、いくつかの胚を取り除く減数手術をしなければならない。成長すれば人になる胚を除去することになることから、子宮に戻す胚の数を制限する動きが関連学会等から出てきた。なお、日本産科婦人科学会では、2008年4月の会告「生殖補助医療における多胎妊娠防止に関する見解」において、「生殖補助医療の胚移植において、移植する胚は原則単一とする。ただし、35歳以上の女性、または2回以上続けて妊娠不成立であった夫婦に対しては、移植しない胚を後の治療周期で利用するために凍結保存する技術のあることを必ず提示しなければならない」としている。

　生殖補助医療の発達は、体外受精の場合もAIDによる場合だけではなく、AIHの場合であっても冷凍保存した夫の精子を使用し、夫の死後に妻が妊娠を望む**死亡後妊娠**や妻の卵子は正常だが子宮に欠陥があるため、AIHの体外受精卵を別の女性の子宮に移植して産んでもらう**借り腹**などの新たな問題も起こっており、日本の現行法では規定が存在せず、嫡出の推定ができないようなケースも考えられる[15]。

(4) 代理出産

　妻の子宮に欠陥があり、他の女性の子宮を借りて出産する場合を**代理出産**という。

　一つには夫の精子と妻の卵子を体外受精させ、その初期胚を他の女性の子宮に移植・出産させる方法で(3)の借り腹のことである。もうひとつは不妊の妻とその夫が他の女性と契約を結び、その女性が人工授精により夫の精子を使って妊娠し、出産後にその子を譲り渡す方法という二つの方法がある。前者は体外受精型代理母（**ホストマザー**）といわれ、後者は人工授精型代理母（**サロゲートマザー**）という。なお、2003年5月、国内で初めてホストマザーによる妊娠・出産が明らかになった。

　厚生労働省の「生殖補助医療技術に関する専門委員会」は、2001年12月[16]、夫婦以外の精子や卵子による受精卵を使った体外受精を、大筋で認めようとする報告書案をまとめた。3年後をめどに必要な法整備などを進めてきたが、代

---

[15] 石原明・法と生命倫理20講（1997年）7-8頁参照。
[16] 厚生科学審議会先端医療技術評価部会生殖補助医療技術に関する専門委員会・「精子・卵子・胚の提供者による生殖補助医療の在り方についての報告書」（2001年12月28日）。

第12章　医事法に関わる生命倫理分野と法制度

理出産については「女性を生殖の手段として扱う技術だ」との理由で「法律で禁じるべき」としている。そして前述のように2003年4月[17]、生殖補助医療（非配偶者間の生殖補助医療）のあり方について検討を重ねていた厚生科学審議会生殖補助医療部会から最終報告書が提出され、やはり第三者の女性が出産する代理出産は禁止するとした。同様に2008年4月の日本学術会議「生殖補助医療の在り方検討委員会」の報告書「代理解体を中心とする生殖補助医療の課題——社会的合意に向けて——」においても代理懐胎については、原則禁止としている。

しかし、どうしても子どもを持つことを願う人々にとっては、報告書での禁止は乗り越えるべき壁でしかなかった。その中でも代理出産の可否をめぐる争点となったのが、タレントの向井亜紀と元プロレスラーの高田延彦夫妻のケースであろう。

向井夫妻がアメリカ人女性に代理出産を依頼して、ネバダ州で生まれた双子の男児について、1審の東京家裁は、申立人（向井）が分娩者ではないとして、出生届の不受理処分取消しの申立てを却下した。その後2審の東京高裁は向井夫妻を法律上の父母としたネバダ州最高裁の命令を重視し、この「外国裁判所の確定判決」を承認した。しかし、法務省が最高裁に抗告するよう品川区に指示し、同区は最高裁へ許可抗告するための申立てを東京高裁に行い、最高裁は実親子関係は一義的に明確な基準によって一律に決せられるべきで（民法第772条第1項参照）、非嫡出子の母子関係等から、出生子を懐胎、出産した女性を母と解し、それゆえに、実親子関係を認められる外国裁判所の裁判は民訴法第118条第3号の公の秩序に反するとし、母子関係を否定した[18]。結局、この最高裁決定の後、向井夫妻と双子の間で特別養子縁組を行ったが、AIHでのケースだけに認めてよいとする世論も高かった。

しかし、現時点での最高裁の判断は、母子関係は「原則として、母の認知を待たず、分娩の事実により当然に発生すると解するのが相当である」とした1962年の判決（最高裁昭和37年4月27日民集16巻7号1247頁）のままである。この向井夫妻のケース以外にも母親が子宮に欠陥がある実の娘の代理出産で孫

---

(17)　厚生科学審議会先端医療技術評価部会・「精子・卵子・胚の提供等による生殖補助医療制度の整備に関する報告書」（2003年4月28日）。

(18)　小野幸二「生殖補助医療と民法」日本法学第76巻第2号（2010年）432-433頁。また小野教授は代理出産肯定の立場から、2008年4月の日本学術会議の代理懐胎に対する報告の原則禁止、分娩者＝母ルールに対し、原則肯定、依頼者（DNAの母）＝母ルールを提唱している。

を出産するケースも複数出てきている。このような場合も日本の法制度では、母の出産した子（孫）を娘の子とするには養子縁組するしか方法はないのである。実親子関係に関する最高裁の一義的、一律的な基準は、自然分娩の場合は明確な合理性を持つが、代理出産を含むすべての出産に当てはまる合理性を持つとは言い切れない。1962年の判決当時には想定できなかった事例であり、新たな倫理的、法的課題として議論を重ねる必要がある。

(5) 着床前診断と出生前診断

①着床前診断

　生殖補助医療の発展と同じくして遺伝子解析技術の進歩があり、疾患の原因となる遺伝子的要因も明らかになってきた。この技術は、単一細胞の遺伝子診断も可能とし、体外受精でできた初期胚の一部を検査することで、特定の遺伝疾患を診断する**着床前診断**（PGD：Preimplantation Genetic Diagnosis）を確立させた。

　この着床前診断は、妊娠後の出生前診断から中絶を選択するより女性に負担が少ないとの意見がある。しかし一方、着床前診断はすべての病気をスクリーニングするものではないので、妊娠後、あらためて出生前診断を受けることも十分に考えられることを考慮すると、簡単に精神的・身体的負担が少ないと断言できるかどうか、疑問の余地がある[19]。

②出生前診断

　出生前診断とは、母体内で生育している胎児の健康状態を、出生前に把握するためにおこなう様々な査と、それらの検査結果にもとづく診断行為の総称である。

　広義には、妊婦や胎児の健康管理に有用であり、適切な分娩方法・分娩施設を選択することや、出生後すみやかに適切な医療的処置をおこなうためにも役だつものであることから、妊娠の全期間を通して必要に応じて行われる。狭義には、妊娠を継続するかの判断材料（＊）として、中絶可能な期間（妊娠22週未満）に検査結果が出ることを前提として行われる。

　出生前診断の主な方法としては、超音波画像診断、羊水穿刺（せんし）、絨毛（じゅうもう）採取などがある。超音波画像診断は、妊娠の全期間をとおして実施が可能で、妊婦健診等においても一般的におこなわれているものであり、胎児の全般的な発育状態を知ることができる。加えて、胎児の形態異常が診断さ

---

[19] 塚田敬義・前田和彦編・生命倫理・医事法（2015年）58頁（加藤太喜子執筆分）

第 12 章　医事法に関わる生命倫理分野と法制度

れることもあり、一部の疾患では胎児治療の道が開かれつつある。出生前診断は、結果として妊娠を中断することが起こり得るため、倫理的問題が指摘されるものである。また、たとえ胎児の疾患を理由とした場合でも、人工妊娠中絶に至る場合は、適合する法的根拠に基づくというより、母体保護法第 14 条第 1 項第 1 号「妊娠の継続又は分娩が身体的又は経済的理由により母体の健康を著しく害するおそれのあるもの」を拡張的に該当させることで行われているといえる。

> ＊狭義の出生前診断のための羊水穿刺は、妊娠 14 退から 18 過に、妊婦の腹壁から針を刺して羊水を 10〜20cc ほど採取し、羊水中に浮遊している胎児由来の細胞を培養して、これを検査の試料として分析するものである。羊水穿刺による流産率は 300〜500 分の 1 程度といわれ、検査事態に流産の危険性があることが問題点でもある（ちなみに絨毛穿刺の流産率は 50〜100 分の 1 といわれる。）。

⟨3⟩ 性同一性障害者の性別の取扱いの特例に関する法律
［平成 15 年 7 月 16 日法律第 111 号］

> **Keyword**
> 性同一性障害（GID）、MtF、FtM、ジェンダー・アイデンティティ、性別の取扱いの変更の審判、戸籍上の性別

(1) 性同一性障害者とは

性同一性障害（GID：Gender Identity Disorder）とは、生物学的な性と性の自己意識が一致しない状態のことをいい、WHO が定めた国際疾病分類である ICD-10 にも掲載されている医学的疾患である。この疾患は諸外国の統計等から推計すると男性（MtF（Male to Female）：自己認識性別が女性で生まれた生物学上の性別が男性）は 1 万人に 1 人、女性（FtM（Female to Male）：自己認識性別が男性で生まれた生物学上の性別が女性）は 3 万人に 1 人の割合といわれ、現在わが国には 8000 人以上の性同一性障害者が存在するとされる。しかしあくまで医療機関での受診者からの数であり、実際には 1000 人に 1 人程度は自身の性別に違和感を感じているといわれ、その場合は 13 万人程度の性同一性障害者が国内にいるのではとも推測されている。実際の患者数としては、日本精神神経学会の国内の主要専門医療機関での調査で 2007 年末までに延べ 7177 人（MtF2661 人、FtM3666 人）となっている（日本精神神経学会「性同一性障害に関

③ 性同一性障害者の性別の取扱いの特例に関する法律

する委員会の調査速報値（中島豊爾委員長）」）。

ここでいう性同一性の「同一性」とは、身体的な性と精神的な性の「性的同一性」を指すのではなく、環境や時間にかかわらず、恒常的に変わらない「個の性質の同一性」という意味においての「同一性」である。

この性同一性障害の定義を本法においては、「生物学的には性別が明らかであるにもかかわらず、心理的にはそれとは別の性別であるとの持続的な確信をもち、かつ、自己を身体的及び社会的に他の性別に適合させようとする意思を有する者であって、そのことについてその経験を有する2人以上の医師の一般に認められている医学的知見に基づき行う診断が一致しているものをいう［第2条］」としている。

この医師の診断について、日本における性同一性障害への医療的アプローチの指針である、日本精神神経学会の「性同一性障害に関する診断と治療のガイドライン」[20]によれば、性同一性障害の診断はおよそ次のようにおこなわれる。

1. ジェンダー・アイデンティティ（性の自己意識）の判定
 ① 生活歴・性行動歴の聴取
 ② 性別違和の実態を明らかにする。
   a．自らの性別に対する継続的な違和感・不快感
   b．反対の性に対する強く持続的な同一感
   c．反対の性役割を求める
 ③ 診察の期間については特に定めず、診断に必要な詳細な情報が得られるまで行う
2．身体的性別の判定
　染色体、ホルモン、内性器、外性器の診察・検査
3．除外診断
   a．統合失調症などの精神障害によって、本来の性自認を否認したり、性別適合手術を求めたりするものではないこと。
   b．文化的社会的理由による性役割の忌避や、もっぱら職業的利得を得るために反対の性別を求めるものではないこと。
4．診断の確定
   a．以上の点を総合して、身体的性別と性自認が一致しないことが明らかであれば、これを「性同一性障害」と診断する。

---

[20] 日本精神神経学会性同一性障害に関する委員会「性同一性障害に関する診断と治療のガイドライン（第4版）」（2012年）

b．インターセックス（性分化疾患）、性染色体異常などが認められるケースであっても、身体的性別と性自認が一致していない場合、これらを広く「性同一性障害」の一部として認める。
　c．性同一性障害に十分な理解をもつ精神科医が診断にあたることが望ましい。2人の精神科医が一致して「性同一性障害」と診断することで診断は確定する。2人の精神科医の意見が一致しない場合は、さらに経験豊富な精神科医の診察結果を受けて改めて検討する。

(2) 性別の取扱いの変更の審判

　家庭裁判所は、性同一性障害者であって下記aからeまでの各要件のいずれにも該当するものについて、そのものの請求により、**性別の取扱いの変更の審判**をすることができることとしている［第3条第1項］。
　a．20歳以上であること。
　b．現に婚姻していないこと。
　c．現に未成年の子がいないこと。
　d．生殖腺がないことまたは生殖腺の機能を永続的に欠く状態にあること。
　e．その身体について他の性別に係る身体の性器に係る部分に近似する外観を備えていること。

(3) 医師の診断書の提出

　性別の取扱いの変更の審判の請求をするには、性同一性障害の診断の結果並びに治療の経過及び結果その他の厚生労働省令で定める事項が記載された医師の診断書を提出しなければならないこととしている［第3条第2項］。省令で定める記載事項は次のものである[21]。

　本法第3条第2項に規定する医師の診断書に記載すべき事項は、当該医師による診断を受けた者に係る次の各号に掲げる事項とし、当該医師は、これに記名押印又は署名しなければならない。
　　a．住所、氏名及び生年月日
　　b．生物学的な性別及びその判定の根拠
　　c．家庭環境、生活歴及び現病歴

---

(21) 性同一性障害者の性別の取扱いの特例に関する法律第三条第二項に規定する医師の診断書の記載事項を定める省令（平成16年5月18日厚生労働省令第99号）

③ 性同一性障害者の性別の取扱いの特例に関する法律

   d．生物学的な性別としての社会的な適合状況
   e．心理的には生物学的な性別とは別の性別（以下「他の性別」という。）であるとの持続的な確信を持ち、かつ、自己を身体的及び社会的に他の性別に適合させようとする意思を有すること並びにその判定の根拠
   f．医療機関における受診歴並びに治療の経過及び結果
   g．他の性別としての身体的及び社会的な適合状況
   h．診断書の作成年月日
   i．その他参考となる事項

(4) 審判の効果等

　性別の取扱いの変更の審判を受けた者は、民法その他の法令の規定の適用については、法律に別段の定めがある場合を除き、その性別につき他の性別に変わったものとみなすこととしている［第4条第1項］。また、審判の効果は、法律に別段の定めがある場合を除き、審判前に生じた身分関係及び権利義務に影響を及ぼすものではないこととしている［第4条第2項］。

(5) 附　　則

　本法では、審判の請求をすることができる性同一性障害者の範囲その他性別の取扱いの変更の審判の制度について、本法の施行後3年を目途として、本法の施行の状況、性同一性障害者等を取り巻く社会的環境の変化等を勘案して、検討を行うとともに、必要があると認めるときは、その結果に基づいて所要の措置が講じられることとしている。

(6) 戸籍法の一部改正

　戸籍法［昭和22年法律第224号］の一部を次のように改正する。
　第20条の3の次に次の1条を加える。
　　第20条の4　性同一性障害者の性別の取扱いの特例に関する法律［平成15年法律第111号］第3条第1項の規定による性別の取扱いの変更の審判があった場合において、当該性別の取扱いの変更の審判を受けた者の戸籍に記載されている者が他にあるときは、当該性別の取扱いの変更の審判を受けた者について新戸籍を編製する。」
　これにより性同一性障害者の長年の懸案であった**戸籍上の性別**も手にでき

るようになった[22]。実際、2014年末までに5166名が戸籍上の性別変更を行っている[23]。

④ ハンセン病と薬害エイズ

> **Keyword**
> らい病、らい菌（ミコバクテリュウム）、通婚忌避、ハンセン病、ハンセン病問題の解決の促進に関する法律、HIV感染、薬害エイズ事件、血友病、自己注射、加熱製剤、非加熱製剤、恒久対策

(1) はじめに

平成11年4月より予防衛生法規に大きな改正がなされた。この背景には感染症の新たな出現等もあったが、従来の法規に十分に達成されていなかった患者の人権の保護があったことは当然である。本項においては、その中でも問題となっていた「らい予防法」（平成8年廃止）の存在とエイズ患者（HIV感染者）の人権を大きくクローズアップさせた「薬害エイズ」について述べることで、法と医療の一つの側面を認識するものとしたい。

(2) らい予防法［昭和28年8月15日法律第214号］と患者の人権

（1996年4月1日に廃止された、②参照）

① らい（ハンセン）病と患者の人権

らい病は「らい菌」によって皮膚と抹消神経が好んで冒される慢性特異性炎症性疾患であり、重傷化すると神経障害等で手足や顔の変形や視聴覚障害などの後遺症が残る。1873年にノルウェーの医師ハンセンによって「らい菌（ミコバクテリュウム）」が発見され、遺伝病から伝染病（今日の感染症）へと認識が改められた。これ以前は血統による遺伝病（「ドス（ハンセン）マケ」という言葉でいわれる）とされ、通婚忌避の対象にさえされていた。

そして、1907年に「癩予防ニ関スル件」（旧癩予防法）が施行され、1909年には五つの療養所が設立された。この療養所内では療養所長に権限が集中し、

---

[22] 東京高裁平成12年2月9日決定（高民集53巻1号79頁、判時1718号62頁、判タ1057号215頁）等、性同一性障害についての戸籍上の性別変更は、本法成立まで認められてこなかった。大島俊之「性同一性障害と戸籍の訂正」（別冊ジュリスト183号医事法判例百選）232-234頁参照。

[23] 一般社団法人gid.jp日本性同一性障害と共に生きる人々の会HP参照。

④ ハンセン病と薬害エイズ

患者の権利が損なわれているとの批判が絶えないものであった。たとえば、患者同士の婚姻を認めたが（逃走防止のためともいわれる）、条件として男性には輸精管切断手術（優生手術）を行われた。また、女性への妊娠中絶も強制されたが、医師が堕胎罪に問われることもなかったことなどが強く叫ばれていた[24]。そして、1953年最後の「らい予防法」が患者の隔離政策を踏襲したまま成立した（②参照）。

しかし、第二次世界大戦後開発された新薬プロミンによってほとんどの患者が無菌治癒者になったことや、1956年にローマで開かれた「ハンセン病患者の保護および社会復帰に関する国際会議」でハンセン病への偏見や差別法廃止を求める決議がされたことから、国際的にも「らい予防法」は改正を望まれるものとなっていた。したがって、本法がほとんど改正されずに長年存続したことは、患者の人権が長期にわたって侵害された事実を示すものであった。本来であれば、このように強度に人権を制限する法律には、一定期間後の見直しを義務付ける必要があるべきであろう[25]。

本法に対しては、1994年に国立ハンセン病療養所所長連盟が廃止を求める見解を発表し、1995年には日本らい学会が同様に廃止を求める見解を発表した。そして、これを受けた厚生労働省では1996年の通常国会で本法を廃止し、新法成立を図る方針を決定し、1996年3月末日に廃止した[26]。これにおいては、差別的な内容が撤廃されたことはいうまでもないが、療養所を退所した後も社会生活が営めるよう、過去を含めての保障と社会生活への支援が継続的に必要である。しかし現在でも多くの患者が療養所を出られない現実は、医事法の歴史に重くのしかかっている。

なお、熊本地裁2001年5月11日の判決において認められた国の責任から、2002年1月28日に厚生労働大臣と原告（患者）との基本合意が調印され（本項④参照）、同30日には遺族原告および入所歴なき原告についても和解が成立した。また、2001年には「ハンセン病療養所入所者等に対する補償金の支給等に関する法律」、2008年には「ハンセン病問題の解決の促進に関する法律」

---

(24) 島比呂志『らい予防法の改正を』（岩波ブックレット No.199）、『「らい予防法」と患者の人権＝1993年）、「らい」園の医療と人権を考える会編・「らい予防法」を問う（1995年）に療養所内における患者の差別的待遇と法の矛盾が詳しく述べられている。
(25) 磯部哲「ハンセン病国家賠償訴訟」（別冊ジュリスト183号医事法判例百選）57頁。
(26) 本法は廃止となったが、らい患者の偏見と差別の歴史は、医事法上明記すべき問題であり、「後天性免疫不全症候群の予防に関する法律」等、これからの予防法規の認識においても必要かつ重要と考え、あえて旧版より詳細に述べ、掲載した。

第12章 医事法に関わる生命倫理分野と法制度

(本項③参照)が成立し、失われた名誉と人権、そして生活のできうる限りの回復を行おうとしている。

② 患者への強制(平成8年4月1日廃止の「らい予防法」による)

※らいについては旧法「癩予防法」の成立［明治40年法律第11号］以前から結核菌に似て感染力も弱いことが発見されていた。「プロミン」の使用によって完治できる疾病であること等明らかであるにも拘らず、以下にみるような非人道的とみられる処分が行われており、早期に法改正(場合によっては廃止)の必要があるとされてきた。

a. 国立療養所への強制入所［第6条］
　イ．らいを伝染させるおそれのある患者について予防上必要があると認める者への入所の勧奨［1項］
　ロ．勧奨に応じない者に対する入所命令［2項］
　ハ．命令に従わないか、そのいとまのない時強制入所［3項］

b. 外出の制限［第15条］→罰則、拘留、科料
　イ．親族の危篤、死亡、り災、その他特別の事情で所長が許可したもの［1項1号］
　ロ．法令によって療養所外へ出頭する場合で所長が許可したもの(1項2号) 2項、3項略

c. 所内の秩序の維持［第16条］
　紀律に違反した場合→戒告あるいは30日を超えない期間の謹慎(この場合は重監房への収容)。

※入所、外出の制限の内容はあっても退所規定はないといった生涯患者を隔離するための法規であった。

③ ハンセン病問題の解決の促進に関する法律(平成20年6月18日法律第82号)

このように1996年に「らい予防法」が廃止されるまで、国による隔離政策によって、ハンセン病の患者や家族は地域社会で平穏に生活することを妨げられてきた。そしてハンセン病に対する周囲の偏見や誤解から、様々な人権上の制限や差別などの大きな被害を受けてきたことは周知の事実である。そのような中で、ハンセン病患者であった者や家族に対する差別や偏見の解消や名誉の回復をさらに推し進めるため、「**ハンセン病問題の解決の促進に関する法律**」が2008年6月に成立し、2009年4月1日から施行された。それにはハンセン病の患者として受けてきた差別等に対するできる限りの回復や国立ハンセン病療養所へ入所して平穏に生活や療養ができることを原則的な権利として認める

④ ハンセン病と薬害エイズ

等（再入所、新規入所を含む）、良好な生活環境の確保や社会復帰への支援等について定められている。

ここにその前文と基本理念を示す。

a．前文：「らい予防法」を中心とする国の隔離政策により、ハンセン病の患者であった者等が地域社会において平穏に生活することを妨げられ、身体及び財産に係る被害その他社会生活全般にわたる人権上の制限、差別等を受けたことについて、平成13年6月、我々は悔悟と反省の念を込めて深刻に受け止め、深くお詫びするとともに、「ハンセン病療養所入所者等に対する補償金の支給等に関する法律」を制定し、その精神的苦痛の慰謝並びに名誉の回復及び福祉の増進を図り、あわせて、死没者に対する追悼の意を表することとした。この法律に基づき、ハンセン病の患者であった者等の精神的苦痛に対する慰謝と補償の問題は解決しつつあり、名誉の回復及び福祉の増進等に関しても一定の施策が講ぜられているところである。

しかしながら、国の隔離政策に起因してハンセン病の患者であった者等が受けた身体及び財産に係る被害その他社会生活全般にわたる被害の回復には、未解決の問題が多く残されている。とりわけ、ハンセン病の患者であった者等が、地域社会から孤立することなく、良好かつ平穏な生活を営むことができるようにするための基盤整備は喫緊の課題であり、適切な対策を講ずることが急がれており、また、ハンセン病の患者であった者等に対する偏見と差別のない社会の実現に向けて、真摯に取り組んでいかなければならない。

ここに、ハンセン病の患者であった者等の福祉の増進、名誉の回復等のための措置を講ずることにより、ハンセン病問題の解決の促進を図るため、この法律を制定する。

b．基本理念［第3条］：①　ハンセン病問題に関する施策は、国によるハンセン病の患者に対する隔離政策によりハンセン病の患者であった者等が受けた身体及び財産に係る被害その他社会生活全般にわたる被害に照らし、その被害を可能な限り回復することを旨として行われなければならない。

②　ハンセン病問題に関する施策を講ずるに当たっては、入所者が、現に居住する国立ハンセン病療養所等において、その生活環境が地域社会から孤立することなく、安心して豊かな生活を営むことができるように配慮されなければならない。

③　何人も、ハンセン病の患者であった者等に対して、ハンセン病の患

第12章 医事法に関わる生命倫理分野と法制度

者であったこと又はハンセン病に罹患していることを理由として、差別することその他の権利利益を侵害する行為をしてはならない。

④　基本合意書

ハンセン病違憲国家賠償訴訟全国原告団協議会と国（厚生労働大臣）は、ハンセン病患者であった者が提訴時に死亡している場合の当該死亡者の相続人である原告及び入所歴のないハンセン病患者・元患者の原告が提起した訴訟に関し、次のとおり、司法上の解決（裁判上の和解）についての基本事項を合意した。

一　謝　罪
1　国は、熊本地方裁判所平成13年5月11日判決において認められた国の法的責任を深く自覚し、長年にわたるハンセン病隔離政策とらい予防法により入所歴なき原告を含む患者・元患者の人権を著しく侵害し、ハンセン病に対する偏見差別を助長し、ハンセン病政策の被害者に多大な苦痛と苦難を与えてきたことについて真摯に反省し、衷心より謝罪する。
2　国は、入所歴なき原告を含む患者・元患者に対し、その名誉を回復し、精神的苦痛を慰謝することを目的とする謝罪広告を行う。
謝罪広告の実施については、ハンセン病問題対策協議会において、すでに協議・決定され、予定されている謝罪広告に含めるものとする。

二　一時金の支払
1　国は、原告に対し、損害の賠償等として、平成13年12月7日に熊本地方裁判所が示した和解に関する所見を踏まえて、和解一時金を支払う。
2　相続人からの請求について、当該原告が相続人であること及びその相続分については、証拠に基づき、裁判所が認定する。
原告は、相続を原因とする不動産の所有権移転登記手続に要する程度の資料を証拠として提出する。
3　ハンセン病療養所の入所歴のない者のハンセン病の発症時期については、平成13年12月18日付けの熊本地方裁判所の補充所見で示された医師による確定診断を基本とし、当事者間に意見の相違があるものについては、証拠に基づき、裁判所が認定する。
原告は、診断書ないしこれに準ずる資料、陳述書等を証拠として提出する。

三　入所歴なき原告について
国は、入所歴なき原告について、主として、合理的な理由のなくなった「らい予防法」を廃止しなかったために、ハンセン病療養所に入所させて治療を行うという政策の結果として、ハンセン病の治療を受けられる機会が極めて限られて、入所せずに治療を受けることが容易ではなかったことに基づく損害を与えたことを認める。

四　加算金等

④ ハンセン病と薬害エイズ

1　原告は、遅延損害金及び弁護士費用の支払を求めない。
2　訴訟費用は各自の負担とする。
　　ただし、印紙代については、既に貼付した分を除き、全額国の負担とする。
五　名誉回復等の施策について
1　原告と国は、遺族による死没者の遺骨引取りが、死没者の名誉回復、ハンセン病に対する偏見差別の解消につながるものであるとの基本認識にたったうえで、死没者の遺志を尊重しつつ、遺族の遺骨の引取りにつき、それぞれ努力する。
2　遺骨の引取り等、その他の事項については、別途協議する。
　　平成14年1月28日
　　　　　ハンセン病違憲国家賠償訴訟全国原告団協議会会長
　　　　　厚生労働大臣

(3) 薬害エイズ

HIV感染の被害として、わが国特有の多さともいえるのが血友病患者（2014年5月現在5904人（2014年度血液凝固異常症全国調査による））の血液製剤（濃縮凝固因子製剤）輸液による感染問題であり、薬害エイズ事件と呼ばれる。

血友病とは、血液を固まらせる因子が先天的に欠乏している病気でほぼ男性だけに現われる。根治治療はなく、一生凝固因子の補充を必要とする（その他の日常生活にはほとんど支障はない）。したがって、凝固因子の補充に日々のわずらわしさがあり、自己注射の獲得と血液製剤の大量輸入は患者に光明をもたらしたといわれた。しかし、その輸入血液製剤にHIVウイルスが混入していたことから、わが国の血友病患者の半数余り（厚生労働省推定1600人〜2000人）がHIV感染者となったのである。

血液製剤は、大量の血液をプールして作られ、ウイルスに無防備であった。米国では1982年7月よりその危険性が示唆され、翌年3月より加熱製剤を承認した。しかし日本においては、加熱製剤の承認が2年4カ月遅れて1985年7月を待つものであった。そして、加熱製剤の承認後も非加熱製剤の回収指示をしなかったことから、さらなる感染者を生む事態を引き起こした。

被害者側は1989年から東京と大阪で、国と製薬会社5社を相手取り損害賠償訴訟を起こしている。そして1995年10月東京および大阪地裁は国の行政責任に言及したうえ、被害者（患者）側への和解金を国4割、製薬会社6割の負担割合として一時金の支払を提示した。そして1996年3月29日、HIV訴訟は東京地裁と大阪地裁でともに和解が成立した。提訴から7年で同訴訟は決着

したわけだが、これで終結したのではなく、**恒久対策**を中心に国・製薬会社のこれからの対策が問われることはいうまでもない。また、未結審の原告や未提訴の患者は、これからの証拠調べにおいて順次和解の対象となる。

さらに血友病以外の薬害エイズ患者（血液製剤を使用した肝臓病や新生児出血症などのHIV感染者）はほとんど配慮がなされておらず、早期の実態解明と保障が必要である。

現在、国立国際医療センター内に設置されたエイズ治療・研究開発センター（ACC）とエイズ治療ブロック（全国8ブロック）、ブロック拠点病院（国立大学法人北海道大学病院、独立行政法人国立病院機構仙台医療センター、独立行政法人国立病院機構名古屋医療センター、独立行政法人国立病院機構大阪医療センター、独立行政法人国立病院機構九州医療センター等、全国14機関）、各県の中核拠点病院、そして指定自立支援医療機関（免疫）の全国約380ヶ所機関を中心にHIV感染者とエイズ患者の治療と受け入れを行っている[27]。

⑤ 安楽死

> *Keyword*
>
> 安楽死、名古屋高裁の判例、6つ要件、東海大学安楽死事件、オランダ、オーストラリア北准州、アメリカのオレゴン州、アドバンス・ディレクティブ、ベルギー、スイス、アメリカ・ワシントン州、ルクセンブルク、ペイン・クリニクス

(1) 安楽死の定義と法

<u>安楽死</u>とは、死期が切迫し、医学上回復の可能性のない患者に対して、耐え難い肉体的苦痛を緩和・除去して死を迎えさせることをいう。この安楽死の概念を明確にし、分類したのは、ドイツの刑法学者カール・エンギッシュが著名である。その分類（K. English, und Vernichtung Lebensunwerten im Lebens im straftrechtlicher Beleuchtung, 1948）に従えば、[a．生命の短縮を伴わず、死に至るまで苦痛の除去ないし緩和の処置をする（純粋安楽死）、b．苦痛の除去・緩和のために麻酔薬などを使用し、その副作用によって患者の生命が短縮される（間接的安楽死）、c．延命治療を行わないという意味で「不作為の安楽死」とする（消極的安楽死）、d．生命の直接的な短縮を患者の苦痛除去の方法

---

(27) API-Net（エイズ予防情報ネット）の2015年11月資料より

⑤ 安 楽 死

とする（積極的安楽死）] の 4 つに分類する[28]。とくに、生命の短縮を手段とする積極的安楽死の場合が問題となる。そして、この問題は先端医療の出現によって問われだしたというよりは、むしろもっと古典的な問題といえる。つまり、人が死を迎えるにあたって、苦痛のない、安楽な死であってほしいと願うのは、洋の東西を問わず、また、時代を超えて存在したことなのである。末期患者が持つ断末魔の苦しみは、患者本人にとっても、また、それを見守る家族、近親者にとっても耐え難いものであり、その苦しみからの開放のために生命を絶つことは、慈悲愛に基づく行為として絶えず主張されてきたことである。その安楽死の要件のリーディングケースとされてきたのが**名古屋高裁の判例**（名古屋高判昭和37年12月22日高刑集5巻9号674頁）である。それは安楽死が認められうる要件として、[a．病者が現代医学の知識と技術から見て不治の病におかされ、しかもその死が目前に迫っていること、b．病者の苦痛がはなはだしく、何人も真にこれを見るに忍びない程度のものであること、c．もっぱら病者の死苦の緩和の目的でなされたこと、d．病者の意識がなお明瞭であって、意思を表明できる場合には、本人の真摯な嘱託または承諾のあること、e．医師の手によることを本則とし、これによりえない場合には、医師によりえない首肯するにたる特別な事情があること、f．その方法が倫理的にも妥当なものとして認容しうるものとたること] の **6つ要件** を挙げている[29]。ただし、この名古屋高裁で扱った事件（昭和36年8月26日に起こった長男による父親の有機燐中毒による致死事件）は、この要件を充たすものではなく、嘱託殺人罪として懲役1年、執行猶予3年を言い渡している[30]。

(2) 東海大学安楽死事件と近時の動向

1991年4月、これまでほとんど近親者の行為であった安楽死事件（したがって名古屋高裁の積極的安楽死容認の要件eは、それ自体が充足できないものともい

---

[28] 莇立明＝中井美雄編・医療過誤法（1994年）280頁（福田雅章執筆分）、大野真義編・現代医療と医事法制（1995年）205-208頁（森本益之執筆分）。
[29] 宮川俊行・安楽死の論理と倫理（1979年）64頁-65頁。
[30] その後の安楽死に関する判例は、鹿児島地判昭和50年10月1日判夕333号362頁、神戸地判昭和50年10月29日判時808号112頁、大阪地判昭和52年11月30日判夕357号310頁、高知地判平成2年9月17日判時1363号160頁等があるが、いずれも違法性阻却は認められず（どれもが近親者の行為）、有罪となっている。
　東海大学事件以後、京都府京北町病院でも同様の事件が起こったが、因果関係の証明が困難として不起訴処分となった。

われていた⁽³¹⁾において、東海大学医学部付属病院の医師が、末期ガン患者（多発性骨髄腫）に対して塩化カリウムを希釈せず注射し、死亡させるという事件がおこった。いわゆる 東海大学安楽死事件 であり、1992年7月に起訴され、1995年3月28日横浜地裁より判決がでた。

横浜地裁は、判決の中で医師の有罪を認め、酌量減軽のうえ懲役2年執行猶予2年の判決を言い渡した。そして名古屋高裁の積極的安楽死容認の要件を以下のように変更した。

 a．患者に耐え難い肉体的苦痛があること。
 b．患者は死が避けられず、その死期が迫っていること。
 c．患者の肉体的苦痛を除去・緩和するために方法をつくし、他に代替手段がないこと。
 d．生命の短縮を承諾する患者の明示の意思表示があること。

この4つの要件に照らし、aとdの要件を満たしていないことから積極的安楽死の認容を認められないと判示した。

これにより積極的安楽死の合法性が確認されたようにもとられるが、事実上名古屋高裁の要件より厳格化し、本判決は末期医療における安楽死を拒絶したものとの意見があり[32]、一方、患者の自己決定を進める立場からは肯定的な意見もある[33]。しかし、いかなる状況であろうとも積極的安楽死は認容すべきではないとの意見も根強いものがある。

(3) 他国の安楽死（法）

① オランダ　安楽死先進国と言われるオランダでは、現在年間2000～3000の安楽死が行われている。ただし、当初からこのような形で許容されていたわけではない。

経緯としては、1993年12月2日 オランダ において「埋葬法改正法案」が公布され、「医師が、患者本人に意思並びに真摯な要請に基づいて、患者の生命を短縮して安楽死させた場合」に、異常死における条件を満たしていれば、

---

(31) 町野朔「『東海大学安楽死判決』覚書」ジュリスト1072号107頁、金川琢雄・現代医事法学［改訂第2版］(1995年) 126頁。
(32) 町野・前掲113頁は、横浜地判の判決に対して「要するに、本判決の安楽死事件を適用するなら、意識不明の末期患者については、たとえそれがいかに苦痛に苛まれているように見えても、安楽死の余地は一切なく、ただ尊厳死が考えられているに過ぎない」と批判されている。
(33) 甲斐克則「治療行為の中止および安楽死の許容要件――東海大学病院安楽死事件」法学教室178号43頁

⑤ 安 楽 死

自発的安楽死や患者の自殺を幇助した場合でも埋葬許可が出ることになった。つまり法的には埋葬法の一部改正により、一定の条件を満たしていると医師が届け出れば書類送検はされるが起訴されないということであった。これが日本において、当初オランダに安楽死法が制定されたとの誤報と誤解が生まれたものであった。実際には、安楽死を犯罪とする刑法293条も自殺幇助を犯罪とする刑法294条もオランダには存在していたのである。したがって、「埋葬法改正法案」をうけて確立されていった「医師による自殺幇助を含む自発的安楽死」の定義と要件を満たすことによって、医師が原則的に起訴されない法的条件が確立されただけであり、安楽死自体を合法化したわけではなかった[34]。それでは医師は容疑者になるので法的に安楽死を認める合法化の法案が1999年7月議会に提案され、2000年暮れ下院を通過、2001年4月10日上院でも可決し、国として初めて安楽死を認める「要請に基づく生命の終焉並びに自殺ほう助法」(Termination of Life on Request and Assisted Suicide (Review Procedures) Act)、いわゆる安楽死法が成立した。同法第2条のケア基準の概略は、次のようになる。

医師は、
　ア．患者が自発的に、熟慮された上で安楽死を嘱託したと確信するに至ること。
　イ．患者の状態が回復の見込みがなく、苦しみが耐え難いものであると確信するに至ること。
　ウ．患者に病状と予後の見込みについて説明すること。
　エ．そのほかに手段がないことを患者と共に確信するに至ること。
　オ．ア〜エに関して他の医師と相談すること。
　カ．安楽死処置を医学的に注意深く行うこと

と定めている[35]。

そして嘱託殺人罪を定めた刑法第293条及び自殺ほう助罪を定めた同法第294条に、「安楽死法第2条のケア基準（care criteria）を満たし、かつ遺体埋葬法第7条第2項による手続きを行った場合」を阻却事由として書き加えた。

なお、同法は12歳以上（16歳未満は親権者の同意が必要）の未成年にも安楽死権を与えた上、患者が判断力のある間に残した事前の安楽死希望に法的効力を認めている（アルツハイマー病等）などの点で世界に類がない内容となって

---

[34] 宮野彬・オランダの安楽死政策（1997年）。
[35] 恩田裕之「安楽死と末期医療」国立国会図書館 ISSUE BRIEF NUMBER 472（2005年）5頁。

いる。オランダには日本と違い、しっかりしたホームドクター制度があり、同一視はできないが、これには自己決定権の過度の尊重や濫用ないし「滑りやすい坂道（slippery slope）の懸念から賛否があるのも事実である[36]。
　また、「オランダ死の権利協会（NVVE）」によって、2011年3月にオランダではじめて認知障害が進んだ患者への安楽死が行なわれたとの報告がなされている。

② **オーストラリア・北准州**

1995年5月25日に**オーストラリア北准州**議会で世界で初めて安楽死を容認する法律、「終末期患者の権利法」が制定された（施行は1996年7月1日）[37]。
　しかし地元医師会および反対派の牧師が早々に施行差し止めを提訴した。これは棄却されたが、連邦議会において「終末期患者の権利法」の無効を求める法案が提出された。1996年12月10日に下院で可決され、1997年3月24日には上院で可決されたことで、世界で初めての安楽死法は姿を消した。

③ **アメリカ・オレゴン州**

アメリカのオレゴン州では1994年に住民投票により「安楽死に関する法案16」（通称メジャー１６）が法制化された。ところが反対派が差し止め請求をするなど混乱がみられたため、1997年秋再度住民投票が行われ、大差で同法の存続が決定し、10月より効力をもった。
　なおアメリカ合衆国での安楽死運動は、患者の権利として終末期の治療をどう望むかを事前に明らかにすることから始まっている。これは、多くの州で法制化されているアドバンス・ディレクティブ（事前指示：advance directive）と呼ばれ、インフォームド・コンセントから発展した患者の権利である[38]。
　そして現在のところ、オレゴン州の安楽死については次のようになっている。
　オレゴン州の「尊厳死法」（アメリカでは尊厳死という言葉を積極的安楽死や医師による自殺幇助の意味で使用している）は、1994年住民投票において賛成52％で「オレゴン州尊厳死法」は一度は成立したが、反対派が違憲の疑いがあると訴え、法制化手続きを裁判所が差し止めた。1997年再度住民投票が行われ、60％の賛成で正式に制定された。そして控訴裁においても最高裁でも、「差し止め命令」の撤回を指示していた。その内容は本人の自発的意思表示を前提に、一定の条件を満たした場合、医師は次のような内容を行う。

---

(36)　甲斐克則・安楽死と刑法（2003年）185頁参照。
(37)　星野一正「オーストラリアの安楽死をめぐる社会的・法的現況」国際バイオエシックス研究センターニューズレター第17号1頁。
(38)　立山龍彦・自己決定権と死ぬ権利（1998年）82-83頁。

⑤ 安 楽 死

ア．口頭の要請があってから15日、書面で要請してから48時間後に処方せんを出す。
イ．その間は誰も患者に暗示、説得、教唆、強制あるいは影響を与えてはならない。
ウ．服用するかどうかの選択は患者が決める。
エ．患者が服用する場合、医師や家族がその場にいることは許される。

その後、2001年11月6日に司法長官がオレゴン州の安楽死の方法は連邦薬物規制法（CSA）に違反しているとディレクティブを出したが、オレゴン州はすぐさま司法長官のディレクティブに対し同州連邦地裁に差し止め請求を出し、2002年4月17日に認められた。

そして2004年司法長官は、当時「安楽死」を全米で唯一認めているオレゴン州で医師が安楽死を幇助できないようにするため、連邦最高裁が同長官に処方禁止の権限を与えるよう求める意見書を提出した。

これに対し米連邦最高裁は、2006年1月17日、処方禁止は「司法長官の越権行為」とするサンフランシスコ連邦最高裁判決を支持し、司法省の上告を棄却する決定を下した。

③ ベルギー　安楽死を合法化する法案が2002年5月16日、ベルギー下院で賛成多数で可決、成立した。これにより同国はオランダに次いで世界で2番目に安楽死を認める国となった。

オランダでは12歳以上が対象だが、ベルギーでは18歳以上とし、安楽死を施したときは政府への報告が義務付けられている。安楽死を認める要件の概略は次のようになる。

ア．患者自身が安楽死を明確に希望していること。
イ．その意思を繰り返し表明している。
ウ．耐え難い苦痛があり治療によって回復する見込みがない。

このような条件を満たす場合、医師が患者に安楽死を施しても殺人などの罪に問われない。

④ その他　スイスでは1942年以降、末期患者が病院外で第三者（任意団体）の手を借りて自殺する権利（自殺幇助）が認められているが、医師が患者の求めに応じて致死薬を投与する安楽死は禁止されていた。2004年にスイス医療学アカデミーは末期医療の患者に関するガイドラインを改正し、医師は特定の状況下で末期状態にある患者に限り、自殺ほう助をできるよう修正したが、2006年11月3日連邦裁判所は、精神病患者の自殺ほう助を認めるが、これを権利として認めるわけではないとの判決を出した。また、

第12章　医事法に関わる生命倫理分野と法制度

最高裁判所は患者の末期状態であることが原則として基準とされるわけではないとした。これを受け、2006年スイス医療学アカデミーは末期医療の患者に関するガイドラインを定め、例外的なケースで、医師が患者の自殺ほう助を承諾する場合には以下の最低条件が揃っていることを確認する責任があるとした（抜粋）[39]。

　○患者の病状から死に近づいていると考えられる場合。
　○すでに、患者に様々な治療法が提案され、試みられた。
　○患者の認識がはっきりしていること。自殺願望が熟考されたもので、外部からの圧力によるものではなく、長期に渡って願望が続いたこと。以上の条件が医師でなくとも、第三者から確認された。
　○死ぬ為の直接の行為は患者自らが行わなければならない。

なお、スイスが他国の実情と大きく違うのは、イギリスやドイツなどの外国人の自殺希望者も受け入れる任意団体がある点である。

その他、**アメリカ・ワシントン州**で2008年11月に「尊厳死法」（終末期患者の自殺幇助法）が成立し、**ルクセンブルク**は厳格な条件付きで安楽死を認める法を2008年12月に成立させ、2009年3月17日に公布した。

さらにアメリカでは、カリフォルニア州議会で2015年9月11日に、安楽死・尊厳死を合法化する「死ぬ権利」法案が可決し、10月5日に成立した。末期患者が医師の処方で命を絶つことを認める法案となる。このまま施行されれば、オレゴン、ワシントン、モンタナ、バーモント、ニューメキシコの5つの州に続き、安楽死・尊厳死が合法化される6番目の州となる。

このように世界では安楽死（自殺幇助を含む）に関する立法がなされ始めたが、日本においては議論の集約ができているとはいえず、何より外国の例のように致死薬をどのように患者に渡すのかを考えても、安楽死や自殺幇助が医療行為とは考えられないとすれば、医師によるのか処方せんにより薬剤師によるのかも、現時点では法的根拠に乏しいといわなければならない。

(4) 安楽死と自己決定

① 安楽死と自己決定

現在もなお、安楽死をめぐる論争は続けられている。しかし、安楽死を適法とする説においても、本人以外の意思による強制的安楽死は主張されておらず、あくまでも本人の意思に基

---

(39) swissinfo.ch（2007年7月17日）スイス医療学アカデミー中央倫理委員会会長クロード・レガメ博士へのインタビューより。

⑤ 安 楽 死

づく任意的な安楽死のみが望まれている。安楽死を肯定する根拠としては、a. 死によるしか痛みを鎮めることのできない場合には、それは治療の一種だと解すること、b. 病者の苦痛に同情して、苦痛を緩和して安楽に死なせること（慈悲殺）は、社会倫理的な要請であり、人道主義（ヒューマニズム）に適うこと、c. 安楽死は本人の意思に基づくもので、患者の自己決定権として「死ぬ権利」が認められるべきことなどを挙げている。しかし、このような考え方に対しては、それぞれの批判がある。まず、aの安楽死を治療の一種に解することに対しては、それを治療とは認めない立場があり、また、それを認めると、医師および医療従事者に医療の敗北感を生ぜしめ、医師と患者の信頼関係を失わしめる危険性があることなどの批判がある[40]。bの安楽死はヒューマニズムに合致するという見解に対しては、患者の苦痛に妥協して科学的精神をにぶらせるのではなく、重病者を最後まで見捨てないことこそ真のヒューマニズムであること、また、医師と患者の間には、人間尊重、とりわけ人間の生命の尊重を基調とした厳しい倫理があるなどの批判がある[41]。cの患者の自己決定権（この場合は死ぬ権利）を根拠として安楽死を正当化しようとする見解に対しては、「死ぬ権利」といっても、内実は「殺す権利」にほかならないのではないかという批判[42]や、自己決定権に基づく治療拒絶権は、死に直結する疾病・傷病にはおよばないと解するべきであるという批判も存在する[43]。

② 安楽死の是非　このように安楽死の是非は、にわかには断じ難い問題である。しかし、安楽死を希求する側の基本的な論拠として挙げられるものが、患者の耐え難い苦痛に収斂されるならば、解決の糸口は拓けつつあるといってよい。それは、近年長足の進歩を遂げつつある **ペイン・クリニクス** の成果に求められよう。もちろん、ペイン・クリニクスとて万能ではない。どのようにこの技術が進歩しようとも、どうしても消すことの叶わない痛みも存在しえよう。しかし、従来望まれてきた安楽死の大半は、苦痛の除去、緩和によって、その論拠を失いつつあると見てよいのではなかろうか。現在の日本のペイン・クリニクスでは、症状コントロールさえきちんと行なえば、苦痛を訴えたまま死に至ることはほとんど妨げるといわれているが、医療施設ごとにレベル差があるのが現状である。したがって、「東海大学安楽死事

---

(40)　阿南成一・安楽死（1977年）73-76頁。
(41)　中山研一＝西原春夫＝藤木英雄＝宮沢浩一編・現代刑法講座第2巻違法と責任（1979年）150頁（椿幸雄執筆分）。
(42)　阿南・前掲84頁。
(43)　中山＝西原＝藤木＝宮沢編・前掲156頁（椿幸雄執筆分）。

件」で示された4つの要件を考えれば、ペイン・コントロールによる苦痛除去が実際には可能であっても、医療施設のレベルによっては「医師がこれ以上の苦痛除去をなしえない」とし、「患者が積極的安楽死を望む」場合、それが成立してしまうことを危惧する意見も示唆されている[44]。また、たとえこのペイン・クリニクスが、一部の医療機関に限られ、あまねく提供されないものだとしても、そうした技術が存在する以上、安楽死を法制化することには無理がある。安楽死の行為が、慈悲の心に、あるいは、惻隠の情に基づくものだとしても、人が他者の生命をコントロールすることは厳に慎まねばならぬこともいえる[45]。

6 尊 厳 死

Keyword

尊厳死、リビング・ウイル（Living will）、カレン裁判、
QOL（クオリティ・オブ・ライフ）、ナンシー・クルーザン

(1) 尊厳死の定義

<u>尊厳死</u>とは、不可逆的な死への過程にある末期状態の病者に対して、主として生命維持装置などによる治療を中止し、病者に人間の尊厳を保ったまま死を迎えさせることをさすが[46]、実際的には、いわゆる植物状態にある病者に対する治療装置の停止の問題が中心となっている。

尊厳死についても、人為的に死をもたらすということでは安楽死の問題と共通するが、両者は、次の二つの点で大きな相違がある。第一に、前節で述べたように、安楽死が不治の病の患者の苦痛の除去が目的であったのに対して、尊厳死は、患者が意識喪失の植物状態にあり、もはや苦痛を感じない場合が多く安楽死の必要はないことである。第二に、安楽死は、患者本人の意思に基づく任意的なものであるとするのに対して、尊厳死の場合は、患者は植物状態にあり、全く意思表明が不可能な状態にある点である[47]。第二の点については、患者があらかじめ意識喪失状態に陥ったときに備えて、延命の特別手段を中止することを認める趣旨の文書である **リビング・ウイル**（Living will）を作成し、

---

(44) 「安楽死——東海大学事件をめぐって」ジュリスト1072号90頁（山崎章郎発言）。
(45) 阿南・前掲170頁。
(46) 曾根威彦・刑法総論（1987年）142頁。
(47) 曾根・前掲143頁、阿南・安楽死（1977年）131頁。

⑥ 尊 厳 死

それによって患者の同意を基礎づけようとする運動も起こっている。しかしこの行為も事前の意思にすぎず、植物状態に陥った後はほぼ撤回可能性がないとして、本人の意思を正しく反映しているか否かを疑問視する立場も存在する[48]。

安楽死の問題が、医療技術、とりわけペイン・クリニクスの発展に伴って、将来的に解決の方法に向かうであろうことについては、既に前節で述べた。ところが、尊厳死の問題は、現代医学・医療の発展、とくに生命維持技術の進歩という、人類にとって未体験の事態の中から生まれてきたものであるだけに、今後より一層複雑化、深刻化していくことが予想される。

(2) 尊厳死とカレン裁判

尊厳死の問題の所在について、それを端的に示す文章がある。「回復の希望が全くなく、死が避けられない場合に、医師はこのような治療の努力を、一体どれくらい続けなければならないのか。この種の『無益な処置』を行うために、患者の親族や友人などにおおいかぶさってくる精神的ならびに経済的負担を、どのように説明したらよいのか。医師は、真に、生命をひき延ばしているのか、それとも、単に『死の経過を』ひき延ばしているだけなのか。このような疑問が安楽死とは正反対の苦難死と称されるものであって、具体的にいえば、借りものの時間が、単に惨めな状態で費やされるだけであるのを、誰もが知るにもかかわらず、何日も、何週間も、ときには、何年間も、患者自身にはありがたいはずの死を妨げて、わざわざ死期を延ばすことをいうのである[49]」というのがそれである。人をではなく、器官を、はてはただ単に細胞のみを生かし続けることの、その非人間性に対する批判といえようし、また、そのための精神的・経済的負担のもつ問題性は、高齢化が進む社会にあっては、より一層リアルさを増してこよう。

現代の死は、事故死・突然死を別とすれば、一般的にいって日常から隔絶された死になっている。つまり、かつては自宅で家族や近親者に見守られながら迎えられた死は、ほとんどないといってよい。たとえそれが老衰であったとしても、臨終の際には、様々な医療機器にとり囲まれて、正に、過剰治療ともいえる延命措置のあげく、ようやく死ぬことが許されるといった具合である。たとえばそれがICUである場合には、家族といえどもその場から引き離され、物理的な死をガラス越しに見守るしかないのである。そしてその状態が、長時

---

(48) 阿南・前掲99頁、宮川俊行・安楽死の論理と倫理（1979年）181頁、中山研一＝石原明編著・資料に見る尊厳死問題（1993年）32頁（石原明執筆分）。
(49) 宮野彬・安楽死から尊厳死へ（1984年）365-366頁。

第 12 章　医事法に関わる生命倫理分野と法制度

間、長期に及んだとき、尊厳死論が必然的に問い掛けられるのである。この尊厳死問題の発端となった典型的なケースが、**カレン裁判**である。この事件のあらましは次のようなことであった。「女性患者のカレンは、1975 年 4 月 14 日、友人の誕生パーティーで酒を飲んだあと精神安定剤を服用して昏睡状態に陥り、直ちにニュージャージー州デンビルにあるセントクレア病院に運ばれた。脳に回復不能の障害を受けており、光や音、痛みなどに反応を示す程度で、動物としての活動能力をまったく失い、植物と同じような状態が続いていた。切開したのどに人工呼吸器をとりつけ、チューブで流動食を送り込んで辛うじて生命を保持しているありさまであった[50]」。このカレン・アン・クインラン（Quinlan）裁判の特異な点は次のことにある。すなわち「この事件は、生命を短縮した結果に伴う刑事裁判のかたちではなく、生命の短縮を裁判所に請求する、という事前の判断を要求したため民事裁判のかたちをとった」[51]ということだが、このためにアメリカでは以後、同種の問題についての判断について毎回裁判所の承認を求める必要はなくなったとのことである[52]。

カレンの家族は、「近代医学による異常な人工延命の方法よりは、患者を自然に死なせて神のみもとへ返してほしい、ということを医師に要求した。しかし拒否されたために『美と尊厳をもって死ぬ権利』を裁判所に請求した」が、この請求を受けたニュージャージー州の上位裁判所は、「患者が自らの意思を決定できない場合、患者は生き続けることを選ぶものとみなすのが社会通念である[53]」として、この訴えをしりぞけた。しかし、上訴の結果、同州の最高裁判所は、「患者の父親を法律上の後見人に指名したうえで、彼が十分な資格を有する医療機関から、患者は今後治療を続けても回復の見込みをまったくない、との結論を得た場合には人工呼吸装置を取り外してもよい」という画期的な判決（1976 年 3 月 19 日）を下した[54]。また、「人工呼吸装置の取り外しの決定を行う医師には民事・刑事上の責任はない、としていた[55]」というものであった。この判決から 2 カ月後、カレンのレスピレーターは外されたが、同

---

(50)　日本尊厳死協会編・尊厳死（1990 年）140 頁。
(51)　日本尊厳死協会編・前掲 141 頁。
(52)　ジョージ・J・アナス（上原鳴雄・赤津晴子訳）患者の権利（1992 年）114 頁。
(53)　日本尊厳死協会編・前掲 141 頁。
(54)　日本尊厳死協会編・前掲 144 頁。手嶋豊・医事法入門［第 3 版］（2011 年）249 頁では、患者の生命維持装置の取り外しを認めたカレン事件をはじめとするアメリカの判例法の展開は、この課題に含まれる多くの問題がわが国でも妥当することだとしている。
(55)　日本尊厳死協会編・前掲 144 頁-145 頁。

⑥ 尊 厳 死

人は自発呼吸があり、他の医療措置は続けられていたことから、その後9年間生き続けることになった。そして、この裁判所の判断によって全て問題が解決した訳ではない。むしろ問題は深刻化したといえる。それは、カレン裁判に見られるように、尊厳死を主張する論拠として挙げられたのは **QOL**（クオリティ・オブ・ライフ）の問題であった。そして、この「美と尊厳」の強調は、「生」そのものの価値を区別し、すべての人間の「生」が等しく尊いのではなく、「自覚的または理性的存在」としての「パーソナルな存在」であるから価値があるとしているが、その捉え方は、そうした要件を充たさない胎児や新生児や重い脳障害をもつ者に対して向けられたとき、新たな差別を生む論理にも通じる可能性を有するからである。

カレン事件の判決から十数年後、交通事故から7年間植物状態を続けていた**ナンシー・クルーザン**の「死ぬ権利」が両親の提訴によって求められた。1990年6月25日ミズーリ州最高裁は、「死ぬ権利」を認める画期的な判決を出したが、この権利は絶対的なものではなく、本人の意思が明確なときに延命治療拒否の決定がなされたと認められる場合のみ合法とした。この時はナンシーの意思が不明確とされ、その後ナンシーの同僚の証言により、同年12月14日裁判所からフィーディング・チューブの取り外しが認められた。ナンシーは、水分・栄養分補給等が停止され、同年12月26日に死亡した[56]。カレン事件と違い、水分・栄養分補給等が停止されたことから、確実に「死ぬ権利」は実行された。この水分・栄養分補給等の停止に関しては「飢餓死」にあたり容認できないとの考えも示されている[57]。

尊厳死の最大の問題は、現代の医療における末期の、しかも植物状態にある患者に対する生命維持のための措置が、ややもすると過剰治療にあたり、それが人間の尊厳を害する行為となるのか否かにある。人は本質的に死にゆく存在である。しかし、その死が、いつ、どのように訪れるものかは誰も分かってはいない。ただし、そうであればこそ死に方だけは個々人の意思と主体性が尊重されてもよいのではないかという意見も一定程度の意味を持ちうるだろう。なぜならば、人は死を想定することで、逆に「生」を生き生きとしたものにすることが可能となるからである。

---

(56) 立山龍彦・自己決定権と死ぬ権利（1998年）45-47頁。
(57) 石原明・医療と法と生命倫理（1997年）328-330頁。

第12章　医事法に関わる生命倫理分野と法制度

⑦ 脳死と臓器移植

> **Keyword**
>
> 心臓移植、バーナード博士、札幌医大和田教授、厚生省脳死に関する研究班、日本医師会生命倫理懇談会、脳死臨調、脳死説、三徴候説、全脳死、脳幹死説、大脳死説、法的脳死判定、社会的コンセンサス、遺族の承諾、遺族の範囲、臓器の移植に関する法律、改正臓器移植法、親族への優先提供、15歳未満の小児、虐待を受けた児童

　近年、脳死と臓器移植の問題は、専門家のみならず大きな社会的関心事となっている。しかし、現状は世界の大勢とは取り残されたものともいわれる。これは技術的な問題というより、社会的合意の不存在または未成熟を含む社会や法との対応の問題であるとされる。したがって本項では、これまでの脳死論の流れとともに、今日のわが国脳死論の現状と、臓器移植への関連を基本的事項を中心に述べていくものである。

(1)　脳死論の流れ

　1967年世界で初めての**心臓移植**が、南アフリカのケープタウン市でバーナード博士（Dr. Christian N. Barnard）によって行われたことは有名である。ここから心臓移植の医療として定着が創造され、脳死移植への道が開かれていったのである。しかしバーナード博士の心臓移植手術自体は脳死からの移植ではなかった。術後に出されたバーナード博士の「ヒトの心臓移植──ケープタウンの Groote Schuur Hospital で成功裏に実施された手術の中間報告──」（South Africa Medical Journal（p. 1271-1274、30. Dec. 1967））によれば、「ドナーの心電図が5分間全く活動を示さず、自発呼吸も全くなく、反射も消失して、ドナーの死亡が証明されるや否や、体重1キログラム当たり2ミリグラムのヘパリンがドナーに静脈注射された[58]」と記述されている。これは明らかに三徴候説による死の判定であり心臓死である。そしてレシピエントは呼吸不全で亡くなるまで20日ほど生存することができた。

　こうして人類最初の死体からの心臓移植は行われ、その後2年間で166人が心臓移植を世界中で受けている[59]。また、当時の術後1年間の生存率は14％足らずであったにもかかわらず、心臓移植への強い批判は起こってはいない。

---

(58)　星野一正「世界初の心臓移植は、心臓死のドナーからだった」（時の法令1604号）58-56頁。
(59)　水谷弘・脳死ドナーカードを書く前に読む本（1999年）32頁。

⑦ 脳死と臓器移植

現在と違い医師の絶対数が少なく信頼関係も強かったことにもよる。しかし、医療の技術的進歩が患者の人権を脅かす存在として捉えられていなかったことは、わが国の脳死や臓器移植を巡る社会的環境が医療不信によって負のイメージを語られることと比較すれば一考に値するものである。

バーナード博士の移植は心臓死の状態ではあったが、その後の例は臓器の生着率を考えれば脳死状態からの心臓移植を模索していったことは当然である。この脳死状態と医学との遭遇は19世紀には見られたともいわれるが、臨床的に確認され出したのは1950年代であろう。まだ脳死という文言は使用されてはいないが「深昏睡」や「超昏睡」と称され、人工呼吸器を装着した患者が通常の昏睡状態を超え、無呼吸、低体温や異常な低血圧の症状が医学雑誌に報告されている[60]。このように心臓移植や他の臓器移植以前に脳死状態は臨床的に認識されており、臓器移植、いわんや心臓移植のために創出された状態という考え方は誤りといえよう。

しかし、従来の死の判定方法と異なる以上、そのまま医療の中に定着することはできず、各国とも医学的だけではなく社会的、宗教的、法的に確認するべき動きを示した。結局、当時の西洋諸国の多くは心臓死の上に立った医師の専権事由の拡大としてとらえたようである。

そしてその頃、わが国で初めての心臓移植が行われた。**札幌医大の和田教授**の手によるものであり、世界で30例目であった。レシピエントは術後、歩けるまでに回復するが、その後悪化し移植から67日後になくなった。残念な結果であるが、問題はその後の移植医療の根幹を揺るがす事例に発展したことであった。大阪の漢方医が和田移植を殺人罪で告発をしたことから、医学以外の問題として心臓移植が社会の注目を浴びる結果となった。結局、札幌地検が不起訴処分としたが、当時としては世界最高レベルであり、わが国最初の心臓移植が一転して医療不信の元凶とまでいわれる出来事となってしまった。もちろん不起訴処分である以上、当該移植手術の範囲内であれば再度心臓移植手術を行うことが法的には可能ともいえる。告発後3年を経て不起訴が決まったとき、司法関係者が和田教授自身に同旨を告げたという[61]。しかしその後、拒否反応等が押さえられずに生存日数が延びなかった1970年代は、世界的に心臓移植はもとより、臓器移植自体が下火になった[62]。

---

(60) Mollaret P、Goulon M．Le coma depepasse Rev. Neurol 3（1959年）の他、様々な報告がなされた。
(61) 和田寿郎・あれから25年「脳死」と「心臓移植」（1992年）76頁。
(62) 前田和彦「「臓器移植法」とその今日的様相」九州保健福祉大学研究紀要1号（2000

第12章　医事法に関わる生命倫理分野と法制度

しかし1980年代にはいって、免疫拒否反応抑制剤シクロスポリンの登場により、移植臓器の生着率が飛躍的に延びたことから、世界は脳死患者からの移植も含め臓器移植を医療として確立していったものである。このような世界の動きの中でわが国の脳死論も再び表面化するようになり、1983年には厚生省の脳死に関する研究班（以下研究班という）が発足するに至ったものである。この時期の脳死に関する論議は、脳死は本当に人間の個体死なのかという新しい死の概念に対する不安とその判定基準に対する疑問という問題に論議の多くが集中していたものである。そして、1985年厚生省の研究班が発表した脳死の判定基準（これ以前1974年に日本脳波学会においてわが国初の判定基準が出された）を契機として、わが国の脳死論やそれにともなう臓器移植に関する論議はさらに活発化された。賛否両論が飛びかう中、1987年の日本学術会議での論議も結局統一見解に至らなかったものである。

この混沌とした脳死論の中で1988年1月日本医師会生命倫理懇談会（以下倫理懇談会という）から「脳死および臓器移植についての最終報告」がだされ、『脳死を個体死』と認め『生前の本人が認めていたり、家族の承諾があれば臓器移植を認める』見解を打ち出した。これは、賛否両論を併記した日本学術会議と比べて、脳死肯定を前提にしたものといえる。そして、脳死の判定においては生前の本人の承諾や家族の同意を得ることが適当として、脳死が十分に納得されていないわが国の現状を尊重した考えを示している。しかし、一方では、死の判定は『本来医師によって客観的になされるもので、患者や家族の意思が加わるべきものではない』と明記している。

また、判定基準については、厚生省の研究班の判定基準を必要最小限として、各大学病院・医療施設などの倫理委員会などで定め、慎重に行なうものとしている。そして、脳死判定の妥当性としては、適当な判定基準によって、医師により確実になされ、患者側の同意を得るものとする。それを社会的・法的に正当と認めてよいとしている。これによって、脳死論は肯定論へ傾き、脳死からの臓器移植は実行の着手へと動き出した観がある。しかし、多くの研究者や専門家の中にはこの動きに対して疑問を持ったり、または慎重な態度をとる者が多くいることも事実である[63]。

倫理懇談会の報告以後、脳死論に対する疑問・反対の論議は、脳死そのもの

　年）97頁。
(63)　「脳死および臓器移植に関する法学者意見集」ジュリスト904号30頁以下においても倫理懇談会の最終報告に対する疑問や批判の意見が多い。また、立花隆・脳死再論（1988年）113頁以下にも多くの疑問や批判が提議されている。

⑦ 脳死と臓器移植

や判定基準に対する医学的な問題だけではなく、宗教・哲学・倫理学・心理学・社会学・法学などの患者を取り巻く日本社会の考え方や受入れ方にも重きを置く必要に迫られることになった。もちろん、脳死に関する論議が始まった時から患者の人権や社会的コンセンサス（合意）の問題はとりざたされていたものである。しかし、現在の脳死論の動向を考えるならば、脳死状態からの臓器移植を前提とした患者の人権、社会的コンセンサスをも考えて行く必要がでてきている。もちろん、脳死者からの臓器移植を前提にするというのは、移植をさせるがための論を進めるものではない。脳死状態からの臓器移植を必要とする患者が現実に多く存在すること、さらに外国での移植後の存命率が高まって来ていること、そしてわが国でも準備段階から実行への着手は時間の問題と考えられる状態になってきたからである。

特に1989年12月1日に「脳死臨調設置法案」（臨時脳死及び臓器移植調査会）の設置が参議院で可決されたことから、国としての政策または立法としての脳死・臓器移植論議がいわゆる「**脳死臨調**」として展開された。そして、1992年1月22日に「脳死臨調」は、最終答申として「脳死及び臓器移植に関する重要事項について（答申）」を提出した。

この答申には、臨死を人の死とし、そこからの臓器移植の妥当性について述べられているが、梅原猛委員等からの反対意見も含まれた内容となっている。また、答申が出された前後においても脳死・臓器移植に対する根強い疑問・反対論があった[64]。

そして、1994年4月12日に「臓器の移植に関する法律案（衆法第7号）」が、議員立法として国会に提出された。結局、混迷する政局の中で審議に至らず、次期国会へ厚生委員会付託法案として繰り出され、1996年の衆議院解散により廃案となった。

しかし、1997年春に「臓器の移植に関する法律案」は再提出され、6月17日に「臓器の移植に関する法律」〔平成9年7月16日法律第104号〕が成立した。さらに2009年には、本人の意思表示がない場合に家族の承諾のみでの移植を可能、移植年齢の制限を撤廃する等を盛り込んだ「臓器の移植に関する法律の一部を改正する法律」〔平成21年7月17日法律第83号〕が成立した。

---

[64] 西村克彦・反脳死論（1990年）、梅原猛編・「脳死」と臓器移植（1992年）、立花隆・脳死臨調批判（1992年）等。

(2) 脳死とは何か

① 脳死説と三徴候説

脳死の問題において、最初に疑問があげられることは脳死の概念であり、三徴候説との関係である。脳死説と三徴候説、この二つの死の判断が並び称せられるようになったのは極めて最近のことである。従来、人間の死は医師の中でも一般においても統一された概念であったといえる。それが医療技術の進歩により、死の判定の考えに変化が生じてきたものである。それは、脳機能の不可逆的停止（機能が再び回復しないこと）後にも人工呼吸器（レスピレーター）などの生命維持装置（人の生命維持の機能である呼吸・心拍数（循環機能）・排泄・栄養摂取などを代替する機器の総称）によって、心臓や肺を長ければ100日以上も動かし続けられるようになったからである[65]。この脳機能の不可逆的停止以後、生命維持装置により心臓や肺を動かしている状態を脳死という。

これまでの死の判定は、いわゆる三徴候説によって判定されてきた。それは呼吸と脈拍の不可逆的停止、瞳孔散大や角膜反射などの脳機能由来の反射の消失が確認された時に人の個体死とする考えである。この三徴候説は、死亡の確認方法として医学的に承認されていることから、死の判定基準としては社会的コンセンサスを得てきている。

しかし脳死については、生命維持装置の力を借りているとはいえ、心臓は鼓動を続け呼吸もしているのである。この状態においては、患者は血液循環も体温も維持されている。したがって、患者の家族に医師が脳死判定により死亡を宣告しても、すぐに患者の死を容易に受け入れられないであろう。つまり、脳死は客観的な要素からしても、一般に受け入れられにくい要因とされている。

また、全死亡者のうち脳死状態に陥る患者は、厚生省の研究班によると0.4％、多くても1％だとされている。わが国の年間死亡者数からみれば、約7000人程度である。残りの99％は、脳死判定ではなく三徴候説によって死の判定をされることになる。このことから、生命維持装置によって生命を保持している場合は脳死説で、それ以外の場合では三徴候説によって人の死を判定するという二元論的な考えもできる。しかしこれは、死の概念の変更なのかという問題になり、議論も多いものとなっている。現在のところは、死の概念が変更されるのでなく、死の判定方法の基準が変わるだけであるというのが、多数説であ

---

(65) 中川淳＝大野真義編・医療関係者法学（1989年）186頁（大野真義執筆分）。

⑦ 脳死と臓器移植

ろう[66]。

　つまり、脳に血液が循環しなくなれば脳は死ぬ訳であり、心臓死によって血液循環がなくなった場合でも、多少の時間のずれがあるだけでやはり脳死になるわけである。生命維持装置ができるのは人工的に心拍・呼吸などの代替をすることだけであり、それにも限度があることを認識しなくてはならない。

② わが国の脳死説による死の概念

　近年、脳死に関する論議は深淵かつ多様な形をなしてきている。ここでは脳死説による死の概念の概要を述べることとし、学説の詳細は他の良書によることにしたい[67]。

　a．全脳死

　わが国最初の脳死の定義は、1974年日本脳波学会の提案（1969年に中間報告にてだされた）による『脳死とは脳幹を含む全脳髄の不可逆的な機能喪失の状態』というものであり、1985年厚生省の研究班が提出した判定基準も、これを妥当として引き続き採用したものである。これが全脳死と呼ばれ、大脳・小脳・脳幹部のすべての機能が喪失した場合を死とする考えである。以下に厚生省の研究班の報告書の後半部分を記述する。

　「脳死の概念で強調したいことは、全脳髄の機能喪失は決して全脳髄のすべての細胞が同時に死んだことを意味しない。それは、ちょうど従来の心停止による死の判定が、体全体のすべて細胞が同時に死んだことを意味しないと同様である。脳死はあくまで臨床的概念である。本稿はあくまで『全脳死』の概念に基づいた脳死状態の判定指針と判定基準であり、わが国において脳死をもって死とする新しい『死』の概念を提唱しているのではない。『死』の概念に関しては改めて別の場で討議させるべきとの見解のもとに執筆された。」このように厚生省の研究班は、日本脳波学会の定義を妥当と認め、脳死は全脳死であり、あくまで臨床的概念であるとしたが、脳死と個体死は別にあることを明確にしている。そして、1988年倫理懇談会の最終報告は、研究班に新たな承認を加えた形で、脳死を人の個体死と認めたものである。<u>この全脳死の考え方は、現在わが国の通説的なものになっており、他国の脳死もこの説によるものがほとんどである</u>。

---

(66)　植木孝明「脳死の判定基準」日本臨床40巻11号192頁、金川琢雄「脳死と法」法学セミナー1984年8月号27頁など。
(67)　唄孝一・脳死を学ぶ（1989年）、齊藤誠二・刑法における生命の保護─脳死・尊厳死・臓器移植・胎児の障害──［新訂版］（1989年）、中山研一・脳死・臓器移植と法（1989年）などが詳細なものである。

第12章　医事法に関わる生命倫理分野と法制度

b．脳幹死

脳全体ではなく、脳幹部の機能喪失によって人の個体死とする考えである。この脳幹死の中心的論者であるイギリスのPallis博士は、「要するに全脳死（脳のすべてが死滅している）というような診断はありえないということをまずご理解いただきたい。現代医学でどんなことをしても、脳のすべての細胞が完全に死んでいるかどうかということは実際的にテストする方法はありません。全脳死ということは脳のすべてが死んでいるという表現をするのは実質上正しいことではありません。」「要するに脳幹が死んでしまったら、そこを通して見る大脳の機能などというのはわからないわけですし、」と、全脳死の妥当性を否定している[68]。しかし、厚生労働省の研究班も傍線部（二重線・筆者）のことは同様に否定しているのである。つまり、脳幹が機能を喪失すれば脳は二度とよみがえらず、たとえ大脳がまだ生きている場合でも、脳幹が死ねばまもなく大脳も死ぬというのがPallis博士の提唱する脳幹死である。わが国でも脳幹死については、「個体の生命活動を司る脳の働きは全て脳幹を通じてなされるので、その死が個体の死だとするのが妥当だ」とする意見があり、有力説の一つである[69]。

c．大脳死

大脳の機能喪失によって人の個体死とする考えである。大脳は、生命の中枢を司る脳幹部に対して、思想や感情など精神面に関係する部分といわれる。したがって、大脳の機能が喪失すると人の精神的な面が失われ、人間としての個性がなくなることになる。これは、人間としての本質が失われるので、大脳の機能が喪失したことによって、人の個体死とするということであり、欧米でいうパーソナル・アイデンティティ・セオリー（人格同一性説）と同意である。

この大脳死説には批判・疑問が多い。まず、大脳の機能がよく解明されていないこと。また、医学的・生物学的死と精神喪失の関連性の問題である（たとえば、重度の認知症者の取り扱い）。そして、最も批判が多いのは、思考や意識を失ってしまったが、自発呼吸を続けている植物状態の患者を死の対象として扱うのかという疑問である。

このように批判・疑問が多い大脳死説だが、将来的にあらゆる臓器（脳幹を含めて）が移植できるようになった時には、この大脳死説でしか人の個体死が

---

[68]　植村研一他訳・人間の死と脳幹死［増補版］（1986年）25頁。
[69]　平野龍一「生命の尊厳と法」ジュリスト869号45頁。ただし、平野博士は脳幹死の方が明確でいいのではないかということで、全脳死としてもほとんど違いはないと付記されている。

確認できなくなるのかもしれない。そのことから、積極的に大脳死説を採っていなくとも、理論的に徹底すれば大脳死説になるという意見も出されているものである。したがって、現時点では少数意見または時期尚早なものといわれるが、外すことはできない重要な説といえよう。

これ以外の脳死説もあるが、ここでは代表的な3つの説にとどめたものである[70]。

(3) 脳死の判定基準

わが国における判定基準は、1974年の日本脳波学会と1985年の旧厚生省の研究班（1991年補遺）のものが代表的である。本項においては、現在わが国の法的脳死判定の基準となっている2009年の改正臓器移植法により改正された同法施行規則［平成22年6月25日厚生労働省令第80号］や「法律の運用に関する指針」（以後、ガイドラインという）に基づき作成された厚生労働科学研究事業「法的脳死判定マニュアル」（2011年3月脳死判定基準のマニュアル化に関する研究班）を資料として以下に挙げる。

なお、法律、施行規則及びガイドラインの改正に沿って変更した点の概要①～⑤は次のようになる（「臓器提供施設における院内体制整備に関する研究」、「脳死判定基準のマニュアル化に関する研究班」）。

a. 法的脳死判定前の確認事項について
法的脳死判定対象者が18歳未満である場合には虐待の疑いがないこと。
1）児童からの臓器提供を行う施設に必要な体制が整備されていること。
2）担当医師等が家族に臓器提供のオプション提示をする場合、事前に虐待防止委員会の委員などと診療経過等について情報共有をはかり、必要に応じて助言を得ること。
3）施設内の倫理委員会等の委員会において、虐待の疑いがないことの確認手続を経ていること。
　臓器を提供しない意思、および脳死判定に従わない意思がないこと。
b. 除外例について
「知的障害者等、本人の意思表示が有効でないと思われる症例」を除外例としていたが、「知的障害者等の臓器提供に関する有効な意思表示が困難となる障害を有する者」を除外例としたこと。

---

[70] わが国の学説は齋藤誠二・前掲20頁表1に大別されており、本項もこの書の示唆によるところが多い。また、全体的な流れに関しては、唄・前掲脳死を学ぶを参照すべきものである。

「被虐待児、または虐待が疑われる18歳未満の児童」を除外例としたこと。

低体温については、直腸温等の深部温が6歳未満は35℃未満を、6歳以上は32℃未満を除外例としたこと。

「15歳未満の小児」を除外例としていたが、「生後12週未満（在胎週数が40週未満であった者にあっては、出産予定日から起算して12週未満）」を除外例としたこと。

c. 生命徴候の確認について

収縮期血圧は、1歳未満は「65mmHg以上」、1～13歳未満は「（年齢）×2＋65mmHg以上」、13歳以上は「90mmHg以上」であることを確認することとしたこと。

d. 判定間隔について

第1回目の法的脳死判定が終了した時点から6歳以上では6時間以上、6歳未満では24時間以上を経過した時点で第2回目の法的脳死判定を開始することとしたこと。

e. その他

「臨床的脳死」という表現（語彙）は使用しないこととしたこと。

※ガイドラインにおいては、「脳死とされうる状態」という表現が用いられている。

資料

1　法的脳死判定の手順

平成21年7月「臓器の移植に関する法律の一部を改正する法律（以後、改正臓器移植法）」が成立し、平成22年7月に施行された。本章においては、改正臓器移植法成立後に公表された法律施行規則（以後、「施行規則」という）や法律の運用に関する指針（以後、「ガイドライン」という）を基に、法的脳死判定手順の概略を記した。判断に迷う場合は、厚生労働省健康局疾病対策課臓器移植対策室（ダイヤルイン：03-3595-2256）に連絡し、コンサルテーションをすることが可能である。

I　脳死とされうる状態

患者（ただし、下記1）～4）は除外する）の治療中に、法に規定する脳死判定を行ったとしたならば、脳死とされうる状態の臨床徴候を認めた時、担当医師等はその正確な診断に努める。表の中の①～④の検査を1回行い、それらの項目のすべてが満たされる場合に脳死とされうる状態と判断し、下記IIの手続きに進む。

⑦ 脳死と臓器移植

(ガイドライン第6の1、及び施行規則第2条から)

法に規定する脳死判定を行ったとしたならば、脳死とされうる状態

　器質的脳障害により深昏睡、及び自発呼吸を消失した状態と認められ、かつ器質的脳障害の原疾患が確実に診断されていて、原疾患に対して行い得るすべての適切な治療を行った場合であっても回復の可能性がないと認められる者。
　ただし、下記1)～4)は除外する。
1) 生後12週(在胎週数が40週未満であった者にあっては、出産予定日から起算して12週)未満の者
2) 急性薬物中毒により深昏睡、及び自発呼吸を消失した状態にあると認められる者
3) 直腸温が32℃未満(6歳未満の者にあっては、35℃未満)の状態にある者
4) 代謝性障害、または内分泌性障害により深昏睡、及び自発呼吸を消失した状態にあると認められる者

かつ、下記①～④のいずれもが確認された場合。
①深昏睡
②瞳孔が固定し、瞳孔径が左右とも4ミリメートル以上であること
③脳幹反射(対光反射、角膜反射、毛様脊髄反射、眼球頭反射、前庭反射、咽頭反射、及び咳反射)の消失
④平坦脳波

Ⅱ　脳死とされうる状態と判断した場合

　担当医師が上記Ⅰの状態と判断した場合には、家族等の脳死についての理解の状況等を踏まえ、臓器提供の機会があること(いわゆるオプション提示)、及び承諾に係る手続に際しては担当医師以外の者(日本臓器移植ネットワーク等の臓器のあっせんに係る連絡調整を行う者(以後、「コーディネーター」))による説明があることを口頭、または書面により告げる。その際、説明を聴くことを強制してはならない。併せて、臓器提供に関して意思表示カードの所持等、本人が何らかの意思表示を行っていたかについて把握するよう努める。
　なお、法に基づき脳死と判定される以前においては、患者の医療に最善の努力を尽くす。

Ⅲ　説明を聴くことについての家族承諾

　コーディネーターによる説明を聴くことについて家族の承諾が得られた場合、直ちに日本臓器移植ネットワーク(以後、「ネットワーク」という)に連絡する。

> ドナー情報フリーダイヤル　0120-22-0149 (24時間対応)
> ※夜間休日は留守番電話になっており、用件・氏名・連絡先等のメッセージを残すと直ちにコーディネーターから折り返し連絡が入る。

○参考:「臨床的脳死」という表現は使用しない

上記の「脳死とされうる状態」は改正臓器移植法が施行される以前の法律ガイドラインで、いわゆる「臨床的脳死」と言われていた状態である。「臨床的脳死」という表現は多くの混乱と誤解を招いたという経験から、改正臓器移植法施行に当たっては使用しないことになった。

脳死下臓器提供の流れにおける主治医側の対応と連絡（例）

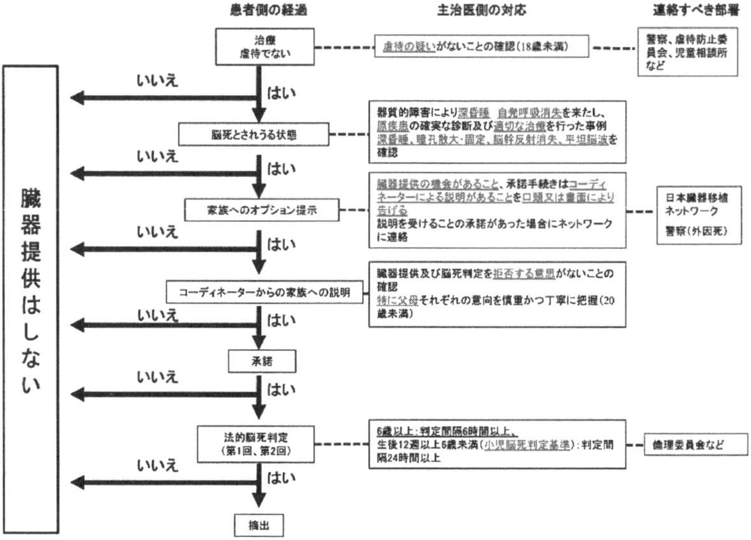

```
患者側の経過                主治医側の対応                    連絡すべき部署

治療                  ┄┄ 虐待の疑いがないことの確認(18歳未満) ┄┄ 警察、虐待防止委
虐待でない                                                      員会、児童相談所
  │いいえ ←─ ┤ はい                                              など
             ↓
         脳死とされうる状態 ┄┄ 器質的障害により深昏睡 自発呼吸消失を来たし、
  │いいえ ←─ ┤ はい           原疾患の確実な診断及び適切な治療を行った事例
             ↓                深昏睡、瞳孔散大・固定、脳幹反射消失、平坦脳波を
         家族へのオプション提示 ┄┄ 臓器提供の機会があること、承諾手続きはコーディ ┄┄ 日本臓器移植
  │いいえ ←─ ┤ はい           ネーターによる説明があることを口頭又は書面により    ネットワーク
             ↓                告げる                                          警察(外因死)
         コーディネーターからの家族への説明       説明を受けることの承諾があった場合にネットワーク
  │いいえ ←─ ┤ はい           に連絡
             ↓                臓器提供及び脳死判定を拒否する意思がないことの
         承諾                  確認
  │いいえ ←─ ┤ はい           特に父母それぞれの意向を慎重かつ丁寧に把握(20
             ↓                歳未満)
         法的脳死判定 ┄┄ 6歳以上:判定間隔6時間以上、              ┄┄ 倫理委員会など
         (第1回、第2回)    生後12週以上6歳未満(小児脳死判定基準):判定間
  │いいえ ←─ ┤ はい           隔24時間以上
             ↓
         摘出
```
（左縦書き：臓器提供はしない）

2 法的脳死判定の実際

6歳以上の脳死下臓器提供を前提とした法律に基づく脳死判定は、旧厚生省（現厚生労働省）脳死判定基準に則ったものである。一方、6歳未満の小児からの脳死下臓器提供を前提とした法律に基づく脳死判定は、平成11年度厚生省小児脳死判定基準（平成21年度改訂）の使用が基本となる。

・法的脳死判定の判定医資格

法的脳死判定の判定医資格（ガイドライン第8の1の(4)から）

脳死判定は、脳神経外科医、神経内科医、救急医、麻酔・蘇生科・集中治療医又は小児科医であって、それぞれの学会専門医又は学会認定医の資格を持ち、かつ脳死判定に関して豊富な経験を有し、しかも臓器移植にかかわらない医師が2名以上で行うこと。

臓器提供施設においては、脳死判定を行う者について、あらかじめ倫理委員会等の委員会において選定を行うとともに、選定された者の氏名、診療科目、専門医等

⑦ 脳死と臓器移植

の資格、経験年数等について、その情報の開示を求められた場合には、提示できるようにする。

・脳死下臓器提供の施設条件

　法に基づく脳死した者の身体からの臓器提供については、当面、以下のいずれの条件をも満たす施設に限定すること（ガイドライン第4から）
1. 臓器摘出の場を提供する等のために必要な体制が確保されており、当該施設全体について、脳死した者の身体からの臓器摘出を行うことに関して合意が得られていること。なお、その際、施設内の倫理委員会等の委員会で臓器提供に関して承認が行われていること。
2. 適正な脳死判定を行う体制があること。
3. 救急医療等の関連分野において、高度の医療を行う次のいずれかの施設であること。
   ・大学附属病院
   ・日本救急医学会の指導医指定施設
   ・日本脳神経外科学会の専門医訓練施設（A項）
   ・救命救急センターとして認定された施設
   ・日本小児総合医療施設協議会の会員施設

I　法的脳死判定前の確認事項

　本項目の詳細に関しては臓器提供施設マニュアルに従って行うものであるが、判定医自身も確認しておくことは以下の項目である。
〔1〕 意思表示カードなど、脳死の判定に従い、かつ臓器を提供する意思を示している本人の書面（存在する場合）
〔2〕 法的脳死判定対象者が18歳未満である場合には虐待の疑いがないこと
　1）児童からの臓器提供を行う施設に必要な体制が整備されていること
　2）担当医師等が家族に臓器提供のオプション提示をする場合、事前に虐待防止委員会の委員などと診療経過等について情報共有をはかり、必要に応じて助言を得ること
　3）施設内の倫理委員会等の委員会において、虐待の疑いがないことの確認手続きを経ていること
〔3〕 知的障害等の臓器提供に関する有効な意思表示が困難となる障害を有する者でないこと
　　知的障害等の臓器提供に関する有効な意思表示が困難となる障害の疑いが生じた場合、乳幼児においては、病歴（既往歴、発達歴等）、身体所見（既往疾患の症状）、過去の医学的検査や発達検査の結果等に基づいて、障害の有無を判断する。年長児や成人では、これらに加え、過去の教育、療育、生活（家庭、学校、職場）等の状況も、判断の根拠とすることができる。

〔4〕 臓器を提供しない意思、および脳死判定に従わない意思がないこと
〔5〕 脳死判定承諾書（家族がいない場合を除く）
〔6〕 臓器摘出承諾書（家族がいない場合を除く）
〔7〕 小児においては、年齢が生後12週以上（在胎週数が40週未満であった者にあっては、出産予定日から起算して12週以上）

○参考：脳死判定に必要な物品
・滅菌針、または滅菌した安全ピン等：意識レベルの評価、毛様脊髄反射の確認時に使用
・ペンライト：対光反射の確認時に使用
・瞳孔径スケール：瞳孔径の評価に使用
・綿棒、あるいは綿球：角膜反射の確認時に使用
・耳鏡、または耳鏡ユニット付き眼底鏡：鼓膜損傷などについて診断する際に使用
・外耳道に挿入可能なネラトン、吸引用カテーテル：前庭反射の確認時に使用
・氷水（滅菌生理食塩水）100ml以上：前庭反射の確認時に使用
・50ml注射筒：前庭反射の確認時に使用（6歳未満では25ml注入でよい）
・膿盆：前庭反射の確認時に使用
・喉頭鏡：咽頭反射の確認時に使用
・気管内吸引用カテーテル：咳反射の確認時に使用
・パルスオキシメーター：無呼吸テスト時の低酸素血症を検出
・深部温（直腸温、食道温など）が測定できる体温計

II 前提条件の確認

〔1〕 器質的脳障害により深昏睡、及び無呼吸を呈している症例
　1）深昏睡
　　ジャパン・コーマ・スケール（JCS）：300
　　グラスゴー・コーマ・スケール（GCS）：3
　2）無呼吸
　　人工呼吸器により呼吸が維持されている状態
〔2〕 原疾患が確実に診断されている症例
　　病歴、経過、検査（CT、MRI等の画像診断は必須）、治療等から確実に診断された症例
〔3〕 現在行いうるすべての適切な治療をもってしても回復の可能性が全くないと判断される症例

III 除外例

改正臓器移植法の施行に際してはガイドライン等の規定により、以下のような状況では法的脳死判定から除外される。
〔1〕 脳死と類似した状態になりうる症例

⑦ 脳死と臓器移植

1）急性薬物中毒
①周囲からの聴き取り、経過、臨床所見等で薬物中毒により深昏睡、及び無呼吸を生じたと疑われる場合は脳死判定から除外する。
②可能ならば薬物の血中濃度の測定を行い判断する。ただし薬物の半減期の個人差は大きいことを考慮する。

〈備考〉
急性薬物中毒ではないが、脳死判定に影響を与えうる薬物が投与されている場合
①原因、経過、病態を勘案した総合的判断が必要である。
②可能ならば薬物の血中濃度の測定を行い判断する。
③薬物の血中濃度の測定ができない場合は、当該薬物の有効時間を考慮して脳死判定を行うことが望ましい。当該薬物の有効時間に関して一定の基準を示すことは困難であるが、通常の一般的な投与量であれば24時間以上を経過したものであれば問題はないと思われる。
　問題となりうる薬剤
　　●中枢神経作用薬
　　　静脈麻酔薬
　　　鎮静薬
　　　鎮痛薬
　　　向精神薬
　　　抗てんかん薬
　　●筋弛緩薬
　神経刺激装置を用い神経刺激を行い、筋収縮が起これば筋弛緩薬の影響を除外できる（たとえばTOF（Train of Four）による方法は有用である）。

2）代謝・内分泌障害
　　①肝性昏睡
　　②糖尿病性昏睡
　　③尿毒症性脳症
　　④その他

〔2〕 知的障害者等の臓器提供に関する有効な意思表示が困難となる障害を有する者
〔3〕 被虐待児、または虐待が疑われる18歳未満の児童
〔4〕 年齢不相応の血圧（収縮期血圧）
　　●1歳未満　　　　　　　＜65mmHg
　　●1歳以上13歳未満　　　＜（年齢×2）＋65mmHg
　　●13歳以上　　　　　　 ＜90mmHg
〔5〕 低体温（直腸温、食道温等の深部温）
　　●6歳未満　　　　　　　＜35℃
　　●6歳以上　　　　　　　＜32℃
　　注：あくまで深部温であり、腋窩温ではないことに注意すること

〔6〕 生後12週未満（在胎週数が40週未満であった者にあっては、出産予定日から起算して12週未満）

Ⅳ 生命徴候の確認

〔1〕 体温　直腸温、食道温等の深部温
- ● 6歳未満　　　　　　　　≧35℃
- ● 6歳以上　　　　　　　　≧32℃

〔2〕 血圧の確認
- ● 1歳未満　　　　　　　　≧65mmHg
- ● 1歳以上13歳未満　　　　≧（年齢×2）＋65mmHg
- ● 13歳以上　　　　　　　　≧90mmHg

〔3〕 心拍、心電図等の確認をして重篤な不整脈がないこと

Ⅴ 深昏睡の確認

〔1〕 確認法

以下のいずれかの方法で疼痛刺激を顔面に加える。
1）滅菌針、滅菌した安全ピン等による疼痛刺激
2）眼窩切痕部への指による強い圧迫刺激

〔2〕 判定

全く顔をしかめない場合、JCS300、GCS3で深昏睡と判定する。

〔3〕 注意
1）頸部以下の刺激では脊髄反射による反応を示すことがあるので、刺激部位は顔面に限る。
2）末梢性で両側性の三叉神経または顔面神経の完全麻痺が存在する場合は、深昏睡の判定は不可能である。
3）脊髄反射、脊髄自動反射は脳死でも認められるので、自発運動との区別が必要である。
　　A．脊髄反射
　　　・深部腱反射
　　　・皮膚表在反射
　　　・病的反射
　　B．脊髄自動反射
　　a）誘発刺激
　　　・疼　痛
　　　・圧　迫
　　　・受動運動
　　　・皮膚接触
　　　・温度変化
　　　・膀胱充満

⑦ 脳死と臓器移植

・その他の外的刺激
　b）出現部位
　　誘発刺激が与えられた部位と関連する部位であることが多い。
　　・下肢への刺激：下肢の屈曲、伸展
　　・腹部への刺激：腹壁の筋収縮
　　・上肢への刺激：上肢の屈曲、伸展、拳上、回内、回外
　　・頸部への刺激：頭部の回転運動
　c）自発運動との区別
　　・反射が認められた場合は、誘発したと思われるのと同じ刺激を加え、同じ反射が誘発されれば脊髄自動反射と判断する。
　　・ただし、自発運動との区別に迷う場合は脳死判定を中止する。
　d）ラザロ徴候
　　無呼吸テスト時などに上肢、体幹の複雑な運動を示すことがある（ラザロ徴候）が、誤って自発運動であると解釈してはならない。
4）下記の姿勢・運動は脊髄自動反射とは異なり脳死では認められないため、認められた場合は脳死判定を行わない。
　①自発運動
　②除脳硬直
　③除皮質硬直
　④けいれん、ミオクローヌス

Ⅵ　瞳孔散大、固定の確認

〔1〕瞳孔径
　確認法：室内の通常の明るさの下で測定する。
　判　定：左右の瞳孔径が 4mm 以上であること（正円でない場合は最小径）。
〔2〕瞳孔固定：刺激に対する反応の欠如
　経過中に瞳孔径が変化しても差し支えない。

Ⅶ　脳幹反射消失の確認

　眼球、角膜の高度損傷や欠損がある症例において、瞳孔反応や眼球偏位の観察、及び角膜への刺激が不可能である場合、当面の間は法的脳死判定を行わない。なお、鼓膜損傷があっても、滅菌生理食塩水を用いることによって安全に検査を行うことが可能である。
〔1〕対光反射
・観察方法
　1）両側上眼瞼を同時に挙上して、両側瞳孔の観察を可能にする。
　2）光を一側瞳孔に照射し、縮瞳（瞳孔の動き）の有無を観察する（直接反射）。
　3）光を瞳孔よりそらせ、一呼吸おいた後に再度一側瞳孔に照射し、他側瞳孔の縮瞳（瞳孔の動き）の有無を観察する（間接反射）。

第 12 章　医事法に関わる生命倫理分野と法制度

　　4）同様の操作を両側で行う。
・判定方法
　　1）両側で直接反射、間接反射における瞳孔の動きが認められない時のみ対光反射なしと判定する。
　　2）縮瞳のみならず、拡大や不安定な動きを認めても対光反射ありとする。

〔2〕　角膜反射
・観察方法
　　1）一側上眼瞼を挙上し、角膜を露出させる。
　　2）綿棒、あるいは綿球などの先端をこより状として角膜を刺激する。
　　3）瞬目の有無を観察する。
　　4）両側で同様の操作を行う。
・判定方法
　　1）両側とも角膜刺激による瞬目が認められない時のみ、角膜反射なしと判定する。
　　2）明らかな瞬目でなくても、上下の眼瞼など眼周囲の動き（筋収縮）が認められた場合は角膜反射ありと判定する。

〔3〕　毛様脊髄反射
・観察方法
　　1）両側上眼瞼を同時に挙上して、両側瞳孔の観察を可能にする。
　　2）顔面に手指、あるいは滅菌針や滅菌した安全ピンで痛み刺激を与える。
　　3）両側瞳孔散大の有無を確認する。
　　4）上記の1）〜3）の操作を両側で行う。
・判定方法
　　1）両側とも疼痛刺激による瞳孔散大が認められない時のみ、毛様脊髄反射なしと判定する。
　　2）明らかな瞳孔散大でなくても、瞳孔の動きが認められる場合は毛様脊髄反射ありと判定する。

〔4〕　眼球頭反射
・観察方法
　　1）両側上眼瞼を挙上して両眼の観察を可能にする。
　　2）被験者の頭部を約30°挙上し、正中位から急速に一側に回転させる。
　　3）眼球が頭部の運動と逆方向に偏位するか否かを観察する。
　　4）頭部の運動は左右両方向で行う。
　　5）頭部の上下の回転は行わない。
・判定方法
　　　左右どちらの方向への頭部回転でも両側眼球が固定し、眼球の逆方向偏位が認められない時のみ眼球頭反射なしと判定する。

〔5〕　前庭反射
・観察方法
　　1）耳鏡により両側の外耳道に異物がないことを確認する（「前庭反射の消失」につ

322

⑦ 脳死と臓器移植

いては、鼓膜損傷があっても検査が可能である）。
 2）被験者の頭部を約30°挙上させる。
 3）被験側の耳の下に氷水（滅菌生理食塩水）を受けるための膿盆をあてる。
 4）50mlの注射筒に氷水（滅菌生理食塩水）を吸引し、カテーテルを接続する。
 5）被験側外耳道内にカテーテルを挿入する。
 6）両側上眼瞼を挙上し、両眼の観察を可能にする。
 7）氷水（滅菌生理食塩水）の注入を開始する。
 8）氷水（滅菌生理食塩水）注入は20～30秒かけて行う。
 9）眼球が氷水（滅菌生理食塩水）注入側に偏位するか否かを観察する。
 10）50mlの注入が終わるまで観察する。
  注：氷水（滅菌生理食塩水）の注入量は6歳未満の乳幼児の場合では25mlとする。
 11）同様の操作を両側で行う。なお、対側の検査は一側の検査終了後5分以上の間隔をおいてから行う。
・判定方法
 1）両側の外耳道への刺激で、眼球偏位が認められない場合のみ前庭反射なしと判定する。
 2）明らかな偏位ではなくても刺激に応じて眼球の動きが認められた場合は前庭反射ありと判定する。

〈備考〉
●前庭反射の消失を確認する時には、氷水刺激によるものとする。通常耳鼻科領域等で用いられている20℃の冷水検査、あるいは体温±7℃の温水と冷水を用いた冷温交互刺激検査とは異なる。
●温度刺激検査において冷風、温風を用いた「エアー・カロリック・テスト」については現在承認されている機器では温度刺激が十分でない可能性があるため、脳死判定には用いない。

〔6〕 咽頭反射
・観察方法
 1）喉頭鏡を用い十分開口させる。
 2）吸引用カテーテルなどで咽頭後壁を刺激する。
 3）咽頭筋の収縮の有無を観察する。
 4）同様の操作を両側で行う。
・判定方法
 くり返し与えた刺激にも咽頭筋の収縮が認められない場合、咽頭反射なしと判定する。

〔7〕 咳反射
・観察方法
 1）気管内チューブより十分長い吸引用カテーテルを気管内チューブをこえて気管支壁に到達するまで挿入する。
 2）気管、気管支粘膜に機械的刺激を与える。

323

第 12 章　医事法に関わる生命倫理分野と法制度

3）機械的刺激に対し咳が出るかどうか観察する。
・判定方法
1）くり返し与えた機械的刺激にも咳が認められない場合、咳反射なしと判定する。
2）明らかな咳はなくても、機械的刺激に応じ胸郭などの動きが認められた場合は咳反射ありと判定する。

Ⅷ　脳波活動の消失〔いわゆる平坦脳波（Electrocerebral inactivity: ECI）〕の確認

〔1〕脳波検査の基本条件
1）導出法
　少なくとも 4 誘導の同時記録を単極導出（基準電極導出）及び双極導出で行う。
2）電極取り付け位置
　① 10／20 法による電極配置を用いる（図 1a、1b）。
　②電極の取り付け位置は大脳を広くカバーする意味から、例えば下記の部位とする。乳幼児では電極間距離を確保するため、必要に応じ電極数を減らす。
　　・前頭極部（Fp_1、Fp_2）
　　・中心部（C_3、C_4）
　　・後頭部（O_1、O_2）
　　・側頭中部（T_3、T_4）
　　・耳朶（A_1、A_2）
　③外傷や手術創がある場合は電極配置を多少ずらすことはかまわない。
3）心電図の同時記録
　脳波記録と共に心電図の同時記録を行う。
　注：可能であれば呼吸曲線、眼球運動、頤部筋電図も記録するとよい。
4）電極間距離
　各電極の電極間距離は 7cm 以上（乳児では 5cm 以上）が望ましい。
5）測定時間
　全体で 30 分以上の連続記録を行う。
6）脳波計の感度
　標準感度 $10\mu V$／mm（またはこれよりも高い感度）に加え、高感度 $25\mu V$／mm（またはこれよりも高い感度）の記録を脳波検査中に必ず行う。

⑦ 脳死と臓器移植

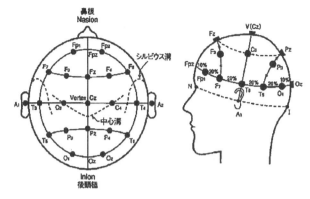

図1a：10/20法による電極配置

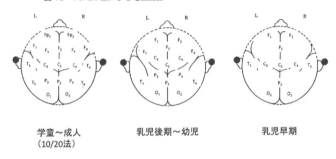

学童～成人　　　乳児後期～幼児　　　乳児早期
（10/20法）

図1b：小児における電極配置

7）フィルターの設定
　①ローカットフィルター：0.53Hz（時定数表示で0.3秒）とする。
　②ハイカットフィルター：30Hz以上とする。
　②交流遮断フィルター：必要に応じて使用する。
8）検査中の刺激
　①呼名
　　1回の刺激につき、左耳・右耳それぞれ3回ずつ、大声で行う。
　②顔面への疼痛刺激
　　滅菌針、あるいは滅菌した安全ピン等で顔面皮膚を刺激する、あるいは眼窩切痕部を強く圧迫する。
9）記入事項
　検査中には以下の項目を脳波用紙上に記入する。
　①検査開始時刻と終了時刻
　②設定条件
　・感度
　・時定数
　・紙送り速度

第12章　医事法に関わる生命倫理分野と法制度

　・フィルター条件
　　設定条件を変更した場合はその旨を記載し、較正波形を記録すること。
　③導出法（表1にモンタージュの1例を示す）
　④検査中の刺激の種類
　⑤雑音の原因
　・筋電図
　・人工呼吸器による体動
　・血管上の電極による脈波
　・振動によるアーチファクト
　・人の動き等によるアーチファクト
　・その他
10）ECI の判定
　　適切な技術水準を守って測定された脳波において、脳波計の内部雑音を超える脳由来の電位がない脳波であること。
11）判定の中止
　　測定中明らかな脳波活動が認められた場合は脳死判定を中止する。
12）脳死判定記録書に脳波の記録用紙を添付すること。

〔2〕　脳波検査の実施例
（アーチファクト混入を防止し、適切に脳波測定を行うための実施例）
1）検査室の条件
　①個室が望ましい。
　②簡易的な電極シールドが設置できれば理想的である。
　③安定した電源と確実なアースが必要である。
2）脳波計の条件
　① 3P 電源プラグを使用し、等電位接地に接続する。
　② F 型装備部を持つ BF か CF 型脳波計が望ましい。
　③サンプリング周波数は 500Hz 以上が望ましい。
3）被験者への準備
　①患者頭部を壁から離す：電源ノイズの防止
　②空調等の風が頭部にあたらないようにする：電極のゆれによるノイズ防止
　③計測中は被験者に触れたり、近くに寄らない。
　④シールド・シートを使用する時は表面が絶縁されていることを確認し、等電位接地に接続する。
　⑤電気毛布などノイズを発生する物は外す。
4）周辺機器の準備
　①周辺機器は 3P 電源プラグを用い等電位接地に接続する。
　②電池駆動が可能な機器は電源プラグを抜いて電池駆動にする。
　③電動ベッド等、生命維持に必要でない機器は電源を外す。

⑦ 脳死と臓器移植

表1・モンタージュの1例
モンタージュ例（8チャンネル）

	I.		II.		III. **
1.	Fp1-A1	1.	Fp1-C3	1.	Fp1-A1
2.	Fpz-Az	2.	Fpz-C4	2.	Fpz-Aa
3.	C3-A1	3.	C3-O1	3.	C3-A1
4.	C4-A2	4.	C4-Oz	4.	C4-A2
5.	O1-A1	5.	Fp1-T3	5.	O1-A1
6.	O2-A2	6.	Fp2-T4	6.	O2-A2
7.	T3-A2*	7.	T3-O1	7.	T3-Cz
8.	T4-A1*	8.	T4-O2	8.	Cz-T4

モンタージュ例（12チャンネル）

	I.		II.		III. **		IV. **
1.	Fp1-A1	1.	FP1-C3	1.	FP1-A1	1.	Fp1-C3
2.	Fp2-A2	2.	Fp2-C4	2.	Fp2-A2	2.	Fp2-C4
3.	C3-A1	3.	C3-O1	3.	C3-A1	3.	C3-O1
4.	C4-A2	4.	C4-O2	4.	C4-A2	4.	C4-O2
5.	O1-A1	5.	Fp1-T3	5.	O1-A1	5.	Fp1-T3
6.	O2-A2	6.	Fp2-T4	6.	O2-A2	6.	Fp2-T4
7.	T3-A2*	7.	T3-O1	7.	T3-A2*	7.	T3-O1
8.	T4-A1*	8.	T4-O2	8.	T4-A1*	8.	T4-O2
9.	A1-A2	9.	A1-C3	9.	A1-Cz	9.	T3-Cz
10.	Fp1-O1	10.	C3-C4	10.	Cz-A2	10.	Cz-T4
11.	Fpz-O2	11.	C4-A2	11.	Fp1-O1	11.	A1-A2
12.		12.	T3-T4	12.	Fp2-O2	12.	

I、III：単極（基準電極）導出を主体。
II、IV：双極導出。
* 電極間距離を7cm以上（乳児では5cm以上）保つために反対側耳朶電極へ連結。
** Cz電極を設置の場合。
IとIIまたはIIIとIVの組み合わせで記録する。
必要に応じて、呼吸曲線、眼球運動、頤部筋電図等を同時記録する。

　④入力箱を人工呼吸器の反対側のベッドサイドに置き、人工呼吸器との距離を離す。
　⑤必要に応じ一時的に下記を行う。
　　・心電図モニターや呼吸モニターを外す。
　　・室内の蛍光灯を消す。
5）室　温
　深部温が32℃未満（6歳未満の小児では35℃未満）にならないように室温を調節する。
6）電極の装着

第12章　医事法に関わる生命倫理分野と法制度

①頭皮の準備
- 頭部を清拭し、皮膚の汚れを落とす。
- 電極装着部の皮脂除去：アルコールガーゼや研磨剤入りペーストを使用して皮脂を除去する。

②電極の準備
- 初めて使用する銀皿電極はエージング処理をしておく（銀―塩化銀電極使用の場合は必要ない）。
- 皿電極を用いることが望ましい（6歳以上では針電極を使用しても差しつかえない）。

③電極の装着
- 10／20法により、導出法に合わせた電極配置をする。
- 前額部にニュートラル電極を装着する。
- 各導出に際しての電極間距離は7cm以上（乳児では5cm以上）とする。
- 皿電極の場合、接触抵抗を可能なら2KΩ以下にするようにし、困難な場合には導出に使う2つの電極の接触抵抗を近似に揃える。
- 針電極使用時には接触抵抗の測定は行わない。
- 頭部外モニター：体動や静電誘導などによるアーチファクトの鑑別のため6〜7cm間隔で前腕部などに装着し脳波検査と同条件でモニターする。

④電極リード
- 番号の付いたリード、または異なった色のついたリードを用いる。
- 電極リードをひねりあわせて開口面積を小さくする：電磁誘導による交流雑音混入の防止とリード線の揺れによるアーチファクト防止。
- 番号、または色に基づき電極装着部と脳波計入力ボックスの番号を対応させる。

⑤脳波測定システムの総合的機能チェック
- 全ての使用電極を順番に鉛筆の先端などで軽く触れて妥当なアーチファクトが生じるかどうか確認する。

7）脳波記録
①検査の不備や漏れがないようにチェックシートを作成し、シートに沿って検査を進めていく（表2にチェックシートの1例を示す）
②検査開始時と終了時に時刻を記録紙上に記入する。
③ハイカットフィルターや交流遮断フィルターを適宜使用し、アーチファクトを除去する。
④アーチファクトが生じた場合は、記録紙上に記入する。
- 原因が特定できた場合には原因を除去して記録する。
- アーチファクトの客観的証明のために、アーチファクトを再現させ記録することも有用である。

⑤記録中に呼名と顔面への痛み刺激を行い、その旨を記録紙上に記入する。
⑥記録開始時や設定条件を変更した場合は、その記録の前後に較正波形を入れ、

設定条件を記録紙上に記入する。
8) 脳波記録の手順の1例（図2）
9) 脳波の判定
   ①適切な技術水準を守って測定された脳波において、脳波計の内部雑音を超える脳由来の電位がない脳波であることを確認する（ECIの確認）。
   ②心電図、及び他のアーチファクトの混入が明確に指摘できる場合はECIと確認してよい。
10) ペーパーレスタイプの脳波計を用いた場合
   ①別プリンターにより従来のペン書き記録と同等の精度で記録時の設定条件や記録時刻がわかるように脳波波形を出力する。
   ②少なくとも600dpi以上の分解能をもったプリンターが望ましい。
   ③プリントアウトした脳波記録は脳波測定の連続性がわかるようにする。
   ④脳波測定時とプリントアウトした波形のモンタージュや設定は同じにする。
   ⑤ディスプレイ画面上でECIの判定を行ったとしても、紙に出力して記録する。

表2・チェックシートの1例

ECI測定用チェックシート

- □ 周辺機器・外部環境チェック
- □ 電極装着
- □ モンタージュをECI測定用に設定
- □ 接触抵抗値2kΩ以下もしくは導出に使う2つの電極の接触抵抗が近似であることを確認（針電極の際には測定は行わない）
- □ 接触抵抗値チェックデータを記録紙に記録（針電極の際には測定は行わない）
- □ 電極短絡状況確認（電極をペンで叩く）
- □ $10\mu V/mm$の感度で$50\mu V$の較正波形を記録（開始時刻と設定条件を記入）
- □ 単極導出で測定し、呼名と顔面への痛み刺激を行い記録紙に記入
- □ 双極導出で測定し、呼名と顔面への痛み刺激を行い記録紙に記入
- □ $10\mu V/mm$の感度で$50\mu V$の較正波形を記録（設定条件を記入）
- □ $2\mu V/mm$の感度で$10\mu V$の較正波形を記録（設定条件を記入）
- □ 単極導出で測定し、呼名と顔面への痛み刺激を行い記録紙に記入
- □ 双極導出で測定し、呼名と顔面への痛み刺激を行い記録紙に記入
- □ $2\mu V/mm$の感度で$10\mu V$の較正波形を記録（終了時刻と設定条件を記入）
- □ 全体で30分以上の連続記録

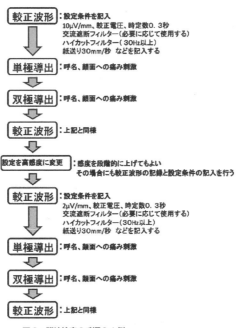

図2・脳波検査の手順の1例

11）脳波記録の保存

脳死判定記録書に脳波の記録用紙を添付し、判読の報告書を別紙に記載して保存する。

IX 自発呼吸消失の確認（無呼吸テスト）

〔1〕基本的条件

1）$PaCO_2$ レベル

①自発呼吸消失の確認（無呼吸テスト；以下、テスト）開始前は35〜45mmHg であることが望ましい。

②自発呼吸の不可逆的消失の確認には60mmHg 以上に上昇したことの確認が必要である。

　ただし80mmHg を超えないことが望ましい。

2）収縮期血圧

- 1歳未満　　　　　　　　≧65mmHg
- 1歳以上13歳未満　　　　≧（年齢×2）＋65mmHg
- 13歳以上　　　　　　　　≧90mmHg

3）時間経過

$PaCO_2$ の適切な上昇が必要であり、人工呼吸を中止する時間の長さには必ずしもとらわれなくてよい。

4）血圧、心拍、酸素飽和度のモニター

⑦ 脳死と臓器移植

テスト中は下記の測定器やモニターを装着する。
　①血圧計
　②心電図モニター
　③パルスオキシメーター
5）テストの中止
　酸素化能低下・血圧低下等により継続が危険と判断した場合はテストを中止する。
6）実施の除外例
　低酸素刺激によって呼吸中枢が刺激されているような重症呼吸不全の症例ではテストを実施しない。
7）実施時期
　第1回目、第2回目とも他の判定項目を全て行った後に行う。
8）望ましい体温
　直腸温、食道温等の深部温：35℃以上

〔2〕 テストの実施法
1）血圧計、心電図モニター及びパルスオキシメーターが適切に装着されていることを確認する。
2）100%酸素で10分間人工呼吸をする。
3）$PaCO_2$レベルを確認する。
　おおよそ35〜45mmHgであること。
4）人工呼吸を中止する。
5）6l／分の100%酸素を投与する。
　①気管内吸引用カテーテルを気管内チューブの先端部分から気管分岐部直前の間に挿入する。
　　　吸引用カテーテルは余剰の酸素が容易に外気中に流出するように、気管内チューブ内径に適した太さのものを選ぶ。
　②マーカー等を使用しカテーテル先端が適切な位置にあることを確認する。
　　【確認方法例】
　　　・長さの目盛りやX線マーカーのあるカテーテルを使用する。
　　　・胸部X線写真によりあらかじめ位置を確認しておく。
6）動脈血ガス分析を2〜3分ごとに行う（6歳未満では、採血をテスト開始から3〜5分後に行い、以後の採血時間を予測する）。
7）$PaCO2$が60mmHg以上になった時点で無呼吸を確認する。
8）自発呼吸の有無は胸部、または腹部に手掌をあてるなどして慎重に判断する。
　なお、6歳未満の小児においては目視による観察と胸部聴診を行う。
9）無呼吸を確認し得た時点でテストを終了する。

○参考：小児の場合
　6歳未満の小児の無呼吸テストを実施する際には、T-ピースを用いて6l／分の100%酸素を流す等の方法がある。

〔3〕テストの中止

　低酸素、低血圧、著しい不整脈により、テストの続行が危険であると判断された場合。なお、中止する際に行った動脈血液ガス分析において、$PaCO_2$ が 60mmHg を超えていた場合は、テストの評価は可能である。

〔4〕記　録

　下記の記録を診療録に記載、あるいは貼付し、必要な項目を脳死判定記録書に記入する。

　1）テストの開始時刻、及び終了時刻
　2）動脈血液ガス分析の測定時刻、及び結果
　3）血圧、及びパルスオキシメーター値の測定結果
　4）テスト中に認められた異常（心電図異常等）があれば、異常とその処置

X　判定間隔

　第1回目の脳死判定が終了した時点から6歳以上では6時間以上、6歳未満では24時間以上を経過した時点で第2回目の脳死判定を開始する。

XI　法的脳死の判定

　脳死判定は2名以上の判定医で実施し、少なくとも1名は第1回目、第2回目の判定を継続して行う。第1回目の脳死判定ならびに第2回目の脳死判定ですべての項目が満たされた場合、法的脳死と判定する。死亡時刻は第2回目の判定終了時とする。

> ○参考：聴性脳幹誘発反応（ABR）
> 　法的脳死の判定にあたっては、脳波検査にあわせてABRを行いⅡ波以降の消失を確認しておくことが望ましい。

(4) 脳死による死亡判定時刻

　脳死判定によって患者を死亡とした場合、死亡時刻を最初の判定時にするのか、それとも6時間経過した後の確認時か、または心臓死までまった時刻にするのかという問題がある。以前には、死亡時刻は記入する義務がある以上、無理に統一しなくとも医師が自らの責任において、どちらかを記入すればよいという意見（倫理懇談会の最終報告）もあったが、現在は統一したほうがよいとの意見が大勢をしめている。これは、相続などの問題に支障をきたすからである。この死亡時刻については、倫理懇談会の最終報告では以下のようになっている。

⑦ 脳死と臓器移植

　死亡時刻を最初の判定時にする意見では、後の確認によって最初の判定が確認されたことになるからだとしている。また、確認時を死亡時刻とする意見では、確認するまでは最初の脳死判定は不安定であり、脳死を確認した時をもって死亡時刻とするべきだとしているものである。今のところ双方とも通説になるような多数をしめるにはいたっていない。これについて、いずれは立法か裁判所により解決されなければならない問題であると、倫理懇談会の最終報告はしている。しかし、脳死判定が医師による死の判定である以上、死亡時刻を統一しないまま判定基準を医師会の倫理懇談会が認めることは混乱をまねく要素を含んでいる。これについては脳死臨調の最終答申も「現場での医師の適正なる決定になろう」としている。

　しかし、私論からいえば脳死による死亡時刻は確認時が妥当と考える。これは、<u>人間の死とは点（瞬間）として確認されてきたわけではなく、いわゆる生死におけるポイントを不可逆的に超えていたことを確認するものとされるからである。そしてすでに合意がなされている三徴候説による死の判定も死の瞬間ではなく、その確認となっていることからも自明といえる。</u>
　<u>現在の法的脳死判定マニュアルでは確認時（第2回目の判定終了時）となっている。</u>

(5) 社会的コンセンサスと本人・遺族の意思

① 社会的コンセンサス（合意）

　脳死・臓器移植に対する賛否の問題は満場一致を見るようなものではなく、また、単なる多数決原理によって決められるものでもない。つまり、国民の大多数が納得しているという社会的コンセンサスを必要とするという意見（本項(2)参照）がある。これについては、倫理懇談会の最終報告は総理府による世論調査に基づいて、脳死に対する**社会的コンセンサス**ができあがりつつあるとの見解をだしてきているものである。

　しかし、現在のところ社会的コンセンサスはできあがっていないとの意見も多数ある。これに対して倫理懇談会の最終報告は、社会的コンセンサスの未成熟の主張は根拠が曖昧で具体性に欠けるものとし、社会的コンセンサスは立法による確認が最も明確であるとしている。ただし、立法するにあたっても、国民が納得できるように啓蒙を行い、慎重に進めなければならない必要がある。そうなれば、アトランダムに選んだ人々によるアンケートだけで社会的コンセンサスをはかるには無理があり、具体的な方法・手続きを確立しなければならないであろう。できれば、社会的コンセンサスを採らずに乗り越えるがための

第12章　医事法に関わる生命倫理分野と法制度

立法ではなく、社会的コンセンサスを経た立法が望ましかった。

② 本人と遺族の承諾　これまでの法規のなかで臓器移植に関する承諾は、[角膜及び腎臓の移植に関する法律第3条第3項（「臓器の移植に関する法律」の成立によって廃止）]の規定だけである。それは「医師は、第1項または前項の規定による死体からの眼球または腎臓の摘出をしようとするときは、あらかじめ、その遺族の書面による承諾を受けなければならない。ただし、死亡した者が生存中にその眼球または腎臓の摘出について書面による承諾をしており、かつ、医師がその旨を遺族に告知し、遺族がその摘出を拒まないとき、または遺族がないときは、この限りでない。」としている。この規定では、遺族の意思のみが優先されているものである（二重線筆者）。もちろん、旧法（角膜移植に関する法律）の立法時から、「遺族の承認を要件としているが、死者本人の意思が無視されてよいか」という疑問をもつとの意見が出されていた[71]。

脳死からの臓器移植に関しても、生前の意思表示（臓器移植に対する意思表示を記したドナー・カードの携帯など）が少ないわが国では、**遺族の承諾**に頼ることになりやすい。もちろん、本人が生前意思表示をしていた場合には尊重すべきであり、特に移植拒否の意思表示がされていた時には、遺族の承諾のみで移植をなすべきなのか疑問が大きい。したがって、新法が本人の意思表示のみに臓器移植の決定（家族の同意を得られない時を除く）を委ねたことは自己決定権の尊重としては望ましいと考える。

さて、人工呼吸器の取り外しや臓器移植の承諾を遺族から採るといっても、誰からの承諾が必要なのか、その**遺族の範囲**が問題になる。

[角膜及び腎臓の移植に関する法律第3条第3項]では『遺族』の承諾という言葉だけで、[死体解剖保存法第7条]も同様であり、その範囲は明確ではない。たしかに遺族の範囲や優先順位を立法に委ねてしまうのは、臨終の場における社会通念からみて混乱をきたすおそれもある。しかし、脳死からの臓器移植に関して何の立法もない以上、遺族からの承諾によって、脳死からの臓器移植の根拠をとらなければならないものである。遺族の範囲などある程度の基準をおくことが臓器移植の正当性を位置づける一要因になるものと考えられる。一般に近親者とか遺族（民法の相続人の順序から考えると）といえば、配偶者と子、直系尊属、兄弟姉妹などである。また、条文の中で遺族の範囲を規定しているものは、[著作権法第116条]、[労働者災害補償保険法第16条第2項]に

---

(71)　植松正「臓器移植をめぐる法律問題」ジュリスト146号55頁。

⑦ 脳死と臓器移植

おいて『配偶者、子、父母、孫、祖父母、または兄弟姉妹』と規定されている。これは、遺族の経済的補償を考えた規定といえる[72]。

　もう一つ遺族の範囲として考えなければならないのが、生前の本人との精神的つながりである。それは、礼意保持の管理者ないしは葬祭執行者などである。また、死者の死亡により最も悲しむべきものであり「死体との離れがたさ」という感情である。この感情は宗教的なものとして敬遠すべきものでもなく、非合理的なものとして軽視されるべきものでもない。それは法的に汲み上げるに値するものと考えられるからである[73]。

　したがって、遺族の範囲は<u>直系血族と兄弟姉妹および配偶者であり、それに同居家族など故人と精神的に強い繋がりを持つ者がいれば考慮すべき</u>としたい。この場合の考慮とは積極的な拒否があれば移植等は行わないという意味である。もちろん「遺族」の中での拒否は移植等の拒絶を意味すると理解したい。たとえ生前本人が移植の承諾を文章でしていても「遺族」の拒絶を振り切って移植等を行なうことは困難なものだからである[74]。

(6) 立法による臓器移植

　法（「**臓器の移植に関する法律**」）による臓器移植が、1999年2月28日に1997年10月16日の法施行から初めて行われた。

　これは脳死での臓器提供を意思表示していた40歳代の患者（高知赤十字病院に入院）からのもので、心臓は大阪大学付属病院、肝臓は信州大学付属病院、腎臓は東北大学付属病院と国立長崎中央病院、角膜は高知医科大学でそれぞれ同日から翌日にかけて移植された。

　特に心臓に関しては札幌医大以来31年ぶりの国内での移植である。このとき世界では既に4万例を超し、肝臓も6万例余りの実施例[75]といわれていることから、国内での実施がなかったことは、技術面よりも医療制度や法の不整備、何よりも国民の不信感の問題が大きかったといえる。札幌医大での移植は不透明な部分が多かったといわれたことからも、今回の移植には以下のような、

---

(72) 前田和彦「脳死および臓器移植の合意と承諾」自治医科大学紀要12・43頁。結局、「臓器の移植に関する法律の運用に関する指針（ガイドライン）の制定について」（平成9年10月8日健医発第1329号）でも「遺族及び家族の範囲に関する事項」は同意となった。
(73) 唄孝一「『死亡』と『死体』についての覚え書（二）」ジュリスト485号127頁。
(74) 前田和彦「医事法・民事法における遺族の範囲」日本法政学会法政論叢第28巻141頁。
(75) 朝日新聞平成11年3月1日朝刊。

第12章 医事法に関わる生命倫理分野と法制度

これまでの日本にはなかった方法が採られた。
　a．書面（意思表示カード）による提供者の意思表示
　b．家族への説明と同意
　c．公正な臓器配分[76]
　d．移植に関わらない複数の医師による脳死判定
　e．臓器提供病院と移植病院の分離[77]

　しかし、再開した脳死移植に対して、また一つの問題が指摘されてしまうことになる。新法後初の脳死移植となった高知赤十字病院での脳死判定が本来最後に行うはずの無呼吸テストを先に行ったことが手順ミスとして問題にされたのである。そして「臨床的脳死」と「法的脳死」という言葉から、まるで二つの脳死があるような誤解を社会に与えてしまった。

　<u>もともと臓器移植法における脳死判定とは移植を前提とした規定である。世界の脳死判定基準で臓器移植を前提にしたものはなく、脳死判定と移植を一般医療として社会的コンセンサスを得られなかったわが国の経緯を反映したものである。</u>

　臨床的脳死とは、従来の旧厚生省基準（いわゆる竹内基準）の項目のうち自発呼吸の消失を除き、第2回目の判定も行わないものである。この段階では臓器移植を前提としたものではなく、無呼吸テストを除外した背景には、気管内挿管人工呼吸開始以後、自発呼吸の出現や呼吸器に抵抗するような動きが見られない状態が相当時間続いていることを重視した考えがあったとされる。検査の順番としても当初の厚生省基準では脳幹反射と結びつけ脳幹反射消失後すぐに行っていたが、1991年の補遺では循環器系に及ぼすリスクを懸念し無呼吸テストは脳波検査の後、最後に行うように奨めている。そして現行の法的脳死判定では最後に無呼吸テストを行うことを義務づけている。おそらく1999年10月から各医療機関に配布される統一された「法的脳死判定マニュアル」の手順に従えば問題は起こらないと考えられた。

---

[76]　臓器の公平な分配には「日本臓器移植ネットワーク」を改組した「移植ネット」があたり、「臓器移植法」では「移植ネット」を通さない心臓、肝臓、肺、すい臓、腎臓の脳死移植はできないことになっている。

[77]　現在脳死からの移植でできる施設は、心臓が大阪大学、国立循環器病センターと東京女子医科大学等7施設、肝臓が信州大学と京都大学等13施設、肺が東北大学、京都大学、大阪大学と岡山大学等9施設である（2007年7月現在）。そして提供施設は、当初31施設と少なかったことから1998年旧厚生省がガイドラインを改め（適正な脳死判定体制、倫理委員会の承認があること等）、2006年5月現在、全国475カ所となっている。

⑦ 脳死と臓器移植

　しかし、さらに深い問題点は医師の法に対する意識である。今回の法的脳死判定の手順ミスに対して「臨床的感覚からすれば問題ない」等の医師の意見があり、脳死論のこれまでの悪しき慣習を踏襲しているとさえおもえる。これまでの脳死と臓器移植をめぐる論議は、医学技術への疑義というよりは、医療現場の不透明さへの不信感と医療側からの情報不足が招いた社会の認識不足が大きいものであった。それが医学的死が法的社会的死へと理解されるまでの壁となり、脳死と臓器移植をわが国の医療に定着させるのを遅らせている一因である。もちろん生命の営みがいかようにも変わる臨床の場で、医師の裁量権を無くすほど細かなマニュアルはかえって適切な医療を損なうおそれがあるが、一般的に必要なことと必ず守るべき項目の違いは明確にすべきである。「法的脳死判定マニュアル」には、無呼吸テストは最後に行うことと明記されている。それさえ医師の感覚では変更可とするならば、法適合性以前に社会的妥当性さえ得られなくなるはずである(78)。

　そして2004年2月25日、自民党の脳死・生命倫理及び臓器移植調査会（以下、調査会）は「臓器移植法」の改正案をまとめた。これは1997年10月に施行された現行法が3年をめどに内容を見直すことになっていたことを受けたものである。改正の要点は次のように挙げられていた。

a．臓器提供に関する意思表示の要件の改正（臓器提供は年齢を問わず本人が拒否の意思表示をしていなければ家族（遺族）の承諾のみで行える）。
b．脳死判定の意思表示の要件の改正（脳死判定をするか否かは、本人の書面による意思表示と家族の承諾を不要とする）。
c．現行法にて対象外となっている6歳未満（生後12週以降）の小児脳死判定基準を設けること（aにより小児の臓器提供も家族の承諾だけで行える）。
d．臓器提供の意思の有無について運転免許証や医療保険の被保険者証などに記載できるようにする。
e．親族への臓器の優先提供。

以上のような改正案が調査会から出され、超党派による生命倫理研究議員連盟と協議し、国会での提案となった。

　改正臓器移植法については事項にて述べる。

(7) 改正臓器移植法［平成21年7月17日法律第83号］

　＊　以下の文章は、前田和彦「臓器移植法改正と移植の現状」社会医療研究第8

---

(78) 前田・前掲「「臓器移植法」とその今日的様相」97頁。

第12章　医事法に関わる生命倫理分野と法制度

号（日本社会医療学会誌）(2010年) の一部を加筆訂正したものである。

① 改正への経緯

近年、臓器移植に対する関心は、臓器の移植に関する法律 (1997年6月、以下、臓器移植法とする) の立法時に比べてやや沈静化していたといえる。しかし、臓器移植、特に脳死者からの移植 (以下、脳死移植とする) については、立法後においても大きな進展が見られず、1999年2月の立法後初の移植から2009年 (12月25日現在) の10年間で脳死移植は83例にすぎない[79]。したがって移植を必要とする患者や医療関係者からは、移植制度への問題点指摘や不安の声は絶えず聞こえていた。

厚生労働省の研究班が把握した状況では、臓器移植法施行後の1998年～2003年の間に、心臓は65名、肝臓は221名、腎臓は198名が海外で移植を受けている。この間、18歳未満で心臓移植を受けた者は42名である[80]。そして日本移植学会の報告では、心臓移植の場合、適応患者の1年生存率を50%、適応患者数年間400人として推計すると臓器移植法制定後10年間ほどで約4400人が臓器移植を受けられないまま死亡したことになるという[81]。

② 日本人の脳死移植への認識の変化と現状

では、このような現状の中で日本人の脳死移植への認識は大きな変貌を遂げたのだろうか。

内閣府 (2002年省庁再編までは総理府、以下同じ) がおこなった脳死移植に関する意識調査[82]は、次のような結果となっている。

脳死移植において臓器を提供したいは、2000年が32.6%、2008年が43.5%であり、提出したくないは、2000年が35.4%で、2008年が20.4%である。これだけを見れば、10年に満たない間に提供したいが10%以上上がり、提供したくないが10%以上減少したことになる。ただし、両年ともどちらともいえないとわからないを足して30%以上となることを考えれば、この数字だけで国民の認識が変わった、ドナーの確保ができると即断するには至っていないものといえる。また、大きな論点であった15歳未満の者からの臓器の提供については、できるようにすべきが2000年は67.9%、2008年が69%と変わらぬ

---

(79) アメリカ国内においては、同期間において、心臓移植だけで2万3千例以上にのぼる (UNOS, The Organ Procurement and Transplantation Network)。
(80) 岩波祐子「臓器移植の現状と今後の課題(1)」立法と調査 298　36-52頁 (2008年)
(81) ファクトブック2009 日本移植学会HP　http://www.asas.or.jp/jst/links.html
(82) 総理府2000年5月臓器移植に関する世論調査及び内閣府2008年9月同調査の調査結果からであり、有効回収数は、2000年が2156人、2008年が1770人で双方とも層化2段抽出法により算出されたものである。

⑦ 脳死と臓器移植

高い数字を示している。これについては、乳幼児の移植渡航問題や手術を受けられぬままの死亡などの報道に対して、国民の認識は移植容認といっても問題がないといえるものであろう。

しかし、ここに世論（意識）調査の盲点がある。調査においては、提供したい、すべきとの回答をしたとしても実際に自身の臓器の提供を位置付ける臓器の提供の意思表示カードの保有率はどうであったのか。これも同様に増加していたのかが、この数字と現実を結ぶ本来的な実数が期待できるものなのだ。

内閣府の調査項目には両年とも、この意思表示カードについても含まれている。そして両年ともカード保有率（未記入も含む）は10％にさえ達していない（2000年9.4％、2008年8.4％）。さらに脳死状態での臓器提供の承認を記入していたのは、有効回収数から概算すると両年とも4％に満たない（2000年が3.7％、2008年が3.8％）結果となった[83]。また、意思表示カードを常時携帯し脳死移植を承認している人は2％にも満たないことも、この内閣府の調査結果として出されているのだ。つまり、これまでの日本の脳死移植の現状とは、4％に満たない臓器の提供候補者（さらに意思表示カードの常時携帯者は2％に満たない）が、不幸にも脳死状態に陥ることを待ち続けているものであったのだ。そして2006年の厚生労働省大臣官房統計情報部の発表による人口動態調査によれば、年間死亡者数は109万2000人程度であり、これに厚生省の研究班等が報告していた年間脳死者発生数約0.4％[84]を併せて考えれば、全員がカード保有者である偶然でもない限り、日本国内でドナーを確保するのは困難であることがうかがえる。この現状の中、臓器移植を必要とし、日本臓器移植ネットワークに登録している者は、13,973名である（2015年12月末現在）であり、当時と大きく変化はない。

この現実が当時の臓器移植法改正の背景にあることを理解した上で、法改正を論じなければならない。日本国民の大多数は、自らの臓器提供には消極的（または無関心）であるが、ドナー確保の問題は本当の死活問題となっていることをである。そしてもう1つ、法改正論議に拍車をかけたのが、WHO（世界

---

(83) 内閣府の統計では、両年の有効回収数中、意思表示カードの所有者が、2000年は202人で、うち脳死移植承認（心臓死での移植と双方承認含む、以下同じ）が39.6％で約80名となり、2008年は意思表示カード所有者149人のうち脳死移植承認が45.7％で約68名となり、両年の有効回収数から概算した。

(84) 「脳死に関する研究班」（1984年度厚生科学研究費特別研究事業）の報告書によるが、2009年6月30日に当時の麻生太郎総理大臣が、川上義博参議院議員の臓器移植関連施策に関する質問に対して、江田五月参議院議長に提出した政府の正式答弁書にも同様の記述が見られる。

保健機関）が渡航移植問題について、禁止若しくは自粛を言及する指針を出すという話であった。これにより、いよいよ追い込まれた感が、移植希望患者や移植推進関係者に生じてしまったといえる。結局は先送りとなったが、実際に禁止の指針が出されたのは、売買等が伴う移植ツーリズムの問題で、適正な医療行為としての移植に言及したものではなかった。しかし、内閣府等の意識調査が物語るように日本の移植現状が大きく変化しない限り、海外渡航での臓器移植を容認しないことは、移植を必要とする患者に対して生きる機会を奪うことにもなりかねないことは理解の範疇にある。この現実を理解したうえで法改正と臓器移植の問題は論じなければならなかったが、国民の多くに理解されてはいなかった。

このように臓器移植法自身が現状へ充分に対応しきれていないといった疑問と現実は成立当初からあり、施行3年後の見直しを予定したが（附則2条）、様々な改正案と疑問点が議論されながらも、法改正は引き延ばされてきた。ところが前述のように2009年5月のWHO総会で、臓器移植に関する指針が改正されるとの発表を受け、海外での臓器移植ができなくなるのではないかという不安が生まれたことから、法改正への機運が一気に高まったといえる。

その結果、臓器移植法の改正案が、各政党が提出する形で4案（提出順にA〜D案と称された）が出された。法案提出順に記名式投票をし、過半数の賛成を得られた案が出た時点で終了するという方式だったが、結果、自民党議員を中心にA案賛成者が多く、賛成263人・反対167人でA案が可決され、衆議院を通過した。しかし、国会に提出された4案中3案は議論もされないまま、そのまま参院も通過し、2010年7月17日には施行されることとなったことには、当初から審議不足ではないかとの声はあった。

③ 改正法の内容と検討

国会で可決されたA案は、最も移植に積極的な案である。死の定義をこれまでの「心臓死」から「脳死」にまで拡大し、「脳死は一律に人の死」と定義している。脳死状態の者が臓器提供を生前に明確に拒否していなければ、家族の同意だけで、臓器摘出が可能とする。移植の意思表示年齢に15歳以上等の規制も置いていない。本人の拒否がなければ、家族の同意のみで臓器摘出が可能とし、それにより臓器流通数を増やし、臓器移植を望む人への門戸を開こうというものである。

この改正法については、遺族に承諾の権限を与えたり、小児からの臓器移植が可能となったため、慎重にその内容や「臓器の移植に関する法律」の運用に関する指針（ガイドライン）」との検討が厚労省の作業班において行われた。その主要な改正法の条文と該当するガイドラインの概要を次に述べる。

⑦ 脳死と臓器移植

> 親族への優先提供の意思表示

　移植術に使用されるための臓器を死亡した後に提供する意思を書面により表示している者又は表示しようとする者は、その意思の表示に併せて、親族に対し当該臓器を優先的に提供する意思を書面により表示することができる［第6条の2］。

　ガイドライン第2　親族への優先提供の意思表示等に関する事項
　1　親族の範囲
　臓器を優先的に提供する意思表示に関して法に規定する「親族」の範囲については、立法者の意思を踏まえて限定的に解釈し、配偶者、子及び父母とすること。この場合において、配偶者については、届出をしていないが、事実上婚姻関係と同様の事情にある者は除き、養子及び養父母については、民法上の特別養子縁組によるものに限ること。
　2　意思表示の方法
　親族に対し臓器を優先的に提供する意思は、移植術に使用されるための臓器を死亡した後に提供する意思に併せて、書面により表示することができること。また、特定の親族を指定し、当該親族に対し臓器を優先的に提供する意思が書面により表示されていた場合には、当該臓器を当該親族を含む親族全体（1に規定する範囲の配偶者、子及び父母）へ優先的に提供する意思表示として取り扱うこと。
　他には親族等の確認が規定され、また留意点としては、親族への優先提供の意思表示が有効であっても医学的理由により優先提供できない場合があること、親族への優先提供を目的とした自殺や一定以内の親族以外の者への優先提供の意思が書面にある場合は、その意思表示は無効とされる等が規定されている。
　また、臓器の提供先を特定の者に限定する意思が書面により表示されており、その他の者に対する臓器提供を拒否する意思が明らかである場合は、親族に限定する場合も含め、脳死・心臓死の区別や臓器の別にかかわらず、当該意思表示を行った者からの臓器摘出は見合わせることとされている。
　そして、<u>遺族または家族の範囲については、原則として、配偶者、子、父母、孫、祖父母及び同居の親族の承諾を得るものとし、これらの者の代表となるべきものにおいて、前記の「遺族」の総意を取りまとめるものとすることが適当であること</u>、としている（ガイドライン第3遺族及び家族の範囲に関する事項より）。
　この遺族等の範囲は本項(5)②で論じた「遺族の範囲」とほぼ同意である。

第12章 医事法に関わる生命倫理分野と法制度

15歳未満の小児の取り扱い

　死亡した者が生存中に当該臓器を移植術に使用されるために提供する意思を書面により表示している場合及び当該意思がないことを表示している場合以外の場合であって、遺族が当該臓器の摘出について書面により承諾しているとき[第6条第1項第2号]。下線部の遺族の書面による承諾を持って 15歳未満の小児 からの臓器提供を可能とした。

虐待を受けた児童への対応に関する事項

　政府は、虐待を受けた児童 が死亡した場合に当該児童から臓器（臓器の移植に関する法律第5条に規定する臓器をいう）が提供されることのないよう、移植医療に係る業務に従事する者がその業務に係る児童について虐待が行われた疑いがあるかどうかを確認し、及びその疑いがある場合に適切に対応するための方策に関し検討を加え、その結果に基づいて必要な措置を講ずるものとする。（「臓器の移植に関する法律の一部を改正する法律」[平成21年7月17日法律第83号][附則第5条]）

　この附則第5条について「臓器提供に係る意思表示・小児からの臓器提供等に関する作業班」によれば、「これは、虐待による死亡である可能性が高い場合について、証拠隠滅を防ぎ、虐待をした親の同意によって臓器提供されることを防ぐことを目的とするものであり、虐待を受けたと思われる児童の保護を目的とする児童虐待防止の制度と同一の対応を求めているものではないと考えられる。」としている[85]。

移植医療に関する啓発等

　国及び地方公共団体は、国民があらゆる機会を通じて移植医療に対する理解を深めることができるよう、移植術に使用されるための臓器を死亡した後に提供する意思の有無を運転免許証及び医療保険の被保険者証等に記載することができることとする等、移植医療に関する啓発及び知識の普及に必要な施策を講

---

(85) 厚生労働省 臓器提供に係る意思表示・小児からの臓器提供等に関する作業班「改正臓器移植法の施行にかかる論点について」班長　新美育文（平成22年4月5日）

⑦ 脳死と臓器移植

ずるものとする［第17条の2］。これにより運転免許証や被保険証等に意思表示の記載が可能になった。

　以上のように臓器移植法の改正は日本の移植の現状と国民の移植への意識との一致をみないまま半ば強引に成立した感があった。しかし「臓器移植法」の施行以降、移植現場のあり方は徐々に安定を見せ始め、現場の医療関係者等の努力もあり、当初懸念された移植当時者の希望や感情よりも移植ありきになるようなことはほぼ報告されてはいない。「脳死下での臓器移植提供事例に係る検証会議　検証のまとめ」[86]による報告においても、コーディネーターの慎重な対応や家族構成にまで留意した面談の態度から、家族が最良の決断ができるよう努めていたことがわかる。また同報告は150例の脳死移植事例の検証も行っており、法的移植判定や医学的検証についても適切に実行され、今後の脳死下での移植提供に資する経験が蓄積されてきていることを報告している。

　これからもさらなる検証の中で多くの命がすくわれるとともに、国民の意識の中に理解と脳死移植への一致した認識がもたらされる事を望みたい。

　これまでの移植件数を表1に示す。

表1　脳死臓器移植件数

今までの脳死臓器提供364例による移植件数

	移植数	生存数
心臓	269	251
肺	285	236
心肺同時	2	2
肝臓	318	267
肝腎同時	6	6
膵臓	47	46
膵腎同時	200	191
腎臓	452	429
小腸	13	8
合計	1,592	1,436

日本臓器移植ネットワーク（2016年2月1日更新）の資料より

---

[86]　「脳死下での臓器移植提供事例に係る検証会議　検証のまとめ」（平成25年5月24日厚生労働省健康局疾病対策課臓器移植対策室）

第13章　医療に関わるその他の法制度

① 個人情報の保護に関する法律 ［平成15年5月30日法律第57号］

Keyword

個人情報、マイナンバー制度、生存する個人の情報、個人識別、個人を識別、個人情報取扱事業者、個人データ、利用目的の特定、第三者提供の制限、ガイドライン

※本項は、改正法（平成27年9月9日法律第65号）の全面施行（公布から2年以内）に合わせて記述する。

(1) 目的・定義等

① 目 的

本法は、高度情報通信社会の進展に伴い個人情報の利用が著しく拡大していることに鑑み、個人情報の適正な取扱いに関し、基本理念及び政府による基本方針の作成その他の個人情報の保護に関する施策の基本となる事項を定め、国及び地方公共団体の責務等を明らかにするとともに、**個人情報**を取り扱う事業者の遵守すべき義務等を定めることにより、個人情報の適正かつ効果的な活用が新たな産業の創出並びに活力ある経済社会及び豊かな国民生活の実現に資するものであることその他の個人情報の有用性に配慮しつつ、個人の権利利益を保護することを目的とする［第1条］。

医療・福祉機関は患者や福祉対象者に対して、もともと説明義務や同意をとることを求められているが、本法（個人情報保護法）の規定にて改めて個人情報の保護を求められているものと考えるべきである。

なお、平成27年の法改正は、ビックデータからの個人情報の利用や**マイナンバー制度**への対応が含まれている。

② 定 義［第2条］

　a．個人情報：**生存する個人**に関する情報であって、次のいずれかに該当するものをいう。

　ア　当該情報に含まれる氏名、生年月日その他の記述等（文書、図画若しくは電磁的記録（電磁的方式（電子的方式、磁気的方式その他人の知覚によっては認

第13章 医療に関わるその他の法制度

識することができない方式をいう。次項第2号において同じ。）で作られる記録をいう。第18条第2項において同じ）に記載され、若しくは記録され、又は音声、動作その他の方法を用いて表された一切の事項（個人識別符号を除く。）をいう。以下同じ）により特定の個人を識別することができるもの（他の情報と容易に照合することができ、それにより特定の個人を識別することができることとなるものを含む）。

　イ　個人識別符号が含まれるものをいう。ただし、ここでいう個人情報では情報の種類・性質による区別はなされていない[1]。

　医療・福祉機関での個人情報としては、診療録（カルテ）、検査結果、レントゲンフィルム、検体、紹介状、レセプト、処方せん、調剤録、ケア・プラン、福祉サービス又は保健医療サービスの利用状況等の記録等が考えられるが、<u>匿名処理（個人識別ができない処理）をしない限り個人情報にあたるとされ、紙媒体、電子媒体を問わず、映像や音声による情報も含まれる</u>。また、亡くなった患者等の個人情報が、同時に遺族等の生存している者の個人情報にもあたる場合は、生存している遺族等の個人情報として本法の対象となる。

　b．個人識別符号：、次のいずれかに該当する文字、番号、記号その他の符号のうち、政令で定めるものをいう。

　ア　特定の個人の身体の一部の特徴を電子計算機の用に供するために変換した文字、番号、記号その他の符号であって、当該特定の個人を識別することができるもの

　イ　個人に提供される役務の利用若しくは個人に販売される商品の購入に関し割り当てられ、又は個人に発行されるカードその他の書類に記載され、若しくは電磁的方式により記録された文字、番号、記号その他の符号であって、その利用者若しくは購入者又は発行を受ける者ごとに異なるものとなるように割り当てられ、又は記載され、若しくは記録されることにより、特定の利用者若しくは購入者又は発行を受ける者を識別することができるもの

　c．要配慮個人情報：本人の人種、信条、社会的身分、病歴、犯罪の経歴、犯罪により害を被った事実その他本人に対する不当な差別、偏見その他の不利益が生じないようにその取扱いに特に配慮を要するものとして政令で定める記述等が含まれる個人情報をいう。

　d．個人情報データベース等：個人情報を含む情報の集合物であって、次に

---

[1]　日本医事法学会編・年報医事法学21（「診療情報の第三者提供をめぐるわが国の法状況の考察－異質の法領域の架橋を施行して」）（2006年）19頁（村山淳子執筆分）

① 個人情報の保護に関する法律

掲げるものをいう（利用方法からみて個人の権利利益を害するおそれが少ないものとして政令に定めるものを除く）。
　ア．特定の個人情報を電子計算機を用いて検索することができるように体系的に構成したもの
　イ．前号に掲げるもののほか、特定の個人情報を容易に検索することができるように体系的に構成したものとして政令で定めるもの
　ｅ．**個人情報取扱事業者**：個人情報データベース等を事業の用に供している者をいう。ただし、次に掲げる者を除く。
　ア．国の機関
　イ．地方公共団体
　ウ．独立行政法人等（独立行政法人等の保有する個人情報の保護に関する法律（平成15年法律第59号）第2条第1項に規定する独立行政法人等をいう。以下同じ）
　エ．地方独立行政法人（地方独立行政法人法（平成15年法律第118号）第2条第1項に規定する地方独立行政法人をいう。以下同じ）
　なお、法改正により、5000人以下の個人情報を有する事業者の適用除外規定が削除され、保有人数に関係なく、適用対象となる。
　ｆ．**個人データ**：個人情報データベース等を構成する個人情報をいう。
　ｇ．保有個人データ：個人情報取扱事業者が、開示、内容の訂正、追加又は削除、利用の停止、消去及び第三者への提供の停止を行うことのできる権限を有する個人データであって、その存否が明らかになることにより公益その他の利益が害されるものとして政令で定めるもの又は1年以内の政令で定める期間以内に消去することとなるもの以外のものをいう。
　ｈ．本人：個人情報によって識別される特定の個人をいう。
　ｉ．匿名加工情報：次に掲げる個人情報の区分に応じて、次に定める措置を講じて特定の個人を識別することができないように個人情報を加工して得られる個人に関する情報であって、当該個人情報を復元することができないようにしたものをいう。
　ア　ａに該当する個人情報　当該個人情報に含まれる記述等の一部を削除すること（当該一部の記述等を復元することのできる規則性を有しない方法により他の記述等に置き換えることを含む）。
　イ　ａイに該当する個人情報　当該個人情報に含まれる個人識別符号の全部を削除すること（当該個人識別符号を復元することのできる規則性を有しない方法により他の記述等に置き換えることを含む）。

j．匿名加工情報取扱事業者：匿名加工情報を含む情報の集合物であって，特定の匿名加工情報を電子計算機を用いて検索することができるように体系的に構成したものその他特定の匿名加工情報を容易に検索することができるように体系的に構成したものとして政令で定めるもの（第36条第1項において「匿名加工情報データベース等」という）を事業の用に供している者をいう。ただし，e 個人情報取扱事業者に掲げる者を除く。

(2) 個人情報取扱事業者の義務等

① 利用目的の特定

個人情報取扱事業者は，個人情報を取り扱うに当たっては，その利用の目的（以下「利用目的」という）をできる限り特定しなければならない。また，個人情報取扱事業者は，利用目的を変更する場合には，変更前の利用目的と関連性を有すると合理的に認められる範囲を超えて行ってはならない［第15条］。

② 利用目的による制限

個人情報取扱事業者は，あらかじめ本人の同意を得ないで，前条の規定により特定された利用目的の達成に必要な範囲を超えて，個人情報を取り扱ってはならない［第16条］。

なお，次に掲げる場合については，適用しない。

ア　法令に基づく場合

イ　人の生命，身体又は財産の保護のために必要がある場合であって，本人の同意を得ることが困難であるとき

ウ　公衆衛生の向上又は児童の健全な育成の推進のために特に必要がある場合であって，本人の同意を得ることが困難であるとき

エ　国の機関若しくは地方公共団体又はその委託を受けた者が法令の定める事務を遂行することに対して協力する必要がある場合であって，本人の同意を得ることにより当該事務の遂行に支障を及ぼすおそれがあるとき

③ 安全管理措置

個人情報取扱事業者は，その取り扱う個人データの漏えい，滅失又はき損の防止その他の個人データの安全管理のために必要かつ適切な措置を講じなければならず［第20条］，個人データの取扱いについて従業者や委託先への監督義務がある［第21～22条］。

④ 第三者提供の制限

個人情報取扱事業者は，次に掲げる場合を除くほか，あらかじめ本人の同意を得ないで，個人データを第三者に提供してはならない［第23条第1項］。

② 製造物責任法

a．法令に基づく場合
b．人の生命、身体又は財産の保護のために必要がある場合であって、本人の同意を得ることが困難であるとき
c．公衆衛生の向上又は児童の健全な育成の推進のために特に必要がある場合であって、本人の同意を得ることが困難であるとき
d．国の機関若しくは地方公共団体又はその委託を受けた者が法令の定める事務を遂行することに対して協力する必要がある場合であって、本人の同意を得ることにより当該事務の遂行に支障を及ぼすおそれがあるとき。

なお、本人の請求がある場合は、第三者への個人データ（要配慮個人情報を除く）の提供を停止しなければならないが、一定の事項においては、個人情報保護委員会規則で定めるところにより、本人に事前に通知していたり、容易に知りえる状態にあるとともに個人情報委員会に届け出たときは、第三者への個人データの（要配慮個人情報を除く）提供は可能である［第23条第2項］。

⑤ 義務の適用除外

個人情報取扱事業者等のうち次の各号に掲げる者については、その個人情報等を取り扱う目的の全部又は一部がそれぞれ当該各号に規定する目的であるときは、法的義務の適用外とする。

a．放送機関、新聞社、通信社その他の報道機関（報道を業として行う個人を含む）　報道の用に供する目的
b．著述を業として行う者　著述の用に供する目的
c．大学その他の学術研究を目的とする機関若しくは団体又はそれらに属する者　学術研究の用に供する目的
d．宗教団体　宗教活動（これに付随する活動を含む）の用に供する目的
e．政治団体　政治活動（これに付随する活動を含む）の用に供する目的

② 製造物責任法

Keyword
製造物、欠陥、副作用、通常有すべき安全性、製造業者、製造物責任、開発危険の抗弁、消滅時効、民法の特別法

(1) 目的・定義等

① 目　　的

本法は、==製造物==の==欠陥==により人の生命、身体又は財産に係る被害が生じた場合における製造業者等の損害賠償の責任について定めることにより、被害者の保護を図り、もって国民生活の安定向上と国民経済の健全な発展に寄与することを目的とする［第1条］。

　　＊製造物の欠陥には、設計上の欠陥（許容されない有害性等）、品質上の欠陥（品質管理不備）、指示・警告上の欠陥（添付文書等の注意書きが適切ではない等）がある。

② 定　　義［第2条］
　a．製造物：製造又は加工された動産をいう［第2条第1項］。

医療・福祉に関わるものとしては、医薬品（市場に流通する医薬品、ワクチン、血液製剤、薬局製造販売医薬品などすべてが含まれる）、医療機器（カテーテル、コンタクトレンズ等）、リハビリ用医療用具等、多種多様である。また、<u>不動産、サービス、未加工のものは製造物の対象には含まれないため、薬剤師の調剤行為や医師の処方行為はサービス行為となり、本法による製造物には含まれない。</u>

　b．欠陥：当該製造物の特性、その通常予見される使用形態、その製造業者等が当該製造物を引き渡した時期その他の当該製造物に係る事情を考慮して、当該製造物が通常有すべき安全性を欠いていることをいう［第2条第2項］。

医薬品の==副作用==は直ちに欠陥とみなされるものではない。<u>適正な指示等（添付文書での警告等）があることを前提に有効性を考慮しても許容できない程度の有害性が認められた場合、本法でいう欠陥に当たる。</u>また、通常の使用方法を逸脱したり、誤用や乱用した場合の事故は、「==通常有すべき安全性==」を欠いたとはならない。

　c．製造業者等：次のいずれかに該当する者をいう。
　ア．当該製造物を業として製造、加工又は輸入した者（以下単に「==製造業者==」という）
　イ．自ら当該製造物の製造業者として当該製造物にその氏名、商号、商標その他の表示（以下「氏名等の表示」という）をした者又は<u>当該製造物にその製造業者と誤認させるような氏名等の表示をした者</u>
　ウ．前号に掲げる者のほか、当該製造物の製造、加工、輸入又は販売に係る形態その他の事情からみて、当該製造物にその実質的な製造業者と認めることができる氏名等の表示をした者

(2) **製造物責任と免責**

① **製造物責任**

② 製造物責任法

　製造業者等は、その製造、加工、輸入又は前条第3項第2号若しくは第3号の氏名等の表示をした製造物であって、その引き渡したものの欠陥により他人の生命、身体又は財産を侵害したときは、これによって生じた損害を賠償する責めに任ずる。ただし、その損害が当該製造物についてのみ生じたときは、この限りでない（＊）[第3条]。

　　＊たとえば注射器の初期不良などは本法の対象ではなく、使用の際に適正に使用したにもかかわらず注射針が折れるなどして患者等にけがを負わした場合などに本法の対象となる。

② 免　責 [第4条]

　前条の場合において、製造業者等は、次の各号に掲げる事項を証明したときは、同条に規定する賠償の責めに任じない。

　a．当該製造物をその製造業者等が引き渡した時における科学又は技術に関する知見によっては、当該製造物にその欠陥があることを認識することができなかったこと。

　　＊これを **開発危険の抗弁** というが、製造業者側が製造物を引き渡した当初の最高水準の科学・技術の知見によっても欠陥があることを認識できなかったことを立証しなければならない。

　b．当該製造物が他の製造物の部品又は原材料として使用された場合において、その欠陥が専ら当該他の製造物の製造業者が行った設計に関する指示に従ったことにより生じ、かつ、その欠陥が生じたことにつき過失がないこと。

③ 期間の制限

　第3条（製造物責任）に規定する損害賠償の請求権は、被害者又はその法定代理人が損害及び賠償義務者を知った時から3年間行わないときは、時効によって消滅する（**消滅時効**）。その製造業者等が当該製造物を引き渡した時から10年を経過したときも、同様とする [第5条第1項]。

　また、前項後段の期間は、身体に蓄積した場合に人の健康を害することとなる物質による損害又は一定の潜伏期間が経過した後に症状が現れる損害については、その損害が生じた時から起算する [第5条第2項]。

　なお、本法は損害賠償責任に関する **民法の特別法** となるため、本法に規定のない（複数の責任主体の場合や過失相殺等）、製造物の欠陥による製造業者等の損害賠償の責任については、民法の規定による [第6条]。

③ 患者に対する守秘義務

Keyword

守秘義務、秘密、重大な秘密、親告罪

　守秘義務は診療上の医療契約から直接的に派生するものではなく、刑事法領域にその解釈の多くが委ねられるが、診療・治療に際し患者の個人的情報がなければ適切な医療がなしえないことから、以下に概説する（本章1．個人情報の保護に関する法律を参照）。

　医師等が患者に対し、個人的な情報の提供を求めるのは、適切な医療を行なうためであり、患者も医師等の医療従事者は患者の**秘密**を守るものとの信頼によって、自らの情報を提供するものである。したがって、医療従事者が患者の秘密を他に漏らすことは、診療・治療に対する信頼を無くすことにとどまらず、患者を社会的に不利な状況にさらす危険性さえはらんでいる。このことから医療従事者は職業倫理として当然に守秘義務を課されるものとされる[2]。

　そして、特に**重大な秘密**を扱う者については、刑法134条によって「医師（歯科医師を含む）、薬剤師、医薬品販売業者、助産師、弁護士、弁護人（特別弁護人）、公証人又はこれらの職にあった（職を辞した後も）者が、正当な理由もなく、その業務上取り扱ったことについて知り得た人の秘密を漏らしたときは、6月以下の懲役又は10万円以下の罰金に処する」と刑罰を課している（本条は告訴がなければ公訴を提起できない**親告罪**（第135条）である）。医師についていえば、患者との信頼関係を法的に担保するためのものと解する。

　これ以外の医療従事者でも保健師助産師看護師法［第42条の2］、臨床検査技師等に関する法律［第19条］、診療放射線技師法［第29条］、理学療法士及び作業療法士法［第16条］、臨床工学技士法［第40条］、視能訓練士法［第19条］、義肢装具士法［第40条］、あん摩マツサージ指圧師、はり師、きゆう師等に関する法律［第7条の2］、柔道整復師法［第17条の2］、言語聴覚士法［第44条］、精神保健福祉士法［第40条］、等の各条文において守秘義務が課されている。

　ところで直接診療に当たる医師と患者の間には当然守秘義務が働くものではあるが、近年のチーム医療ないし総合的医療の現場では、看護師等の協力なしには治療が行えないものであり、そのような状況下でも守秘義務を負わない医療従事者には、患者の病状に関する知識を与えないとするのは、非現実的であ

---

[2]　日本医師会・医師倫理（1951年）第1章第2節参照。

るといえる[(3)]。

　また医師に対しては、感染症の予防及び感染症の患者に対する医療に関する法律［第73条第1項］、精神保健及び精神障害者福祉に関する法律［第53条第1項］等の特別法に秘密保持義務が規定されている。これらの特別法の違反は優先的に適用され、刑法より重い刑罰である。

　なお、「秘密」とは、一般に知られていない事実であり、他に漏れると本人の不利益になるものであるが、病状に関する事由に限定されるものではない。「漏洩（漏示）」とは、他人がまだ知らない「秘密」を漏らすことであり、「秘密」を記載した書面などを他人が閲覧できる状態で放置したりする不作為も含む。診療録や処方箋を第三者から見えるところに放置するのは、守秘義務違反に問われる可能性があるといえるだろう。

再生医療等の安全性の確保等に関する法律
［平成25年11月27日法律第85号］

Keyword

再生医療等、再生医療等技術、細胞加工物、特定細胞加工物

　医療技術の進歩により、人の身体の構造又は機能の再建修復又は形成等に必要な、再生医療等の迅速かつ安全な提供及び普及の促進が望まれるようになった。そして再生医療等に用いられる再生医療等技術の安全性の確保及び生命倫理への配慮に関する措置その他の再生医療等を提供しようとする者が講ずべき措置を明らかにするとともに、特定細胞加工物の製造の許可等の制度を定める等の必要が生じ、本法を制定することとなった。

(1) 目　的

　本法は、**再生医療等**に用いられる再生医療等技術の安全性の確保及び生命倫理への配慮（以下「安全性の確保等」という）に関する措置その他の再生医療等を提供しようとする者が講ずべき措置を明らかにするとともに、特定細胞加工物の製造の許可等の制度を定めること等により、再生医療等の迅速かつ安全な提供及び普及の促進を図り、もって医療の質及び保健衛生の向上に寄与することを目的とする［第1条］。

---

(3)　佐久間修・先端法領域の刑事規則（2003年）27頁。

(2) 定　　義［第2条］

　ａ．再生医療等：再生医療等技術を用いて行われる医療（医薬品、医療機器等の品質、有効性及び安全性の確保等に関する法律（以下「医薬品医療機器等法」という）第80条の2第2項に規定する治験に該当するものを除く）をいう。

　ｂ．**再生医療等技術**：ア〜イに掲げる医療に用いられることが目的とされている医療技術であって、細胞加工物を用いるもの（細胞加工物として再生医療等製品（医薬品医療機器等法第23条の25又は第23条の37の承認を受けた再生医療等製品をいう。第4項において同じ）のみを当該承認の内容に従い用いるものを除く）のうち、その安全性の確保等に関する措置その他のこの法律で定める措置を講ずることが必要なものとして政令で定めるものをいう。

　　ア．人の身体の構造又は機能の再建、修復又は形成
　　イ．人の疾病の治療又は予防

　ｃ．細胞：細胞加工物の原材料となる人又は動物の細胞をいう。

　ｄ．**細胞加工物**：人又は動物の細胞に培養その他の加工を施したものをいい、「**特定細胞加工物**」とは、再生医療等に用いられる細胞加工物のうち再生医療等製品であるもの以外のものをいい、細胞加工物について「製造」とは、人又は動物の細胞に培養その他の加工を施すことをいい、「細胞培養加工施設」とは、特定細胞加工物の製造をする施設をいう。

　ｅ．第一種再生医療等技術：人の生命及び健康に与える影響が明らかでない又は相当の注意をしても人の生命及び健康に重大な影響を与えるおそれがあることから、その安全性の確保等に関する措置その他のこの法律で定める措置を講ずることが必要なものとして厚生労働省令で定める再生医療等技術をいい、「第一種再生医療等」とは、第一種再生医療等技術を用いて行われる再生医療等をいう。

　ｆ．第二種再生医療等技術：相当の注意をしても人の生命及び健康に影響を与えるおそれがあることから、その安全性の確保等に関する措置その他のこの法律で定める措置を講ずることが必要なものとして厚生労働省令で定める再生医療等技術（第一種再生医療等技術に該当するものを除く）をいい、「第二種再生医療等」とは、第二種再生医療等技術を用いて行われる再生医療等をいう。

　ｇ．第三種再生医療等技術：第一種再生医療等技術及び第二種再生医療等技術以外の再生医療等技術をいい、「第三種再生医療等」とは、第三種再生医療等技術を用いて行われる再生医療等をいう。

　ｈ．特定細胞加工物製造事業者：第35条第1項の許可若しくは第39条第1

項の認定を受けた者又は第40条第1項の規定による届出をした者をいう。

(3) 説明及び同意

医師又は歯科医師は、再生医療等を行うに当たっては、疾病のため本人の同意を得ることが困難な場合その他の厚生労働省令で定める場合を除き、当該再生医療等を受ける者に対し、当該再生医療等に用いる再生医療等技術の安全性の確保等その他再生医療等の適正な提供のために必要な事項について適切な説明を行い、その同意を得なければならない［第14条第1項］。

医師又は歯科医師は、再生医療等を受ける者以外の者から再生医療等に用いる細胞の採取を行うに当たっては、疾病のため本人の同意を得ることが困難な場合その他の厚生労働省令で定める場合を除き、当該細胞を提供する者に対し、採取した細胞の使途その他当該細胞の採取に関し必要な事項について適切な説明を行い、その同意を得なければならない［第14条第2項］。

(4) 個人情報の保護

再生医療等提供機関の管理者は、再生医療等に用いる細胞を提供する者及び再生医療等を受ける者の個人情報（個人に関する情報であって、当該情報に含まれる氏名、生年月日その他の記述等により特定の個人を識別することができるもの（他の情報と照合することにより、特定の個人を識別することができることとなるものを含む）をいう。以下この条において同じ）の漏えい、滅失又は毀損の防止その他の個人情報の適切な管理のために必要な措置を講じなければならない［第15条］。

その他、再生医療等提供計画等［第4条～第11条］、再生医療等に関する報告［第17条～第21条］、緊急命令［第22条］、改善命令等［第23条］、立入検査等［第24条］、認定再生医療等委員会等［第26条～第34条］が規定されている。

参考資料

医療福祉関係者養成実態一覧表……………………… 358
医療福祉専門職資格法規一覧………………………… 360
関連法規
　(1)　日本国憲法………………………………………… 361
　(2)　民　法（以下抄録）……………………………… 371
　(3)　刑　法（抄）…………………………………… 378
　(4)　臓器の移植に関する法律（抄）………………… 379

医療福祉関係者養成実態一覧表

平成27年（'15）4月現在

区分	根拠法規	免許付与者	養成機関（指定権者）	養成形態	入学資格	修業年限	名称独占	業務独占
医師	医師法	厚生労働大臣	文部科学大臣	大学	高校卒	6年	○	○
歯科医師	歯科医師法	厚生労働大臣	文部科学大臣	大学	高校卒	6年	○	○
薬剤師	薬剤師法	厚生労働大臣	文部科学大臣	大学	高校卒	6年	○	○
看護師（保健師・助産師は選択）	保健師助産師看護師法	厚生労働大臣	文部科学大臣	大学	高校卒	4年		
看護師・保健師	保健師助産師看護師法	厚生労働大臣	文部科学大臣	大学	高校卒	4年	○	
看護師・保健師又は看護師・助産師	保健師助産師看護師法	厚生労働大臣	都道府県知事	専修・各種学校	高校卒	4年		
保健師	保健師助産師看護師法	厚生労働大臣	文部科学大臣	大学院	大卒で看護師国家試験受験有資格者	2年	○	
				短期大学専攻科	短大卒で看護師国家試験受験有資格者	1年		
				専修・各種学校		2年		
				大学専攻科		1年		
助産師	保健師助産師看護師法	厚生労働大臣	都道府県知事	大学専別科	看護師国家試験受験有資格者	1年	○	○
				短期大学専攻科	短大卒で看護師国家試験受験有資格者			
				大学に付設する専修・各種学校	看護師国家試験受験有資格者			
			厚生労働大臣	専修・各種学校				
看護師	保健師助産師看護師法	厚生労働大臣	文部科学大臣	大学	高校卒	4年	○	○
				短期大学（3年課程）		3年		
				〃（2年課程）	高校卒の准看護師	2年		
				〃（2年課程：通信制）	准看護師業務経験10年以上	2年		
				高等学校・高等学校専攻科一貫教育5年	中学卒	5年		
				高等学校専攻科	高校卒	2年		
				大学に付設する専修・各種学校（3年課程）	高校卒	3年		
			都道府県知事	専修・各種学校（3年課程）	高校卒	3年		
				〃（2年課程）	准看護師業務経験3年以上又は高校卒の准看護師	2年		
				専修・各種学校（2年課程：通信制）	准看護師業務経験10年以上	2年		
准看護師	保健師助産師看護師法	都道府県知事	文部科学大臣	高等学校衛生看護科	中学卒	3年	○	○
			都道府県知事	専修・各種学校		2年		
診療放射線技師	診療放射線技師法	厚生労働大臣	文部科学大臣	大学	高校卒	4年	○	○
				短期大学		3年		
				大学に付設する専修・各種学校		3年		
			厚生労働大臣	専修・各種学校		3年		
臨床検査技師	臨床検査技師等に関する法律	厚生労働大臣	文部科学大臣	大学	高校卒	4年	○	△
				短期大学		3年		
				大学に付設する専修・各種学校		3年		
			厚生労働大臣	専修・各種学校		3年		
理学療法士	理学療法士及び作業療法士法	厚生労働大臣	文部科学大臣	大学	高校卒	4年	○	△
				短期大学・特別支援学校高等部専攻科		3年		
				大学に付設する専修・各種学校	作業療法士その他政令で定める者	2年		
			厚生労働大臣	専修・各種学校	高校卒	3年		
					作業療法士その他政令で定める者	2年		
作業療法士	理学療法士及び作業療法士法	厚生労働大臣	文部科学大臣	大学	高校卒	4年	○	△
				短期大学		3年		
				大学に付設する専修・各種学校	理学療法士その他政令で定める者	2年		
			厚生労働大臣	専修・各種学校	高校卒	3年		
					理学療法士その他政令で定める者	2年		
視能訓練士	視能訓練士法	厚生労働大臣	文部科学大臣	大学	高校卒	4年	○	△
						3年		
				短期大学又は大学に付設する専修・各種学校	大学等で2年以上修業し指定の科目を修めたもの	1年		
			厚生労働大臣	専修・各種学校	高校卒	3年		
					大学等で2年以上修業し指定の科目を修めたもの	1年		
言語聴覚士	言語聴覚士法	厚生労働大臣	文部科学大臣	大学	高校卒	4年	○	
						3年		
				短期大学又は大学に付設する専修・各種学校	大学等で2年以上修業し指定の科目を修めたもの	1年		
					大学等で1年以上修業し指定の科目を修めたもの	2年		
					大学卒			

区　分	根拠法規	免許付与者	養成機関			修業年限	名称独占	業務独占
			指定権者	養成形態	入学資格			
歯科衛生士	歯科衛生士法	厚生労働大臣	厚生労働大臣	専修・各種学校	高　校　卒	3年	○	○
					大学等で2年以上修業し指定の科目を修めたもの	1年		
					大学等で1年以上修業し指定の科目を修めたもの	2年		
			文部科学大臣	大　　学	大　　学　　卒	4年		
				短　期　大　学		3年		
				大学に付設する専修,各種学校		3年		
			厚生労働大臣	専修・各種学校		3年		
歯科技工士	歯科技工士法	厚生労働大臣	文部科学大臣	大　　学	高　校　卒	4年		○
				短　期　大　学		2年		
				特別支援学校高等部専攻科		3年		
				大学に付設する専修・各種学校		3年		
						2年		
			厚生労働大臣	専修・各種学校		3年		
						2年		
臨床工学技士	臨床工学技士法	厚生労働大臣	文部科学大臣	大　　学	高　校　卒	4年	○	△
					高　校　卒	3年		
				短期大学又は大学に付設する専修・各種学校	大学等で2年以上修業し指定の科目を修めたもの	1年		
					大学等で1年以上修業し指定の科目を修めたもの	2年		
			厚生労働大臣	専修・各種学校	高　校　卒	3年		
					大学等で2年以上修業し指定の科目を修めたもの	1年		
					大学等で1年以上修業し指定の科目を修めたもの	2年		
義肢装具士	義肢装具士法	厚生労働大臣	文部科学大臣	大　　学	高　校　卒	4年	○	△
					高　校　卒	3年		
				短期大学又は大学に付設する専修・各種学校	大学等で1年以上修業し指定の科目を修めたもの	2年		
					職業能力開発促進法の規定に基づく技能検定に合格したもの	1年		
			厚生労働大臣	専修・各種学校	高　校　卒	3年		
					大学等で1年以上修業し指定の科目を修めたもの	2年		
					職業能力開発促進法の規定に基づく技能検定に合格したもの	1年		
救急救命士	救急救命士法	厚生労働大臣	文部科学大臣	大　　学	高　校　卒	4年	○	△
					高　校　卒	2年		
				大学に付設する専修・各種学校	大学等で1年以上修業し指定の科目を修めたもの	1年		
					消防法2条9項に規定する救急業務に関する講習で厚生労働省令で定めるものの課程を修了し,厚生労働省令で定める期間以上救急業務に従事した者	現に救急業務に従事している場合 6月		
						1年		
			都道府県知事	専修・各種学校	高　校　卒	2年		
					大学等で1年以上修業し指定の科目を修めたもの	1年		
					消防法2条9項に規定する救急業務に関する講習で厚生労働省令で定めるものの課程を修了し,厚生労働省令で定める期間以上救急業務に従事した者	現に救急業務に従事している場合 6月		
						1年		
あん摩マッサージ指圧師、はり師、きゅう師	あん摩マッサージ指圧師、はり師、きゅう師等に関する法律	厚生労働大臣	文部科学大臣	大　　学	高　校　卒	4年		○
				短　期　大　学	高　校　卒	3年		
				特別支援学校	高　校　卒	3年		
					中　　学　　卒	3～5年		
				大学に付設する専修・各種学校	高　校　卒	3年		
			厚生労働大臣	専修・各種学校	高　校　卒	3年		
					中学卒（視覚障害者）	3～5年		
柔道整復師	柔道整復師法	厚生労働大臣	文部科学大臣	大　　学	高　校　卒	4年		○
				短　期　大　学		3年		
				大学に付設する専修・各種学校				
			厚生労働大臣					
社会福祉士	社会福祉士及び介護福祉士法	厚生労働大臣	文部科学大臣文部科学大臣及び厚生労働大臣	大学（一部6ヶ月～1年の卒後の修業要）指定養成施設等	高　校　卒	4年(～5年)	○	
					短大卒（3年課程昼間部）	6ヶ月1年		
介護福祉士	社会福祉士及び介護福祉士法	厚生労働大臣	文部科学大臣及び厚生労働大臣	専修学校及び指定養成施設等	高　校　卒	1～2年	○	
精神保健福祉士	精神保健福祉士法	厚生労働大臣	文部科学大臣文部科学大臣及び厚生労働大臣	大学（一部6ヶ月～1年の卒後の修業要）指定養成施設等	高　校　卒	4年(～5年)	○	
					短大卒(3年課程昼間部)	6ヶ月～1年		

注1）△印は、一部について独占であることを示す。
※　本表は「国民衛生の動向2015/2016（一般財団法人厚生統計協会）210～211頁に一部加筆したものである。

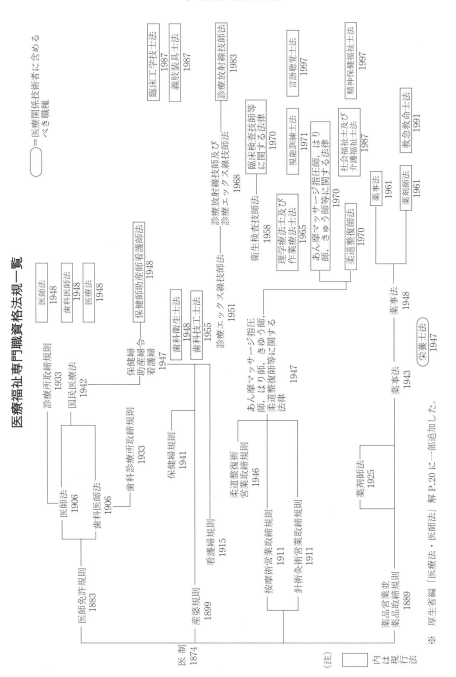

参考資料〔関連法規〕

医療福祉専門職資格法規一覧

(1) 日本国憲法

関連法規

(1) 日本国憲法　昭21・11・3公布、昭22・5・3施行

　日本国民は、正当に選挙された国会における代表者を通じて行動し、われらとわれらの子孫のために、諸国民との協和による成果と、わが国全土にわたつて自由のもたらす恵沢を確保し、政府の行為によつて再び戦争の惨禍が起ることのないやうにすることを決意し、ここに主権が国民に存することを宣言し、この憲法を確定する．そもそも国政は、国民の厳粛な信託によるものであつて、その権威は国民に由来し、その権力は国民の代表者がこれを行使し、その福利は国民がこれを享受する．これは人類普遍の原理であり、この憲法は、かかる原理に基くものである．われらは、これに反する一切の憲法、法令及び詔勅を排除する．

　日本国民は、恒久の平和を念願し、人間相互の関係を支配する崇高な理想を深く自覚するのであつて、平和を愛する諸国民の公正と信義に信頼して、われらの安全と生存を保持しようと決意した．われらは、平和を維持し、専制と隷従、圧迫と偏狭を地上から永遠に除去しようと努めてゐる国際社会において、名誉ある地位を占めたいと思ふ．われらは、全世界の国民が、ひとしく恐怖と欠乏から免かれ、平和のうちに生存する権利を有することを確認する．

　われらは、いづれの国家も、自国のことのみに専念して他国を無視してはならないのであつて、政治道徳の法則は、普遍的なものであり、この法則に従ふことは、自国の主権を維持し、他国と対等関係に立たうとする各国の責務であると信ずる．

　日本国民は、国家の名誉にかけ、全力をあげてこの崇高な理想と目的を達成することを誓ふ．

第1章　天　皇

第1条〔天皇の地位・国民主権〕　天皇は、日本国の象徴であり日本国民統合の象徴であつて、この地位は、主権の存する日本国民の総意に基く．

第2条〔皇位の世襲と継承〕　皇位は、世襲のものであつて、国会の議決した皇室典範の定めるところにより、これを継承する．

第3条〔天皇の国事行為に対する内閣の助言・承認〕　天皇の国事に関するすべての行為には、内閣の助言と承認を必要とし、内閣が、その責任を負ふ．

第4条〔天皇の権能の限界、天皇の国事行為の委任〕　① 天皇は、この憲法の定める国事に関する行為のみを行ひ、国政に関する権能を有しない．

　②天皇は、法律の定めるところにより、その国事に関する行為を委任することができる．

第5条〔摂政〕　皇室典範の定めるところにより摂政を置くときは、摂政は、天皇の名でその国事に関する行為を行ふ．この場合には、前条第1項の規定を準用する．

第6条〔天皇の任命権〕　①天皇は、国会の指名に基いて、内閣総理大臣を任命する．

②天皇は、内閣の指名に基いて、最高裁判所の長たる裁判官を任命する．

第7条〔天皇の国事行為〕 天皇は、内閣の助言と承認により、国民のために、左の国事に関する行為を行ふ．
　⑴　憲法改正、法律、政令及び条約を公布すること．
　⑵　国会を召集すること．
　⑶　衆議院を解散すること．
　⑷　国会議員の総選挙の施行を公示すること．
　⑸　国務大臣及び法律の定めるその他の官吏の任免並びに全権委任状及び大使及び公使の信任状を認証すること．
　⑹　大赦、特赦、減刑、刑の執行の免除及び復権を認証すること．
　⑺　栄典を授与すること．
　⑻　批准書及び法律の定めるその他の外交文書を認証すること．
　⑼　外国の大使及び公使を接受すること．
　⑽　儀式を行ふこと．

第8条〔皇室の財産授受〕 皇室に財産を譲り渡し、又は皇室が、財産を譲り受け、若しくは賜与することは、国会の議決に基かなければならない．

第2章　戦争の放棄

第9条〔戦争の放棄、戦力及び交戦権の否認〕 ①日本国民は、正義と秩序を基調とする国際平和を誠実に希求し、国権の発動たる戦争と、武力による威嚇又は武力の行使は、国際紛争を解決する手段としては、永久にこれを放棄する．
　②前項の目的を達するため、陸海空軍その他の戦力は、これを保持しない．国の交戦権は、これを認めない．

第3章　国民の権利及び義務

第10条〔国民の要件〕 日本国民たる要件は、法律でこれを定める．

第11条〔基本的人権の享有と不可侵〕 国民は、すべての基本的人権の享有を妨げられない．この憲法が国民に保障する基本的人権は、侵すことのできない永久の権利として、現在及び将来の国民に与へられる．

第12条〔自由及び権利の保持の責任と濫用の禁止〕 この憲法が国民に保障する自由及び権利は、国民の不断の努力によつて、これを保持しなければならない．又、国民は、これを濫用してはならないのであつて、常に公共の福祉のためにこれを利用する責任を負ふ．

第13条〔個人の尊重・幸福追求権・公共の福祉〕 すべて国民は、個人として尊重される．生命、自由及び幸福追求に対する国民の権利については、公共の福祉に反しない限り、立法その他の国政の上で、最大の尊重を必要とする．

第14条〔法の下の平等、貴族制度の禁止、栄典の限界〕 ①すべて国民は、法の下に平等であつて、人種、信条、性別、社会的身分又は門地により、政治的、経済的又は社会的関係において、差別されない．
　②華族その他の貴族の制度は、これを認めない．
　③栄誉、勲章その他の栄典の授与は、いかなる特権も伴はない．栄典の授与は、

(1) 日本国憲法

現にこれを有し、又は将来これを受ける者の一代に限り、その効力を有する．

第15条〔公務員の選定罷免権、全体の奉仕者性、普通選挙・秘密投票の保障〕　①公務員を選定し、及びこれを罷免することは、国民固有の権利である．
　②すべて公務員は、全体の奉仕者であつて、一部の奉仕者ではない．
　③公務員の選挙については、成年者による普通選挙を保障する．
　④すべて選挙における投票の秘密は、これを侵してはならない．選挙人は、その選択に関し公的にも私的にも責任を問はれない．

第16条〔請願権〕　何人も、損害の救済、公務員の罷免、法律、命令又は規則の制定、廃止又は改正その他の事項に関し、平穏に請願する権利を有し、何人も、かかる請願をしたためにいかなる差別待遇も受けない．

第17条〔国及び公共団体の賠償責任〕　何人も、公務員の不法行為により、損害を受けたときは、法律の定めるところにより、国又は公共団体に、その賠償を求めることができる．

第18条〔奴隷的拘束及び苦役からの自由〕　何人も、いかなる奴隷的拘束も受けない．又、犯罪に因る処罰の場合を除いては、その意に反する苦役に服させられない．

第19条〔思想及び良心の自由〕　思想及び良心の自由は、これを侵してはならない．

第20条〔信教の自由、政教分離〕　①信教の自由は、何人に対してもこれを保障する．いかなる宗教団体も、国から特権を受け、又は政治上の権力を行使してはならない．
　②何人も、宗教上の行為、祝典、儀式又は行事に参加することを強制されない．
　③国及びその機関は、宗教教育その他いかなる宗教的活動もしてはならない．

第21条〔集会・結社・表現の自由、検閲の禁止、通信の秘密〕　①集会、結社及び言論、出版その他一切の表現の自由は、これを保障する．
　②検閲は、これをしてはならない．通信の秘密は、これを侵してはならない．

第22条〔居住・移転・職業選択の自由、外国移住・国籍離脱の自由〕　①何人も、公共の福祉に反しない限り、居住、移転及び職業選択の自由を有する．
　②何人も、外国に移住し、又は国籍を離脱する自由を侵されない．

第23条〔学問の自由〕　学問の自由は、これを保障する．

第24条〔家族生活における個人の尊厳と両性の平等〕　①婚姻は、両性の合意のみに基いて成立し、夫婦が同等の権利を有することを基本として、相互の協力により、維持されなければならない．
　②配偶者の選択、財産権、相続、住居の選定、離婚並びに婚姻及び家族に関するその他の事項に関しては、法律は、個人の尊厳と両性の本質的平等に立脚して、制定されなければならない．

第25条〔生存権、国の社会福祉及び社会保障等の向上及び増進の努力義務〕
　①すべて国民は、健康で文化的な最低限度の生活を営む権利を有する．
　②国は、すべての生活部面について、社会福祉、社会保障及び公衆衛生の向上及び増進に努めなければならない．

第26条〔教育を受ける権利、教育の義務〕　①すべて国民は、法律の定めるところにより、その能力に応じて、ひとしく教育を受ける権利を有する．

②すべて国民は、法律の定めるところにより、その保護する子女に普通教育を受けさせる義務を負ふ。義務教育は、これを無償とする。

第27条〔勤労の権利及び義務、勤労条件の基準、児童酷使の禁止〕　①すべて国民は、勤労の権利を有し、義務を負ふ。
　②賃金、就業時間、休息その他の勤労条件に関する基準は、法律でこれを定める。
　③児童は、これを酷使してはならない。

第28条〔労働基本権〕　勤労者の団結する権利及び団体交渉その他の団体行動をする権利は、これを保障する。

第29条〔財産権〕　①財産権は、これを侵してはならない。
　②財産権の内容は、公共の福祉に適合するやうに、法律でこれを定める。
　③私有財産は、正当な補償の下に、これを公共のために用ひることができる。

第30条〔納税の義務〕　国民は、法律の定めるところにより、納税の義務を負ふ。

第31条〔法定手続の保障〕　何人も、法律の定める手続によらなければ、その生命若しくは自由を奪はれ、又はその他の刑罰を科せられない。

第32条〔裁判を受ける権利〕　何人も、裁判所において裁判を受ける権利を奪はれない。

第33条〔逮捕の要件〕　何人も、現行犯として逮捕される場合を除いては、権限を有する司法官憲が発し、且つ理由となつてゐる犯罪を明示する令状によらなければ、逮捕されない。

第34条〔抑留・拘禁の要件、不当拘禁の禁止〕　何人も、理由を直ちに告げられ、且つ、直ちに弁護人に依頼する権利を与へられなければ、抑留又は拘禁されない。又、何人も、正当な理由がなければ、拘禁されず、要求があれば、その理由は、直ちに本人及びその弁護人の出席する公開の法廷で示されなければならない。

第35条〔住居の不可侵、捜索・押収の要件〕
　①何人も、その住居、書類及び所持品について、侵入、捜索及び押収を受けることのない権利は、第33条の場合を除いては、正当な理由に基いて発せられ、且つ捜索する場所及び押収する物を明示する令状がなければ、侵されない。
　②捜索又は押収は、権限を有する司法官憲が発する各別の令状により、これを行ふ。

第36条〔拷問及び残虐な刑罰の禁止〕　公務員による拷問及び残虐な刑罰は、絶対にこれを禁ずる。

第37条〔刑事被告人の諸権利〕　①すべて刑事事件においては、被告人は、公平な裁判所の迅速な公開裁判を受ける権利を有する。
　②刑事被告人は、すべての証人に対して審問する機会を充分に与へられ、又、公費で自己のために強制的手続により証人を求める権利を有する。
　③刑事被告人は、いかなる場合にも、資格を有する弁護人を依頼することができる。被告人が自らこれを依頼することができないときは、国でこれを附する。

第38条〔不利益な供述強要の禁止、自白の証拠能力〕　①何人も、自己に不利益な供述を強要されない。

②強制、拷問若しくは脅迫による自白又は不当に長く抑留若しくは拘禁された後の自白は、これを証拠とすることができない．

③何人も、自己に不利益な唯一の証拠が本人の自白である場合には、有罪とされ、又は刑罰を科せられない．

第39条〔遡及処罰の禁止・一事不再理〕　何人も、実行の時に適法であつた行為又は既に無罪とされた行為については、刑事上の責任を問はれない．又、同一の犯罪について、重ねて刑事上の責任を問はれない．

第40条〔刑事補償〕　何人も、抑留又は拘禁された後、無罪の裁判を受けたときは、法律の定めるところにより、国にその補償を求めることができる．

第4章　国　会

第41条〔国会の地位・立法権〕　国会は、国権の最高機関であつて、国の唯一の立法機関である．

第42条〔両院制〕　国会は、衆議院及び参議院の両議院でこれを構成する．

第43条〔両議院の組織〕　①両議院は、全国民を代表する選挙された議員でこれを組織する．

②両議院の議員の定数は、法律でこれを定める．

第44条〔議員及び選挙人の資格〕　両議院の議員及びその選挙人の資格は、法律でこれを定める．但し、人種、信条、性別、社会的身分、門地、教育、財産又は収入によつて差別してはならない．

第45条〔衆議院議員の任期〕　衆議院議員の任期は、4年とする．但し、衆議院解散の場合には、その期間満了前に終了する．

第46条〔参議院議員の任期〕　参議院議員の任期は、6年とし、3年ごとに議員の半数を改選する．

第47条〔選挙に関する事項の法定〕　選挙区、投票の方法その他両議院の議員の選挙に関する事項は、法律でこれを定める．

第48条〔両院議員兼職の禁止〕　何人も、同時に両議院の議員たることはできない．

第49条〔議員の歳費〕　両議院の議員は、法律の定めるところにより、国庫から相当額の歳費を受ける．

第50条〔議員の不逮捕特権〕　両議院の議員は、法律の定める場合を除いては、国会の会期中逮捕されず、会期前に逮捕された議員は、その議院の要求があれば、会期中これを釈放しなければならない．

第51条〔議員の免責特権〕　両議院の議員は、議院で行つた演説、討論又は表決について、院外で責任を問はれない．

第52条〔常会〕　国会の常会は、毎年1回これを召集する．

第53条〔臨時会〕　内閣は、国会の臨時会の召集を決定することができる．いづれかの議院の総議員の4分の1以上の要求があれば、内閣は、その召集を決定しなければならない．

第54条〔衆議院の解散と特別会、参議院の緊急集会〕　①衆議院が解散されたときは、解散の日から40日以内に、衆議院議員の総選挙を行ひ、その選挙の日から30日以

内に、国会を召集しなければならない.

　②衆議院が解散されたときは、参議院は、同時に閉会となる. 但し、内閣は、国に緊急の必要があるときは、参議院の緊急集会を求めることができる.

　③前項但書の緊急集会において採られた措置は、臨時のものであつて、次の国会開会の後10日以内に、衆議院の同意がない場合には、その効力を失ふ.

第55条〔議員の資格争訟〕　両議院は、各々その議員の資格に関する争訟を裁判する. 但し、議員の議席を失はせるには、出席議員の3分の2以上の多数による議決を必要とする.

第56条〔定足数、表決数〕　①両議院は、各々その総議員の3分の1以上の出席がなければ、議事を開き議決することができない.

　②両議院の議事は、この憲法に特別の定のある場合を除いては、出席議員の過半数でこれを決し、可否同数のときは、議長の決するところによる.

第57条〔会議の公開と秘密会、会議録の公開、表決の会議録への記載〕
　①両議院の会議は、公開とする. 但し、出席議員の3分の2以上の多数で議決したときは、秘密会を開くことができる.

　②両議院は、各々その会議の記録を保存し、秘密会の記録の中で特に秘密を要すると認められるもの以外は、これを公表し、且つ一般に頒布しなければならない.

　③出席議員の5分の1以上の要求があれば、各議員の表決は、これを会議録に記載しなければならない.

第58条〔役員の選任、議院規則・懲罰〕　①両議院は、各々その議長その他の役員を選任する.

　②両議院は、各々その会議その他の手続及び内部の規律に関する規則を定め、又、院内の秩序をみだした議員を懲罰することができる. 但し、議員を除名するには、出席議員の3分の2以上の多数による議決を必要とする.

第59条〔法律案の議決、衆議院の優越〕　①法律案は、この憲法に特別の定のある場合を除いては、両議院で可決したとき法律となる.

　②衆議院で可決し、参議院でこれと異なつた議決をした法律案は、衆議院で出席議員の3分の2以上の多数で再び可決したときは、法律となる.

　③前項の規定は、法律の定めるところにより、衆議院が、両院の協議会を開くことを求めることを妨げない.

　④参議院が、衆議院の可決した法律案を受け取つた後、国会休会中の期間を除いて60日以内に、議決しないときは、衆議院は、参議院がその法律案を否決したものとみなすことができる.

第60条〔衆議院の予算先議と優越〕　①予算は、さきに衆議院に提出しなければならない.

　②予算について、参議院で衆議院と異なつた議決をした場合に、法律の定めるところにより、両議院の協議会を開いても意見が一致しないとき、又は参議院が、衆議院の可決した予算を受け取つた後、国会休会中の期間を除いて30日以内に、議決しないときは、衆議院の議決を国会の議決とする.

第61条〔条約の承認と衆議院の優越〕　条約の締結に必要な国会の承認については、前条第2項の規定を準用する．

第62条〔議院の国政調査権〕　両議院は，各々国政に関する調査を行ひ，これに関して，証人の出頭及び証言並びに記録の提出を要求することができる．

第63条〔国務大臣の議院出席の権利及び義務〕　内閣総理大臣その他の国務大臣は，両議院の一に議席を有すると有しないとにかかはらず，何時でも議案について発言するため議院に出席することができる．又，答弁又は説明のため出席を求められたときは，出席しなければならない．

第64条〔弾劾裁判所〕　①国会は，罷免の訴追を受けた裁判官を裁判するため，両議院の議員で組織する弾劾裁判所を設ける．
　②弾劾に関する事項は，法律でこれを定める．

第5章　内　閣

第65条〔行政権と内閣〕　行政権は，内閣に属する．

第66条〔内閣の組織，文民資格，連帯責任〕　①内閣は，法律の定めるところにより，その首長たる内閣総理大臣及びその他の国務大臣でこれを組織する．
　②内閣総理大臣その他の国務大臣は，文民でなければならない．
　③内閣は，行政権の行使について，国会に対し連帯して責任を負ふ．

第67条〔内閣総理大臣の指名，衆議院の優越〕　①内閣総理大臣は，国会議員の中から国会の議決で，これを指名する．この指名は，他のすべての案件に先だつて，これを行ふ．
　②衆議院と参議院とが異なつた指名の議決をした場合に，法律の定めるところにより，両議院の協議会を開いても意見が一致しないとき，又は衆議院が指名の議決をした後，国会休会中の期間を除いて10日以内に，参議院が，指名の議決をしないときは，衆議院の議決を国会の議決とする．

第68条〔国務大臣の任命及び罷免〕　①内閣総理大臣は，国務大臣を任命する．但し，その過半数は，国会議員の中から選ばれなければならない．
　②内閣総理大臣は，任意に国務大臣を罷免することができる．

第69条〔衆議院の内閣不信任と解散又は内閣総辞職〕　内閣は，衆議院で不信任の決議案を可決し，又は信任の決議案を否決したときは，10日以内に衆議院が解散されない限り，総辞職をしなければならない．

第70条〔内閣総理大臣の欠缺又は総選挙と内閣総辞職〕　内閣総理大臣が欠けたとき，又は衆議院議員総選挙の後に初めて国会の召集があつたときは，内閣は，総辞職をしなければならない．

第71条〔総辞職後の内閣による職務執行〕　前2条の場合には，内閣は，あらたに内閣総理大臣が任命されるまで引き続きその職務を行ふ．

第72条〔内閣総理大臣の職務〕　内閣総理大臣は，内閣を代表して議案を国会に提出し，一般国務及び外交関係について国会に報告し，並びに行政各部を指揮監督する．

第73条〔内閣の職権〕　内閣は，他の一般行政事務の外，左の事務を行ふ．
　(1)　法律を誠実に執行し，国務を総理すること．

(2) 外交関係を処理すること．
(3) 条約を締結すること．但し、事前に、時宜によつては事後に、国会の承認を経ることを必要とする．
(4) 法律の定める基準に従ひ、官吏に関する事務を掌理すること．
(5) 予算を作成して国会に提出すること．
(6) この憲法及び法律の規定を実施するために、政令を制定すること．但し、政令には、特にその法律の委任がある場合を除いては、罰則を設けることができない．
(7) 大赦、特赦、減刑、刑の執行の免除及び復権を決定すること．

第74条〔法律・政令の署名・連署〕 法律及び政令には、すべて主任の国務大臣が署名し、内閣総理大臣が連署することを必要とする．

第75条〔国務大臣の訴追〕 国務大臣は、その在任中、内閣総理大臣の同意がなければ、訴追されない．但し、これがため、訴追の権利は、害されない．

第6章 司 法

第76条〔司法権・裁判所、特別裁判所の禁止、裁判官の独立〕 ① すべて司法権は、最高裁判所及び法律の定めるところにより設置する下級裁判所に属する．

② 特別裁判所は、これを設置することができない．行政機関は、終審として裁判を行ふことができない．

③ すべて裁判官は、その良心に従ひ独立してその職権を行ひ、この憲法及び法律にのみ拘束される．

第77条〔最高裁判所の規則制定権〕 ①最高裁判所は、訴訟に関する手続、弁護士、裁判所の内部規律及び司法事務処理に関する事項について、規則を定める権限を有する．

②検察官は、最高裁判所の定める規則に従はなければならない．

③最高裁判所は、下級裁判所に関する規則を定める権限を、下級裁判所に委任することができる．

第78条〔裁判官の身分保障〕 裁判官は、裁判により、心身の故障のために職務を執ることができないと決定された場合を除いては、公の弾劾によらなければ罷免されない．裁判官の懲戒処分は、行政機関がこれを行ふことはできない．

第79条〔最高裁判所の構成、国民審査、定年、報酬〕 ①最高裁判所は、その長たる裁判官及び法律の定める員数のその他の裁判官でこれを構成し、その長たる裁判官以外の裁判官は、内閣でこれを任命する．

②最高裁判所の裁判官の任命は、その任命後初めて行はれる衆議院議員総選挙の際国民の審査に付し、その後10年を経過した後初めて行はれる衆議院議員総選挙の際更に審査に付し、その後も同様とする．

③前項の場合において、投票者の多数が裁判官の罷免を可とするときは、その裁判官は、罷免される．

④審査に関する事項は、法律でこれを定める．

⑤最高裁判所の裁判官は、法律の定める年齢に達した時に退官する．

⑥最高裁判所の裁判官は、すべて定期に相当額の報酬を受ける．この報酬は、在

任中，これを減額することができない．

第80条〔下級裁判所の裁判官・任期・定年、報酬〕　①下級裁判所の裁判官は、最高裁判所の指名した者の名簿によつて、内閣でこれを任命する．その裁判官は、任期を10年とし、再任されることができる．但し、法律の定める年齢に達した時には退官する．

②下級裁判所の裁判官は、すべて定期に相当額の報酬を受ける．この報酬は、在任中、これを減額することができない．

第81条〔違憲審査制〕　最高裁判所は、一切の法律、命令、規則又は処分が憲法に適合するかしないかを決定する権限を有する終審裁判所である．

第82条〔裁判の公開〕　①裁判の対審及び判決は、公開法廷でこれを行ふ．

②裁判所が、裁判官の全員一致で、公の秩序又は善良の風俗を害する虞があると決した場合には、対審は、公開しないでこれを行ふことができる．但し、政治犯罪、出版に関する犯罪又はこの憲法第3章で保障する国民の権利が問題となつてゐる事件の対審は、常にこれを公開しなければならない．

第7章　財　政

第83条〔財政処理の基本原則〕　国の財政を処理する権限は、国会の議決に基いて、これを行使しなければならない．

第84条〔租税法律主義〕　あらたに租税を課し、又は現行の租税を変更するには、法律又は法律の定める条件によることを必要とする．

第85条〔国費の支出及び国の債務負担〕　国費を支出し、又は国が債務を負担するには、国会の議決に基くことを必要とする．

第86条〔予算の作成と議決〕　内閣は、毎会計年度の予算を作成し、国会に提出して、その審議を受け議決を経なければならない．

第87条〔予備費〕　①予見し難い予算の不足に充てるため、国会の議決に基いて予備費を設け、内閣の責任でこれを支出することができる．

②すべて予備費の支出については、内閣は、事後に国会の承諾を得なければならない．

第88条〔皇室財産・皇室費用〕　すべて皇室財産は、国に属する．すべて皇室の費用は、予算に計上して国会の議決を経なければならない．

第89条〔公の財産の支出・利用提供の制限〕　公金その他の公の財産は、宗教上の組織若しくは団体の使用、便益若しくは維持のため、又は公の支配に属しない慈善、教育若しくは博愛の事業に対し、これを支出し、又はその利用に供してはならない．

第90条〔決算検査、会計検査院〕　①国の収入支出の決算は、すべて毎年会計検査院がこれを検査し、内閣は、次の年度に、その検査報告とともに、これを国会に提出しなければならない．

②会計検査院の組織及び権限は、法律でこれを定める．

第91条〔財政状況の報告〕　内閣は、国会及び国民に対し、定期に、少くとも毎年1回、国の財政状況について報告しなければならない．

第8章　地方自治

第92条〔地方自治の基本原則〕 地方公共団体の組織及び運営に関する事項は、地方自治の本旨に基いて、法律でこれを定める。

第93条〔地方公共団体の議会の設置、長・議員等の直接選挙〕 ①地方公共団体には、法律の定めるところにより、その議事機関として議会を設置する。

　②地方公共団体の長、その議会の議員及び法律の定めるその他の吏員は、その地方公共団体の住民が、直接これを選挙する。

第94条〔地方公共団体の権能、条例制定権〕 地方公共団体は、その財産を管理し、事務を処理し、及び行政を執行する権能を有し、法律の範囲内で条例を制定することができる。

第95条〔特別法の住民投票〕 一の地方公共団体のみに適用される特別法は、法律の定めるところにより、その地方公共団体の住民の投票においてその過半数の同意を得なければ、国会は、これを制定することができない。

第9章　改　正

第96条〔憲法改正の手続、その公布〕 ①この憲法の改正は、各議院の総議員の3分の2以上の賛成で、国会が、これを発議し、国民に提案してその承認を経なければならない。この承認には、特別の国民投票又は国会の定める選挙の際行はれる投票において、その過半数の賛成を必要とする。

　②憲法改正について前項の承認を経たときは、天皇は、国民の名で、この憲法と一体を成すものとして、直ちにこれを公布する。

第10章　最高法規

第97条〔基本的人権の本質〕 この憲法が日本国民に保障する基本的人権は、人類の多年にわたる自由獲得の努力の成果であつて、これらの権利は、過去幾多の試錬に堪へ、現在及び将来の国民に対し、侵すことのできない永久の権利として信託されたものである。

第98条〔憲法の最高法規性、条約及び国際法規の遵守〕 ①この憲法は、国の最高法規であつて、その条規に反する法律、命令、詔勅及び国務に関するその他の行為の全部又は一部は、その効力を有しない。

　②日本国が締結した条約及び確立された国際法規は、これを誠実に遵守することを必要とする。

第99条〔憲法尊重擁護の義務〕 天皇又は摂政及び国務大臣、国会議員、裁判官その他の公務員は、この憲法を尊重し擁護する義務を負ふ。

第11章　補　則

第100条〔施行期日、施行の準備〕 ①この憲法は、公布の日から起算して6箇月を経過した日から、これを施行する。

　②この憲法を施行するために必要な法律の制定、参議院議員の選挙及び国会召集の手続並びにこの憲法を施行するために必要な準備手続は、前項の期日よりも前に、これを行ふことができる。

第101条〔経過規定―参議院未成立の間の国会〕 この憲法施行の際、参議院がまだ成立してゐないときは、その成立するまでの間、衆議院は、国会としての権限を行

(2) 民 法

ふ.

第102条〔経過規定―第1期の参議院の任期〕　この憲法による第1期の参議院議員のうち、その半数の者の任期は、これを3年とする．その議員は、法律の定めるところにより、これを定める．

第103条〔経過規定―憲法施行の際の公務員の地位〕　この憲法施行の際現に在職する国務大臣、衆議院議員及び裁判官並びにその他の公務員で、その地位に相応する地位がこの憲法で認められてゐる者は、法律で特別の定をした場合を除いては、この憲法施行のため、当然にはその地位を失ふことはない．但し、この憲法によつて、後任者が選挙又は任命されたときは、当然その地位を失ふ．

---

(2) 民　法　明29・4・27日法律第89号、明31・7・16日施行、最終改正：平成23年6月24日法律第74号

第1編　総　則
第2章　人

第1節　権利能力

第3条　①私権の享有は、出生に始まる．

②外国人は、法令又は条約の規定により禁止される場合を除き、私権を享有する．

第3条の2　①法律行為の当事者が、意思表示をした時に意思能力を有しなかったときは、その法律行為は無効とする．

第2節　行為能力

第4条（成年）　年齢20歳をもって、成年とする．

第5条（未成年者の法律行為）　①未成年者が法律行為をするには、その法定代理人の同意を得なければならない．ただし、単に権利を得、又は義務を免れる法律行為については、この限りでない．

②前項の規定に反する法律行為は、取り消すことができる．

③第1項の規定にかかわらず、法定代理人が目的を定めて処分を許した財産は、その目的の範囲内において、未成年者が自由に処分することができる．目的を定めないで処分を許した財産を処分するときも、同様とする．

第6条（未成年者の営業の許可）　①一種又は数種の営業を許された未成年者は、その営業に関しては、成年者と同一の行為能力を有する．

②前項の場合において、未成年者がその営業に堪えることができない事由があるときは、その法定代理人は、第4編（親族）の規定に従い、その許可を取り消し、又はこれを制限することができる．

第7条（後見開始の審判）　精神上の障害により事理を弁識する能力を欠く常況にある者については、家庭裁判所は、本人、配偶者、4親等内の親族、未成年後見人、未成年後見監督人、保佐人、保佐監督人、補助人、補助監督人又は検察官の請求により、後見開始の審判をすることができる．

第8条（成年被後見人及び成年後見人）　後見開始の審判を受けた者は、成年被後見

人とし、これに成年後見人を付する。

第9条（成年被後見人の法律行為）　成年被後見人の法律行為は、取り消すことができる。ただし、日用品の購入その他日常生活に関する行為については、この限りでない。

第10条（後見開始の審判の取消し）　第7条に規定する原因が消滅したときは、家庭裁判所は、本人、配偶者、4親等内の親族、後見人（未成年後見人及び成年後見人をいう。以下同じ。）、後見監督人（未成年後見監督人及び成年後見監督人をいう。以下同じ。）又は検察官の請求により、後見開始の審判を取り消さなければならない。

第11条（保佐開始の審判）　精神上の障害により事理を弁識する能力が著しく不十分である者については、家庭裁判所は、本人、配偶者、4親等内の親族、後見人、後見監督人、補助人、補助監督人又は検察官の請求により、保佐開始の審判をすることができる。ただし、第7条に規定する原因がある者については、この限りでない。

第12条（被保佐人及び保佐人）　保佐開始の審判を受けた者は、被保佐人とし、これに保佐人を付する。

第13条（保佐人の同意を要する行為等）　①被保佐人が次に掲げる行為をするには、その保佐人の同意を得なければならない。ただし、第9条ただし書に規定する行為については、この限りでない。

　1　元本を領収し、又は利用すること。
　2　借財又は保証をすること。
　3　不動産その他重要な財産に関する権利の得喪を目的とする行為をすること。
　4　訴訟行為をすること。
　5　贈与、和解又は仲裁合意（仲裁法（平成15年法律第138号）第2条第1項に規定する仲裁合意をいう。）をすること。
　6　相続の承認若しくは放棄又は遺産の分割をすること。
　7　贈与の申込みを拒絶し、遺贈を放棄し、負担付贈与の申込みを承諾し、又は負担付遺贈を承認すること。
　8　新築、改築、増築又は大修繕をすること。
　9　第602条に定める期間を超える賃貸借をすること。

②家庭裁判所は、第11条本文に規定する者又は保佐人若しくは保佐監督人の請求により、被保佐人が前項各号に掲げる行為以外の行為をする場合であってもその保佐人の同意を得なければならない旨の審判をすることができる。ただし、第九条ただし書に規定する行為については、この限りでない。

③保佐人の同意を得なければならない行為について、保佐人が被保佐人の利益を害するおそれがないにもかかわらず同意をしないときは、家庭裁判所は、被保佐人の請求により、保佐人の同意に代わる許可を与えることができる。

④保佐人の同意を得なければならない行為であって、その同意又はこれに代わる許可を得ないでしたものは、取り消すことができる。

　10　前各号に掲げる行為を制限行為能力者（未成年者、成年被後見人、被保佐人及び第17条第1項の審判を受けた被補助人をいう。以下同じ。）の法定代理人としてする

(2) 民　法

こと。
第14条（保佐開始の審判等の取消し）　①第11条本文に規定する原因が消滅したときは、家庭裁判所は、本人、配偶者、4親等内の親族、未成年後見人、未成年後見監督人、保佐人、保佐監督人又は検察官の請求により、保佐開始の審判を取り消さなければならない。
　　②家庭裁判所は、前項に規定する者の請求により、前条第2項の審判の全部又は一部を取り消すことができる。
第15条（補助開始の審判）　①精神上の障害により事理を弁識する能力が不十分である者については、家庭裁判所は、本人、配偶者、4親等内の親族、後見人、後見監督人、保佐人、保佐監督人又は検察官の請求により、補助開始の審判をすることができる。ただし、第7条又は第11条本文に規定する原因がある者については、この限りでない。
　　②本人以外の者の請求により補助開始の審判をするには、本人の同意がなければならない。
　　③補助開始の審判は、第17条第1項の審判又は第876条の9第1項の審判とともにしなければならない。
第16条（被補助人及び補助人）　補助開始の審判を受けた者は、被補助人とし、これに補助人を付する。
第17条（補助人の同意を要する旨の審判等）　①家庭裁判所は、第15条第1項本文に規定する者又は補助人若しくは補助監督人の請求により、被補助人が特定の法律行為をするにはその補助人の同意を得なければならない旨の審判をすることができる。ただし、その審判によりその同意を得なければならないものとすることができる行為は、第13条第1項に規定する行為の一部に限る。
　　②本人以外の者の請求により前項の審判をするには、本人の同意がなければならない。
　　③補助人の同意を得なければならない行為について、補助人が被補助人の利益を害するおそれがないにもかかわらず同意をしないときは、家庭裁判所は、被補助人の請求により、補助人の同意に代わる許可を与えることができる。
　　④補助人の同意を得なければならない行為であって、その同意又はこれに代わる許可を得ないでしたものは、取り消すことができる。
第18条（補助開始の審判等の取消し）　①第15条第1項本文に規定する原因が消滅したときは、家庭裁判所は、本人、配偶者、4親等内の親族、未成年後見人、未成年後見監督人、補助人、補助監督人又は検察官の請求により、補助開始の審判を取り消さなければならない。
　　②家庭裁判所は、前項に規定する者の請求により、前条第1項の審判の全部又は一部を取り消すことができる。
　　③前条第1項の審判及び第876条の9第1項の審判をすべて取り消す場合には、家庭裁判所は、補助開始の審判を取り消さなければならない。
第19条（審判相互の関係）　①後見開始の審判をする場合において、本人が被保佐人

又は被補助人であるときは、家庭裁判所は、その本人に係る保佐開始又は補助開始の審判を取り消さなければならない。

　②前項の規定は、保佐開始の審判をする場合において本人が成年被後見人若しくは被補助人であるとき、又は補助開始の審判をする場合において本人が成年被後見人若しくは被保佐人であるときについて準用する。

第20条（制限行為能力者の相手方の催告権）　①制限行為能力者の相手方は、その制限行為能力者が行為能力者（行為能力の制限を受けない者をいう。以下同じ。）となった後、その者に対し、1箇月以上の期間を定めて、その期間内にその取り消すことができる行為を追認するかどうかを確答すべき旨の催告をすることができる。この場合において、その者がその期間内に確答を発しないときは、その行為を追認したものとみなす。

　②制限行為能力者の相手方が、制限行為能力者が行為能力者とならない間に、その法定代理人、保佐人又は補助人に対し、その権限内の行為について前項に規定する催告をした場合において、これらの者が同項の期間内に確答を発しないときも、同項後段と同様とする。

　③特別の方式を要する行為については、前2項の期間内にその方式を具備した旨の通知を発しないときは、その行為を取り消したものとみなす。

　④制限行為能力者の相手方は、被保佐人又は第17条第1項の審判を受けた被補助人に対しては、第1項の期間内にその保佐人又は補助人の追認を得るべき旨の催告をすることができる。この場合において、その被保佐人又は被補助人がその期間内にその追認を得た旨の通知を発しないときは、その行為を取り消したものとみなす。

第21条（制限行為能力者の詐術）　制限行為能力者が行為能力者であることを信じさせるため詐術を用いたときは、その行為を取り消すことができない。

第3章　法　人

第33条（法人の成立等）　①法人は、この法律その他の法律の規定によらなければ、成立しない。

　②学術、技芸、慈善、祭祀、宗教その他の公益を目的とする法人、営利事業を営むことを目的とする法人その他の法人の設立、組織、運営及び管理については、この法律その他の法律の定めるところによる。

第5章　法律行為

　　第3節　代　理

第99条（代理行為の要件及び効果）　①代理人がその権限内において本人のためにすることを示してした意思表示は、本人に対して直接にその効力を生ずる。

　②前項の規定は、第三者が代理人に対してした意思表示について準用する。

第3編　債　権
第1章　総　則

　　第2節　債権の効力
　　　第1款　債務不履行の責任等

(2) 民　法

第415条（債務不履行による損害賠償）
　①債務者がその債務の本旨に従った履行をしないとき又は債務の履行が不能であるときは、債権者は、これによって生じた損害の賠償を請求することができる。ただし、その債務の不履行が契約その他の債務の発生原因及び取引上の社会通念に照らして債務者の責めに帰することができない事由によるものであるときは、この限りでない。
　②前項の規定により損害賠償の請求をすることができる場合において、債権者は、次に掲げるときは、債務の履行に代わる損害賠償の請求をすることができる。
　　1　債務の履行が不能であるとき。
　　2　債務者がその債務の履行を拒絶する意思を明確に表示したとき。
　　3　債務が契約によって生じたものである場合において、その契約が解除され又は債務の不履行による契約の解除権が発生したとき。

第416条（損害賠償の範囲）　①債務の不履行に対する損害賠償の請求は、これによって通常生ずべき損害の賠償をさせることをその目的とする。
　②特別の事情によって生じた損害であっても、当事者がその事情を予見すべきであったときは、債権者は、その賠償を請求することができる。

　　第3節　多数当事者の債権及び債務
　　　　第3款　連帯債務

民法第432条（連帯債権者による履行の請求等）
　①債権の目的がその性質上可分である場合において、法令の規定又は当事者の意思表示によって数人が連帯して債権を有するときは、各債権者は、全ての債権者のために全部又は一部の履行を請求することができ、債務者は、全ての債権者のために各債権者に対して履行をすることができる。

　　　　第4款　保証債務
　　　　　　第1目　総則

第446条（保証人の責任等）　①保証人は、主たる債務者がその債務を履行しないときに、その履行をする責任を負う。

第452条（催告の抗弁）　債権者が保証人に債務の履行を請求したときは、保証人は、まず主たる債務者に催告をすべき旨を請求することができる。ただし、主たる債務者が破産手続開始の決定を受けたとき、又はその行方が知れないときは、この限りでない。

第453条（検索の抗弁）　債権者が前条の規定に従い主たる債務者に催告をした後であっても、保証人が主たる債務者に弁済をする資力があり、かつ、執行が容易であることを証明したときは、債権者は、まず主たる債務者の財産について執行をしなければならない。

　　第2章　契約
　　　第1節　総則
　　　　第2款　契約の効力

第537条（第三者のためにする契約）　①契約により当事者の一方が第三者に対して

ある給付をすることを約したときは、その第三者は、債務者に対して直接にその給付を請求する権利を有する。

②前項の契約は、その成立の時に第三者が現に存しない場合又は第三者が特定していない場合であっても、そのためにその効力を妨げられない。

③第1項の場合において、第三者の権利は、その第三者が債務者に対して同項の契約の利益を享受する意思を表示した時に発生する。

第9節 請負

第632条（請負） 請負は、当事者の一方がある仕事を完成することを約し、相手方がその仕事の結果に対してその報酬を支払うことを約することによって、その効力を生ずる。

第10節 委任

第643条（委任） 委任は、当事者の一方が法律行為をすることを相手方に委託し、相手方がこれを承諾することによって、その効力を生ずる。

第644条（受任者の注意義務） 受任者は、委任の本旨に従い、善良な管理者の注意をもって、委任事務を処理する義務を負う。

第644条の2（復受任者の選任等）
①受任者は、委任者の許諾を得たとき、又はやむを得ない事由があるときでなければ、復受任者を選任することができない。

②代理権を付与する委任において、受任者が代理権を有する復受任者を選任したときは、復受任者は、委任者に対して、その権限の範囲内において、受任者と同一の権利を有し、義務を負う。

第645条（受任者による報告） 受任者は、委任者の請求があるときは、いつでも委任事務の処理の状況を報告し、委任が終了した後は、遅滞なくその経過及び結果を報告しなければならない。

第648条（受任者の報酬） ①受任者は、特約がなければ、委任者に対して報酬を請求することができない。

②受任者は、報酬を受けるべき場合には、委任事務を履行した後でなければ、これを請求することができない。ただし、期間によって報酬を定めたときは、第624条第2項の規定を準用する。

③委任が受任者の責めに帰することができない事由によって履行の中途で終了したときは、受任者は、既にした履行の割合に応じて報酬を請求することができる。

第656条（準委任） この節の規定は、法律行為でない事務の委託について準用する。

第3章 事務管理

第697条（事務管理） ①義務なく他人のために事務の管理を始めた者（以下この章において「管理者」という。）は、その事務の性質に従い、最も本人の利益に適合する方法によって、その事務の管理（以下「事務管理」という。）をしなければならない。

②管理者は、本人の意思を知っているとき、又はこれを推知することができるときは、その意思に従って事務管理をしなければならない。

(2) 民 法

第698条（緊急事務管理）　管理者は、本人の身体、名誉又は財産に対する急迫の危害を免れさせるために事務管理をしたときは、悪意又は重大な過失があるのでなければ、これによって生じた損害を賠償する責任を負わない。

第5章　不法行為

第709条（不法行為による損害賠償）　故意又は過失によって他人の権利又は法律上保護される利益を侵害した者は、これによって生じた損害を賠償する責任を負う。

第711条（近親者に対する損害の賠償）　他人の生命を侵害した者は、被害者の父母、配偶者及び子に対しては、その財産権が侵害されなかった場合においても、損害の賠償をしなければならない。

第712条（責任能力）　未成年者は、他人に損害を加えた場合において、自己の行為の責任を弁識するに足りる知能を備えていなかったときは、その行為について賠償の責任を負わない。

第714条（責任無能力者の監督義務者等の責任）　①前2条の規定により責任無能力者がその責任を負わない場合において、その責任無能力者を監督する法定の義務を負う者は、その責任無能力者が第三者に加えた損害を賠償する責任を負う。ただし、監督義務者がその義務を怠らなかったとき、又はその義務を怠らなくても損害が生ずべきであったときは、この限りでない。

　②監督義務者に代わって責任無能力者を監督する者も、前項の責任を負う。

第715条（使用者等の責任）　①ある事業のために他人を使用する者は、被用者がその事業の執行について第三者に加えた損害を賠償する責任を負う。ただし、使用者が被用者の選任及びその事業の監督について相当の注意をしたとき、又は相当の注意をしても損害が生ずべきであったときは、この限りでない。

　②使用者に代わって事業を監督する者も、前項の責任を負う。

　③前2項の規定は、使用者又は監督者から被用者に対する求償権の行使を妨げない。

第717条（土地の工作物等の占有者及び所有者の責任）　①土地の工作物の設置又は保存に瑕疵があることによって他人に損害を生じたときは、その工作物の占有者は、被害者に対してその損害を賠償する責任を負う。ただし、占有者が損害の発生を防止するのに必要な注意をしたときは、所有者がその損害を賠償しなければならない。

　②前項の規定は、竹木の栽植又は支持に瑕疵がある場合について準用する。

　③前2項の場合において、損害の原因について他にその責任を負う者があるときは、占有者又は所有者は、その者に対して求償権を行使することができる。

第719条（共同不法行為者の責任）　①数人が共同の不法行為によって他人に損害を加えたときは、各自が連帯してその損害を賠償する責任を負う。共同行為者のうちいずれの者がその損害を加えたかを知ることができないときも、同様とする。

　②行為者を教唆した者及び幇助した者は、共同行為者とみなして、前項の規定を適用する。

第721条（損害賠償請求権に関する胎児の権利能力）　胎児は、損害賠償の請求権については、既に生まれたものとみなす。

参考資料〔関連法規〕

第5編 相 続
第1章 総 則
第882条（相続開始の原因）　相続は、死亡によって開始する。
第2章 相続人
第886条（相続に関する胎児の権利能力）　①胎児は、相続については、既に生まれたものとみなす。
　②前項の規定は、胎児が死体で生まれたときは、適用しない。

---

(3) 刑 法
明治40年4月24日法律第45号
最終改正：平成25年6月19日法律第49号

第1編 総 則
第7章 犯罪の不成立及び刑の減免
第35条（正当行為）　法令又は正当な業務による行為は、罰しない。
第37条（緊急避難）　①自己又は他人の生命、身体、自由又は財産に対する現在の危難を避けるため、やむを得ずにした行為は、これによって生じた害が避けようとした害の程度を超えなかった場合に限り、罰しない。ただし、その程度を超えた行為は、情状により、その刑を減軽し、又は免除することができる。
　②前項の規定は、業務上特別の義務がある者には、適用しない。

第2編 罪
第13章 秘密を侵す罪
第134条（秘密漏示）　①医師、薬剤師、医薬品販売業者、助産師、弁護士、弁護人、公証人又はこれらの職にあった者が、正当な理由がないのに、その業務上取り扱ったことについて知り得た人の秘密を漏らしたときは、6月以下の懲役又は10万円以下の罰金に処する。
　②宗教、祈祷若しくは祭祀の職にある者又はこれらの職にあった者が、正当な理由がないのに、その業務上取り扱ったことについて知り得た人の秘密を漏らしたときも、前項と同様とする。

第24章 礼拝所及び墳墓に関する罪
第192条（変死者密葬）　検視を経ないで変死者を葬った者は、10万円以下の罰金又は科料に処する。

第26章 殺人の罪
第199条（殺人）　人を殺した者は、死刑又は無期若しくは5年以上の懲役に処する。

第27章 傷害の罪
第204条（傷害）　人の身体を傷害した者は、15年以下の懲役又は50万円以下の罰金に処する。
第205条（傷害致死）　身体を傷害し、よって人を死亡させた者は、3年以上の有期懲役に処する。
第208条（暴行）　暴行を加えた者が人を傷害するに至らなかったときは、2年以下

の懲役若しくは30万円以下の罰金又は拘留若しくは科料に処する。

第28章　過失傷害の罪

第209条（過失傷害）　①過失により人を傷害した者は、30万円以下の罰金又は科料に処する。

②前項の罪は、告訴がなければ公訴を提起することができない。

第210条（過失致死）　過失により人を死亡させた者は、50万円以下の罰金に処する。

第211条（業務上過失致死傷等）　①業務上必要な注意を怠り、よって人を死傷させた者は、5年以下の懲役若しくは禁錮又は100万円以下の罰金に処する。重大な過失により人を死傷させた者も、同様とする。

②自動車の運転上必要な注意を怠り、よって人を死傷させた者は、7年以下の懲役若しくは禁錮又は100万円以下の罰金に処する。ただし、その傷害が軽いときは、情状により、その刑を免除することができる。

第29章　堕胎の罪

第212条（堕胎）　妊娠中の女子が薬物を用い、又はその他の方法により、堕胎したときは、1年以下の懲役に処する。

---

(4) 臓器の移植に関する法律

平成9年7月16日法律第104号
最終改正：平成21年7月17日法律第83号

第1条（目的）　この法律は、臓器の移植についての基本的理念を定めるとともに、臓器の機能に障害がある者に対し臓器の機能の回復又は付与を目的として行われる臓器の移植術（以下単に「移植術」という。）に使用されるための臓器を死体から摘出すること、臓器売買等を禁止すること等につき必要な事項を規定することにより、移植医療の適正な実施に資することを目的とする。

第6条（臓器の摘出）　①医師は、次の各号のいずれかに該当する場合には、移植術に使用されるための臓器を、死体（脳死した者の身体を含む。以下同じ。）から摘出することができる。

1. 死亡した者が生存中に当該臓器を移植術に使用されるために提供する意思を書面により表示している場合であって、その旨の告知を受けた遺族が当該臓器の摘出を拒まないとき又は遺族がないとき。
2. 死亡した者が生存中に当該臓器を移植術に使用されるために提供する意思を書面により表示している場合及び当該意思がないことを表示している場合以外の場合であって、遺族が当該臓器の摘出について書面により承諾しているとき。

②前項に規定する「脳死した者の身体」とは、脳幹を含む全脳の機能が不可逆的に停止するに至ったと判定された者の身体をいう。

③臓器の摘出に係る前項の判定は、次の各号のいずれかに該当する場合に限り、行うことができる。

1. 当該者が第1項第1号に規定する意思を書面により表示している場合であり、かつ、当該者が前項の判定に従う意思がないことを表示している場合以外の場

参考資料〔関連法規〕

合であって、その旨の告知を受けたその者の家族が当該判定を拒まないとき又は家族がないとき。
2. 当該者が第1項第1号に規定する意思を書面により表示している場合及び当該意思がないことを表示している場合以外の場合であり、かつ、当該者が前項の判定に従う意思がないことを表示している場合以外の場合であって、その者の家族が当該判定を行うことを書面により承諾しているとき。

④臓器の摘出に係る第2項の判定は、これを的確に行うために必要な知識及び経験を有する2人以上の医師（当該判定がなされた場合に当該脳死した者の身体から臓器を摘出し、又は当該臓器を使用した移植術を行うこととなる医師を除く。）の一般に認められている医学的知見に基づき厚生労働省令で定めるところにより行う判断の一致によって、行われるものとする。

⑤前項の規定により第2項の判定を行った医師は、厚生労働省令で定めるところにより、直ちに、当該判定が的確に行われたことを証する書面を作成しなければならない。

⑥臓器の摘出に係る第2項の判定に基づいて脳死した者の身体から臓器を摘出しようとする医師は、あらかじめ、当該脳死した者の身体に係る前項の書面の交付を受けなければならない。

第6条の2（親族への優先提供の意思表示）　移植術に使用されるための臓器を死亡した後に提供する意思を書面により表示している者又は表示しようとする者は、その意思の表示に併せて、親族に対し当該臓器を優先的に提供する意思を書面により表示することができる。

第10条（記録の作成、保存及び閲覧）　①医師は、第6条第2項の判定、同条の規定による臓器の摘出又は当該臓器を使用した移植術（以下この項において「判定等」という。）を行った場合には、厚生労働省令で定めるところにより、判定等に関する記録を作成しなければならない。

②前項の記録は、病院又は診療所に勤務する医師が作成した場合にあっては当該病院又は診療所の管理者が、病院又は診療所に勤務する医師以外の医師が作成した場合にあっては当該医師が、5年間保存しなければならない。

③前項の規定により第1項の記録を保存する者は、移植術に使用されるための臓器を提供した遺族その他の厚生労働省令で定める者から当該記録の閲覧の請求があった場合には、厚生労働省令で定めるところにより、閲覧を拒むことについて正当な理由がある場合を除き、当該記録のうち個人の権利利益を不当に侵害するおそれがないものとして厚生労働省令で定めるものを閲覧に供するものとする。

第11条（臓器売買等の禁止）　①何人も、移植術に使用されるための臓器を提供すること若しくは提供したことの対価として財産上の利益の供与を受け、又はその要求若しくは約束をしてはならない。

②何人も、移植術に使用されるための臓器の提供を受けること若しくは受けたことの対価として財産上の利益を供与し、又はその申込み若しくは約束をしてはならない。

(4) 臓器の移植に関する法律

　③何人も、移植術に使用されるための臓器を提供すること若しくはその提供を受けることのあっせんをすること若しくはあっせんをしたことの対価として財産上の利益の供与を受け、又はその要求若しくは約束をしてはならない。

　④何人も、移植術に使用されるための臓器を提供すること若しくはその提供を受けることのあっせんを受けること若しくはあっせんを受けたことの対価として財産上の利益を供与し、又はその申込み若しくは約束をしてはならない。

　⑤何人も、臓器が前各項の規定のいずれかに違反する行為に係るものであることを知って、当該臓器を摘出し、又は移植術に使用してはならない。

　⑥第1項から第4項までの対価には、交通、通信、移植術に使用されるための臓器の摘出、保存若しくは移送又は移植術等に要する費用であって、移植術に使用されるための臓器を提供すること若しくはその提供を受けること又はそれらのあっせんをすることに関して通常必要であると認められるものは、含まれない。

第12条（業として行う臓器のあっせんの許可）　①業として移植術に使用されるための臓器（死体から摘出されるもの又は摘出されたものに限る。）を提供すること又はその提供を受けることのあっせん（以下「業として行う臓器のあっせん」という。）をしようとする者は、厚生労働省令で定めるところにより、臓器の別ごとに、厚生労働大臣の許可を受けなければならない。

　②厚生労働大臣は、前項の許可の申請をした者が次の各号のいずれかに該当する場合には、同項の許可をしてはならない。

　1.　営利を目的とするおそれがあると認められる者
　2.　業として行う臓器のあっせんに当たって当該臓器を使用した移植術を受ける者の選択を公平かつ適正に行わないおそれがあると認められる者

第20条（罰則）　①第11条第1項から第五項までの規定に違反した者は、5年以下の懲役若しくは500万円以下の罰金に処し、又はこれを併科する。

　②前項の罪は、刑法（明治40年法律第45号）第3条の例に従う。

第21条　①第6条第5項の書面に虚偽の記載をした者は、3年以下の懲役又は50万円以下の罰金に処する。

　②第6条第6項の規定に違反して同条第5項の書面の交付を受けないで臓器の摘出をした者は、1年以下の懲役又は30万円以下の罰金に処する。

附　則　（抄）

第1条（施行期日）　この法律は、公布の日から起算して3月を経過した日から施行する。

第2条（検討等）　①この法律による臓器の移植については、この法律の施行後3年を目途として、この法律の施行の状況を勘案し、その全般について検討が加えられ、その結果に基づいて必要な措置が講ぜられるべきものとする。

　②政府は、ドナーカードの普及及び臓器移植ネットワークの整備のための方策に関し検討を加え、その結果に基づいて必要な措置を講ずるものとする。

　③関係行政機関は、第7条に規定する場合において同条の死体が第6条第2項の脳死した者の身体であるときは、当該脳死した者の身体に対する刑事訴訟法第229

条第 1 項の検視その他の犯罪捜査に関する手続と第 6 条の規定による当該脳死した者の身体からの臓器の摘出との調整を図り、犯罪捜査に関する活動に支障を生ずることなく臓器の移植が円滑に実施されるよう努めるものとする。

第 3 条（角膜及び腎臓の移植に関する法律の廃止） 角膜及び腎臓の移植に関する法律（昭和 54 年法律第 63 号）は、廃止する。

第 4 条 削除

第 11 条 ①健康保険法（大正 11 年法律第 70 号）、国民健康保険法（昭和 33 年法律第 192 号）その他政令で定める法律（以下「医療給付関係各法」という。）の規定に基づく医療（医療に要する費用の支給に係る当該医療を含む。以下同じ。）の給付（医療給付関係各法に基づく命令の規定に基づくものを含む。以下同じ。）に継続して、第 6 条第 2 項の脳死した者の身体への処置がされた場合には、当分の間、当該処置は当該医療給付関係各法の規定に基づく医療の給付としてされたものとみなす。

②前項の処置に要する費用の算定は、医療給付関係各法の規定に基づく医療の給付に係る費用の算定方法の例による。

③前項の規定によることを適当としないときの費用の算定は、同項の費用の算定方法を定める者が別に定めるところによる。

④前 2 項に掲げるもののほか、第 1 項の処置に関しては、医療給付関係各法の規定に基づく医療の給付に準じて取り扱うものとする。

事項索引

A 類疾病 …………………… 75
B 類疾病 …………………… 75
GCP ……………………… 120
GLP ……………………… 120
GMP ……………………… 120
GPSP ……………………… 120
GQP ……………………… 120
GVP ……………………… 120
HIV 感染 ………………… 293
NPO ……………………… 180
OTC 薬 …………………… 117
PMS ……………………… 120
QOL ……………………… 305

あ 行

アカウンタビリティ ……… 239
アメリカのオレゴン州 …… 298
アメリカ・ワシントン州 … 300
新たな感染症 ……………… 69
あん摩マッサージ指圧師 … 62
安楽死 …………………… 294
医　師 …………………… 30
医師不足 ………………… 29
医事法 …………………… 3
医　制 …………………… 8
遺族の承諾 ……………… 334
遺族の範囲 ……………… 334
一類感染症 ……………… 71
一般医療機器 …………… 114
一般的不法行為 ………… 252
一般廃棄物 ……………… 215
一般法 …………………… 7
一般保険料額 …………… 133
一般用医薬品 …………… 117
医的侵襲行為 …………… 262
遺伝子組換え食品 ……… 208

委任命令 ………………… 6
違法性の阻却 …………… 263
医薬品 …………………… 113
　——の製造販売 ……… 119
　——の販売 …………… 119
医薬部外品 ……………… 113
医薬分業 ………………… 34
医療介護総合確保推進法 … 14
医療過誤 …………… 251,268
医療関係者 ……………… 71
医療機器 ………………… 113
医療契約 ………………… 221
　——の終了 …………… 239
　——の当事者 ………… 225
医療現場の慣行 ………… 259
医療事故 …………… 251,268
医療事故調査・支援センター … 15
医療事故調査制度 ……… 15
医療水準 ………………… 232
医療水準相対論 ………… 237
医療提供 ………………… 14
医療的観察 ……………… 92
医療扶助 ………………… 156
医療法 …………………… 13
医療法人 ………………… 27
医療保護入院 …………… 88
医療補助者 ……………… 260
医療用医薬品 …………… 117
医療を受ける権利 ……… 221
いわれなき差別の撤廃 … 275
因果関係 ………………… 257
インシデント …………… 268
インフォームド・コンセント … 239,275
インフォームド・アセント … 249
請負契約 ………………… 223
疑わしくは罰せず ……… 264

事項索引

衛生検査所…………………………49	勧奨接種…………………………77
栄養機能食品……………………210	感染症……………………………71
エンゼルプラン…………………105	感染性廃棄物処理マニュアル……216
応益負担…………………………202	がん対策推進基本計画…………108
応急入院…………………………88	がん登録…………………………106
オーストラリア北准州…………298	管理医療機器……………………114
オランダ…………………………296	管理者……………………………115
	緩和ケア…………………………108
か 行	疑義照会…………………………47
概括的な申込……………………222	希少疾病用医薬品………………115
介護給付…………………………149	希少疾病用医療機器……………115
介護福祉士………………………65	希少疾病用再生医療等製品……115
介護保険料額……………………133	規　　則…………………………6
介護予防…………………………143	既知の感染症の再興……………69
介護老人保健施設………………18	気道確保…………………………61
改正臓器移植法…………………337	義務接種…………………………77
開　　設…………………………19	義務的自己決定権論……………247
開発危険の抗弁…………………351	虐待を受けた児童………………342
覚せい剤…………………………126	救急医療…………………………59
覚せい剤濫用……………………126	救急救命士………………………59
喀痰吸引…………………………65	きゅう師…………………………62
過　　失…………………………259	給付制限…………………………138
過失犯……………………………264	狂犬病……………………………79
家族療養費………………………135	矯正訓練…………………………55
学校医……………………………97	強制適用事業所…………132, 154
加熱製剤…………………………293	共同不法行為責任………………261
借り腹……………………………281	業務起因性………………………158
カレン裁判………………………304	業務災害…………………………157
が　　ん…………………………106	業務上……………………………158
環境倫理学………………………273	業務上過失致傷罪………………263
看護師……………………………36	業務遂行性………………………158
看護水準…………………………261	業務独占…………………………32
患　　者…………………………221	共用試験…………………………46
──の一部負担金……………139	許　　可…………………………19
──の自己決定権……………239	虚偽表示等を禁止………………208
──の人権……………………275	許容的自己決定権論……………248
患者中心の医療…………………273	緊急措置入院……………………88
患者申出療養……………………135	具体的過失………………………259
慣習法……………………………5	具体的患者説……………………243

384

事 項 索 引

国の賠償責任	265
組合管掌健康保険	132
軽減特例措置	139
刑事事件	262
刑事責任	252
刑事訴訟法	8
刑　法	8
契　約	221
劇　性	121
劇　物	121
劇　薬	119
化粧品	113
下　水	214
下水道	214
下水道普及率	215
血液製剤	127
結果回避義務	230, 264
結果債務	224
結果予見義務	230
欠　陥	350
血友病	293
健康サポート薬局	117
健康の増進	98
健康保険	131
言語訓練	53
言語聴覚士	53
検　査	55
検体検査	48
検体測定事業	49
検体測定室	49
顕微授精	280
健　保	131
憲　法	5, 8
後期高齢者	142
後期高齢者医療制度	131, 142
恒久対策	294
公権力の行使	266
更生医療	9
厚生省の脳死に関する研究班	308
向精神薬	123
厚生年金	154
厚生年金基金	154
厚生労働省	11
高度管理医療機器	113
公　法	7
合理的医師説	243
合理的患者説	243
高齢者医療制度	140
高齢者虐待防止法	189
国　保	138
国民医療法	9
国民健康・栄養調査	99
国民健康保険組合	139
国民年金	151
国民年金基金	153
個人情報	345
個人情報取扱事業者	347
個人データ	347
個人を識別	346
戸籍上の性別	287
国家賠償法	266
子ども・子育て支援新制度	194
五類感染症	74
ゴールドプラン	184
ゴールドプラン21	184

さ 行

再教育研修	32, 37
罪刑法定主義	262
採　血	127
採血事業者	128
再興型インフルエンザ	74
再生医療等	353
再生医療等技術	354
再生医療等製品	114
再発の防止	90
細胞加工物	354
債務不履行	254

事項索引

作業療法 … 53
作業療法士 … 52
札幌医大の和田教授 … 307
差別や偏見 … 70
サロゲートマザー … 281
産業廃棄物 … 215
産業廃棄物管理票 … 217
三徴候説 … 310
残留農薬 … 210
三類感染症 … 71
ジェンダー・アイデンティティ … 285
支援費制度 … 201
歯科医師 … 35
歯科衛生士 … 57
歯科診療の補助 … 58
支給決定 … 204
試験管ベビー … 280
時効期間 … 256
自己負担 … 150
施術 … 62
施術者 … 62
施術所 … 62
自然人 … 8
執行命令 … 6
実体法 … 7
実定法 … 8
指定感染症 … 74
指定病院 … 84
指定薬物 … 115
児童 … 191
児童相談所 … 193
自動体外式助細動器 … 60
児童福祉 … 190
児童福祉司 … 192
視能訓練士 … 55
私法 … 7
死亡後妊娠 … 281
社会規範 … 4
社会的コンセンサス … 333

社会福祉 … 179
社会福祉士 … 65
社会福祉事業 … 181
社会福祉主事 … 182
社会福祉法人 … 27, 182
社会保障・税一体改革関連法 … 151
獣医療関係者 … 71
15歳未満の小児 … 342
自由診療 … 229
重大な他害行為 … 90
重大な秘密 … 352
柔道整復師 … 63
受胎調節 … 103
手段債務 … 224, 254
出生前診断 … 283
受動喫煙 … 100
ジュネーブ宣言 … 245
守秘義務 … 34
準委任契約 … 223
准看護師 … 36
障害者 … 195
障害者基本計画 … 196
障害福祉サービス … 200
承諾能力 … 249
承諾方法 … 249
消費期限 … 208
商法 … 8
賞味期限 … 208
静脈注射 … 39
静脈路確保 … 61
消滅時効 … 351
条理 … 5
省令 … 6
条例 … 6
職域保険 … 131
食事療養 … 134
嘱託医師 … 18
食品 … 207
食品衛生 … 207

食品衛生監視員	209	生活習慣病	98
食品添加物	208	生活扶助基準	156
助産師	36	生活療養	134
助産所	18	生殖技術	277
自立支援給付	204	生殖補助医療技術	277
新エンゼルプラン	105	精神科病院	84
新過失論	264	精神作用物質	84
新型インフルエンザ	74	精神障害	196
新感染症	74	精神障害者	84
人工授精子	279	——の社会復帰	67
人工妊娠中絶	101	精神障害者保健福祉手帳	89
親告罪	352	精神保健	81
新ゴールドプラン	184	精神保健指定医	86
心神耗弱者	91	精神保健福祉士	67
心神喪失者	91	製造業者	350
申請保護	156	製造業の許可	120
心臓移植	306	製造物	350
親族への優先提供	341	製造物責任	350
身体障害	196	生存権	9
身体障害者	198	生存する個人	345
身体障害者手帳	199	性同一性障害	284
身体障害者補助犬	197	正当な事由	32
信用失墜行為の禁止	67	成年後見制度	187
信頼の原則	265	生物由来製品	114
診療科名	25	成文法	5
診療義務	32	性別の取扱いの変更の審判	286
診療協力義務	238	生命維持管理装置	56
診療契約	137	生命倫理学	273
診療所	17	生理学的検査	48
診療情報	22	政 令	6
診療の補助	38	責任能力	253
診療放射線技師	50	絶対的欠格事由	30
診療報酬支払義務	237	説明義務	240
診療録	34	前期高齢者	142
水質環境基準	214	全国健康保険協会	132
スイス	299	選定療養	135
水 道	212	全脳死	311
水道普及率	213	選別人工授精法	279
生活習慣改善	98	総括安全衛生管理者	161

臓器の移植に関する法律……… 335
相対的欠格事由……………… 30,37
相談援助……………………… 67
双務契約……………………… 221
措置入院……………………… 87
尊厳死………………………… 302

た 行

第6次医療法改正……………… 14
体外受精……………………… 280
体外受精・胚移植…………… 280
体外診断用医薬品…………… 115
第三者提供の制限…………… 348
第三者のためにする契約説… 226
対象行為……………………… 90
対人保健サービス…………… 95
代　諾………………………… 249
大脳死………………………… 312
対　面………………………… 119
代理出産……………………… 281
代理説………………………… 225
脱臼、骨折、打撲、捻挫等… 63
段階的説明義務……………… 244
地域医療支援センター……… 30
地域医療支援病院…………… 17
地域支援事業………………… 148
地域相談支援………………… 67
地域包括支援センター……… 146
地域保健……………………… 95
地域保険……………………… 131,138
地域密着型通所介護………… 144
地域連携クリティカルパス… 15,269
知的障害……………………… 196
知的障害者…………………… 200
地方社会福祉審議会………… 181
嫡出子………………………… 280
着床前診断…………………… 283
注意義務……………………… 230
抽象的過失…………………… 259

調剤所………………………… 115
調剤に従事する薬剤師……… 46
通院決定……………………… 92
通勤災害……………………… 158
通婚忌避……………………… 288
通常有すべき安全性………… 350
定期の予防接種……………… 77
手続法………………………… 7
添加物………………………… 207
東海大学安楽死事件………… 296
道徳の自律性………………… 4
道徳の内面性………………… 5
登　録………………………… 66,79
登録販売者…………………… 117
特殊な不法行為……………… 252
毒　性………………………… 121
特定機能病院………………… 17
特定給食施設………………… 100
特定健康診査………………… 141
特定細胞加工物……………… 354
特定生物由来製品…………… 114
特定毒物……………………… 121
特定毒物研究者……………… 122
特定保健指導………………… 141
特定保健用食品……………… 210
特定保守管理医療機器……… 114
毒　物………………………… 121
毒物劇物営業者……………… 121
毒物劇物取扱責任者………… 122
特別管理産業廃棄物………… 216
特別養護老人ホーム………… 186
特別用途食品………………… 101
特別用途表示………………… 101
毒　薬………………………… 118
都道府県審査会……………… 204
届　出………………………… 20

な 行

名古屋高裁の判例…………… 295

ナンシー・クルーザン……………… 305
日常生活上必要な行為……………… 158
日本医師会生命倫理懇談会………… 308
日本国憲法……………………………… 5
入院決定………………………………92
ニュールンベルク綱領……………… 245
ニュールンベルク倫理綱領………… 275
二類感染症……………………………71
任意継続被保険者…………………… 131
任意事業………………………………94
任意適用事業所……………………… 133
任意入院………………………………87
認定区分……………………………… 148
認定審査会…………………………… 147
脳幹死………………………………… 312
脳死説………………………………… 310
脳死臨調……………………………… 309
ノーマライゼーション………… 82,201

は 行

バイオエシックス…………………… 272
廃棄物………………………………… 215
配偶者間人工授精…………………… 278
発達支援……………………………… 205
発達障害……………………………… 205
発達障害児…………………………… 205
発達障害者…………………………… 205
発達障害者支援センター…………… 206
バーナード博士……………………… 307
バリアフリー………………………… 201
はり師…………………………………62
反射的利益……………………………33
ハンセン病…………………………… 289
ハンセン病問題の解決の促進に関する
　法律………………………………… 290
判例法…………………………………… 5
非加熱製剤…………………………… 293
必須事業………………………………94
ヒト生殖医学………………………… 277
人とは間違えるものである………… 267
非配偶者間人工授精………………… 278
ヒポクラテスの誓い………………… 273
被保険者……………………………… 131
秘　密………………………………… 352
日雇特例被保険者…………………… 133
ヒヤリ・ハット……………………… 268
病　院…………………………………15
評価療養……………………………… 134
表　示………………………………… 119
被用者年金一元化法………………… 151
標準員数………………………………16
病床の種別……………………………20
品位を損する行為……………………31
不完全履行…………………………… 255
副作用………………………………… 350
福祉サービス………………………… 180
福祉用具……………………………… 197
服薬指導………………………………47
不妊手術……………………………… 101
不文法…………………………………… 5
不法行為……………………………… 252
不法投棄……………………………… 219
府　令…………………………………… 6
ペイン・クリニクス………………… 301
ベルギー……………………………… 299
ヘルシンキ宣言……………………… 245
保育教諭……………………………… 195
保育士………………………………… 194
包括的医療……………………………… 9
法　源…………………………………… 5
放射線…………………………………50
法　人…………………………………… 8
法の外面性……………………………… 5
法の他律性……………………………… 4
法　律…………………………………… 6
保険医療……………………………… 228
保険外併用療養費…………………… 137
保険給付……………………………… 133

保健師‥‥‥‥‥‥‥‥‥‥‥‥36
保健指導‥‥‥‥‥‥‥‥‥‥105
保健所‥‥‥‥‥‥‥‥‥‥‥93
保健所保健師‥‥‥‥‥‥‥‥95
保護申請‥‥‥‥‥‥‥‥‥‥86
母子健康手帳‥‥‥‥‥‥‥‥103
母子保健‥‥‥‥‥‥‥‥‥‥103
ホストマザー‥‥‥‥‥‥‥‥281
補足性の原則‥‥‥‥‥‥‥‥155
墓地‥‥‥‥‥‥‥‥‥‥‥‥211

ま 行

埋葬‥‥‥‥‥‥‥‥‥‥‥‥211
マイナンバー制度‥‥‥‥‥‥345
麻酔科の標榜‥‥‥‥‥‥‥‥26
麻薬‥‥‥‥‥‥‥‥‥‥‥‥123
麻薬営業者‥‥‥‥‥‥‥‥‥124
麻薬管理者‥‥‥‥‥‥‥‥‥125
麻薬研究者‥‥‥‥‥‥‥‥‥124
麻薬施用者‥‥‥‥‥‥‥‥‥124
麻薬処方せん‥‥‥‥‥‥‥‥124
麻薬中毒患者‥‥‥‥‥‥‥‥123
麻薬取扱者‥‥‥‥‥‥‥‥‥124
ミーンズ・テスト‥‥‥‥‥‥156
未熟児網膜症訴訟事件‥‥‥‥233
水虫レントゲン事件‥‥‥‥‥231
未登録犬‥‥‥‥‥‥‥‥‥‥79
民事責任‥‥‥‥‥‥‥‥‥‥252
民事訴訟法‥‥‥‥‥‥‥‥‥8
民法‥‥‥‥‥‥‥‥‥‥‥‥8
　──の特別法‥‥‥‥‥‥351
無差別平等‥‥‥‥‥‥‥‥‥155
無床診療所‥‥‥‥‥‥‥‥‥17
無診察治療の禁止‥‥‥‥‥‥33
6つの要件‥‥‥‥‥‥‥‥‥295
名称制限‥‥‥‥‥‥‥‥‥‥19
名称独占‥‥‥‥‥‥‥‥‥‥32
命令‥‥‥‥‥‥‥‥‥‥‥‥6
免許‥‥‥‥‥‥‥‥‥‥‥‥30

や 行

薬害エイズ事件‥‥‥‥‥‥‥293
薬剤師‥‥‥‥‥‥‥‥‥45,115
薬剤の投与‥‥‥‥‥‥‥‥‥61
薬局‥‥‥‥‥‥‥‥‥‥‥‥115
薬局開設者‥‥‥‥‥‥‥47,115
有床診療所‥‥‥‥‥‥‥‥‥17
輸血梅毒事件‥‥‥‥‥‥‥‥231
許された危険‥‥‥‥‥‥‥‥264
要介護者‥‥‥‥‥‥‥‥‥‥145
要介護状態‥‥‥‥‥‥‥‥‥145
要介護認定‥‥‥‥‥‥‥‥‥146
要支援者‥‥‥‥‥‥‥‥‥‥146
要支援状態‥‥‥‥‥‥‥‥‥145
要指導医薬品‥‥‥‥‥‥‥‥118
抑留‥‥‥‥‥‥‥‥‥‥‥‥79
予見義務‥‥‥‥‥‥‥‥‥‥264
予防給付‥‥‥‥‥‥‥‥‥‥150
予防重視型システム‥‥‥‥‥143
予防注射‥‥‥‥‥‥‥‥‥‥79
四類感染症‥‥‥‥‥‥‥‥‥71

ら 行

らい菌‥‥‥‥‥‥‥‥‥‥‥288
らい病‥‥‥‥‥‥‥‥‥‥‥288
理学療法‥‥‥‥‥‥‥‥‥‥52
理学療法士‥‥‥‥‥‥‥‥‥52
履行代用者‥‥‥‥‥‥‥‥‥261
履行遅滞‥‥‥‥‥‥‥‥‥‥254
履行不能‥‥‥‥‥‥‥‥‥‥254
履行補助者‥‥‥‥‥‥‥‥‥260
リスクマネジメント‥‥‥‥‥267
リスボン宣言‥‥‥‥‥‥‥‥245
立証責任‥‥‥‥‥‥‥‥‥‥255
リビング・ウイル‥‥‥‥‥‥302
リプロダクティブ・ヘルス／ライツ 278
利用目的の特定‥‥‥‥‥‥‥348
療養の給付‥‥‥‥‥‥‥‥‥134

事項索引

- 療養の世話……………………………38
- 療養病床…………………………… 134
- 臨時応急処置…………………………38
- 臨時の予防接種………………………77
- 臨床研究中核病院……………………18
- 臨床検査技師…………………………48
- 臨床研修………………………… 29,36
- 臨床工学技士…………………………56
- ルクセンブルク…………………… 300
- ルンバール事件…………………… 258
- 労災保険…………………………… 157
- 老人福祉…………………………… 183
- 労働衛生管理……………………… 161
- 労働環境の安全衛生……………… 161
- 労働災害の防止…………………… 160
- 六　　法……………………………… 7

〈著者紹介〉

前田和彦（まえだ・かずひこ）
　　1960年生まれ
　　　　大東文化大学大学院法学研究科修了
　　　　自治医科大学法医学教室研究生、自治医科大学看護短期大学講師、
　　　　九州保健福祉大学社会福祉学部専任講師、同薬学部助教授を経て、
　現　在　九州保健福祉大学薬学部教授（医事法学研究室）

〈主要著書・論文〉

『生命倫理・医事法』（編著）（医療科学社）『医事法セミナー（新版）第3版』（医療科学社）、『医事法講義［全訂第8版］』（信山社）、『関係法規』（医歯薬出版）、『薬事関係法規・制度』（共著）（法律文化社）、『医事法の方法と課題』（共著）（信山社）、『リスクマネジメント』（共著）（医療科学社）、『〔医療・福祉〕科学の方法』（編著）（医療科学社）、『社会リハビリテーションの課題』（共著）（中央法規出版）、『法律学のすべて・下（民法・商法・労働法）』（共著）（公務員試験協会）、『個別機能訓練指導マニュアル』（共著）（医療科学社）、『介護予防と機能訓練指導員』（編著）（医療科学社）、『やさしい遺言のはなし』（共著）（法学書院）、「臓器移植法の改正と移植の現状」（日本社会医療学会社会医療研究8）、「脳死における法的接点」（自治医科大学紀要10）、「脳死および臓器移植の合意と承諾」（自治医科大学紀要12）、「医事法・民事法における遺族の範囲」（日本法政学会法政論叢第28巻）、「臓器の移植に関する法律案について」（日本法政学会法政論叢第31巻）、『看護師の輸液に際しての注意義務』（別冊ジュリスト219号「医療過誤判例百選（第2版)』）（有斐閣）、「三宅島緑内障誤診事件」（別冊ジュリスト140号「医療過誤判例百選（第二版)』）（有斐閣）、他著書・論文等多数

医事法講義（新編第3版）

2011（平成23）年3月30日　第1版第1刷発行
2014（平成26）年3月25日　第2版第1刷発行
2016（平成28）年4月1日　第3版第1刷発行
8617-5:P416　¥4200E-012:150-030

著　者　前　田　和　彦
発行者　今井貴　稲葉文子
発行所　株式会社　信山社
〒113-0033 東京都文京区本郷6-2-9-102
Tel 03-3818-1019　Fax 03-3818-0344
henshu@shinzansha.co.jp
笠間才木支店 〒309-1611 茨城県笠間市笠間515-3
笠間来栖支店 〒309-1625 茨城県笠間市来栖2345-1
Tel 0296-71-0215　Fax 0296-72-5410
出版契約2016-8617-5-03011　Printed in Japan

©前田和彦, 2016　印刷・製本／東洋印刷・渋谷文泉閣
ISBN978-4-7972-8617-5 C3332 分類328.702医事法

JCOPY 〈出版者著作権管理機構 委託出版物〉
本書の無断複写は著作権法上での例外を除き禁じられています。複写される場合は、そのつど事前に、（社）出版者著作権管理機構（電話03-3513-6969, FAX 03-3513-6979, e-mail: info@jcopy.or.jp）の許諾を得てください。